Helmut Reinke
Sybille Geisenheyner

33 MIND MAPS
für die Praxis

Helmut Reinke
Sybille Geisenheyner

33 MIND MAPS
für die Praxis

Kreatives Planen
und Visualisieren
am PC mit
MindManager

HANSER

Die Autoren:
Helmut Reinke, Ludwigsburg
Sybille Geisenheyner, Berlin

http://www.hanser.de

Die Deutsche Bibliothek – CIP-Einheitsaufnahme

Ein Titeldatensatz für diese Publikation
ist bei Der Deutschen Bibliothek erhältlich.

© 2001 Carl Hanser Verlag München Wien
Gesamtlektorat: Sieglinde Schärl
Copy-editing: Josef Forster, München
Herstellung: Monika Kraus
Umschlaggestaltung: MCP Agentur für Marketing, Communications Production,
Susanne Kraus GbR, Holzkirchen
Gesamtherstellung: Kösel, Kempten
Printed in Germany

ISBN 3-446-21476-3

Inhalt

Vorwort

Dieses Buch ist kein normales Computerhandbuch. Es ist auch kein alleiniges Handbuch zur Mind Mapping Technik. Dieses Buch hat einen ganz anderen Ansatz: Lernen aus Erfahrung. Anhand von 33 Praxisbeispielen aus dem privaten wie beruflichen Bereich wollen wir Ihnen das Programm MindManager und die Mind Mapping Technik näher bringen. Sie sind sozusagen live dabei, wenn unsere Protagonisten in alltäglichen Situationen Mind Maps erstellen. Dabei gehen wir immer nach einem Motto vor: »Viele Wege führen nach Rom.« Der eine arbeitet ausschließlich mit Tastaturkürzeln, der andere mit Maus und Schaltflächen, der nächste geht lieber über die Menüleiste. Viele der dabei entstehenden Maps liefern auch noch komplette Übersichten über Themen wie »Reden halten«, »eCommerce« bis hin zu einer Zitatsammlung über Freundschaft.

Wir geben in diesem Buch Erfahrungen aus unserer täglichen Projektarbeit wieder. Dabei berücksichtigten wir ebenso Anregungen und Tipps unserer Seminarteilnehmer wie auch Probleme, die bei Anwendern in der Arbeit mit der Mind Mapping Technik aufgetaucht sind.

So liegt Ihnen ein Buch vor, das neben dem Anspruch, umfassend zu sein, auch eine Fülle ergänzender Themen betrachtet und Ihnen viele Lösungen liefert, die Ihnen bei der effizienten Anwendung der Mind Mapping Methode helfen soll.

Um Ihnen auf diesem komplexen Fachgebiet Informationen aus erster Hand präsentieren zu können, haben wir dieses Buch im Team geschrieben:

Helmut Reinke kennen Sie vielleicht bereits aus verschiedenen Veröffentlichungen. Er kommt aus der Praxis und bringt fundiertes betriebswirtschaftliches Hintergrundwissen mit. Seine Liebe zur Mind Mapping Technik kann er nicht verbergen. In seinen Seminaren wendet er immer wieder diese Methode an. Er visualisiert die Themen, diskutiert neue Wege und ist ein Vorreiter moderner Kommunikation.

Sybille Geisenheyner lebt als freie Autorin in Berlin. Sie war die letzten Jahre für ein IT Unternehmen im internationalen Projektmanagement tätig und hat in diesem Zusammenhang viel mit der Mind Mapping Methode gearbeitet. Als gelernte Buchhändlerin kennt sie noch sehr genau die Scheu der Leser vor trockener EDV-Literatur. Ihr Ziel sind lesenswerte Fachbücher.

Während der Arbeit haben uns fachlich Dagmar Herzog-Olschewski, Egbert Jeschke, Britta Köppen, Andreas Kröll, Andrea Mikolaizik, Michael Schell, Dieter Schiecke, das Reinke Solutions Team sowie das Team des Carl Hanser-Verlages unterstützt. Dafür möchten wir ihnen an dieser Stelle danken. Nicht zuletzt möchten wir unseren Familien und Freunden danken, die diesen Dauerstress mit uns aushielten. Danke auch Ihnen, liebe Leser, die hoffentlich viel Nutzen aus diesem Buch ziehen werden.

Wir können Ihnen versprechen, dass wir bei Fragen und Schwierigkeiten immer für Sie da sind. Besuchen Sie uns doch einmal auf unserer Homepage:

http://www.winex.de

Wie ist dieses Buch aufgebaut?

Ob Sie im kaufmännischen oder privaten Bereich mit dem Computer arbeiten – MindManager hat sich als Kreativsoftware etabliert.

Dieses Buch enthält eine Marginalspalte, in der Sie folgende Symbole immer wieder finden:

Symbol	Beschreibung
☺	**Das ist gut.** Das spart mir Zeit.
⌂	**Achtung!** Noch mal genau nachlesen. Oder: Abfolge beachten.
⚲	**Genauer prüfen.** Passt das für meine Arbeit? Oder: Noch mal nacharbeiten.
♟	**Interessant.** Wichtige Information, die ich mir merken will.
☀	**Super Idee!** Lösung für ein Arbeitsproblem.

Entsprechend der Mind Map-Themen haben wir das Buch in folgende Abschnitte unterteilt:

In diesem Abschnitt finden Sie Mind Maps, die in verschiedenen Lebenslagen entstanden sind beziehungsweise entstehen könnten. Ob Geburtstag, Liebe, Freunde, Abitreffen oder Blumen – lassen Sie sich inspirieren für die Dinge in Ihrem Leben. **Fürs Leben**

Auch im Büro fördern Mind Maps die Arbeit. Die Beispiele für Telefonnotizen und Protokolle sollen dies zeigen. Den Personalmenschen, aber auch alle anderen im Büro, sollte die Zielvereinbarung interessieren. Buchhalter, Controller und alle, die es werden wollen, werden sicher die Mind Maps zur Aufstellung einer Bilanz und zum Controlling inspirierend finden. **Fürs Büro**

Natürlich haben wir auch ans Marketing gedacht. Auch wenn Sie nicht aus diesem Bereich kommen – die Beispiele zum Vertrieb, Mailing, zur Werbepsychologie und dem Halten einer Rede werden Ihr Interesse finden. **Fürs Marketing**

Dieser Abschnitt sollte ursprünglich die Überschrift »Für EDV-Leute« bekommen. Weil dies aber eine Einschränkung gewesen wäre, die die Mind Maps dieses Teils nicht verdient hätten und niemand abgeschreckt werden sollte, haben wir uns für den Titel »Für PC-User« entschieden, denn das ist ja heute (fast) jeder. Lesen Sie, wie man mithilfe der Mind Mapping Technik die neuen Features in Excel 2002 erforscht oder sich Übersichten zu den Themen eCommerce, Grafikformate und Smileys verschafft. **Für PC-User**

Da unserer Meinung nach Mind Mapping ein wichtiges Hilfsmittel für das Management ist, haben wir aus bzw. für diesen Bereich eine ganze **Für Manager**

Reihe von Beispielen zusammengestellt. Wenn Sie sich Gedanken über Persönlichkeitstypen, Projektleitungen, das Coaching und Besprechungen machen oder das neue Vertriebskonzept in kürzester Zeit aufstellen müssen – in diesem Abschnitt finden Sie Hilfe und Anregung. An alle, die keine Manager sind: Schauen Sie sich die Maps genau an, dann können Sie einer werden!

Für Alle Zum Schluss kommen wir wieder von den Höhen der Führungsebenen auf den Boden der Realitäten zurück und beschäftigen uns mit Themen, die uns alle bewegen. Stellen Sie sich einen Garten- oder Jahreskalender zusammen, strukturieren Sie Ihre Vorbereitungen für das wichtigste Fest des Jahres in einer Mind Map oder bereiten Sie das nächste Vorstellungsgespräch mit einer Mind Map vor. Sie werden sehen, Sie kriegen den Job.

Anhang Als Zugabe zu diesen Teilen haben wir Ihnen im Anhang eine Mind Map aus unseren Profitipps für den Anwender als Map beigefügt.

Außerdem erläutern wir, wie man MindManager 4.0 installiert und wie man das Programm grundsätzlich bedient.

Für alle Tastenfreaks bietet der Anhang eine Tastatur-Referenz für den MindManager 4.0.

Die CD-ROM zum Buch

 Auf der CD-ROM finden Sie alle im Buch gezeigten Maps sowie die beschriebenen Dateien anderer Anwendungen. Mit ihrer Hilfe können Sie leicht alle beschriebenen Verfahren nachvollziehen.

Schauen Sie also beim Lesen der Kapitel auch in den jeweiligen Themenordner. Die Ordner tragen den Namen der jeweiligen Map.

Auf der CD befindet sich auch eine voll funktionsfähige 21-Tage-Demo-Version des MindManagers 4.0.

1 Gedanken zum Entstehen dieses Buches

Traum oder Wirklichkeit

Es ist Freitagabend, ich sitze in meinem Büro und mir gehen meine Aufgaben durch den Kopf. »Wie schaffe ich das alles?« Ich will Ihnen meine Gedanken niederschreiben, nicht um Mitleid zu erheischen oder mich zu profilieren, sondern um mir selbst bewusst zu machen: Nur wenn ich strukturiert und kreativ arbeite, kann ich meine Probleme lösen.

Aufgaben über Aufgaben, die es zu lösen gilt

Weihnachten steht vor der Tür, das **Weihnachtsfest** ist vorzubereiten. Wie auch in diesem Jahr will ich meinen Mitarbeitern, Partnern und Kunden einen Weihnachtsbrief schreiben, der persönlich gehalten ist und meine aktuelle Stimmung wiedergibt. »Was schreibe ich wem?«, grüble ich. Meine Frau steckt voll in der Arbeit, um uns ein schönes Weihnachtsfest zu bereiten. Da duftet es schon aus der Küche, Weihnachtsplätzchen sind im Ofen. Im Nebenzimmer raschelt es. Ich höre, wie Weihnachtsgeschenke verpackt werden. Als Dankeschön könnte ich sie mal mit einer **Flower-Map** verwöhnen.

Meine Tochter sitzt im Nähzimmer und näht an einem Geschenk, mit dem sie mich zu Weihnachten überraschen will. Das Gewissen schlägt Alarm. Ich hatte ihr doch Versprochen, mich mit ihr auf ihr erstes **Vorstellungsgespräch** vorzubereiten. Mein Ziel ist es doch, meiner Familie ein stressfreies Weihnachtsfest zu bescheren.

In meiner Firma und in der Welt ergaben sich dieses Jahr Änderungen, die ich in einem Rückblick würdigen will. Ich möchte einen **Jahreskalender** erstellen. Nächste Woche darf ich einen dreitägigen Kurs über Projektmanagement leiten. **Wie werde ich ein guter Projektleiter?** ist das gefragte Thema. Hierzu muss ich noch einen Ablaufplan entwerfen. Vielleicht finde ich die Zeit für die Lektüre meines Lieblingsromans »Der Termin« von Tom DeMarco. In seinem Fazit hat der Autor treffend die Probleme des Projektleiters definiert. Ich will diese wertvollen Erkenntnisse zusammenschreiben und visualisieren.

Hinzu kommt, dass ich meine Firma von einer GmbH in eine AG umgewandelt habe. Hierzu sind **Besprechungen vorzubereiten** und ich muss an einem **Vertriebskonzept** arbeiten.

Der Jahresabschluss steht bevor. Wie in jedem Jahr verlangt die Bank einen Status, um eine **Bilanzanalyse** zu machen. Ich muss mich auf das Bankgespräch vorbereiten, denn nur wer gut vorbereitet ist, kann günstige Absprachen erzielen.

Auf Hochtouren arbeiten meine Kollegen an den neuen Veröffentlichungen. Brennend interessiert mich, was es für neue **Funktionen in Excel 2002** gibt. Zu allem Überfluss wünscht unsere Marketing-Abteilung noch einen neuen Internetauftritt mit integriertem **Online-Shop.**

Je mehr ich über all das nachdenke, desto größer wird meine Nervosität. Und jetzt klingelt noch das Telefon. Einer unserer wichtigen Kunden ruft mich an. Er gibt seine Adressänderung bekannt und kündigt mir einen wichtigen Auftrag an. Natürlich freue ich mich riesig, aber mein Kopf ist voll mit anderen Dingen. Also denke ich, nichts anmerken lassen, sondern alles schön in einer **Telefonnotiz** erfassen.

Kaum aufgelegt, dudelt mein neues hochmodernes Handy. Am Telefon ist der Aufsichtsratsvorsitzende, der mich zur Aufsichtsratssitzung einen Tag vor Weihnachten einlädt und noch von mir verlangt, ich möge das **Protokoll erstellen.** Noch nicht genug geplagt?

Dann, oh Schreck, ist es 17.00 Uhr. Ich habe ja ein Arbeitsessen mit einem Kunden verabredet, der mit mir den Ablauf des **internationalen Controllings** besprechen will. Zudem bittet er mich, in der nächsten Vorstandssitzung eine Präsentation der Ergebnisse zu halten. Siedendheiß fällt mir die **Rede** ein, die ich nächste Woche auch noch vor den Studenten der Fachhochschule halten soll.

Schon leicht erschöpft suche ich im Internet nach griffigen Texten und stolpere über eine Zitatdatenbank. Lässt sich daraus nicht mal ein netter Gruß an meine alten und besten **Freunde** basteln?

War da nicht noch etwas? Natürlich habe ich das Wichtigste bis zum Ende aufgehoben: Ich will dieses Buch mit **33 Mind Maps** schreiben.

Müde falle ich ins Bett. War das ein Traum?

Der Traum wird Wirklichkeit

Beim Nachdenken über meine Situation erinnere ich mich an einen Vortrag »Projektmanagement für Kopfarbeiter«. Dabei gab ich den Teilnehmern den Rat, sich folgende Fabel durchzulesen:

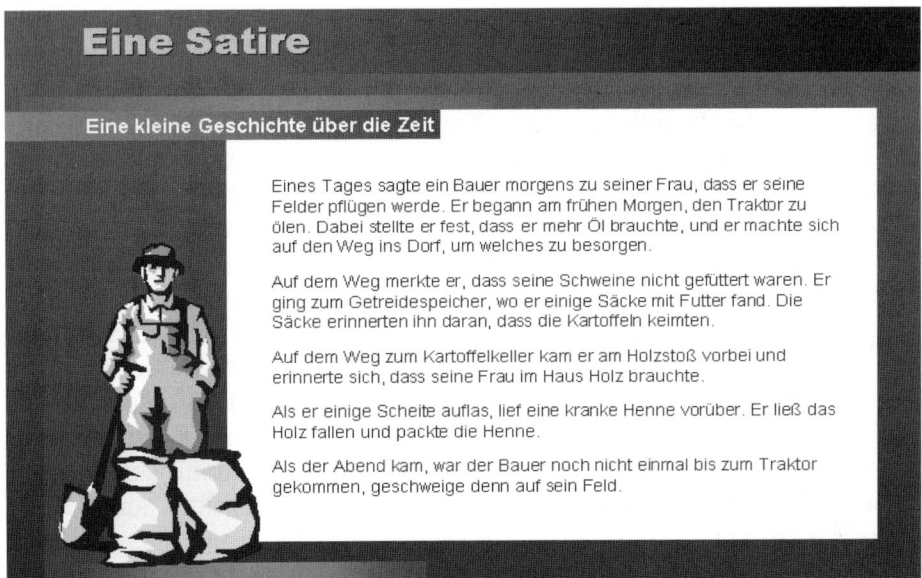

Eine Satire

Eine kleine Geschichte über die Zeit

Eines Tages sagte ein Bauer morgens zu seiner Frau, dass er seine Felder pflügen werde. Er begann am frühen Morgen, den Traktor zu ölen. Dabei stellte er fest, dass er mehr Öl brauchte, und er machte sich auf den Weg ins Dorf, um welches zu besorgen.

Auf dem Weg merkte er, dass seine Schweine nicht gefüttert waren. Er ging zum Getreidespeicher, wo er einige Säcke mit Futter fand. Die Säcke erinnerten ihn daran, dass die Kartoffeln keimten.

Auf dem Weg zum Kartoffelkeller kam er am Holzstoß vorbei und erinnerte sich, dass seine Frau im Haus Holz brauchte.

Als er einige Scheite auflas, lief eine kranke Henne vorüber. Er ließ das Holz fallen und packte die Henne.

Als der Abend kam, war der Bauer noch nicht einmal bis zum Traktor gekommen, geschweige denn auf sein Feld.

Abbildung 1-1: *Soll es mir so ergehen wie dem Bauern? Am Ende viel getan und nichts erledigt.*

Plötzlich fällt mir ein, dass ich auch meiner Tochter diese Geschichte einmal erzählt und ihr gute Ratschläge gegeben habe.

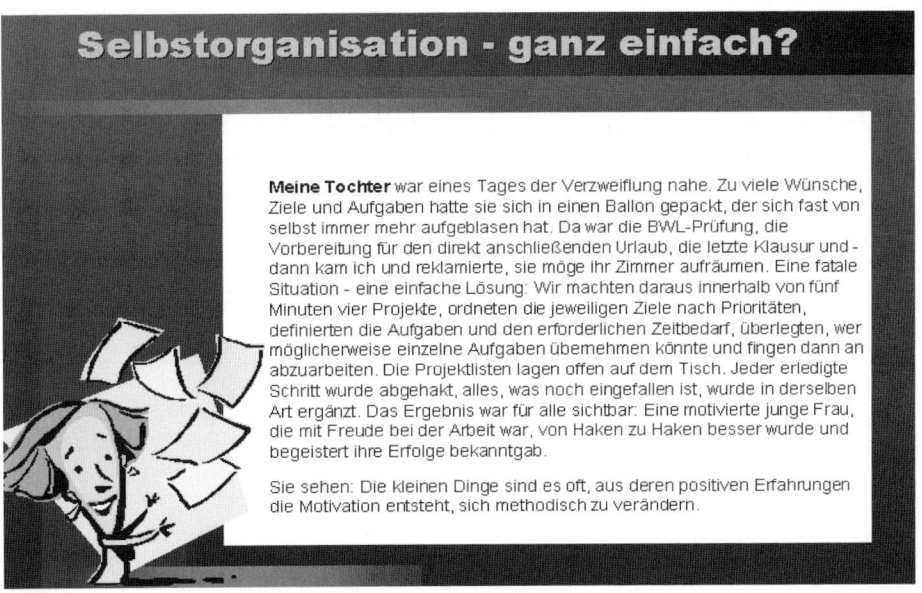

Selbstorganisation - ganz einfach?

Meine Tochter war eines Tages der Verzweiflung nahe. Zu viele Wünsche, Ziele und Aufgaben hatte sie sich in einen Ballon gepackt, der sich fast von selbst immer mehr aufgeblasen hat. Da war die BWL-Prüfung, die Vorbereitung für den direkt anschließenden Urlaub, die letzte Klausur und - dann kam ich und reklamierte, sie möge ihr Zimmer aufräumen. Eine fatale Situation - eine einfache Lösung: Wir machten daraus innerhalb von fünf Minuten vier Projekte, ordneten die jeweiligen Ziele nach Prioritäten, definierten die Aufgaben und den erforderlichen Zeitbedarf, überlegten, wer möglicherweise einzelne Aufgaben übernehmen könnte und fingen dann an abzuarbeiten. Die Projektlisten lagen offen auf dem Tisch. Jeder erledigte Schritt wurde abgehakt, alles, was noch eingefallen ist, wurde in derselben Art ergänzt. Das Ergebnis war für alle sichtbar: Eine motivierte junge Frau, die mit Freude bei der Arbeit war, von Haken zu Haken besser wurde und begeistert ihre Erfolge bekanntgab.

Sie sehen: Die kleinen Dinge sind es oft, aus deren positiven Erfahrungen die Motivation entsteht, sich methodisch zu verändern.

Abbildung 1-2: *Anderen gute Ratschläge geben und selbst das Notwendige nicht schaffen. Diese Blamage will ich nicht riskieren.*

Ich gestehe reuevoll ein, liebe Leserinnen und Leser, zweimal habe ich in dieser kleinen Einleitung geschwindelt. Die Rede vor den Studenten ist erst für den Sommer geplant und auch der Online-Shop kann noch etwas warten. Jedenfalls lautet der Titel dieses Buches **33 Mind Maps aus der Praxis**. Dem will ich gerecht werden, daher die dazugeschwindelten Probleme. Alle übrigen habe ich tatsächlich! Also, los geht es an die Arbeit! Als Erstes brauche ich einen Mitautor, der meine 80%-igen Sätze vervollständigt, denn der Abgabetermin drängt. Er muss sich mit mir verstehen und kreativ zusammenarbeiten. Nach langem Hin und Her kommt mir die Idee: Mein »Mitautor« ist eine Autorin – *Sybille Geisenheyner*. Sie war die letzten Jahre für ein Unternehmen der Informationstechnologie im internationalen Projektmanagement tätig und hat sich auf diesem Wege der Mind Mapping-Methode genähert. Als gelernte Buchhändlerin gehört das geschriebene Wort zu ihrem Beruf. Sie wird dafür sorgen, dass dieses Buch Ihnen nicht nur Nutzen und Hilfe, sondern auch Lesevergnügen bringt.

Mind Mapping ist viel mehr als das Anwenden eines Computerprogramms. Es betrifft den intelligenten Umgang mit den Problemen in allen Sparten des privaten, beruflichen und kulturellen Lebens.

Wir schreiben das Jahr 2001. Das Ergebnis liegt vor Ihnen, 33 Mindmaps aus der Praxis für die Praxis.

2 Mind Mapping – was ist das?

Kreativität ist heutzutage ein Modewort, das nicht mehr nur im künstlerischen oder im Werbebereich verwendet wird – auch in den öffentlichen Sprachschatz ist es längst eingegangen. Unsere industrialisierte Gesellschaft benötigt Kreativität in allen menschlichen Lebensbereichen. Man könnte fast sagen, dass wir einen großen Nachholbedarf an kreativen Ideen haben. Denken Sie nur an einige »große« Themen: Überbevölkerung, Umwelt, Verkehr...

Jedoch auch in Ihrem persönlichen Bereich ist Kreativität immer mehr gefragt: Schließlich leben wir in einer Gesellschaft, in der wir ständig aufgefordert sind, unser Alltags- und Arbeitsverhalten neu zu überdenken und zu verändern, um es auf geänderte Bedingungen einzustellen. Auch die Fähigkeit, in diesem Zusammenhang flexibel und dynamisch zu reagieren und zu handeln, ist ein Bestandteil von kreativem Denken. Wenn Sie zu dieser Art der Kreativität fähig sind, haben Sie heute die allerbesten Chancen. Kinder besitzen von Natur aus Kreativität, während das Denken Erwachsener durch Erziehung und angelernte Verhaltensweisen immer starrer wird. Dem lässt sich jedoch entgegenwirken. Kreativität kann erlernt werden.

Natürlich hat niemand Ideen aus dem Nichts heraus, auch wenn es bei erfahrenen »Kreativen« so scheinen mag. In Wirklichkeit muss jede Idee erst einmal geboren werden. Und das kann ein mühsamer und auch schmerzlicher Vorgang sein. Dazu ist es notwendig, sich intensiv mit einem Thema auseinander zu setzen. Hat man die Idee einmal gefunden, wird man ganz selbstverständlich mit ihr umgehen, so dass man vergessen mag, wie schwierig die »Geburt« war.

Man kann sich den »Geistesblitz«, die kreative Idee, ungefähr als einen Kampf, der in unserem Gehirn stattfindet, vorstellen. Dabei treten »Umwandlungen« in den Gedankenstrukturen auf, aber auch ganz neue Strukturen. Auf diesem Schlachtfeld entsteht das, was man im Allgemeinen als »Kreativität« bezeichnet.

Möglichkeiten des Mind Mapping

Zum einen erhöht sich die Kreativität mit wachsendem Wissen und wachsender Erfahrung, zum anderen erleidet sie auch Verluste, da jede neue Idee um ihren Platz zwischen den synaptischen Verbindungen Ihres Gehirns kämpfen muss. Beim bloßen »Gedankenspiel« können Ihnen also sehr viele Ideen verloren gehen. Daher gibt es verschiedene Methoden zur Kreativitätstechnik, zum Beispiel das Mind Mapping. Mind Mapping ist quasi ein Brainstorming mit sich selbst, das auch für andere sichtbar gemacht werden kann. Mit dieser genauso erfolgreichen wie zeitsparenden Visualisierungsmethode können Sie

- Informationen rasch darstellen beziehungsweise erfassen,

- Situationen und Probleme schnell analysieren und

- Aufgaben zeitig planen und besser organisieren.

Je häufiger die Mind Mapping Methode angewandt wird, desto deutlicher werden die Vorteile im Vergleich zum linear strukturierten Konzept. Außerdem ist Mind Mapping kinderleicht anzuwenden. Die einzige Schwierigkeit dabei ist eigentlich unsere »Schulweisheit«, da in der Schule und im späteren Berufsleben systematisch das lineare Denken der linken Gehirnhälfte trainiert wurde. Auf Kreativität, Intuition wird dabei oft wenig Rücksicht genommen.

Die »Erfinder« der Mind Mapping-Methode, *Tony Buzan* und *Peter Russell*, gingen vom Denkprozess im menschlichen Gehirn aus. Dieser Prozess geht recht chaotisch vonstatten. Das menschliche Gehirn arbeitet im Gegensatz zu einem elektronischen »Hirn«, einem Computer, nicht einfach und linear, sondern komplex und stark vernetzt. Beide Prozesse, sowohl das Vorgehen eines Computers als auch das eines organischen Gehirns, lassen sich auf einem Stück Papier simulieren.

Ein Beispiel

Nehmen wir an, Sie möchten umziehen. Dabei muss natürlich viel beachtet werden. Damit Sie nichts vergessen, wollen Sie sich Notizen auf einem Stück Papier machen. Die erste Vorgehensweise ließe sich simulieren, indem man folgende Notizen auf einem Blatt Papier oder auch am PC aufzeichnete wie in Abbildung 2-1:

Umzug

Neue Wohnung renovieren
Bodenleger beauftragen
Wohnsitz anmelden
Telefon ummelden
Möbel entsorgen
Möbel kaufen
Möbelspedition?
alte Wohnung renovier

Abbildung 2-1:
Eine lineare Liste eignet sich weniger gut, um komplexe Gedanken festzuhalten.

Sie haben damit Ihre Gedanken in eine lineare Form gezwungen. Viele Ideen, die nicht in die hierarchische Struktur passten, sind dabei vielleicht verlorengegangen. Andere, vielleicht weniger gute oder weniger wichtige Ideen wurden festgehalten, eventuell nur, weil sie sich gut in die hierarchische Struktur einpassen. Wenn Sie die Arbeit des menschlichen Gehirns am gleichen Thema auf einem Stück Papier simulieren möchten, erhalten Sie vielleicht das Ergebnis wie in Abbildung 2-2.

Diese Form, seine Gedanken und Ideen aufzuschreiben, nennt man Mind Mapping. Das Ergebnis ist eine so genannte Mind Map. Wahrscheinlich erkennen Sie die Vorteile der Mind Map sofort:

- Sobald Sie eine neue Idee haben, egal zu welchem Thema, können Sie diese in Ihre Aufzeichnungen integrieren, ohne die Struktur zu zerstören. Bei einer linearen Form der Aufzeichnung ist das oft nicht möglich, besonders, wenn Unterpunkte vorhanden sind.

- Sie können Ihre Gedanken frei schweifen lassen und beginnen beziehungsweise aufhören, wo Sie wollen.

- Jeder Gedanke erhält einen eigenen Zweig. Die nachfolgenden Gedanken werden als neue Zweige angehängt. Der ursprüngliche Zweig wird als Ast identifiziert.

- Die Verzweigung kann fortgesetzt werden, so lange Sie möchten, und zu einem späteren Zeitpunkt neu arrangiert werden.

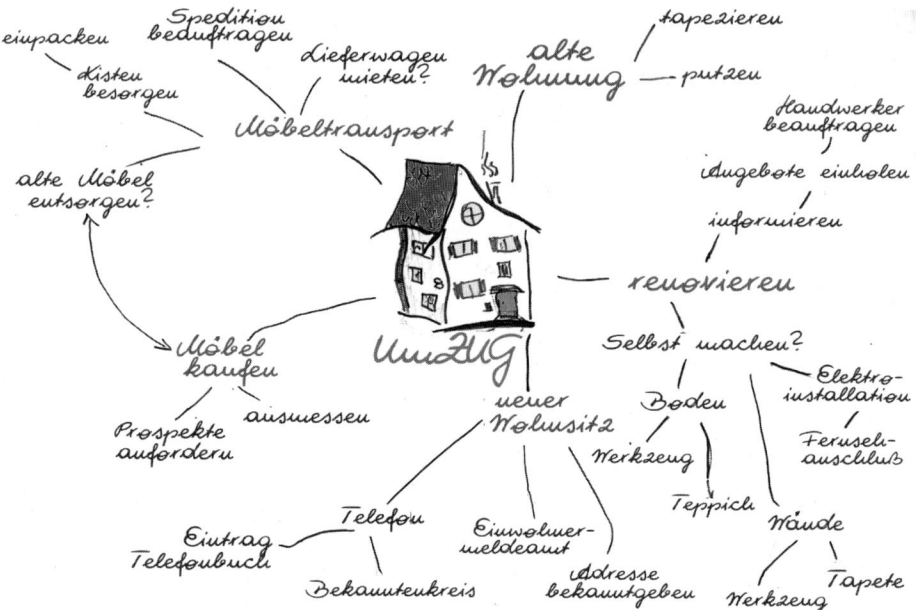

Abbildung 2-2: *Die Mind Mapping-Methode entspricht der Arbeitsweise des menschlichen Gehirns.*

Die Hauptgebiete in Ihrem Problem oder Projekt sind die Hauptäste, die direkt mit der zentralen Thema-Grafik Ihrer Mind Map verbunden sind. Während der Entwicklung einer Mind Map entsteht ein ganzer Baum, der alle Ihre Gedanken zeigt und besonders die Verbindung zwischen ihnen hervorhebt.

Wie funktioniert unser Gehirn?

Halten wir uns folgendes Bild vor Augen:

Unser Gehirn beinhaltet einige Milliarden Nervenzellen, die so genannten Neuronen. Zwischen allen diesen Neuronen bestehen Verbindungen. Man weiß heute, dass die Zahl der Verbindungen von ganz entscheidender Bedeutung ist. Je mehr Verbindungen, desto intelligenter ist ein Lebewesen. Zudem besteht das Großhirn höher entwickelter Lebewesen aus zwei Hälften mit unterschiedlichen Aufgaben.

Die linke Gehirnhälfte ist für das logische und mathematische Denken verantwortlich beziehungsweise zuständig. Wenn Sie linear und detailliert denken, wird die linke Gehirnhälfte aktiviert. Auch für Logik, Zählen und Rechnen, die Struktur der Sprache und für eine analytische Aufschlüsselung der eingehenden Reize ist sie zuständig.

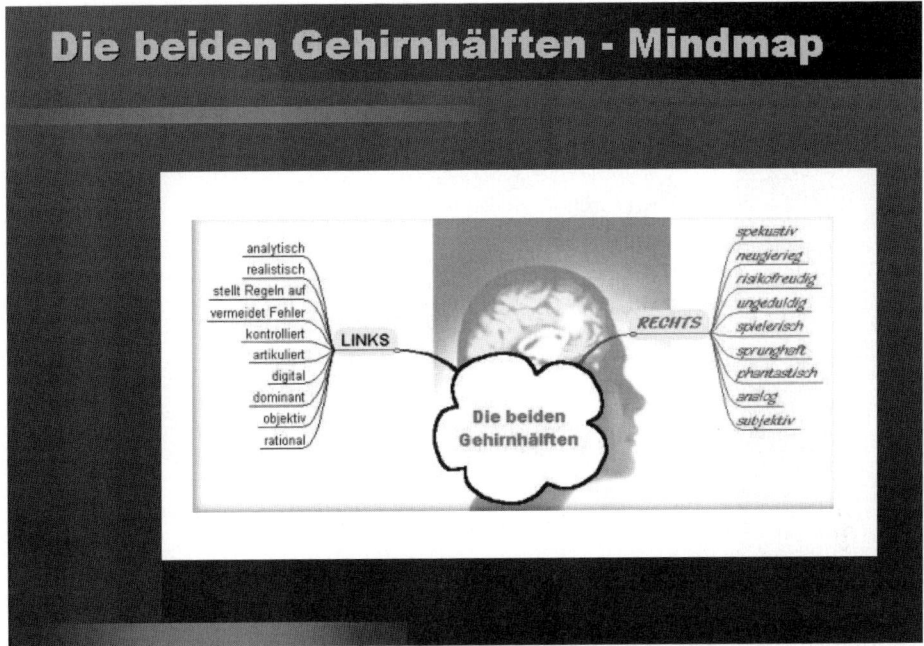

Die beiden Gehirnhälften - Mindmap

Abbildung 2-3: *Unsere linke und rechte Gehirnhälfte haben sehr verschiedene Aufgaben und Funktionen.*

Die rechte Gehirnhälfte ist für die intuitiven und kreativen Prozesse, für Klangbilder, Träume, Assoziationen, Mythen, Poesie und bildliche Vorstellungen zuständig. Mind Mapping spricht besonders die rechte Hirnhälfte an, verbessert darüber hinaus aber das Zusammenspiel beider Hirnhälften. Es bringt die Stärken der beiden Spezialisten zur Geltung.

Gehirnforscher haben herausbekommen, wie in etwa ein Geistesblitz, also eine kreative Idee in unserem Gehirn zustande kommt. Dazu muss man wissen, dass unser Gehirn einerseits aus dem entwicklungsgeschichtlich uralten Teil, dem Gehirnstamm, und der bei höheren Säugetieren vielfach gefalteten Hirnrinde, dem Kortex, besteht.

Wenn nun die wahllosen Signale des Gehirnstamms und die organisierten Signale des Kortex aufeinandertreffen, kommt es zu einer Interaktion – einem Kampf zwischen Chaos und Ordnung. Wie bei jedem Kampf gibt es Gewinner und Verlierer. Es werden durchaus komplexe Informationsstrukturen (die wir als Wissen bezeichnen) von den chaotischen Reizen des Gehirnstamms zerstört. Andererseits treten Umwandlungen in den Gedankenstrukturen auf, die zu total neuen Formen, zu unerwarteten und unvorhersehbaren Ideen führen (die wir als Geistesblitze bezeichnen).

Das Phänomen der neuen Formen in unseren Gedankenstrukturen

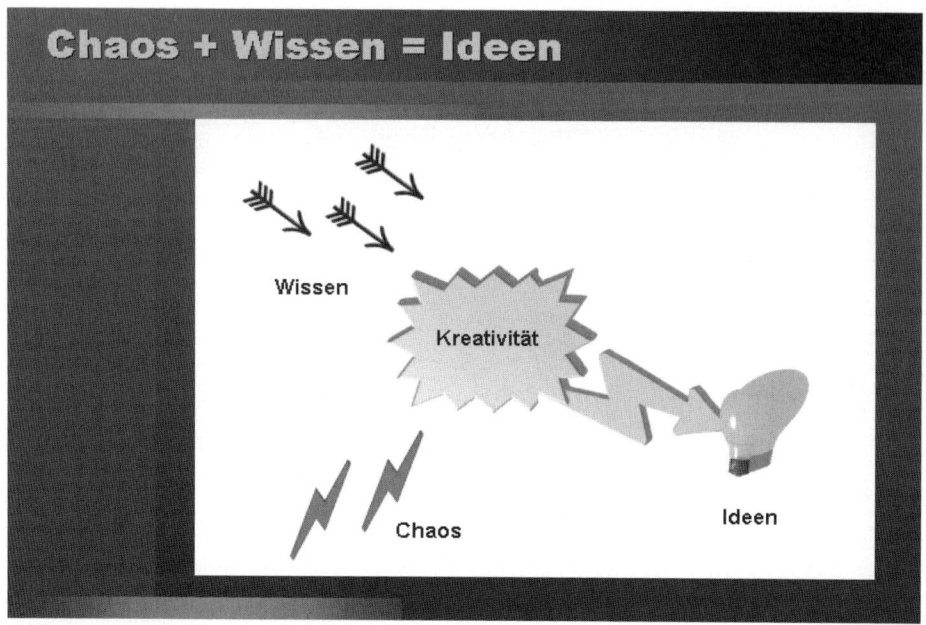

Abbildung 2-4: *Auf dem Schlachtfeld der Kreativität kämpfen Wissen und Chaos miteinander, um neue Ideen hervorzubringen.*

nennen wir auch Kreativität. Dabei muss jede neue Idee um ihre Existenz kämpfen, um einen Platz zwischen den synaptischen Verbindungen. Warum soll es mit den neuen Ideen in unserem Gehirn auch anders sein als in der Gesellschaft? Und wie in der Gesellschaft muss etwas für den Durchbruch neuer Ideen getan werden. Der beste Weg, Ideen oder Wörter erinnern und weiterentwickeln zu können, besteht darin, sie irgendwie einzigartig zu machen. Genau hier setzt das Mind Mapping an.

Tipp   Wenn Sie mehr über die Mind Mapping-Methode und das Programm MindManager wissen wollen, lesen Sie das Buch »Mind Mapping am PC für Präsentationen, Vorträge, Selbstmanagement mit MindManager 4.0« von Isolde Kommer/Helmut Reinke. Es ist in der 2. Auflage gerade im Carl Hanser Verlag erschienen (ISBN 3-446-21651-0).

Fürs Leben

»Leben ist Chaos. Das sollte man genießen.«
John Lydon (*1956), britischer Punkmusiker

Eigentlich hat es John Lydon schon auf den Punkt gebracht. Wir sollten uns nicht zu sehr darum bemühen, Ordnung und Struktur in unsere Leben zu bringen, sondern uns mehr damit beschäftigen, das Leben zu genießen. Oder aber wir sorgen dafür, dass der Akt des Planens oder Organisierens bereits ein Genuss ist. Dass uns der MindManager genau dabei behilflich sein kann, ist in diesem Abschnitt nachzulesen.

Neben einer **Abiturfeier-**, **Reise-** und **Geburtstagsplanung**, stehen ein **Liebesbrief** und ein **Freundschaftsgruß** auf dem Programm. Alle Kapitel erlauben einen Quereinstieg, wenn man entweder das erste Kapitel **33 Mind Maps** durchgearbeitet oder aber bereits Erfahrungen mit dem MindManager gesammelt hat. Zusätzlich können sie lernen

- Fotos in die Map zu kopieren
- Zweige zu verlinken
- eine Map als Webseite zu exportieren
- eine Excel-Tabelle zu importieren

und natürlich vieles mehr.

Viel Spaß!

3 Der Einstieg

Zum Einstieg für alle Mind Mapper und MindManager-Neulinge gehen wir jetzt erst einmal gemeinsam Schritt für Schritt durch den Aufbau einer Mind Map und alle Basisfunktionen des Programms. Wie in allen anderen Kapiteln auch, verbinden wir auch hier das Wissenswerte mit dem Nützlichen – wir erstellen das Inhaltsverzeichnis dieses Buches in Form einer Mind Map. Auf geht's!

33 Mind Maps aus der Praxis

Das Titelthema ist in diesem Fall natürlich kein Problem: **33 Mind Maps aus der Praxis**. Die Hauptzweige sind die sechs schon in der Einleitung beschriebenen Einsatzbereiche:

- Für Alle
- Fürs Büro
- Für PC-User
- Für Manager
- Fürs Marketing
- Fürs Leben

Als erstes starten wir den MindManager und öffnen eine neue Mind Map-Vorlage.

Titelthema und Hauptzweige

Dazu klickt man ganz einfach auf die Schaltfläche *Neu (Standard)*. Es öffnet sich eine Standard-Vorlage wie in Abbildung 3-1 zu sehen.

Abbildung 3-1:
Die Standard Mind Map Vorlage.

Klicken Sie auf das Titelthema und schreiben Sie **33 Mindmaps.**
Um hier einen Zeilenumbruch einzufügen, drücken Sie die Tasten Um-
schalt+Eingabe und schreiben weiter: **aus der Praxis.**

Wenn Sie nun die Taste Einfg drücken, wird ein Hauptzweig eingefügt und ein Textfeld geöffnet. In dieses geben Sie **Für Alle** ein und bestätigen Ihre Eingabe mit der Taste Einfg, die auch gleichzeitig einen nächsten Hauptzweig anlegt. Auf diese Weise fügen Sie auch die übrigen
Hauptzweige **Fürs Büro, Für PC-User, Für Manager, Fürs Marketing** und
Fürs Leben ein. Mit jedem Druck der Taste Einfg wird die Beschriftung
abgeschlossen und ein neuer Zweig angelegt. Nach der letzten Zweigbeschriftung drücken Sie die Taste Eingabe.

Hinweis   Haben Sie sich bei der Beschriftung verschrieben? Kein Problem. Zur Änderung einer Beschriftung markieren Sie den betreffenden Hauptzweig mit einem Doppelklick mit der
linken Maustaste und überschreiben das Textfeld.

Der aktuelle Stand der Map sollte jetzt so aussehen, wie in Abbildung 3-2
zu sehen ist.

Abbildung 3-2:   *Die sechs Hauptzweige.*

Unterzweige einfügen und beschriften

Nach den Hauptzweigen kommen nun die Unterzweige. Unterzweige werden beim Mind Mapping dazu verwendet, Details zu ergänzen.

Wählen Sie mit der linken Maustaste den Zweig **Fürs Leben** so an, dass er blau unterlegt ist. Denn solange ein Zweig angewählt (markiert) ist, werden neu eingefügte Zweige zu seinen Unterzweigen. Drücken Sie die Taste Einfg, um einen Unterzweig anzulegen. Schreiben Sie **33 Mind Maps** und drücken Sie 2-mal die Taste Eingabe, um einen weiteren Unterzweig auf derselben Ebene anzulegen. In diesen schreiben Sie **Mit dem Motorrad durch Andalusien**. So verfahren Sie mit allen Kapiteln des Bereiches **Fürs Leben**. Wenn Sie alles eingetragen haben, bestätigen Sie Ihren letzten Eintrag mit Eingabe. Ihre Map müsste nun aussehen wie in Abbildung 3-3.

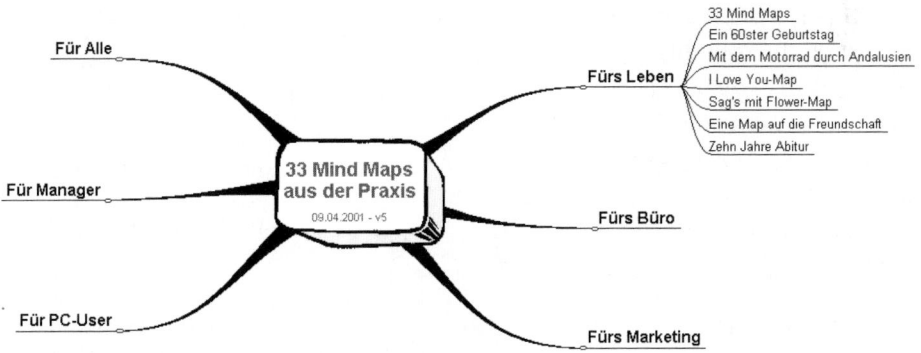

Abbildung 3-3: *Der erste Hauptzweig mit Unterzweigen.*

Kodes hinzufügen

Fügen Sie nun dem Zweig **Sag's mit Flower-Map** einen Kode hinzu, um zu zeigen, dass das eine besonders gute Idee ist. Als Kodes werden in MindManager 4.0 die Icons bezeichnet, welche den Zweigen zur visuellen Kennzeichnung zugeordnet werden können.

Sollte am rechten Bildschirmrand bei Ihnen keine Kodeleiste mit Symbolen erscheinen **Tipp**
wählen Sie aus der Menüleiste Ansicht/Anzeigen/verbergen/Kodes, um die Symbolleiste anzuzeigen.

Markieren Sie den Zweig und klicken Sie mit der linken Maustaste in der Kode-Leiste auf das Smiley-Symbol. Der Kode erscheint nun neben der Zweigbeschriftung.

Zweige hervorheben

Suchen Sie die Schaltflächen *Farbe zuweisen* und *Hervorheben* in der Menüleiste. Wählen Sie den Zweig **I Love You-Map** aus und klicken auf den **Pfeil** rechts neben der Schaltfläche *Farbe zuweisen*. Klicken Sie auf die grüne Farbe in der Auswahlbox. Der gewählte Zweig wird grün gefärbt Wählen Sie den Zweig **Ein 60ster Geburtstag** aus und klicken Sie auf den Pfeil neben *Hervorheben*. Klicken Sie auf die rote Farbe in der Auswahlbox. Die Beschriftung wird rot unterlegt. Klicken Sie nun in den Hintergrundbereich Ihrer Map, um sich die Hervorhebung anzuschauen.

Um eine Farbe oder eine Hervorhebung zu entfernen, wählen Sie einfach den entsprechenden Zweig aus und klicken Sie erneut auf die entsprechende Schaltfläche, die als Ein- und Ausschalter funktioniert. Um eine Farbe zu wechseln, öffnen Sie die Farbenauswahl-Box mit dem Dropdown-Pfeil und klicken auf die gewünschte Farbe.

Wiederholen Sie das Gelernte und ergänzen die Map, bis sie so aussieht wie in Abbildung 3-4.

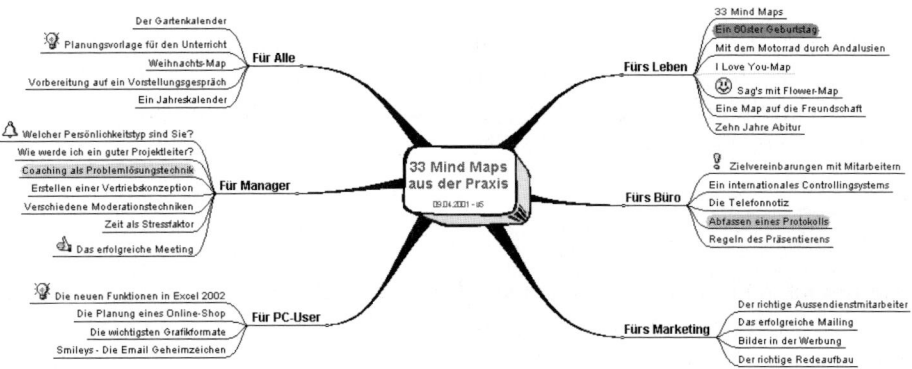

Abbildung 3-4: *Die Map ist ganz schön schnell gewachsen.*

Zweige verschieben

Die Zweige können in der Map verschoben werden. Ziehen Sie den Quellzweig und lassen Sie ihn über einem Zielzweig fallen. Er wird als neuer Unterzweig verbunden.

Eine »Ziel-Zone« erscheint, bestehend aus zwei Farbflächen – rot und gelb. Diese zweifarbige Färbung zeigt verschiedene Bereiche am Zweig an, an denen Sie ein Objekt fallen lassen können. Der gelbe Bereich zeigt an, dass das fallen gelassene Element als übergeordnetes Element hinzugefügt wird. Der rote Bereich zeigt an, dass das fallen gelassene Element als untergeordnetes Element des Ziels hinzugefügt wird. Lassen Sie die Maustaste los, um den Vorgang abzuschließen.

Zweige kopieren

Manchmal ist es notwendig, einen Zweig zu kopieren. Wir verwenden hierzu die gleiche Drag & Drop-Methode wie beim Zweig verschieben. Wenn Sie beim Ziehen des zu verschiebenden Zweiges die Strg-Taste gedrückt halten, wird der Unterzweig nicht nur verschoben, sondern kopiert, das heißt er erscheint in beiden Hauptzweigen. Sie erkennen den Kopiervorgang an dem kleinen Plus-Zeichen, das der Mauszeiger mit sich führt.

Zweige löschen

Das Löschen funktioniert wie bei fast allen Programmen mit der Entf-Taste. Sie markieren den zu löschenden Zweig und drücken Entf.

Wenn Sie einen Hauptzweig löschen, werden auch alle Unterzweige gelöscht.   **Vorsicht**

Wenn Sie einen Zweig oder Unterzweig aus Versehen gelöscht haben, können Sie ihn über den Befehl *Rückgängig* wiederherstellen: Klicken Sie auf die Schaltfläche *Rückgängig* oder drücken Sie die Tasten Strg+Z und der versehentlich gelöschte Zweig erscheint wieder.

Die Symbolgalerie und Map fokussieren

Wenn Ihre Map größer wird oder Sie verschiedene andere Fenster geöffnet haben, wie beispielsweise die Symbolgalerie, kann es notwendig werden, die Map neu zu fokussieren. Hierzu drücken sie einfach die Taste F5 und die Map wird in der Bildschirmmitte fokussiert.

Um die Symbolgalerie aufzurufen, klicken Sie auf die Schaltfläche *Symbolgalerie anzeigen/verbergen* in der Symbolleiste. Die Symbolgalerie erscheint am linken Bildschirmrand.

Das Titelsymbol ändern

Das in Abbildung 3-1 gezeigte Titelsymbol passt natürlich nicht zu jedem Anlass und ist doch recht nüchtern. Die Symbolgalerie kann Abhilfe schaffen. In der Symbolgalerie werden die Symbolordner im oberen Bereich und die Symbol-Icons im unteren Bereich angezeigt.

Klicken Sie auf den Ordner mit dem Namen *Titel-Modern*. Hier finden Sie eine Reihe von Symbolen, die speziell für Titel gestaltet sind. Klicken Sie auf ein Symbol und halten Sie zur näheren Betrachtung die linke Maustaste gedrückt. Das Symbol wird größer dargestellt. Wählen Sie nun ein Symbol aus, welches Ihnen gefällt. Ziehen Sie es mit gedrückter linker Maustaste auf den Titel **33 Mindmaps aus der Praxis** und lassen Sie die Maustaste los. Die Map macht jetzt schon einen ganz anderen Eindruck, wie man in Abbildung 3-5 sehen kann.

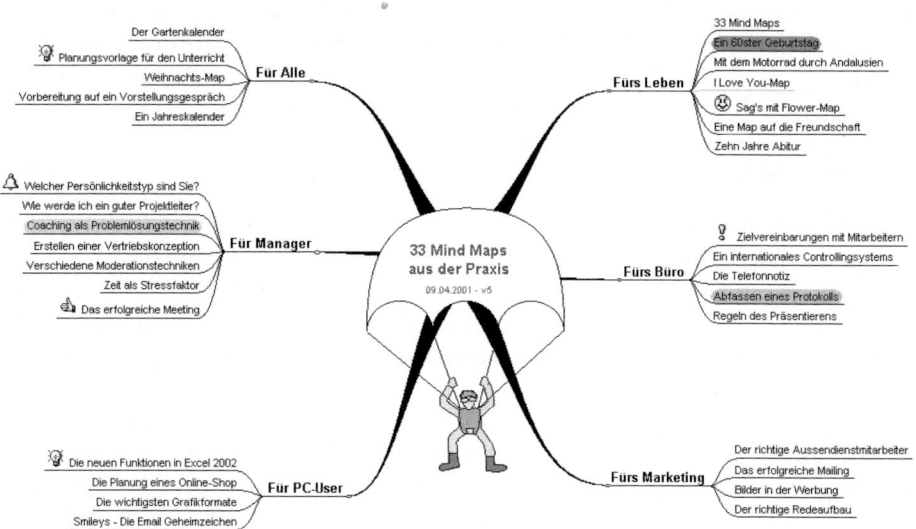

Abbildung 3-5:   *Das wird eine Punktlandung.*

Freie und verbundene Symbole

Symbole aus der Symbolgalerie können frei auf den Bildschirm platziert oder mit einem Zweig verbunden werden. Wählen Sie ein beliebiges Symbol aus der Symbolgalerie und ziehen Sie es mit gedrückter linker Maustaste auf einen freien Bereich in der Map. Lassen Sie die Maustaste los und das Symbol liegt frei in der Map. Ein freies Symbol kann an jedem beliebigen freien Bereich der Map platziert werden.

Sie können ein Symbol auch an einen Zweig anhängen, so dass das Symbol künftig zusammen mit dem Zweig verschoben wird. Sie verfahren genauso wie bei freien Symbolen, lassen die Maustaste aber erst los, sobald der betreffende Zweig farbig aufleuchtet und eine dünne Verbindungslinie zwischen Symbol und Zweig zu sehen ist. Klicken Sie auf einen freien Bereich der Map, um die Markierung des Symbols aufzuheben.

Symbole können frei in ihrer Größe verändert werden. Wenn Sie ein platziertes Symbol markieren, erscheint ein farbiges Rechteck als Markierung. Wie aus anderen Programmen bekannt, kann es mit Hilfe der Eckpunkte vergrößert und verkleinert werden.

Umrandungen hinzufügen

Eine Umrandung kann dazu verwendet werden, eine Gruppe von Informationen hervorzuheben.

Wählen Sie den Zweig **Für Alle** und klicken Sie auf die Schaltfläche *Umrandung* in der Symbolleiste. Die nun eingeblendete Umrandung hat die gleiche Farbe wie der Zweig. Wenn Sie auf den Dropdown-Pfeil neben der Schaltfläche klicken, können Sie verschiedene Formen der Umrandung auswählen und festlegen, ob die Umrandung gefüllt sein soll oder nicht. Die Schaltflächen zur Hervorhebung und Umrandung sind nur aktiv, wenn ein Zweig ausgewählt ist.

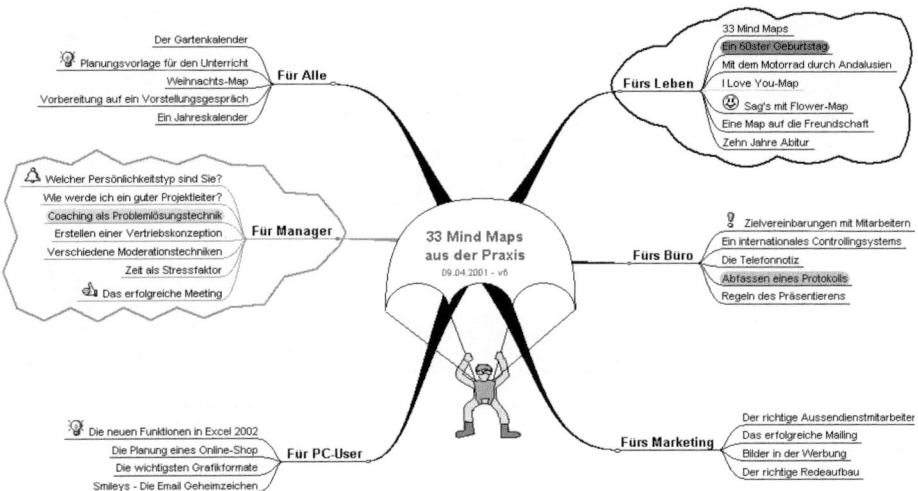

Abbildung 3-6: *So sehen ungefüllte Umrandungen aus.*

Freier Text

Sie können Ihrer Map durch das Hinzufügen von freiem Text zusätzliche Informationen beigeben. Wir werden den Slogan **Leistung aus Leidenschaft** in unsere Map aufnehmen.

Klicken Sie auf die Schaltfläche *Freier Text* in der Symbolleiste. Wenn Sie nun in einen beliebigen freien Bereich in Ihrer Map klicken, erscheint ein Text-Eingabefeld mit der Bezeichnung *Freier Text*. Schreiben Sie **Leistung aus Leidenschaft**.

Nun können Sie beispielsweise mit den Schaltflächen *Vergrößern*, *Kursiv* und *Fett* den Text formatieren oder Sie verwenden Farben und Hervorhebungen zur Textgestaltung. Sie können freien Text einfach per Drag & Drop verschieben oder wie freien Text an einen Zweig anhängen und auch wieder lösen.

So, jetzt haben wir die wichtigsten Funktionen des MindManagers durchgearbeitet. Hat es Ihnen Spaß gemacht? Dann stürzen Sie sich hinein in die bunte Welt der Mind Maps.

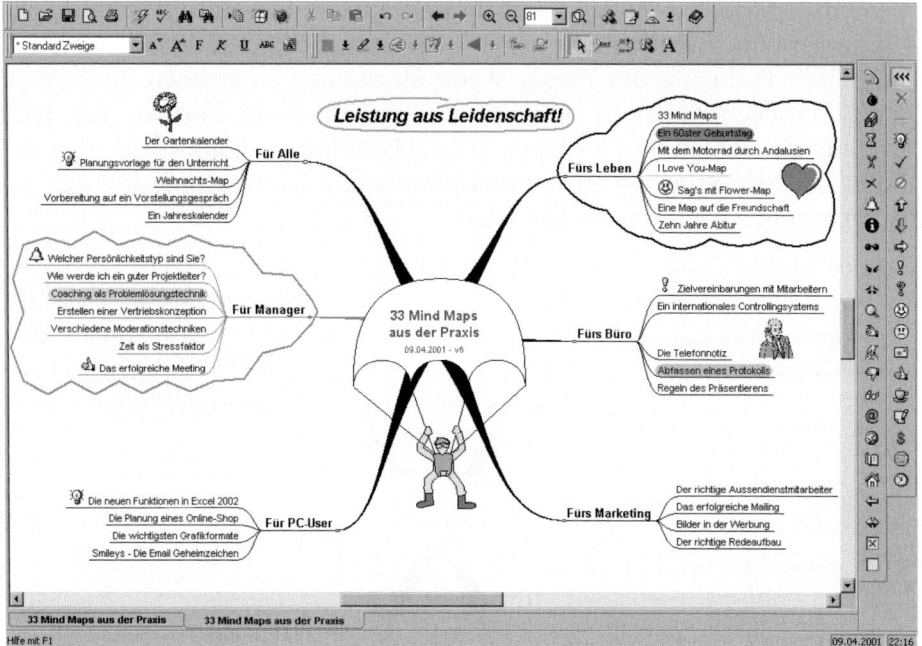

Abbildung 3-7: *Der Inhalt des Buches übersichtlich auf einer Map.*

Happy Birthday

Große Familienfeste erfordern einiges an planungstechnischem Geschick, ob nun Hochzeit, Taufe oder runde Geburtstage. Wer wird eingeladen, wer nicht? Was gibt es zu Essen und wo findet das Ereignis statt? Wer macht Musik und was für welche überhaupt? So viele Dinge sind zu beachten, da kann es schon passieren, dass man im Vorfeld die Lust verliert, überhaupt zu feiern. Dabei könnte alles so einfach sein.

Die Geburtstagsplanung

Dieses Jahr ist es soweit: Anna H. wird 60 Jahre alt. Eigentlich freut sie sich sehr auf diesen Tag, wenn nur nicht an so viel zu denken wäre. Ihre drei Töchter haben sich aber glücklicherweise bereit erklärt, Anna bei den Planungen zu helfen. Da die älteste Tochter dieses Jahr auch noch heiratet und ein Cousinentreffen stattfinden soll, existieren schon Gästelisten, die auch für Annas Geburtstag von Nutzen sein können. Die Töchter werden also einen Computer mitbringen, auf dem ein kleines Wunderprogramm installiert sein soll, mit dessen Hilfe man angeblich fast nichts mehr vergisst und somit ein reibungslosen Ablauf garantiert ist. Anna ist schon sehr gespannt.

Annas 60ster Geburtstag

Jetzt geht es los. Die jüngste der Töchter, Grit, sitzt am PC und die beiden älteren, Frida und Paula, übernehmen mit der Frau Mama den »kreativen« Teil. Mit den Tasten Strg+N oder mit dem Befehl *Datei/Neu* öffnet Grit eine Liste, die die bereits existierenden Vorlagen zeigt. Dort wählen sie den Eintrag *Standard Mind Map*.

Als Erstes wollen sie das Titelthema der Map ändern. Dazu klicken sie mit der linken Maustaste auf das Titelthema **Mind Map Titel** und markieren den Text. Nun können sie den Plan umbenennen. Sie schreiben

Abbildung 4-1:
Eingangsbild einer Standard Mind Map.

Annas 60ster Geburtstag. In einer Zeile findet Grit es aber nicht schön und fügt einen Zeilenumbruch mit Strg+Eingabe ein.

 Die Standard Mind Map blendet automatisch das aktuelle Datum und eine Versionsnummer ein. Dies kann ausgeblendet oder geändert werden, indem der Titel der Mind Map markiert und mit der Tastenkombination Alt+Eingabe das Dialogfenster *Eigenschaften des Mind Map Themas* aufgerufen wird. In der Registerkarte *Datum und Version* werden die Änderungen vorgenommen.

Das Titelthema-Symbol passt nicht recht zu einem sechzigsten Geburtstag und Grit zeigt ihrer Mutter und ihren Schwestern den Gebrauch der Symbolgalerie, die man mit einem Klick auf die Schaltfläche *Symbolgalerie anzeigen/verbergen* aufrufen kann. Die Symbolgalerie erscheint nun am linken Bildschirmrand. Klickt man in den Hintergrund der Map und drückt F5, wird die Map auf den Bildschirm angepasst. Aus dem Ordner *Titel Modern* wählen die vier ein passendes Titelsymbol (siehe Abbildung 4-2).

Abbildung 4-2:
Eine Schatztruhe voller Geburtstagsideen.

Feste feiern

Nun können die fleißigen Planerinnen an ihr Titelthema die gewünschte Anzahl von Hauptzweigen einfügen. Dies tun sie ganz einfach mit der Taste Einfg. »Was muss denn alles organisiert werden?«, überlegt Anna. **Gäste, Hotel, Essen & Trinken, Programm** und **Geschenke** fallen ihr ein. Grit fügt also fünf Hauptzweige an das Titelthema und beschriftet sie mit

den genannten Punkten. Alle sammeln nun die bereits vorhandenen Informationen und tragen sie an die Unterzweige der Äste.

Frida hat schon eine Gästeliste in Microsoft Excel angefertigt. Den Inhalt der Liste kann man einfach in das Feld *Textnotiz* kopieren.

Hierfür markiert Grit den Zweig **Gäste** und aktiviert die Schaltfläche
Textnotizen anzeigen/verbergen. Sie öffnet das Excel-Dokument, markiert die Tabelle und kopiert sie mit Strg+C in die Zwischenablage. Wieder zurück im MindManager-Programm geht sie in das *Textnotizen*-Fens-
ter und kopiert mit Strg+V den Inhalt hinein. Der MindManager erkennt
automatisch die Tabellenform.

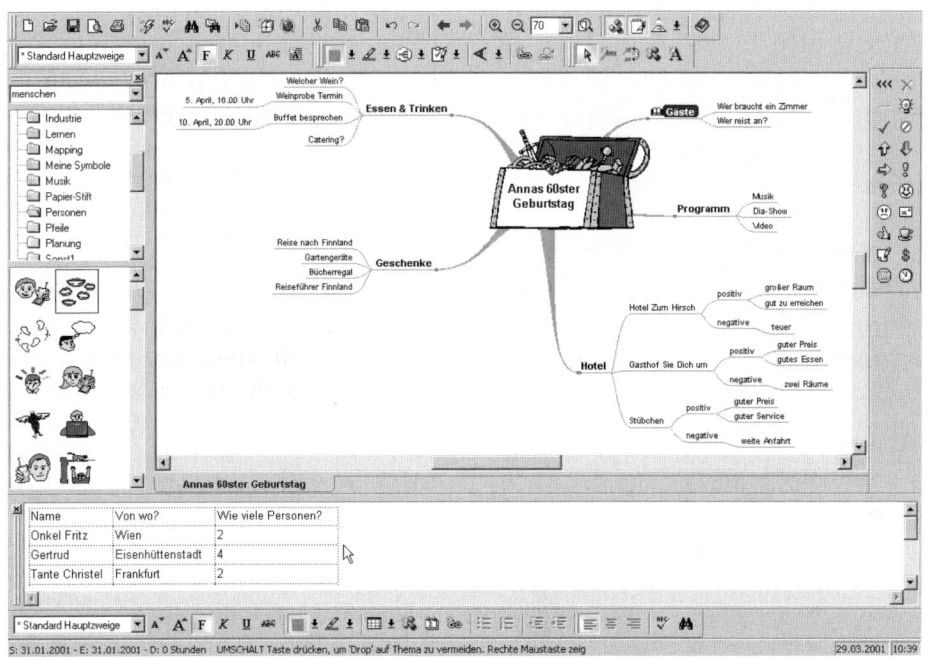

Abbildung 4-3: *Der Mauszeiger zeigt auf die eingefügte Tabelle im Textnotizfenster.*

Navigationshilfen

Um die Map etwas zu verkleinern, klickt Grit auf die Schaltfläche *Ver-*
kleinern oder tippt die Minus-Taste.

Zum Vergrößern klickt sie auf die Schaltfläche *Vergrößern* oder die
Plus-Taste.

Zum Verschieben der gesamten Map klickt Grit in den Hintergrund
und bewegt die Maus mit gedrückter linker Maustaste. Mit F5 zentriert
Grit die Map.

Das Ausschmücken

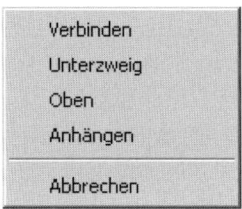 Anna muss erst einmal verschnaufen. Das ging jetzt alles ganz schön schnell, und plötzlich liegen alle Schritte so klar vor einem. Jetzt muss die Map nur noch ein wenig ausgeschmückt werden. Also stöbern die vier noch ein wenig in der *Symbolgalerie*. Sie finden viele passende Symbole, die man einfach mit der linken Maustaste zu dem jeweiligen Zweig ziehen kann. Wenn Grit die Symbole mit der rechten Maustaste in die Map zieht, erhält sie beim Loslassen eine Befehlsleiste, in der man auswählen kann, wie das Symbol angehangen werden soll (Abbildung 4-4).

Verbinden

Unterzweig

Oben

Anhängen

Abbrechen

Abbildung 4-4:
Die Befehlsleiste zum Anhängen von Symbolen.

Der Befehl *Verbinden* setzt das Symbol beispielsweise neben die Zweigbeschriftung. Die Geburtstags-Map wird nach und nach richtig bunt. Das Ergebnis kann man in Abbildung 4-5 bewundern. Anna freut sich mittlerweile schon riesig auf das sicherlich wunderschöne Fest.

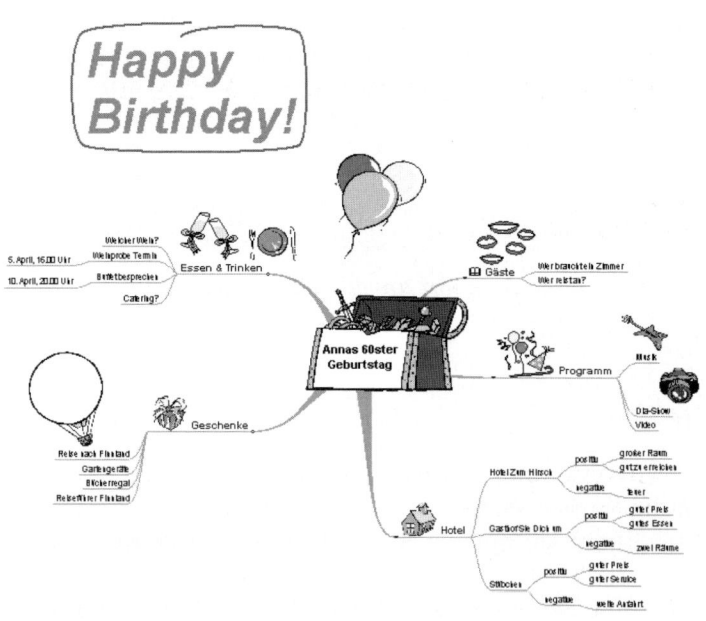

Abbildung 4-5:
Annas Geburtstags-Map.

5 Eine Reiseplanung

Eine der schönsten Zeiten des Jahres ist der Urlaub. Vielen reicht der Gang ins Reisebüro, aber die Anzahl der Individualisten beim Reisen wächst und wächst. Mit der Reiseplanung fängt bei vielen schon der Urlaub an und sie genießen diese Phase bereits so, als ob sie bereits im Urlaub wären. Und die Vorfreude ist ja bekanntlich die schönste Freude.

Mit dem Motorrad durch Andalusien

Die Brüder Tim und Reiner sind begeisterte Motorradfahrer. Schon lange ⚙ planen sie mit ihren Freunden eine Motorradtour durch Andalusien. Mit Hilfe der Wochenplanfunktion im MindManager wollen sie ihre Tour als Mind Map visualisieren und zusammenstellen. Sie wollen Fotos und Links hinterlegen, damit auch ihre Freunde eine Vorstellung über die Tour erhalten und im Internet noch weitere Informationen sammeln können.

Der Wochenplan

Über die Menüleiste *Datei/Neu* öffnen Tim und Reiner die Mind Map ⚙ Vorlage *Wochenplan* (siehe Abbildung 5-1).

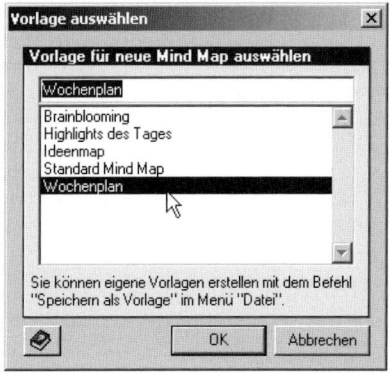

Abbildung 5-1:
Die verschiedenen Vorlagen.

Der MindManager öffnet eine Mind Map, die bereits sieben mit den Wochentagen beschriftete Hauptzweige besitzt. Da der Anreise- und Abreisetag jeweils auf einen Sonntag fällt, müssen Tim und Reiner den Sonntag-Zweig einmal kopieren. Hierzu ziehen sie den Zweig **Sonntag** mit der Maus an die gewünschte Position und halten die linke Maustaste gedrückt. Zwischen Titelthema und dem verschobenen Zweig erscheint ein einfacher, gelb-gestrichelter Zweig als Zeichen, dass der Zweig angehängt ist. Nun drückt Tim gleichzeitig die Taste Strg. Eine Zweigkopie ist erstellt.

Hinweis   Achten Sie darauf, erst den Zweig an die gewünschte Position zu ziehen und dann die Strg-Taste zu drücken. Sonst funktioniert die Kopierfunktion nicht.

Die beiden markieren das Titelthema **Wochenplan** und benennen es in **Mit dem Motorrad durch Andalusien** um. Außerdem sind sie mit dem Titelthema-Symbol nicht einverstanden. Da gib es sicherlich etwas Passenderes. Mit der Schaltfläche *Symbolgalerie anzeigen/verbergen* holen sie sich die Symbolgalerie auf den Bildschirm. Im Ordner **Transport** findet Tim ein Motorrad-Symbol. Dieses zieht er mit gedrückter linker Maustaste auf das Titelthema seiner Map. Er lässt die Maustaste los und das alte Symbol wird ersetzt.

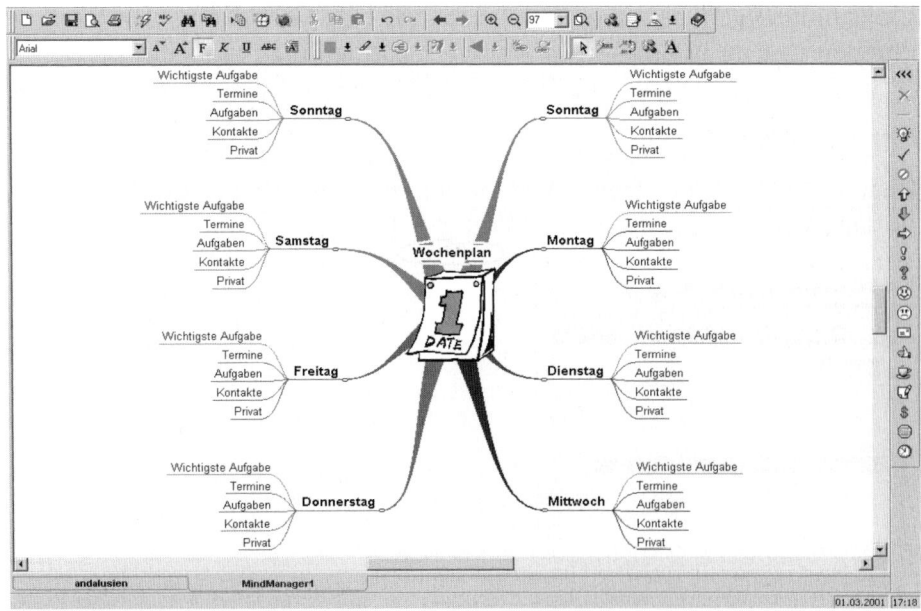

Abbildung 5-2:   *Eine Woche mit zwei Sonntagen. Wie schön!*

Abbildung 5-3:
*Das Motorrad-Symbol aus der Symbolgalerie passt
viel besser zum Thema.*

Die Route

Reiner hat in der letzten Woche schon an einem Routenplan gearbeitet.
Für jeden Wochentag trägt er nun die wichtigsten Stationen und die Orte
der Übernachtungen ein. Dafür geht er einfach mit einem Doppelklick auf
die bereits in der Wochenplan-Vorlage vorhandenen Nebenzweige. So

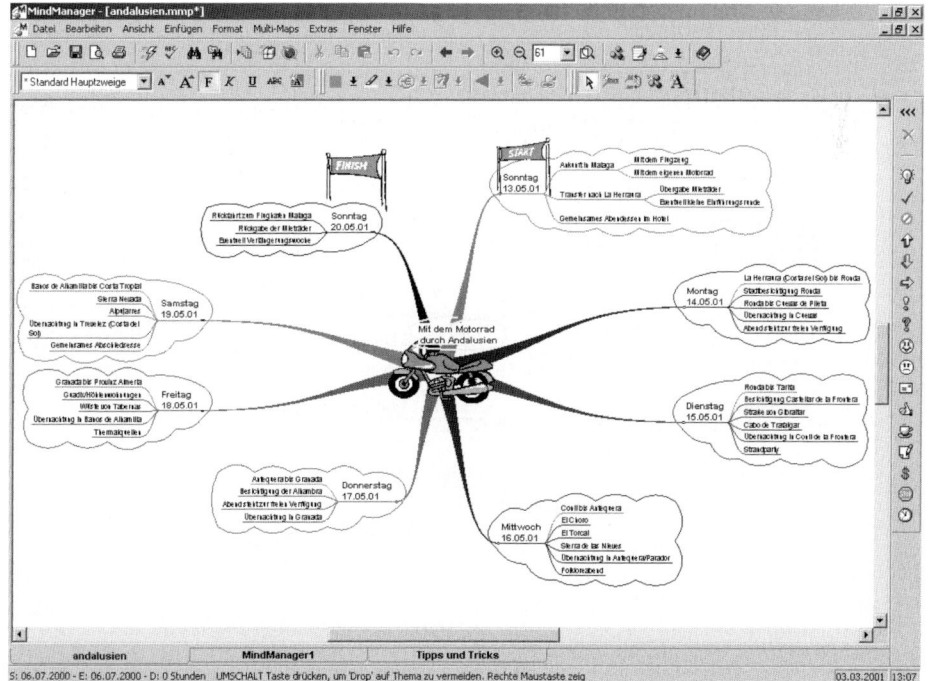

Abbildung 5-4: *Die Andalusien Tour.*

kann er die Eintragungen überschreiben. Um einen Unterzweig einzufügen, markiert er den dazugehörenden Hauptzweig und drückt die Taste Einfg. Um einen überflüssigen Zweig zu löschen, markiert er diesen und drückt die Taste Entf.

So füllt er nach und nach die Wochentage mit den Stationen der Tour durch Andalusien. Außerdem fügt er jedem Wochentag auch noch das entsprechende Datum hinzu. In der Symbolgalerie hat er zudem auch noch zwei Grafiken entdeckt, die er seiner Map hinzufügen möchte. Aus dem Ordner *Sport* wählt er für den Ankunftstag das Symbol *Start* und für den Abreisetag das Symbol *Finish*.

Mit der Schaltfläche *Umrandung* weist er zusätzlich jedem Zweig eine wolkige, aber ungefüllte Umrandung zu. Nach nur kurzer Zeit sieht die Map doch schon ganz anschaulich aus.

Andalusien: Informationen und Impressionen

Reiner und Tim haben das meiste der Routenplanung und viele Buchungen für Übernachtungen ganz einfach über das Internet gemacht. Dadurch hat sich eine erstaunliche Webseiten-Sammlung ergeben. Damit sich die anderen ein Bild von dem machen können, was sie auf der Reise durch

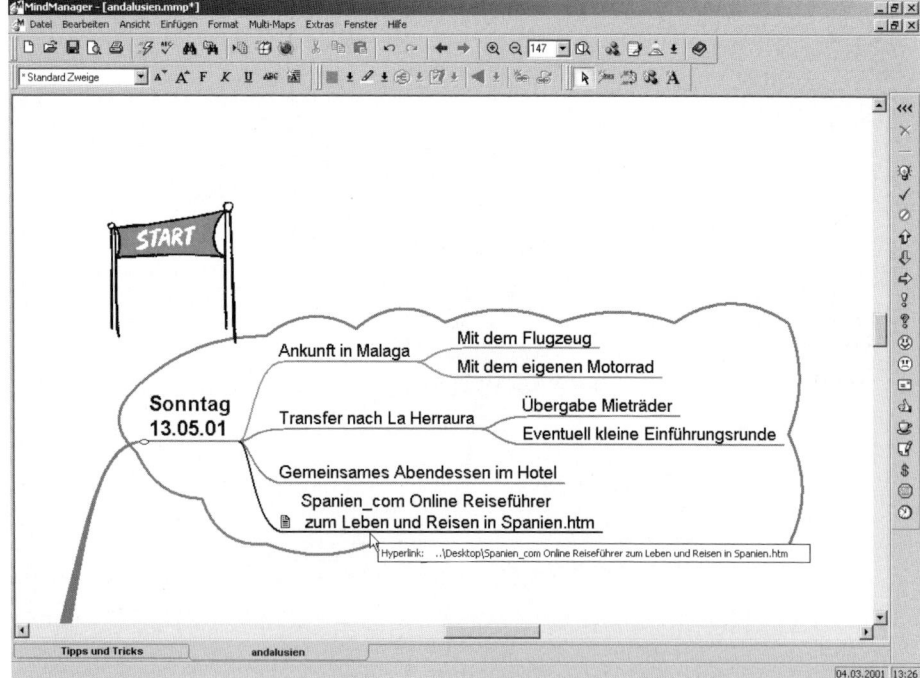

Abbildung 5-5: *Der eingefügte Link zum Spanien Online Reiseführer.*

Andalusien erwartet, wollen sie in ihre Mind Map Links zu den Web-Seiten hinterlegen.

Mit der Drag&Drop Funktion können die Hyperlinks aus dem Windows Internet Explorer oder jedem anderen Internetbrowser ganz einfach kopiert werden. Tim klickt im Explorer auf die Adresse *www.spanien. com* und zieht diese mit gedrückter linker Maustaste auf den ersten Hauptzweig seiner Mind Map, **Sonntag 13.05.01.** Wenn er die Maustaste löst, wird automatisch ein neuer Unterzweig mit dem Hyperlink zu der Webseite angelegt. So verfährt er auch mit den anderen Links, die er zusammengesammelt hat. Es entsteht eine umfangreiche Tour- und Reisebeschreibung.

Für die Mitreisenden, die noch über keinen Internetanschluss verfügen, haben die beiden einige Fotos eingescannt, die sie nun anstelle der Grafiken aus der Symbolgalerie in ihre Mind Map einfügen möchten. Auch das ist im MindManager ganz einfach: Reiner markiert den Zweig, dem ein Bild oder eine Grafik zugeordnet werden soll.

Mit der Schaltfläche *Neues Symbol oder Grafik* öffnet er ein Dialogfenster.

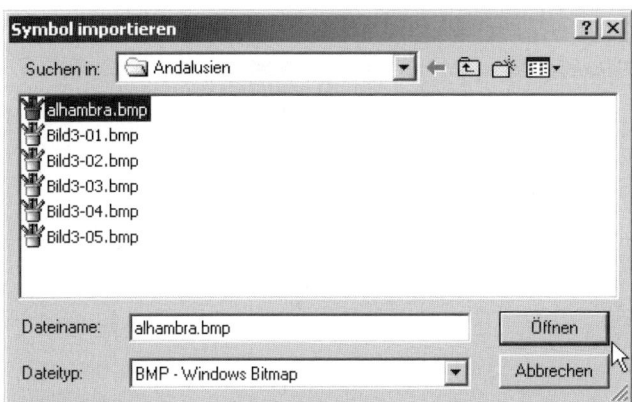

Abbildung 5-6: *Das Dialogfenster zum Einfügen einer Grafik.*

Mit der Schaltfläche *Durchsuchen* geht er zu der entsprechenden Datei und bestätigt die Auswahl mit *Öffnen.* So wird das Foto als Unterzweig an den ausgewählten Zweig angehängt.

Schnell verwandelt sich die Mind Map in eine kleine Fotoreise durch Andalusien und die beiden können gar nicht mehr abwarten, bis es endlich losgeht.

Abbildung 5-7:   *Der Zweig mit eingefügtem Foto. Da packt einen doch gleich die Reiselust.*

6 Die Liebes-Map

»I am in Love again!« Schön, wenn das jemandem passiert. Schmetterlinge im Bauch, alles erscheint im rosa Licht und man schwebt auf Wolke Sieben. Alles und besonders man selbst ist schöner als sonst und dieses Gefühl soll niemals aufhören. Die freigesetzten Hormone lassen einen vor Kreativität sprühen und nur noch eine Hürde ist zu nehmen: Wie sage ich es der oder dem Angebeteten?

I Love You-Map

Von einer auf die andere Sekunde war es passiert, woran Lisa eigentlich schon gar nicht mehr geglaubt hat: Sie hat sich verliebt! Eigentlich war ihr Thomas in der Theatergruppe erst gar nicht aufgefallen. Aber ein netter und geselliger Abend mit allen Schauspielern hatte für ihn genügt, um sich in Lisas Herz zu spielen. Und was passiert Lisa fortan? Wie ein Teenager fängt sie nun jedes Mal an zu stottern, wenn er auf der Bildfläche erscheint und mit leicht rotem Kopf versucht sie, seinen Blicken standzuhalten. So, denkt sich Lisa, kann es einfach nicht weitergehen. Sie muss ihre Gedanken ordnen und am besten alles aufschreiben, was ihr bezüglich Thomas in den Sinn kommt.

Was ich Dir sagen will

Lisa ruft sich über die Schaltfläche *Neu (Standard)* eine neue Mind Map auf den Bildschirm. Einen Titel hat sie für ihre Map auch schon im Kopf: **Was ich Dir sagen will!**

Lisa hat noch nicht sehr häufig mit dem MindManager gearbeitet. Unter dem Menüpunkt *Hilfe* wählt sie aus dem Dropdown-Menü die *Hilfethemen*. Dort öffnet sie mit der Maus das Thema *Tipps & Tricks*, woraufhin im MindManager eine Mind Map geöffnet wird.

Dies ist zwar schön übersichtlich angeordnet, aber Lisa hätte lieber eine ausgedruckte Version, die auch auf einen Blick alle Textnotizen an-

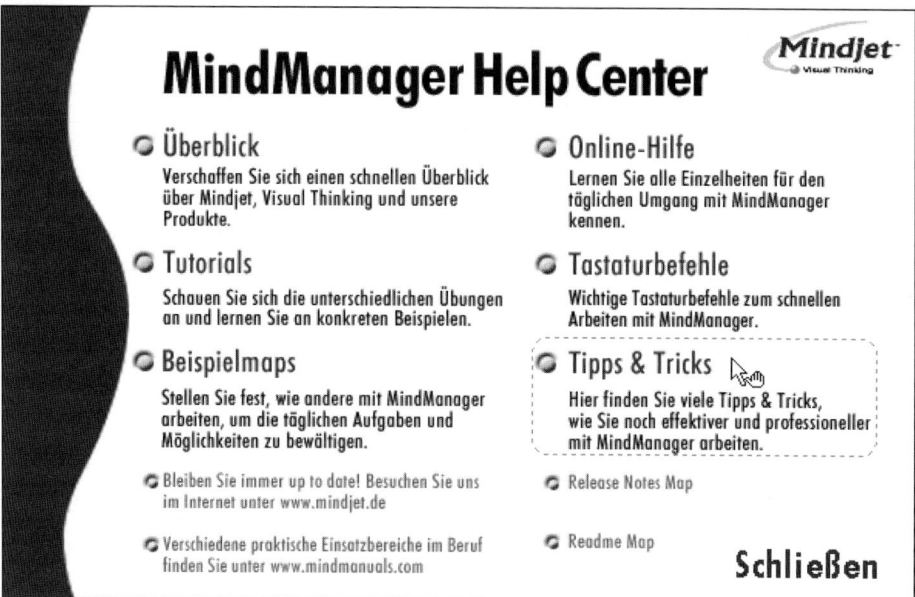

Abbildung 6-1: *Unter den Hilfethemen* Tipps & Tricks *findet Lisa einige nütz-liche Hinweise.*

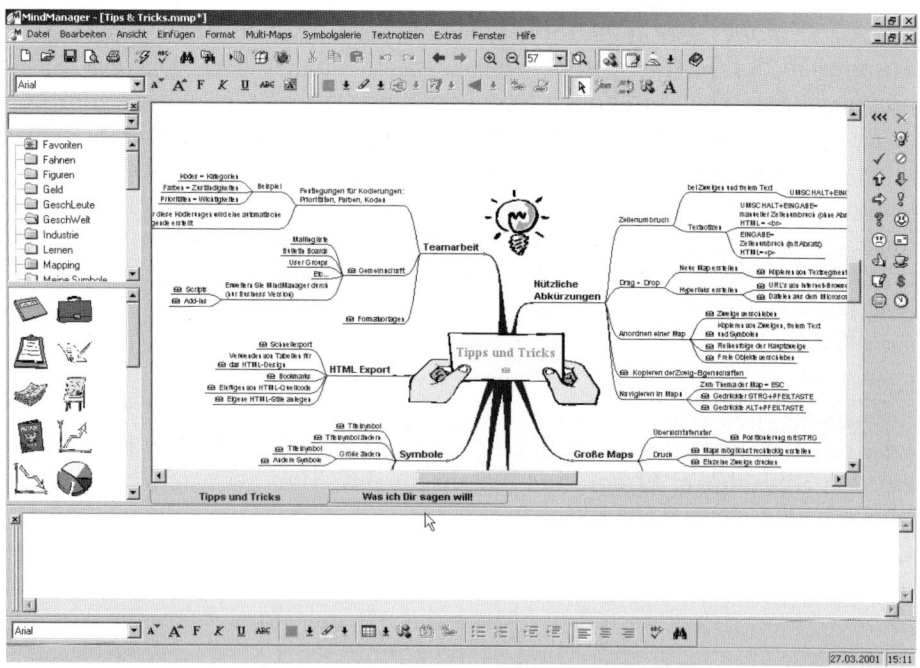

Abbildung 6-2: *Der Mauszeiger zeigt auf die verschiedenen Registerkarten der geöffneten Maps.*

zeigt. Daher möchte sie sich die Map in eine Word-Gliederung exportieren. Hierfür markiert sie das Titelthema der Map und wählt in der Menüleiste den Befehl *Datei/Export/Datei*. Dort wählt sie als Exportformat *Gliederung* und trägt in das Feld *Pfad* einen Dateinamen ein. Lisa bestätigt ihre Eingaben mit *OK* und der MindManager überträgt die kompletten Daten in ein Word-Dokument, welches sie sich dann ganz einfach ausdrucken kann.

Zusätzlich lässt sie aber die *Tipps & Tricks*-Map geöffnet, denn der MindManager ermöglicht ein gleichzeitiges Arbeiten an verschiedenen Maps. Zwischen den Maps kann ganz einfach hin und her navigiert werden, denn sie liegen wie Arbeitsblätter übereinander und können über Registerkarten angewählt werden (siehe Abbildung 6-2).

Ein Herz für Dich

So, jetzt soll es aber an den Inhalt gehen. Natürlich passt das *Standard* Titel-Symbol überhaupt nicht zu einer Liebes-Map. Auch die in der *Symbolgalerie* empfohlenen Titelsymbole in den Dateiordnern *Titel Klassik* und *Titel Modern* findet Lisa unpassend. In den Tipps findet sie den Hinweis, dass jedes beliebige Symbol als Titelsymbol verwendet werden kann. Zum Anpassen des Textbereiches eines Symbols klickt man einfach mit der rechten Maustaste auf das Symbol, welches sich noch in der Symbolgalerie befindet, und ändert in dem Dialogfenster *Symbol-Eigenschaften* die Einstellungen. Dann kann man es einfach mit der rechten Maustaste auf das Titelsymbol ziehen.

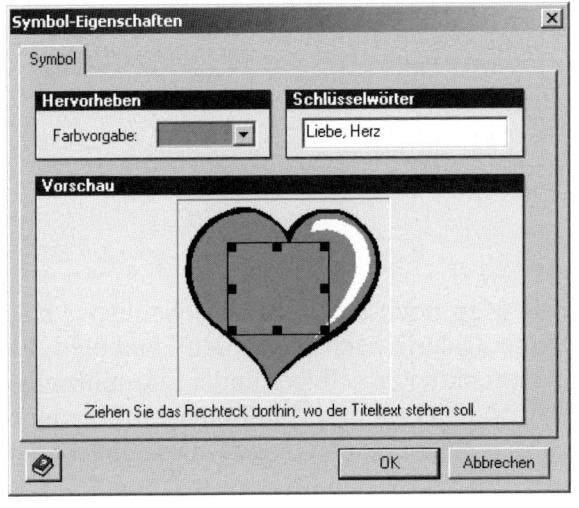

Abbildung 6-3:
Das Dialogfenster
Symbol-Eigenschaften.

Tipp   Das Titelsymbol kann in seiner Größe geändert werden: Klicken Sie einfach mit der Maus in den Titel (es erscheinen kleine »Anfasspunkte«) und ziehen Sie die Maus mit gedrückter linker Maustaste in eine beliebige Richtung.

Lisa markiert den Titel ihrer Map und geht auf die Schaltfläche *Farbe zuweisen*, um die Schriftfarbe des Titels zu ändern. Mit der Taste Einfg öffnet sie nun den ersten Zweig und schreibt ihre Gedanken zu Thomas auf. In Abbildung 6-4 sieht man das Ergebnis.

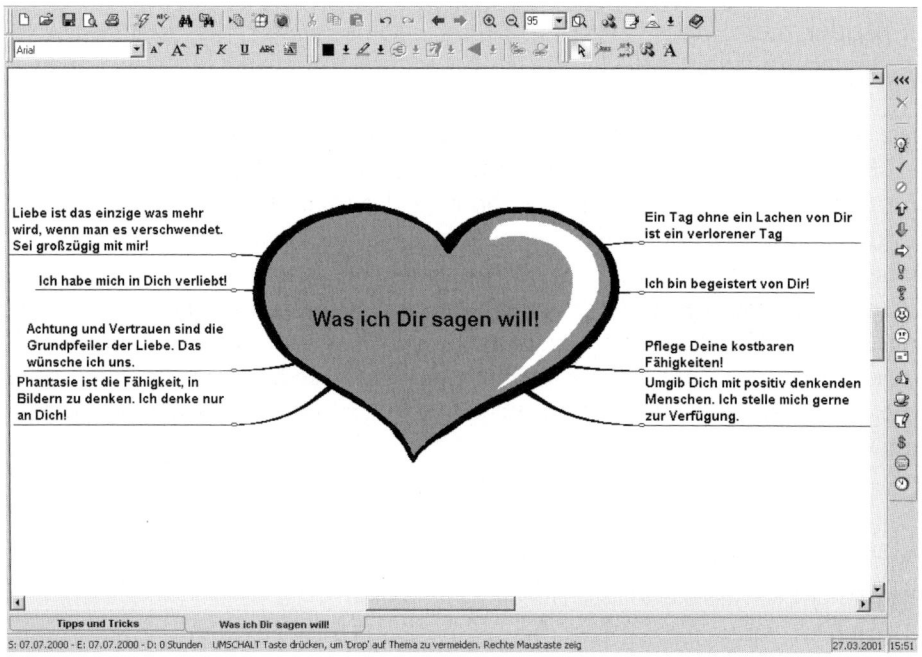

Abbildung 6-4:   *Lisas Botschaften wirken noch etwas verloren.*

Letzte Verschönerungen

Natürlich möchte Lisa nun ihre Map noch ein wenig anschaulicher machen. Dazu sucht sie in der Symbolgalerie nach passenden Symbolen. Es gibt sehr viele Ordner und das Durchklicken selbiger findet Lisa mühselig. Zur Erleichterung verfügt die *Symbolgalerie* des MindManagers über eine Suchfunktion, in der Lisa nun den Begriff **Liebe** eingibt. Darunter findet sie noch einige schöne Symbole.

Schlüsselwörter können ohne Einschränkung geändert oder ergänzt werden. Klicken Sie hierzu einfach mit der rechten Maustaste auf das Symbol und fügen Sie in der entsprechenden Dialogbox Ihre Schlüsselwörter hinzu.

Lisa fügt dem ersten Zweig ein Symbol zu und verändert die Schrift mit Hilfe der Schaltfläche *Kursiv*.

Außerdem ändert sie die Zweigfarbe mit der Schaltfläche *Farbe zu-weisen*. Diese Schritte muss Lisa aber nun nicht für jeden Zweig wiederholen. Die Zweigeigenschaften können einfach kopiert werden, indem man mit der linken Maustaste und gedrückter Alt-Taste auf den zu kopierenden Zweig klickt. Die Alt-Taste muss man nun gedrückt halten und den oder die Zweige nacheinander anklicken, denen die Eigenschaften zugewiesen werden sollen.

Wenn Sie die Alt-Taste loslassen, werden die kopierten Eigenschaften wieder vergessen. Beim Kopieren von Eigenschaften werden nur Schriftform und -farbe kopiert. Es werden keine Umrandungen oder beigefügten Symbole kopiert.

Lisa möchte die ganze Map in rötlichen Tönen halten, weshalb sie alle Symbole im Dialogfenster *Symbol-Eigenschaften* farblich verändert. Dort ist sie auch nicht nur auf die angezeigten Farben beschränkt, sondern sie kann über die Schaltfläche *Mehr Farben* ihre ganz individuelle Farbpalette zusammenstellen.

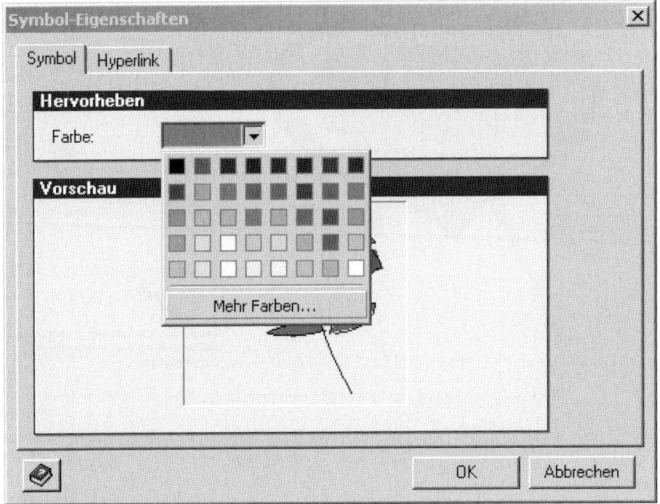

Abbildung 6-5: *Über die Schaltfläche* Mehr Farben *wird die Sache noch bunter.*

Nun ist Lisa mit ihrem Ergebnis zufrieden. Sie möchte Thomas die Map ausgedruckt schicken. Daher speichert sie ihr Ergebnis erst einmal ab, indem sie über die Menüleiste *Datei/Speichern* das Dokument in einem Verzeichnis ihrer Wahl ablegt.

Hinweis   MindManager skaliert die Map automatisch auf die Größe eines imaginären Rechtecks. Beinhaltet eine Map Zweige, die beispielsweise sehr weit nach links oder rechts auf der Map reichen, wird die Map auf diesen Seiten sehr weit gedehnt, damit sie beim Druck auf das eingestellte Papierformat passt.

Zum Drucken geht Lisa auf die Menüleiste *Datei/Drucken*. In dem sich öffnenden Dialogfenster wählt sie als Druckformat *Mind Map Grafik*. Sie möchte einen Probedruck in schwarz-weiß drucken. Bei dem Ausdruck für Thomas wird sie die Funktion deaktivieren, indem sie den Haken aus dem Kästchen nimmt. Unter *Weitere Optionen* kann sie noch mehr Druckeinstellungen vornehmen. Sie klickt auf OK und ihre Map wird gedruckt. Lisa ist zufrieden. Sie druckt nun die Map noch einmal in Farbe für Thomas aus – und dann geht sie ab in den Briefkasten.

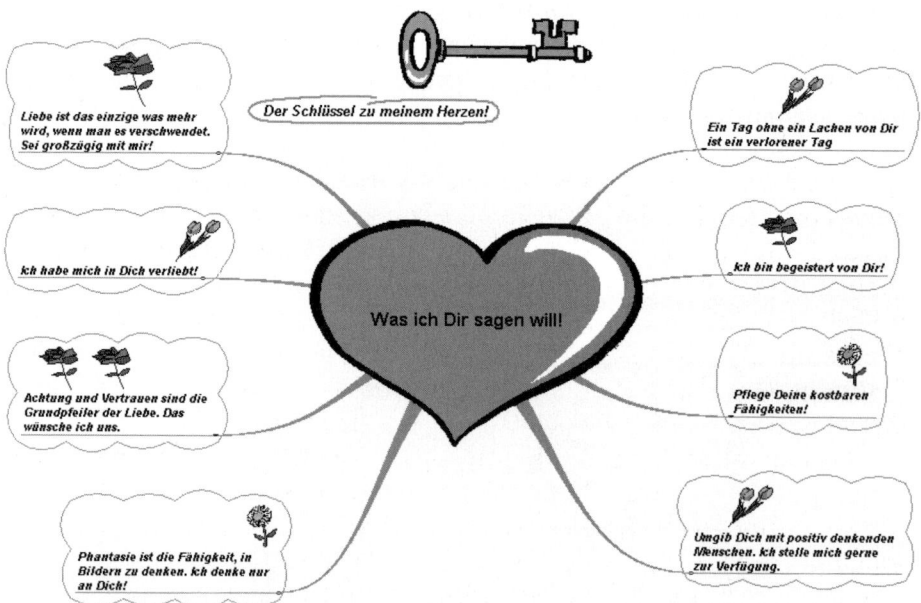

Abbildung 6-6:   *So sieht eine Liebeserklärung im Mind Map Format aus.*

⌐MIND MAP ZU KAPITEL 6 AUF SEITE 150

7 Lass Blumen sprechen

>**Wenn Blüten Worte sind, umgeben Blätter sie
wie gesammeltes Schweigen.**«
Radbindranath Tagore, 1861–1941, indischer Dichter
und Nobelpreisträger

Blumen sagen mehr als tausend Worte. Es gibt viele Gelegenheiten, diese Boten von Freude, Glück, aber auch Mitgefühl und Verbundenheit einzusetzen. Rosen stehen für die Liebe, Mohn für Freiheit und Lilien für Eleganz. Jede Blüte weckt für sich in uns verschiedene Emotionen. Die üblichste Form, wie wir sie verschenken, ist in Sträußen oder Gestecken. Gibt es vielleicht noch andere Formen?

Sag's mit Flower-Map

Eine Hochzeit steht ins Haus. Susannes Schwester Anke wird ihren Freund Tobias heiraten. Für die ganze Familie besteht seit Wochen ein Ausnahmezustand, denn es muss so viel organisiert, bedacht und geplant werden. Susanne hat sich schon mit ihrer Familie ein schönes Geschenk überlegt und grübelt nun schon eine ganze Weile, wie sie dem ganzen noch das I-Tüpfelchen aufsetzen kann. Einen Abend sitzt sie auf ein Glas Wein bei ihrer Freundin Kirsten im Laden. Kirsten ist Floristin. Susanne erzählt ihr von ihren bisherigen Ideen, die aber noch nicht sehr überzeugend sind.

Da unterbricht sie Kirsten und fragt: »Habe ich Dir schon von meiner neuen Idee der Flower-Map erzählt?« Susanne schüttelt den Kopf und Kirsten beginnt ihre Idee zu erklären. Sie hat sich überlegt, dass die Mind Mapping-Technik zum Visualisieren und Planen von Projekten, doch eigentlich auch gut in die Floristik passen würde. Lange Blütenstile bilden die Zweige für Ideen und Gedanken, die in Form von kleinen Kärtchen dazwischen gesteckt oder an die Blüten gehangen werden. Gemeinsam mit dem Kunden kann man am Computer die Gedanken visualisieren und der Florist setzt es dann in Blüten um. Noch kann sich Susanne nicht richtig vorstellen, wie das denn funktionieren soll und Kirsten bietet ihr an, es doch einfach mal zu versuchen.

Zwei Ringe zum Glück

Die beiden setzen sich vor den PC und öffnen den MindManager.

 Kirsten ruft mit den Tasten Strg+N eine neue Standard Map auf und aktiviert die Brainstorming-Funktion mithilfe der Schaltfläche *Brainstorming Modus*. »Lass jetzt einfach mal Deinen Gedanken zu Anke und Tobias freien Lauf«, fordert Kirsten auf. »Alles was Dir zu ihrer Persönlichkeit einfällt ist interessant, auch so etwas wie Lieblingsfarben. In diesem Stadium des Mind Mapping spielt Reihenfolge, Rechtschreibung und Ordnung keine Rolle.«

Susanne legt los. Alles was ihr eingefallen ist, sehen wir in Abbildung 7-1.

Kirsten fängt nun an, die Map zu ordnen. Sie fügt mit der Schaltfläche *Zweig einfügen* einen neuen Ast ein, den sie mit Anke beschriftet. Sie verschiebt nun alle Zweige, die mit Ankes Persönlichkeit zu tun haben, an diesen neuen Hauptzweig. Hierzu markiert sie den zu verschiebenden Zweig mit der linken Maustaste und zieht ihn an den neuen Hauptzweig. Genauso verfährt sie mit dem neuen Hauptzweig für **Tobias** und für **Beide**.

Kirstens Idee ist so einfach wie genial. Sie hat sich für ihre Zwecke in dem MindManager eigenen Bildbearbeitungsprogramm *Metafile Companion* aus einem einfachen Ring-Symbol, welches sie in der MindManager-Symbolleiste gefunden hat, zwei ineinander verschlungene Ringe kreiert, und dieses neue Symbol im Ordner *Meine Symbole* im MindManager abgespeichert. Mit einem Doppelklick auf das Symbol in der Symbolgalerie öffnet sie wieder den *Metafile Companion*, um die Ringe noch farblich zu bearbeiten. Für Anke steht Weiß und für Tobias Blau.

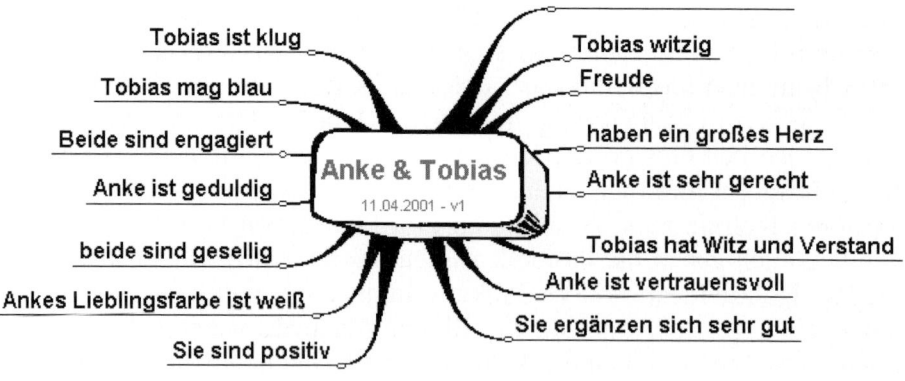

Abbildung 7-1: *Susannes Gedanken zum Hochzeitspaar.*

Kirsten markiert mit einem einfachen Mausklick den Bereich des Bildes, den sie farblich ändern möchte und geht auf die Schaltfläche *benut-*
zerdefinierte Farben. Alles wird in Blau- und Weißtönen eingefärbt. Sie
speichert es ab, um es dann auf das Titelthema der Map zu ziehen.

Der MindManager muss neu gestartet werden, bevor gerade neu abgespeicherte Sym-   **Hinweis**
bole in der Symbolgalerie erscheinen.

Über das Dialogfenster *Eigenschaften des Mind Map Themas* richtet
Kirsten das Symbol in der Registerkarte *Symbol* nach ihren Wünschen
ein. Das Dialogfenster öffnet sie mit einem rechten Mausklick auf das
Titelsymbol und dem Befehl *Eigenschaften* aus dem Dropdown-Menü. In
der Registerkarte *Text Attribute* ändert sie Schrift und Farbe. Ihre Eingaben bestätigt sie mit *OK*.

Nun geht Kirsten über die Menüleiste *Format/Mind Map* und öffnet
das Dialogfenster *Mind Map Layout*. Hier ändert sie die *Zweigstärke*, damit sich diese nicht mehr störend auf das Titelthema auswirken. Unter der
Funktion *Erweitert*, kann sie die Einstellungen per Hand noch genauer
einstellen und ändern.

Jetzt kommt die Floristin in Kirsten durch. Für Tobias wird Kirsten
Hortensien wählen und für Anke Margeriten.

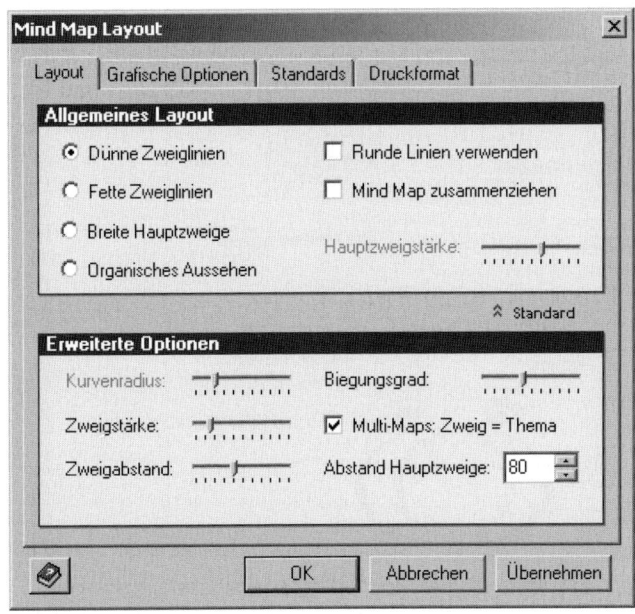

Abbildung 7-2: *Die erweiterten Funktionen des Mind Map Layouts.*

Sie fügt neue Zweige in die Map und arbeitet mit der Schaltfläche *Freien Text einfügen.* Die freien Texte zieht sie dann aber so an den jeweiligen Zweig, dass eine Zweigverbindung, die bei markiertem freien Text als schwarz gelbe Linie eingeblendet wird, entsteht (siehe Abbildung 7-3).

Für jede Eigenschaft des Hochzeitpaares wählt sie nun eine Blume und beschriftet die Zweige mit Unterzweigen.

Nach und nach bildet sich eine Map, wie in der *Seitenansicht* zu sehen ist (siehe Abbildung 7-4).

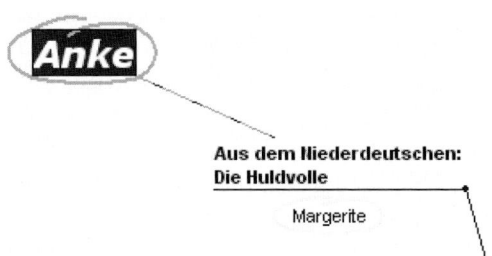

Abbildung 7-3:
Die Zweigverbindung wird angezeigt, wenn der freie Text markiert ist. Sie ist nicht sichtbar, wenn in den Hintergrund der Map geklickt wird.

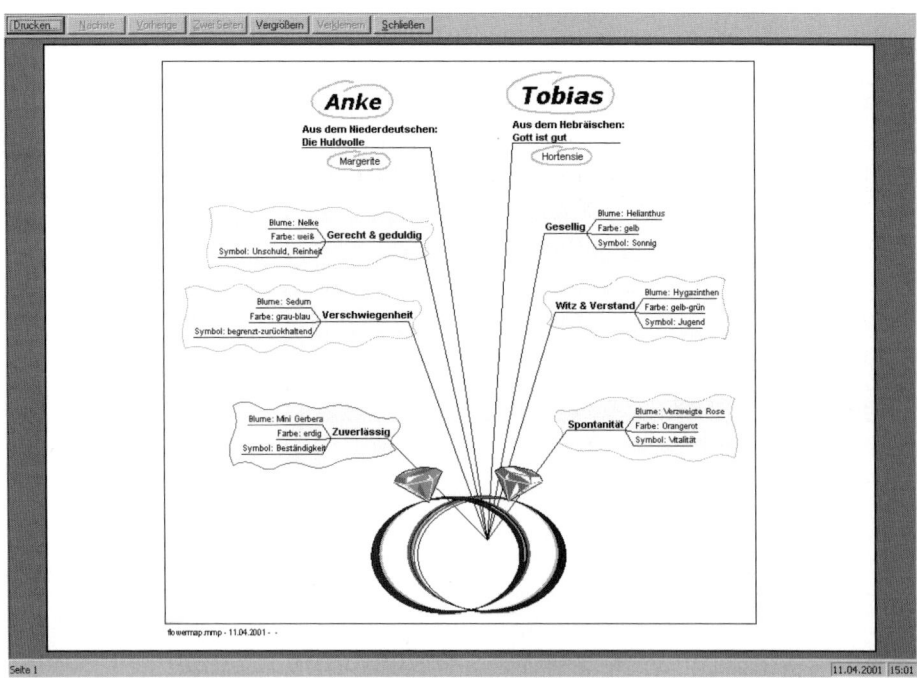

Abbildung 7-4:   *Langsam bildet sich die Flower-Map.*

Jetzt fehlen noch die gemeinsamen Eigenschaften. Mithilfe der *Symbolgalerie* fügt Kirsten auch noch diese Informationen in die Map ein. Susanne hat ihr die ganze Zeit fasziniert über die Schulter gesehen. »Das sieht ja schon prima aus«, meint sie. »Ich kann mir jetzt richtig vorstellen, wie das Gesteck aussehen wird.« Kirsten ist auch ganz glücklich mit der Umsetzung und überlegt sich schon, wie sie ihre neue Idee am besten vermarkten kann.

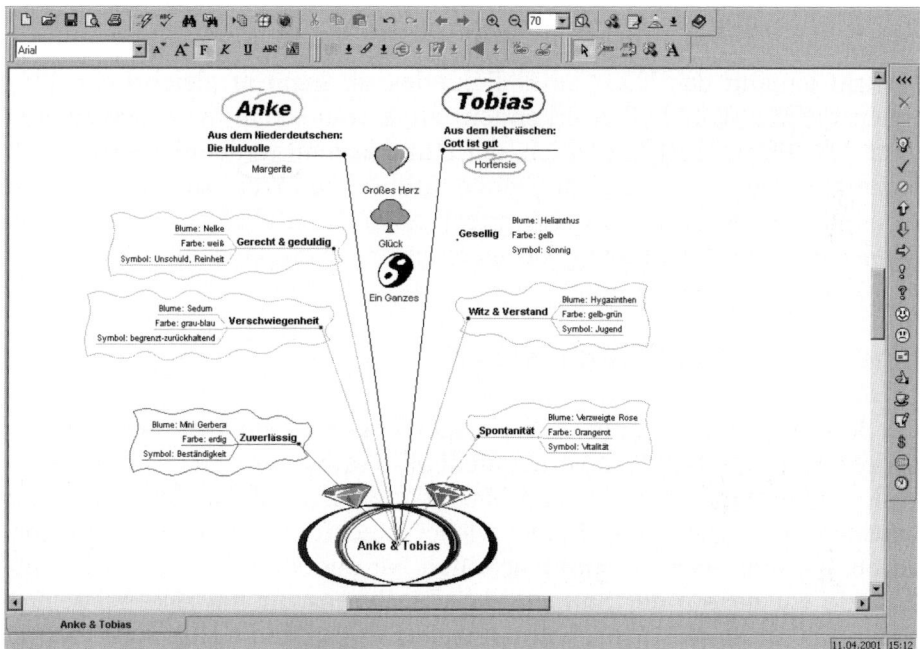

Abbildung 7-5: *Die fertige Flower-Map.*

8 Freunde sein

»Betritt jemand das Haus eines Freundes, so kann er gleich beim Eintreten dessen Wohlwollen erkennen, auch wenn kein Wort gesprochen wird. Der Pförtner ist freundlich, der Hund kommt wedelnd heran, es eilt jemand herbei und setzt ihm einen Stuhl freundlich zurecht.« Schon Apollodoros von Karystos, ein griechischer Komödiendichter aus dem 3. Jahrhundert v. Chr. fragte: Was wäre unser Leben ohne gute Freunde?

Eine Map auf die Freundschaft

Die letzten Monate waren eine einzige Berg- und Talfahrt. Sowohl persönlich wie auch beruflich verlief nicht alles so, wie er sich das gewünscht hätte. Ohne seine Freunde hätte Martin den einen oder anderen Moment bestimmt nicht gemeistert. Immer wieder streckte sich ihm eine Hand entgegen, die ihm über die Hürde geholfen hat und so befindet er sich mittlerweile wieder auf der Sonnenseite des Lebens. Er hat sich bei seinen Freunden für diese Hilfe schon auf vielen Wegen und durch viele Gesten bedankt. Aber beim Aufräumen seines Schreibtisches fällt ihm eine Zitatensammlung in die Hände, die er einmal zu Beginn seiner akademischen Laufbahn angefangen hatte zusammenzustellen. Viele der Weisheiten und Sprüche sind ein Lob auf die Freundschaft. Er wird eine schöne Mind Map daraus machen und sie an seine Freunde verschicken.

Schön, dass es Freunde gibt

Martin öffnet den MindManager und sucht sich erst einmal in der *Symbolgalerie* ein Symbol, das er als Titelsymbol verwenden möchte. Zwar bietet der MindManager unter *Titel Modern* und *Titel Klassik* schon eingerichtete Titelsymbole an, aber die findet Martin für seinen Zweck ungeeignet. Schnell hat er eine Schriftrolle gefunden, die er nutzen will. Damit später das Titelthema auch klar zu lesen ist, muss er das Symbol farblich bearbeiten. Mit einem Doppelklick auf das Symbol öffnet sich das Mind-

Manager-eigene Programm *Metafile Companion*. Hier kann er nun die Farbe der Schleife ändern, die sonst der Schrift des Titelthemas im Wege wäre. Auf der Menüleiste *Datei/Speichern unter* sucht er im Ordner *MindManager/Symbole* den Unterordner *Meine Symbole* und speichert dort sein bearbeitetes Symbol ab.

Bevor das neue Symbol in der Symbolgalerie angezeigt wird, muss das Programm neu gestartet werden.

Martin startet das Programm neu, öffnet eine Standard Map und sucht sich im Ordner *Meine Symbole* sein bearbeitetes Symbol heraus. Mit gedrückter linker Maustaste zieht er es auf das Titelsymbol. Der MindManager weist ihn darauf hin, dass für dieses Symbol kein Textbereich definiert ist. Diesen Hinweis ignoriert er und bestätigt mit *OK*. Er klickt mit der rechten Maustaste auf das Symbol und wählt aus dem Dropdown-Menü den Befehl *Eigenschaften*. In der Registerkarte *Symbol* des Dialogfensters *Eigenschaften des Mind Map Themas* kann er den Textbereich einrichten. In der Registerkarte *Text Attribute* ändert er *Schrifttyp* und *-farbe*. Er bestätigt seine Eingabe mit *OK* und schreibt in das Titeltextfeld **Schön, dass es Freunde gibt!**

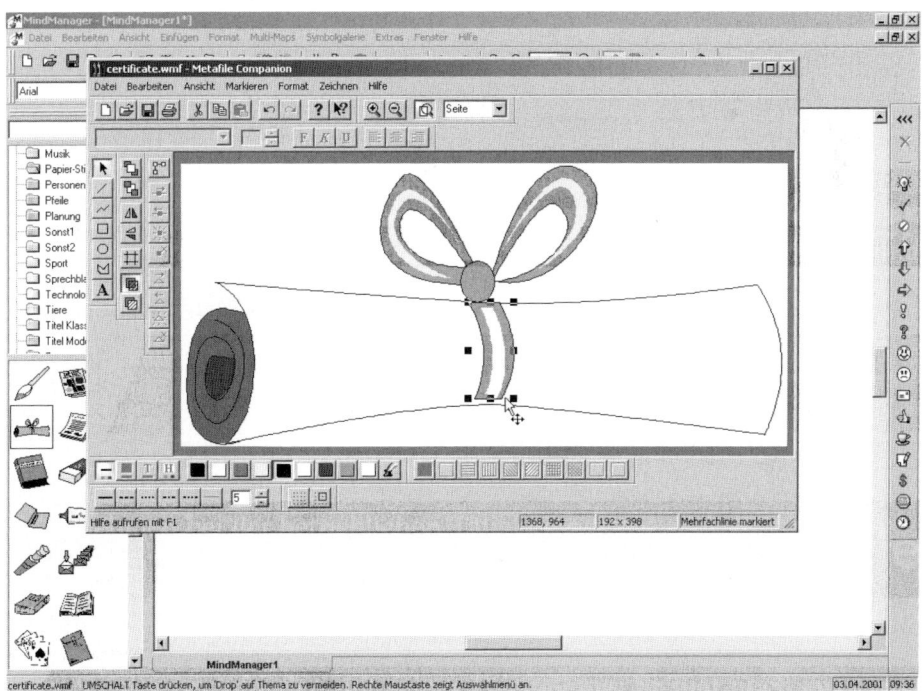

Abbildung 8-1: *Das geöffnete Programmfenster des* Metafile Companion *zur Symbolbearbeitung.*

Ein Zitatenschatz

Damit seine Zweigeintragungen das gleiche Schrift-Layout haben wie das Titelthema, muss Martin es in der Menüleiste *Format/Mind Map* anpassen. In dem geöffneten Dialogfenster gleicht er in der Registerkarte *Standards* den Schrifttyp für Zweige, Textnotizen und freien Text an.

Nun können die Zitate kommen. Martin öffnet das Word Dokument, in dem er die Zitate gesammelt hat. Er könnte jetzt zwar einfach das gesamte Dokument markieren und mit Strg+C in die Zwischenablage kopieren, um sie dann in der Map mit Strg+V einzufügen, aber das würde kein geordnetes Bild abgeben. Außerdem möchte er nur bestimmte Zitate auswählen. Also markiert er nur ein einzelnes Zitat und kopiert es mit Strg+C in die Zwischenablage, um es dann als Zweig in die Mind Map einzufügen.

Martin markiert dann das Titelthema der Map und geht auf die Schaltfläche *Einfügen*. Es erscheint ein Zweig in der Map mit der folgenden Beschriftung: **Man mag drei- oder viertausend Menschen gekannt haben, man spricht immer nur von sechs oder sieben.** Dies ist ein Zitat von Elias Canetti, einem österreichischen Schriftsteller spanisch-jüdischer Herkunft. Da Martin sehr sorgfältig ist, hat er zu jedem Zitat den Autor

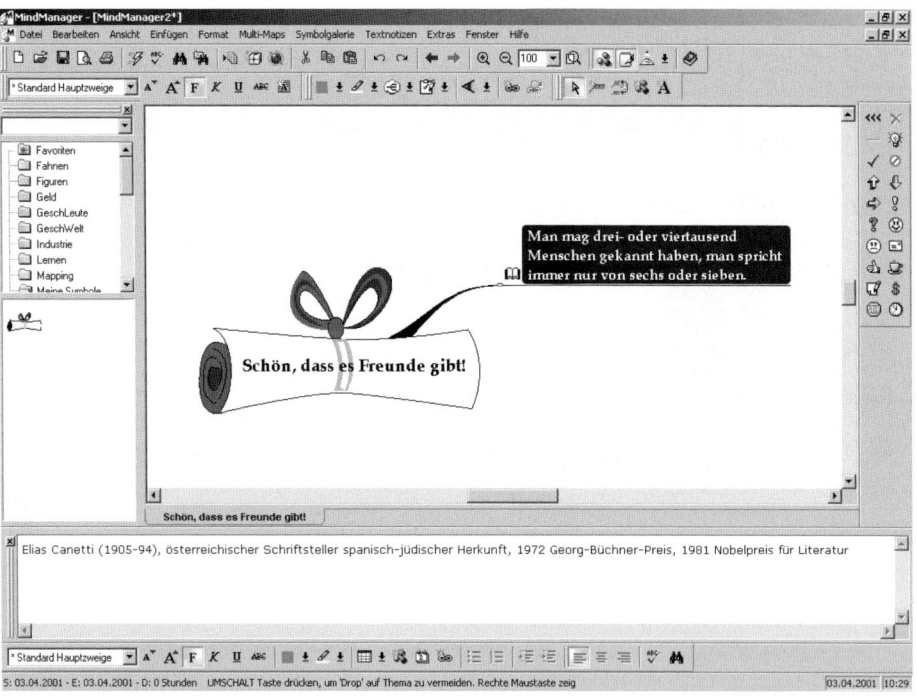

Abbildung 8-2: *Das erste eingefügte Zitat.*

und einige Angaben notiert. Diese kopiert er ebenfalls mit Strg+C in die Zwischenablage und fügt sie mit Strg+V in das geöffnete Textnotizfenster des Zweiges ein.

Dies hat er über die Schaltfläche *Textnotiz anzeigen/verbergen* aufgerufen. Wird nun ein Zitat in der Map markiert, sieht der Leser bei geöffnetem Textnotizfenster gleich die Angaben über den Autor.

So geht Martin seine ganze Sammlung durch und ist selbst erstaunt darüber, wie viele interessante, amüsante und anregende Zitate er schon zusammengetragen hat.

Schnell merkt er, dass er bei der gewählten Schriftgröße für die Hauptzweige Platzprobleme bekommt. Er wählt daher wieder in der Menüleiste *Format/Mind Map* und ändert in der Registerkarte *Standard* die Schriftgröße für die Hauptzweige indem er auf die Schaltfläche *Hauptzweige* klickt und im Dialogfenster *Standard Schrift auswählen* eine kleinere Größe wählt. Er bestätigt mit *OK* und überträgt die neuen Formate mit der Schaltfläche *Übernehmen*.

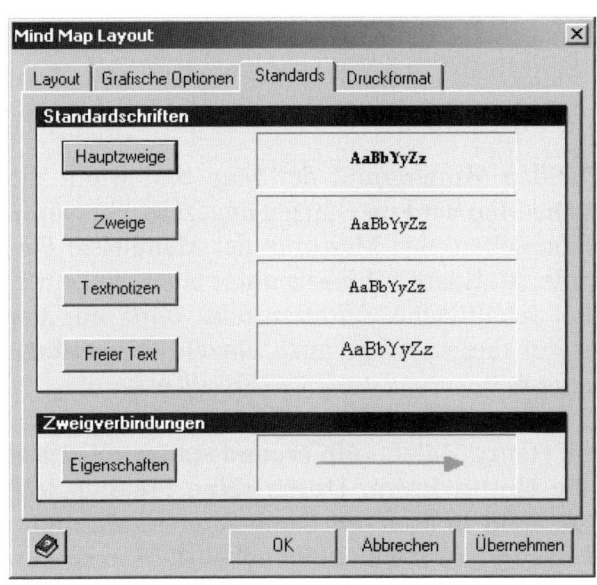

Abbildung 8-3: *Die Schaltfläche* Übernehmen *im Dialogfenster Mind Map Layout wendet die neuen Formatierungen gleich auf die Map an.*

Suchen und Finden

Nach und nach füllt sich die Map.

Trotzdem ist es immer noch leicht, eine Textstelle oder einen Autor in der Map zu finden und zwar mit Hilfe der Schaltfläche *Suchen und Ersetzen*. Dabei öffnet sich ein Dialogfenster mit der Schaltfläche *Suche nach*. Trägt man dort beispielsweise **Goethe** ein und klickt auf den Befehl *Weitersuchen*, wird in der Map der Textbereich ausgewählt und angezeigt. Ist der Begriff mehrmals vorhanden, kann sich der Benutzer mit *Weitersuchen* durch die Map navigieren.

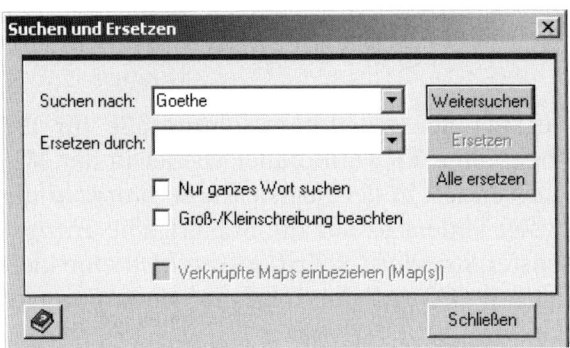

Abbildung 8-4: *Das Dialogfenster Suchen und Ersetzen hilft beim Wiederfinden von Textstellen in der Map.*

Eine weitere wichtige Funktion zur Übersicht einer großen Map ist die *Seitenansicht*.

 Hierzu klickt Martin in den Hintergrund der Map und wählt die Schaltfläche *Seitenansicht*: Die Map wird im Ganzen angezeigt. So würde auch ein späterer Ausdruck aussehen, den Martin in der Menüleiste *Datei/Drucken* anfordern könnte. Markiert er hingegen nur einen einzelnen Zweig und wählt dann die Schaltfläche *Seitenansicht,* wird nur der Zweigauszug angezeigt, der auf diesem Wege auch einzeln ausgedruckt werden kann (siehe Abbildung 8-5).

Zum Abschluss hinterlegt Martin dem Textnotizfenster des Titels eines seiner Lieblingszitate von Henry Miller: **»Ein Freund stattet einen mit tausend Augen aus, wie die Göttin Indra. Durch seine Freundc lebt man ungezählte Leben. Man sieht in anderen Dimensionen. Man lebt, das Obere nach unten und das Innere nach außen gekehrt. Man ist niemals allein.«**

Hinweis Die Idee für diese Map verdanken die Autoren Frau Dagmar Herzog-Olschewski von der Mindjet Academie.

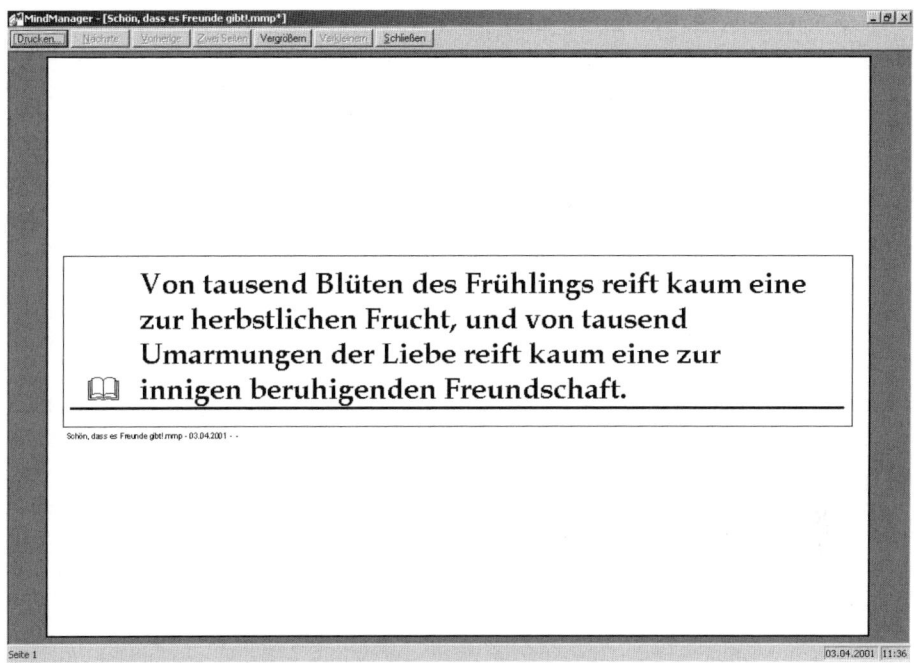

Abbildung 8-5:   *Ein Zweig in der Seitenansicht.*

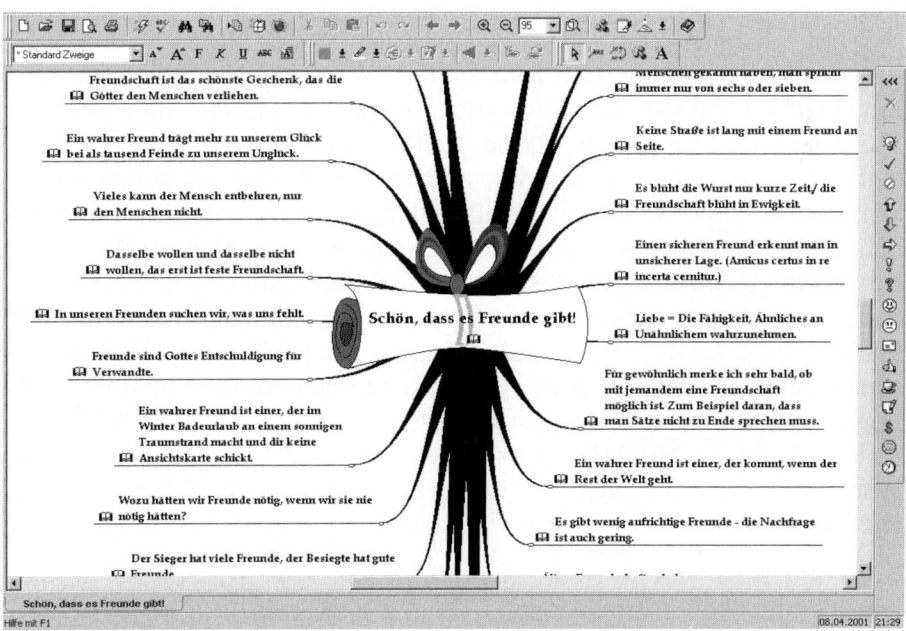

Abbildung 8-6:   *Ein Ausschnitt aus der fertigen Map.*

9 Klassentreffen

Häufig ist es pure Neugier, die Menschen dazu bewegt, sich nach Jahren zu einem Klassentreffen zusammenzufinden. Die meisten haben sich aus den Augen verloren und nur über einige wenige erfährt man, wer was tut, geheiratet oder schon den ersten Nachwuchs hat. Die Organisation eines Klassentreffens oder einer Jahresfeier ist auch nicht ohne. Ein Raum mit ausreichend Platz, die richtige Musik und Unterhaltung, aber auch die Verpflegung will geplant sein. Kritisch ist auch der Punkt, wie man wen am besten erreicht und wer letztendlich kommt.

Zehn Jahre Abitur

Katja und Thomas haben vor zehn Jahren zusammen Abitur gemacht. Ihre Freundschaft hat all die Jahre auch ohne schulischen Zusammenhalt überdauert und bei ihrem letzten Treffen haben sie sich wieder einmal fleißig darüber ausgetauscht, wer von welchem alten Schulkameraden irgendetwas Neues vernommen hat. In den Jahren hat sich ja so viel getan. Schnell haben die beiden den Entschluss gefasst, ein Abiturtreffen zu organisieren. Thomas äußerte erst starke Bedenken, ob und wie man überhaupt alle Leute kontaktieren könne. Aber Katja hatte eine gute Idee. Mit Hilfe einer Webseite und E-Mail ist es heutzutage sehr einfach, Leute in verschiedenen Städten oder gar Ländern zu erreichen. Letztendlich funktioniert das Ganze dann wie ein Kettenbrief.

Mit Hilfe des MindManagers ist so etwas auch völlig problemlos umzusetzen und man braucht eigentlich keine Programmierkenntnisse, um ein funktionstüchtiges Ergebnis zu erzielen.

Die 10-Jahre-Abi-Treffen-Seite

Mit Hilfe des MindManagers hat Katja schnell über alle organisatorischen Details zu ihrem Abiturjahrgangstreffen eine übersichtliche Map erstellt. Der alte Jugendclub steht für die Feier zur Verfügung und auch die Musik

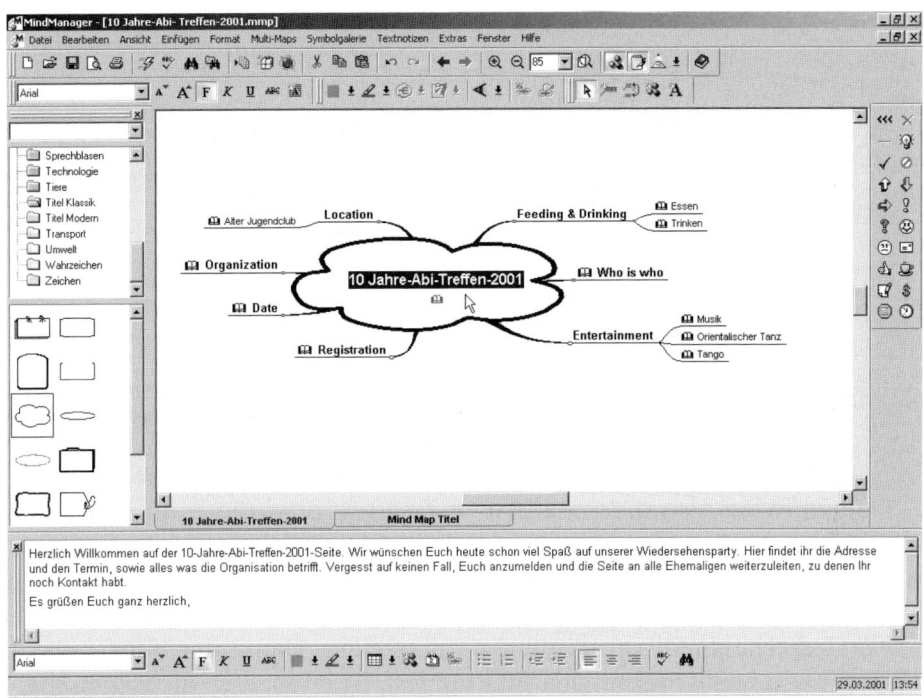

Abbildung 9-1: *Die Ausgangs-Map mit den hinterlegten Textnotizen.*

ist schon organisiert. Eine alte Adressenliste ist soweit wie möglich aktualisiert und alle Dokumente für die Webseite vorhanden. In Abbildung 9-1 ist die Ausgangs-Map zu sehen.

Ein sehr wichtiges Instrument beim Erstellen von Webseiten mit dem MindManager ist das Textnotizfenster, welches durch die Schaltfläche *Textnotiz anzeigen/verbergen* aktiviert wird. Hier werden alle Texte hinterlegt, die beim späteren Öffnen des vormaligen Zweiges in der Webseite zu lesen sein sollen. Katja hat fast alle Zweige mit Textnotizen hinterlegt, was man an dem Icon eines aufgeschlagenen Buches neben der Zweigbeschriftung erkennt. Auch das Titelthema hat sie mit einer Textnotiz hinterlegt, weil dies als Begrüßung auf der Eingangsseite erscheinen soll.

Zweigverbindungen als Hyperlinks

Wichtig innerhalb einer Webseite ist die Navigation. Der Nutzer muss über einfache Pfade den Weg zu den wichtigen Informationen finden. Katja arbeitet daher mit der MindManager Funktion *Zweigverbindungen*.

Diese Zweigverbindungen können später beim Formatieren des HTML-Exports als Hyperlinks definiert werden.

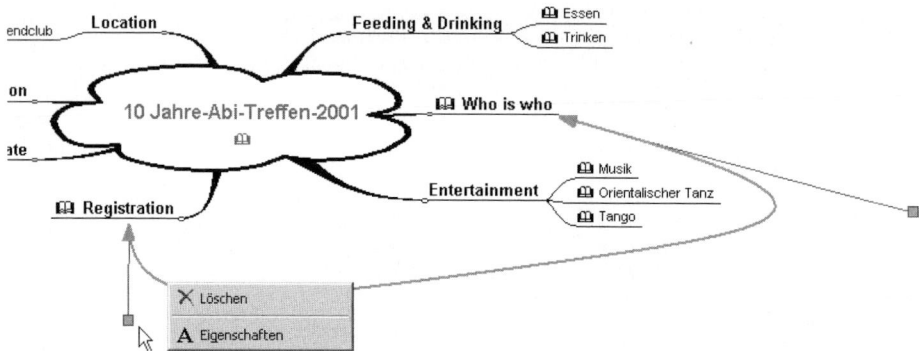

Abbildung 9-2: *Der Mauszeiger zeigt auf einen Haltepunkt der Zweigverbindung. Ein Klick auf die rechte Maustaste aktiviert ein Dropdown-Menü.*

 Sie aktiviert also die Schaltfläche *Zweigverbindungen einfügen* und erstellt eine Verbindung zwischen den Zweigen **Registration** und **Who is who**. Während sich die Nutzer auf der einen Seite anmelden, sollen sie auch darauf hingewiesen werden, ihre Adresse in einer Liste zu überprüfen und gegebenenfalls Änderungen mitzuteilen. Damit der Verweis bzw. Hyperlink in beide Richtungen funktioniert, ist es wichtig, die Eigenschaften der Zweigverbindung richtig zu definieren. Hierzu markiert Katja die Zweigverbindung so, dass die beiden Haltepunkte angezeigt werden. Sie klickt die rechte Maustaste und ein Dropdown-Menü erscheint, aus dem sie den Befehl *Eigenschaften* wählt.

Das Dialogfenster *Eigenschaften der Zweigverbindung* erscheint. Neben Farbe und Breite des Zweiges kann sie hier unter anderem auch festlegen, ob das Linienende einseitig oder beidseitig sein soll. Sie wählt eine beidseitige Verbindung und bestätigt die Eingabe mit *OK*. Eine weitere Zweigverbindung fügt sie zwischen dem Zweig **Date** und dem Unterzweig **Alter Jugendclub** ein.

E-Mail-Adressen und externe Dokumente als Hyperlinks

Eine weitere wichtige Funktion ist es, einen Hyperlink zu definieren. Die Funktion benötigt man, um externe Dokumente mit der Map, beziehungsweise der daraus folgenden Webseite zu verlinken. Auch lässt sich mit Hilfe dieser Funktion eine E-Mail-Adresse hinterlegen. Beide Optionen benötigt Katja für ihre Map. Im Textnotizfenster des Titelthemas hat Katja ein persönliches Anschreiben hinterlegt, welches mit den Worten endet: **Es grüßen Euch herzlich, Katja Bartus und Thomas Pamp**. Beiden Namen möchte sie nun die jeweilige E-Mail-Adresse hinterlegen.

 Hierzu markiert sie den Textbereich **Thomas Pamp** und klickt auf die Schaltfläche *Hyperlink definieren*. Es öffnet sich das Dialogfenster *Eigen-*

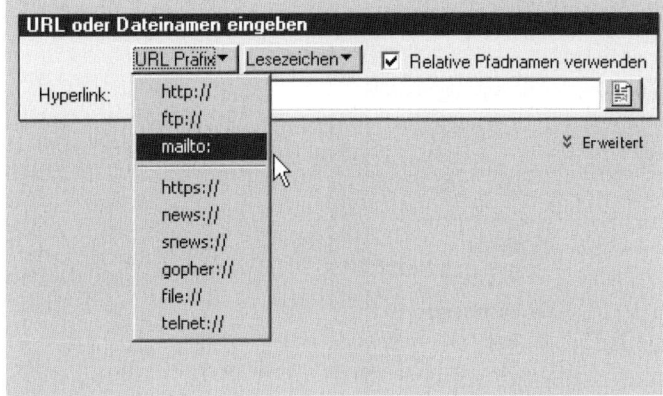

Abbildung 9-3: *Ein Ausschnitt aus dem Dialogfenster* Eigenschaften der Textnotiz. *Der Mauszeiger zeigt auf den Präfix für E-Mail-Adressen.*

schaften der Textnotiz. Aus dem Dropdown-Menü *URL-Präfix* wählt sie den Präfix *mailto:.* Der Kursor blinkt jetzt automatisch an der Stelle, an der Katja nur noch die E-Mail-Adresse von Thomas hinterlegen muss.

Nach dem gleichen Prinzip verfährt sie mit ihrer eigenen E-Mail-Adresse. Sie ergänzt den Link auch auf allen anderen Textnotizen, in denen Thomas oder ihr Name erwähnt wird.

Ähnlich ist das Verfahren, mit dem Katja die aktuelle Adressenliste im Zweig **Who is who** verlinkt. Hierzu markiert sie den Textbereich Adressenliste und aktiviert wieder die Schaltfläche *Hyperlink definieren.*

Das Tastenkürzel für *Hyperlink definieren* ist Strg+H. **Tipp**

Mit Hilfe der Schaltfläche *Durchsuchen* trägt sie den Pfad zu dem Dokument ein. Um sicherzustellen, dass das Dokument gefunden wird, aktiviert sie die Option *Relative Pfadnamen verwenden* mit einem Haken.

Katja ist schon sehr gespannt, ob die Links alle funktionieren werden, wenn sie das HTML-Format definiert hat und die Seite exportiert wurde.

Formate festlegen

Katja muss jetzt nur noch ein paar kleine Einstellungen für den HTML-Export festlegen, um die Webseite exportieren zu können. Hierzu geht sie auf der Menüleiste *Format/HTML Export…* in das Dialogfenster *HTML Export.* Das Dialogfenster besteht aus drei Registerkarten: *Stil, Layout* und *Inhalt.* Als Erstes möchte Katja den *Stil* bearbeiten. Über das Registerblatt kann sie vorgefertigte Stile mit unterschiedlichen Elementen der

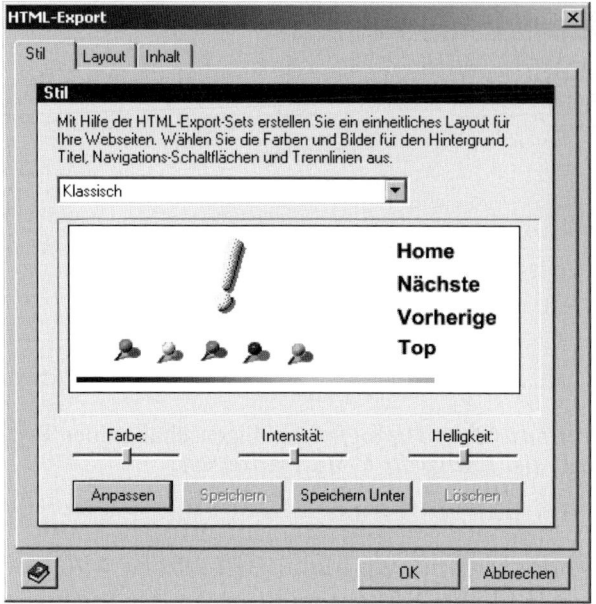

Abbildung 9-4:   *Das Dialogfenster* HTML Export *mit der Registerkarte Stil.*

Webseite in einem Dropdown-Menü auswählen. In einem Vorschaufenster kann sie einen ersten Eindruck bekommen. Zusätzlich besteht die Möglichkeit, Einzelheiten wie beispielsweise das Layout, die Farben, Schriften und Bilder auszuwählen.

Katja klickt die Schaltfläche *Anpassen* und ein weiteres Fenster öffnet sich (siehe Abbildung 9-5).

Über dieses Fenster ändert Katja die Farben der Schrift und von besuchten und nicht besuchten Hyperlinks sowie die Hintergrundfarbe der Webseite. Den anderen Standardeinstellungen vertraut sie einfach. Sie bestätigt ihre Eingabe mit *OK*.

Danach kann sie den Stil noch mit dem Farbschieberegler anpassen:

▪ *Farbe* regelt die Farbeinstellungen.

▪ *Intensität* regelt die Farbe des Elements (leuchtend oder blass).

▪ *Helligkeit* regelt Helligkeit und Dunkelheit des Hintergrundes der Webseite.

Tipp   Wenn man einen der drei Schieberegler verschiebt, bevor man die Schaltfläche *Anpassen* bedient hat, wird diese grau dargestellt und deaktiviert. Um die Funktion wieder zu aktivieren, klickt man einfach auf einen anderen Stil und geht dann in den Ausgangsstil zurück.

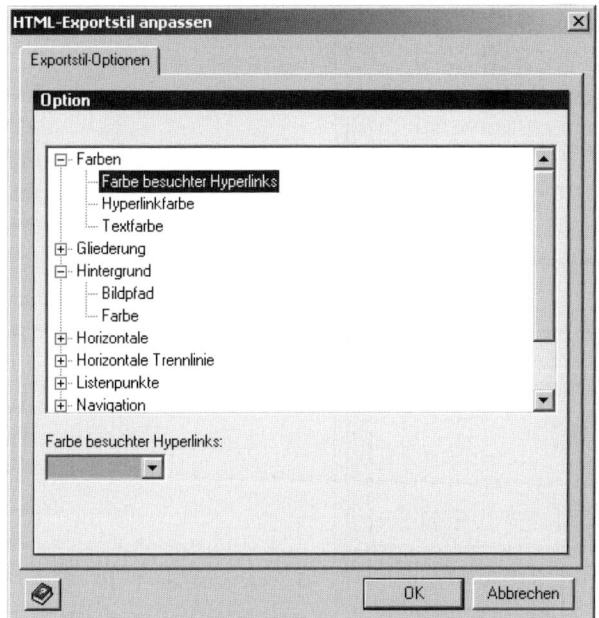

Abbildung 9-5: *Das Dialogfenster für die HTML Export Stile.*

Sie speichert ihren Stil mit der Schaltfläche *Speichern unter* und gibt ihrem Webdesign einen Namen.

Registerblatt Layout und Navigation

Das Registerblatt *Layout* ermöglicht es Katja, zu steuern, wie Benutzer durch ihre Webseite navigieren. Sie kann aus sieben im *Dropdown-Listenfeld Angepasst* vordefinierten Webseiten-Layouts wählen. Sie kann mit Hilfe der Schaltfläche *Anpassen* ein Layout ändern, es dann umbenennen und speichern. Es wird dann im Dropdown-Listenfeld *Angepasst* angezeigt. Katja wählt das Format *Java-Gliederung* und nimmt zunächst keine weiteren Anpassungen vor.

Registerblatt Inhalt

Im Registerblatt *Inhalt* kann Katja steuern, wie bestimmte Inhalte, beispielsweise *Siehe auch,* angezeigt werden sollen. Sie klickt sich durch die einzelnen Anzeigenbereiche und nimmt nur geringfügige Änderungen vor. In *Fußzeile/Text* löscht sie einen Teil des automatischen Textes und behält nur den Hinweis auf das *Aktualisierungsdatum.* Unter *Gliederung/ Überschrift* ändert sie den Text in **Content**. Außerdem aktiviert sie den Befehl *Zweigverbindungen exportieren als »Siehe auch«.* Sie bestätigt ihre Eingabe mit *OK*.

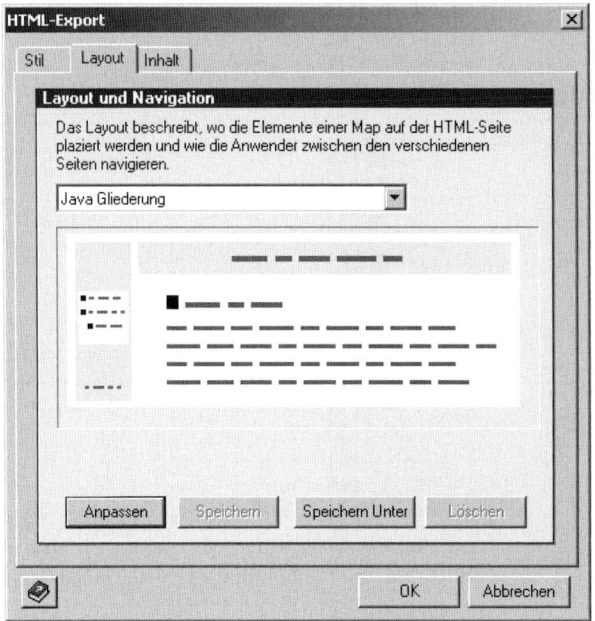

Abbildung 9-6: *Das Registerblatt* Layout und Navigation.

Hinweis Es gibt natürlich hundert verschiedene Kombinationsmöglichkeiten für den HTML-Export. Man muss ein wenig probieren, was aber auch Spaß macht, da man durch die Funktion des *Schnellexports* mit der Tastenkombination Strg+Q die Änderungen und Anpassungen gleich überprüfen kann.

Nun ist Katja schon irrsinnig gespannt, ob das alles so klappt, wie sie sich das vorstellt.

Die fertige Webseite

Die letzten Schritte sind nun ganz einfach. Katja geht auf der Menüleiste in *Datei/Export/Webseite* und ein Dialogfenster *Webseite exportieren* wird angezeigt. Katja bestätigt mit *OK*. Das Ergebnis ist wirklich sehenswert und alle Links funktionieren einwandfrei. Als Katja Thomas das Ergebnis ihrer Arbeit zeigt, ist dieser begeistert. Dass es bereits Programme gibt, die einem das Erstellen von Webseiten vereinfachen, war ihm ja bekannt, aber dass der Schritt vom Mind Mapping zur Webseite nur ein Katzensprung ist, hätte er nicht gedacht.

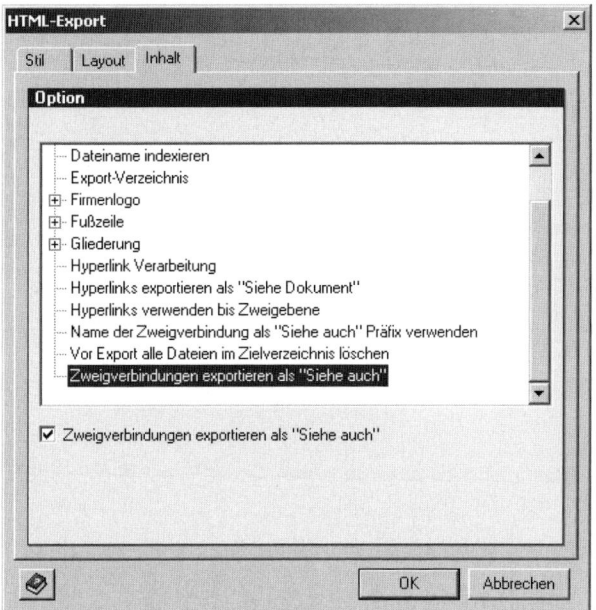

Abbildung 9-7:   *Das Registerblatt* Inhalt.

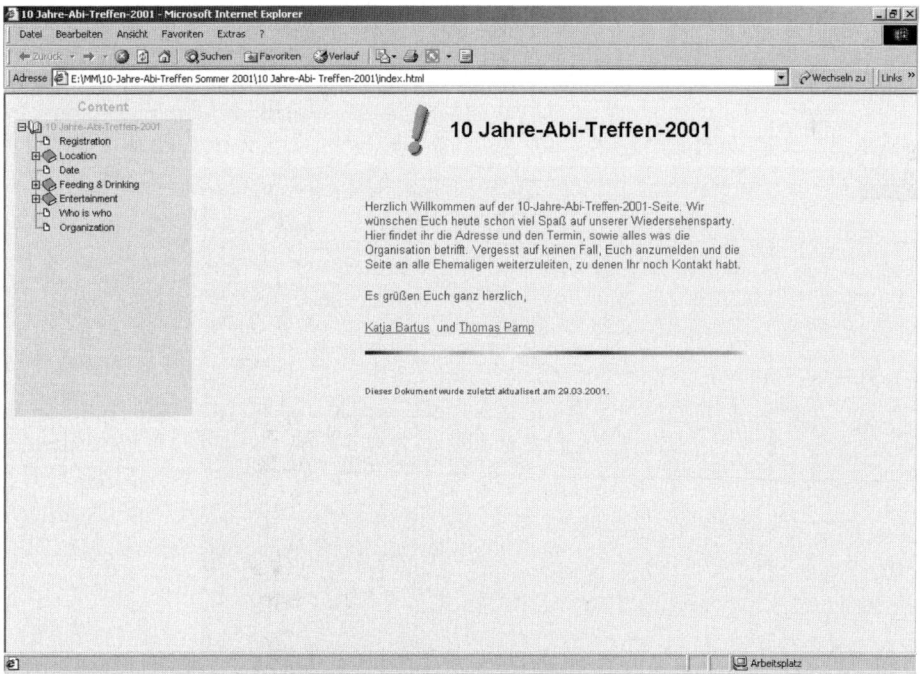

Abbildung 9-8:   *Die Webseite im Internet Explorer.*

Fürs Büro

»Es ist so leicht, andere, aber so schwierig, sich selbst zu belehren.«
Oscar Wilde (1854–1900), irischer Schriftsteller

Häufig begegnen uns in unserem Berufsleben eingefahrene Strukturen.
»Das ist gut, das war schon immer so«, sind Aussprüche, die man sehr oft
hört. Noch schlimmer ist es, wenn man sich plötzlich selbst dabei ertappt,
solche Sätze zu sagen. Spätestens dann sollte man aufhorchen und darauf
achten, ob man nicht vielleicht einige neue Innovationen übersehen hat.
Man muss im Kopf Platz machen für neue Ideen und Arbeitsweisen.

Die folgenden Kapitel werden einige Denkanstöße geben, wie man
Dinge im täglichen Arbeitsablauf erleichtern oder wenigstens die »übliche
Information« neu und ansprechend verpacken kann. Über kleine Hilfsmittel wie **Telefonnotizen** oder aber auch **Zielvereinbarungen** und **Prä-
sentationstechniken** können Sie auf den nächsten Seiten einiges lernen.

Auch wie wichtig das Führen genauer wissenschaftlicher **Protokolle**
nicht nur für das Studium ist, kann anschaulich nachvollzogen werden.
Für die Finanzgenies gibt es Kapitel über **Bilanzanalysen** und **Control-
lingsysteme**. Natürlich ist alles wieder bereichert mit kleinen Tipps und
Tricks aus dem MindManager, wie zum Beispiel

- Informationen aus Excel importieren

- eine interne Webseite erstellen

- eine Mind Map nach PowerPoint exportieren

- exportieren in ein Word-Dokument.

Na, schon neugierig?
Auf geht's!

10 Personalentwicklung – Zielvereinbarung

Der Erfolg ist das Ziel einer jeden Firma. Es gibt verschiedene Wege, um zum Erfolg zu kommen. Auf der einen Seite spielt natürlich die eigene Stellung am Markt eine Rolle. Man darf als Firma den Vergleich mit der Konkurrenz nicht scheuen und man muss das gewisse Extra haben, was einen von den anderen Anbietern unterscheidet.

Ein anderer wichtiger Garant für Erfolg sind die Mitarbeiter einer Firma. Sie bieten ein hohes Potenzial zur Erfolgssteigerung. Sind sie motiviert und identifizieren sie sich mit ihrer Firma, dann hat man einen unglaublichen Schatz an Wissen und Erfahrung, aus dem man täglich schöpfen kann. Leider ist das eine Tatsache, die sich noch nicht viele Firmen zu Eigen machen. Häufig liegt der Grund hierfür in dem fehlenden Wissen, wie man seinen Mitarbeitern ermöglicht, sich als wichtiger Teil des Ganzen zu verstehen. Wie arbeitet man gemeinsam heraus, dass Management und Mitarbeiter an einem gemeinsamen Ziel – dem Erfolg – arbeiten?

Zielvereinbarungen mit Mitarbeitern

Die Entwicklung gemeinsamer Ziele und des damit verbundenen Teamgeists gehört zu den Aufgaben einer modernen Unternehmensführung. Doch wie erarbeitet man einen gemeinsamen Plan? Was sollten die Vereinbarungen beinhalten und wie können die einzelnen Schritte zur Realisierung der Ziele gemessen werden?

Die Situation der Sozialstation Glücksstern

Frau M. kennt die Kreativitätsmethode des Mind Mapping aus ihrem Studium des Sozialmanagements. Vor einem halben Jahr hat sie die Leitung der Hauspflegestation »Glücksstern« übernommen. Um ihr Unternehmen sowohl für den sozialen Träger als auch für die Patienten und Mitarbeiter attraktiver zu gestalten, möchte sie die Motivation und den Teamgeist in ihrer Mannschaft stärken. Management und Personalführung sind vor ihrer Einstellung vernachlässigt worden, so dass hier Nachholbedarf besteht. Die zum Teil schon langjährigen Mitarbeiter erhielten in der Vergangenheit erst einen Eindruck über Kosten und Nutzen ihres Unternehmens, als der Sparzwang schon die Qualität der Arbeit gefährdete. Dies soll sich nun ändern.

 Als ersten Schritt zur Besserung möchte Frau M. das Instrument der »Zielvereinbarung« mit den Mitarbeitern einführen. Dafür gibt es einige gute Gründe: Die Mitarbeiter sind die Experten vor Ort und erhalten direktes Feedback von den Kunden bzw. Patienten. Durch die steigende Motivation der Angestellten werden die Unternehmensziele zu ihren eigenen Zielen. Das wiederum ermöglicht ein selbstständiges und verantwortungsbewusstes Arbeiten. Das Selbstwertgefühl der Teammitglieder steigt. Die Synergieeffekte liegen auf der Hand: Transparenz, Zufriedenheit und Spaß an der Arbeit.

Frau M. sprudelt schon vor Ideen und öffnet umgehend im Programm MindManager die *Standard Mind Map*. Ihr Titelthema ist schnell gefunden. Sie schreibt **Ablaufplan einer Zielvereinbarung** in das Titelfenster.

Mit Hilfe der *Symbolgalerie* wählt Sie sich aus den Titelsymbolen ein passendes aus.

Abbildung 10-1:
Ein passendes Titelthema ist schnell gefunden.

Die einzelnen Schritte einer Zielvereinbarung

Zu einer geplanten Zielvereinbarung gehört als Erstes, dass man seine Mitarbeiter mit dieser neuen Idee nicht einfach überfällt. Zielvereinbarungen sollten einmal jährlich erfolgen und in regelmäßigen Abständen geprüft und gegebenenfalls korrigiert werden. An den ersten Hauptzweig, den Frau M. mit der Taste Einfg aufruft, schreibt sie **Zeitpunkt**. Außerdem möchte sie die Themen **Stärken und Schwächen, Chancen und Ge-**

Abbildung 10-2:   *Auch die Themen sind schnell gefunden.*

fahren, Ziele, Strategie und Aktion sowie **Kontrolle** unterbringen. Sie erweitert ihre Map um diese Anzahl von Hauptzweigen.

Bevor sie sich weitere Gedanken um die Unterzweige macht, markiert sie die Zweige und färbt sie mit der Schaltfläche *Farbe zuweisen* ein.

Zeitpunkt

Da Frau M. ihre Mitarbeiter mit dem Plan zu Zielvereinbarungen nicht überfallen möchte, hat sie sich drei Schritte zur Einführung überlegt:

- Bekanntmachung des Projektes »Zielvereinbarungen«

- Termin mit jedem Mitarbeiter zwecks Besprechung festlegen

- Feste Jahrestermine vereinbaren

Diese Punkte trägt sie in die drei Unterzweige ein. Mit Hilfe der *Kodes* weist sie jedem Punkt noch ein Symbol zu.

Frau M. schließt mit der Schaltfläche *Umrandung* den Zweig vorerst ab.

Stärken- und Schwächenanalyse

Frau M. möchte mit jedem Mitarbeiter eine Checkliste durchgehen, in der Stärken und Schwächen analysiert werden. Die Checkliste soll jeder Mitarbeiter rechtzeitig vor dem Gespräch erhalten und ihm als Diskussionsgrundlage dienen. Frau M. hat das Dokument schon in *Microsoft Word* erarbeitet.

Wichtig ist, dass Frau M. mit einer Selbstdiagnose vorangeht und ihren eigenen Führungsstil kritisch betrachtet. Sie stellt sich dazu Fragen nach den eigenen Stärken und Schwächen, der Zeit und dem persönlichen Kontakt zum Team sowie nach ihrer Fähigkeit, die Mitarbeiter zu begeistern und ihnen verantwortungsvolle Aufgaben zu übertragen. Auf Mitarbeiterseite soll Stellung zu Arbeitsabläufen, Zuverlässigkeit, Weiterbildungsangeboten und Informationsmanagement genommen werden. Während des Gespräches soll eine Art **Brainstorming** stattfinden und eine gemeinsame **Strukturierung** der Arbeitsabläufe erstellt werden. Außerdem soll am Ende eine **Dokumentation** des Gespräches vorliegen, in dem die Ergebnisse festgehalten werden. Sie fügt die vier Unterzweige an den Hauptzweig **Stärken und Schwächen**. Dann verknüpft sie den Unterzweig **Checkliste** mit der bereits vorhandenen Word-Datei. Das ist mit dem MindManager ganz einfach.

 Sie markiert den Unterzweig **Checkliste** und öffnet über die Schaltfläche *Hyperlink definieren* oder über die Tastenkombination Strg+H das Dialogfenster *Zweig Eigenschaften*.

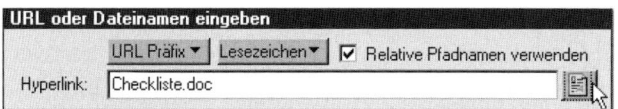

Abbildung 10-3: *Das Dialogfenster* URL oder Dateiname eingeben *für die Eingabe des Pfadnamens.*

Wie in Abbildung 10-3 zu erkennen, muss der Pfadname der Datei unter *Hyperlink* eingetragen werden. Da Frau M. plant, ihren Mitarbeitern die Mind Map mit den dazugehörigen Dokumenten als CD zur Verfügung zu stellen, ist es wichtig, dass sich die zu verlinkenden Dateien im selben Verzeichnis befinden wie die Mind Map, also als relativer Link zur Verfügung stehen. Hierzu aktiviert sie den Befehl *Relative Pfadnamen verwenden*. Sie klickt *OK*, und dem Unterzweig **Checkliste** ist ein Dokument hinterlegt.

 Auch diesen Hauptzweig schließt sie mit der Schaltfläche *Umrandung* ab.

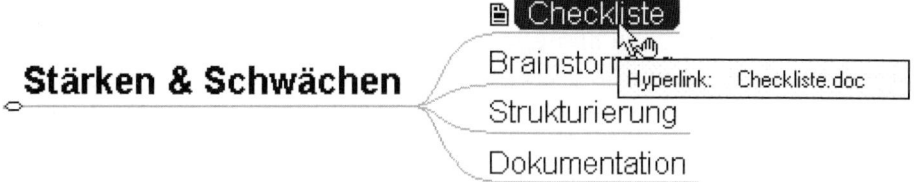

Abbildung 10-4: *Sobald ein Zweig mit einem Hyperlink versehen ist, wird dieser angezeigt, wenn man mit der Maus über den Zweig fährt.*

Chancen- und Gefahrenanalyse

In einer Art Brainstorming möchte Frau M. mit ihren Kollegen Antworten auf folgende Fragen finden:

- Wo gibt es Chancen? Hat die Abteilung ungenutzte Potenziale; gibt es gesetzliche Neuerungen, die noch nicht berücksichtigt wurden; werden soziale und gesellschaftliche Entwicklungen genutzt?

- Wo liegen Gefahren? Hier ist die Schwachstellenanalyse ganz wichtig. Wie sieht es mit der Erfüllung der Kundenbedürfnisse aus?

Schnell schreibt Frau M. ihre Gedanken an zwei Unterzweige in ihre Map. Ihr fällt auf, dass es Verbindungen und Wiederholungen zwischen einzelnen Haupt- und Unterzweigen gibt. Gleichbeschriftete Zweige kann Frau M. mühelos kopieren. Hierzu markiert sie den zu kopierenden Zweig, drückt die Tasten Strg+Alt und zieht den Zweig an die gewünschte Position. Hier lässt sie die Maustaste los und eine Kopie des Zweiges ist erstellt. Zwischen dem Zweig **Chancen und Gefahren** und dem Zweig **Stärken und Schwächen** besteht ein Zusammenhang, den Frau M. gerne mit einer Verbindung verdeutlichen möchte.

Mit der Schaltfläche *Zweigverbindungen einfügen* kann man mit einem zusätzlichen Pfeil Querverbindungen zwischen einzelnen Bereichen markieren. Hierzu aktiviert Frau M. die Schaltfläche und markiert den Zweig **Chancen und Gefahren**. Sie hält die linke Maustaste gedrückt und zieht die Maus zu dem Zweig **Stärken und Schwächen**. Dort lässt sie die

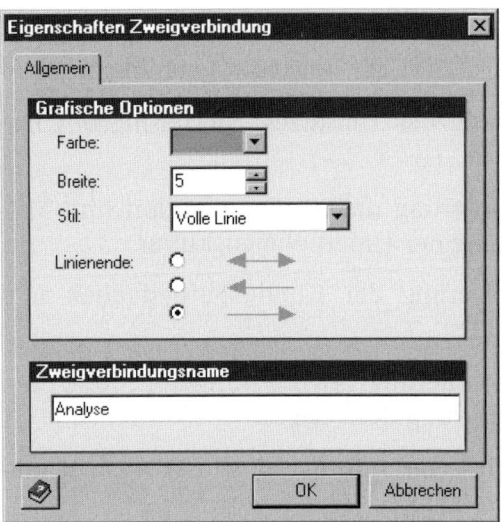

Abbildung 10-5: *Das Dialogfenster* Eigenschaften Zweigverbindung.

Maustaste los und zwischen beiden Zweigen wird ein zusätzlicher Verbindungspfeil erstellt. Der Zweig kann über die beiden Haltepunkte verschoben werden. Frau M. drückt Alt+Eingabe und kommt so in das Dialogfenster *Eigenschaften Zweigverbindungen*. Hier kann sie Farbe, Stärke und Pfeilrichtung ändern sowie dem Pfeil einen Namen geben.

Nun bekommt auch dieser Zweig eine schöne Umrandung.

Ziele formulieren

Nachdem sie nun mit den Mitarbeitern eine Art Ist-Analyse durchgeführt hat, will Frau M. sich den Zielen zuwenden.

 Jedes Ziel sollte möglichst aus nur einem Satz bestehen und Teilziele sollten konkret formuliert werden. Frau M. notiert sich dies als Textnotiz.

 Hierfür markiert sie den Hauptzweig **Ziele** und klickt auf die Schaltfläche *Textnotiz anzeigen/verbergen*. Am unteren Bildschirmrand erscheint das Textnotizfenster, in welchem Frau M. ihre Notiz hinterlegen kann. Wenn sie nun in den Hintergrund ihrer Map klickt, erscheint neben dem Zweig **Ziele** das Symbol für hinterlegte Textnotizen. Je nachdem ob die Schaltfläche *Textnotiz anzeigen/verbergen* aktiviert ist oder nicht, wird die Textnotiz angezeigt.

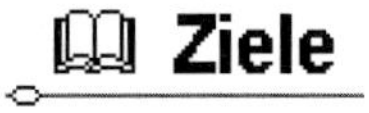

ᙇ Ziele

Abbildung 10-6: *Das Symbol »Buch« markiert Zweige mit einer hinterlegten Textnotiz.*

Als Unterzweige entscheidet sich Frau M. für folgende Zielbereiche:

- **Ökonomische Ziele:** Steigerung des Umsatzes, Steigerung des Deckungsbeitrages.

- **Unternehmerische Ziele:** Förderung der Kommunikation und Mitarbeiterzufriedenheit, Gestaltung der Unternehmenskultur.

- **Kundenbezogene Ziele:** Steigerung der Kundenzufriedenheit und -zahl, Auslastung der Kapazitäten.

- **Verkaufsfördernde Ziele:** Erweiterung des Leistungsangebotes und der Leistungsfähigkeit, Verbesserung des Images.

- **Abteilungsbezogene Ziele:** Besserer Informationsfluss, Ausbau und Systematisierung von Arbeitsabläufen.

Nun bekommt der Zweig noch eine *Umrandung* zugewiesen.

Strategien und Aktionsplan

Frau M. ist mit sich zufrieden: Bisher schaut der Plan ansprechend und übersichtlich aus. Sie ist schon gespannt auf die Reaktion ihrer Kollegen. Aber sie hat noch zwei Äste vor sich, die sie ausarbeiten muss. Hierzu gehört auch der Zweig **Strategien und Aktionsplan** – das **Was** und **Wie** zum Erreichen von Teilzielen. Die beiden Punkte trägt Frau M. als Unterzweige ein.

Sie entwickelt einen Analysebogen, der später für alle sichtbar aufgehangen werden kann. Er soll klären, was von wem bis wann umgesetzt werden kann. Hierbei soll auch gleich eine finanzielle Planung mit aufgenommen werden. Was für Kosten entstehen bei der Umsetzung einer Strategie? Den Aktionsplan erstellt Frau M. in einer Microsoft Excel-Arbeitsmappe, die sie wiederum im selben Verzeichnis speichert wie die Mind Map. Sie markiert den Ast **Strategien und Aktionsplan** und hinterlegt die Excel-Datei mit Hilfe der Schaltfläche *Hyperlink definieren*. Außerdem hinterlegt sie eine Textnotiz mit dem Hinweis **Brainstorming oder Mind Mapping,** da sie auf diese Kreativitätsmethoden zurückgreifen möchte. Nun wird auch diesem ganzen Zweig eine Umrandung zugewiesen.

Kontrolle

Das Einführen von Zielvereinbarungen ist nur dann eine lohnende Investition, wenn die Vereinbarungen ernst genommen werden. Es muss eine regelmäßige Kontrolle stattfinden, in der SOLL und IST-Zustand verglichen werden. Solche Kontrollen kosten Zeit, die unbedingt bei der Planung berücksichtigt werden muss. Bei der Vernachlässigung dieses Aspektes könnte die richtungsweisende Wirkung des Führungsinstrumentes verloren gehen. Frau M. springt noch einmal zu dem Zweig **Zeitpunkt** zurück, um diesen Gedanken als Notiz zu hinterlegen. Unter dem Zweig Kontrolle notiert sie **IST-/SOLL-Zustand, Informationsweitergabe** und **Abschlussgespräch.** Gerade der letzte Punkt erscheint ihr sehr wichtig. Letztendlich ist die Einführung von Zielvereinbarungen eine Art Projekt, und jedes Projekt hat einen Anfangs- und Endpunkt. Diese müssen für alle klar erkennbar sein. Das Ende ist auch gleich wieder der Start für neue Vereinbarungen. Also fügt Frau M. nochmals eine *Zweigverbindung* ein.

Um den ersten Eindruck so übersichtlich wie möglich zu gestalten, müssen nicht alle **Detailebenen**, das heißt alle Unterzweige, auf einmal zu sehen sein. Hierfür markiert sie das Titelthema der Map und hält die Strg-Taste gedrückt. Zusätzlich drückt sie die Taste D so häufig, bis ihr das Erscheinungsbild übersichtlich erscheint. Dass der Zweig einer Mind Map nicht vollständig zu sehen ist, erkennt man an der Pfeilspitze am Ende eines Astes (siehe Abbildung 10-7).

Abbildung 10-7:   *An den Zweigspitzen erkennt man, dass sich dahinter noch Informationen verbergen.*

Das Einblenden aller Detailebenen erfolgt wieder mit der Tastenkombination Strg+D. Nun ist Frau M. mit ihrer Mind Map fertig und zufrieden: Sie hat all ihre Ideen und Gedanken untergebracht und ist sich sicher, dass Ihre Kollegen begeistert sein werden. Ein Blick auf die vollständige Map beweist es.

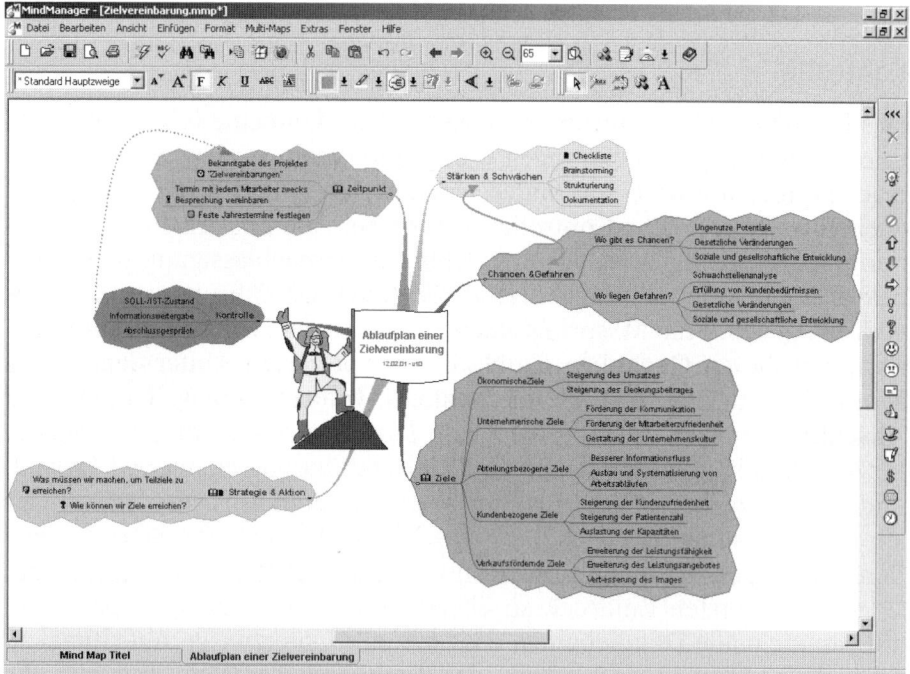

Abbildung 10-8:   *Die vollständige Map.*

MIND MAP ZU KAPITEL 10 AUF SEITE 154

11

Die Map Bilanzanalyse

Die Bilanz ist eine Zusammenfassung aller wirtschaftlichen Aktionen und aller geschäftsrelevanter Ereignisse. Sie ermöglicht es, die Stärken und Schwächen Ihres Unternehmens zu erkennen um daraufhin Maßnahmen für einen dauerhaften Geschäftserfolg einzuleiten. Damit lässt sich die Bilanzpolitik neu gestalten, das heißt anhand der Analyseergebnisse lässt sich feststellen, welche finanziellen, wirtschaftlichen und organisatorischen Maßnahmen eingeleitet werden sollen, um die Finanz- und Ertragskraft des Unternehmens zu erhöhen.

Sowohl für die operative, als auch für die strategische Planung wird die Grundlage aus mindestens drei Jahresabschlüssen und der betriebswirtschaftlichen Auswertung dieser Ergebnisse gebildet. Die Auswertung erfolgt anhand von Kennzahlen.

Das Ziel

Herr S. ist Controller. Vor ihm steht die Aufgabe, dem Vorstand eine Bilanzanalyse vorzulegen. Außerdem soll er zwei Kollegen in das Thema einarbeiten. Bei den Überlegungen, wie er beide Aufgaben möglichst rationell erledigen kann, ist sein Entschluss schnell gefasst: Er wird die Sachverhalte in einer Mind Map darstellen. Eine Mind Map bietet ihm folgende Vorteile:

- An der Oberfläche zeigt er die errechneten Kennzahlen.

- In den Notizen legt er alle Merksätze und Daten ab, um sie erklären zu können.

- Die Zusammenhänge sind in einer Mind Map wesentlich besser darzustellen als auf mehreren Folien.

- Die Map kann jederzeit für neue Analysen verwendet werden.

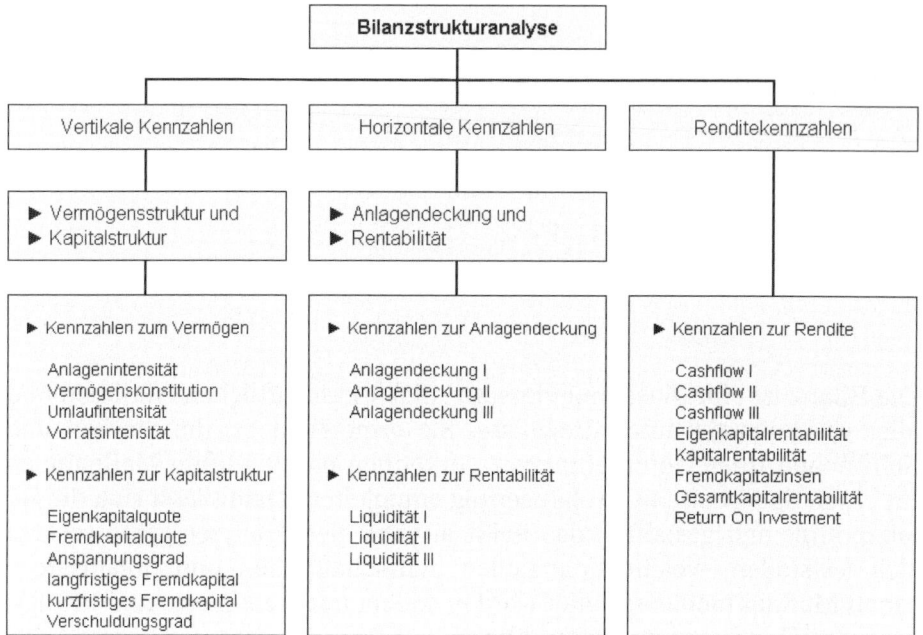

Abbildung 11-1: *Der Aufbau einer Bilanzstrukturanalyse in einer herkömmlichen Darstellung.*

In einer Microsoft Excel-Arbeitsmappe hat Herr S. bereits alle Zahlen berechnet. Zur Erstellung einer Mind Map, aus der die wichtigsten Kennzahlen ersichtlich sind, gehört natürlich das Wissen über die Kennzahlen. Doch dazu später mehr.

Es geht los

Herr S. legt eine neue Map im MindManager an. Im Ordner *Titel Modern* der *Symbolgalerie* findet er eine passende Grafik für den Titel. Als Beschriftung trägt er **Bilanzanalyse Kennzahlen** ein. Hinter dem ersten Begriff fügt Herr S. mithilfe der Tasten Umschalt+Eingabe eine Zeilenschaltung ein.

Mit der Taste Einfg erzeugt er dann die ersten drei Hauptzweige: **Horizontale Kennzahlen, Vertikale Kennzahlen** und **Renditekennzahlen**. Er fügt dann weitere drei Hauptzweige ein, deren Beschriftung er nicht ganz so groß formatiert: **Vermögenskennzahl, ROI** und **Cash Flow**.

Für den Hauptzweig **Cash Flow** erzeugt Herr S. gleich Unterzweige, in denen er sowohl seine Ergebnisse als auch den Rechenweg zeigen will. Mithilfe der Formatierung hebt er das Gesamtergebnis hervor. Aus einem

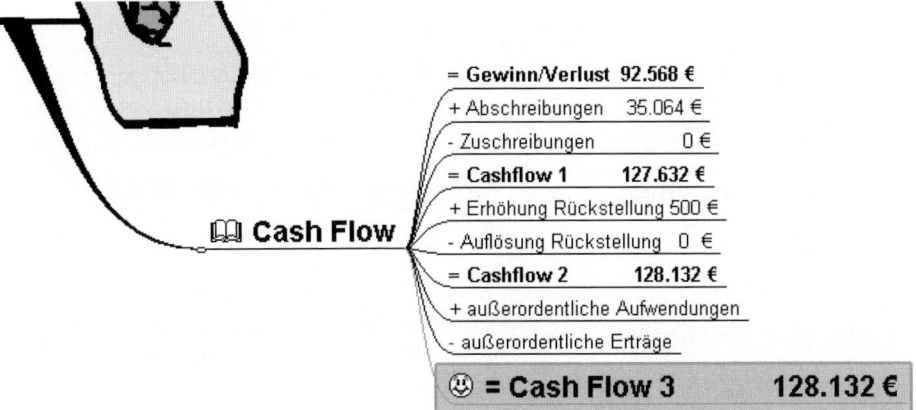

Abbildung 11-2: *Der Zweig* Cash Flow *zeigt die Analyseergebnisse und wie sie errechnet worden sind.*

Word-Dokument kopiert Herr S. dann einen Merksatz zum Cash Flow und fügt ihn in das Fenster *Textnotizen* des Hauptzweiges ein. Die Abbildung 11-2 zeigt den fast fertigen Zweig.

Um Sie nicht weiter auf die Folter zu spannen, welche Merksätze Herr S. aus seinen Unterlagen in die Mind Map kopiert, schauen wir kurz in seine betriebswirtschaftlichen Unterlagen.

Wissenswertes zu den Kennzahlen

Der Cash Flow

Der Cash Flow betrachtet das Geld, das im Laufe eines Jahres in das Unternehmen fließt und dort auch bleibt. Somit geht es hier um den Überschuss (oder aber auch Verlust) der Einnahmen und Ausgaben. Steigt der Cash Flow, so steigt auch mittelfristig das Ertragspotenzial des Unternehmens. Der Cash Flow ist ein wichtiger Maßstab zur Beurteilung des Ertrags- und Finanzpotenzials. Abbildung 11-3 zeigt die Berechnung des Cash Flow.

Kennzahlen zum Vermögen

Diese Angaben legt Herr S. in den Hauptzweig **Vermögenskennzahl**. Die folgenden Beschreibungen kopiert er wieder in die Textnotizen des jeweiligen Zweiges.

Cashflow I	= Gewinn	+ Abschreibungen	- Zuschreibungen

Cashflow II	= Cashflow I	+ Erhöhung Rückstellungen	- Auflösung Rückstellungen

Cashflow III	= Cashflow II	+ außerordentliche Aufwendungen	- außerordentliche Erträge

Abbildung 11-3: *Berechnung des Cash Flow.*

Anlagenintensität:

Übersteigt die Kennzahl der Anlagenintensität die 50%-Marke, so gilt das Unternehmen als anlagenintensiv. Mit zunehmender Anlagenintensität steigt einerseits das finanzielle Risiko und andererseits sinkt die finanzielle Flexibilität des Unternehmens. Die Anlagenintensität lässt weiterhin Rückschlüsse auf die Liquiditätsentwicklung zu. Ändert sich die Kennzahl, hat das zur Folge, dass sich auch die Fristigkeit des Kapitals verändert. Je höher die Anlagenintensität ist, umso höher muss der Anteil an Eigenkapital und langfristigem Fremdkapital sein.

Umlaufintensität:

Die Umlaufintensität gibt Auskunft darüber, wie lange das Umlaufvermögen im Unternehmen verweilt. Eine hohe Umlaufintensität ermöglicht es, sich in stärkerem Umfang mit kurzfristigem Fremdkapital zu finanzieren, da das Umlaufvermögen eine kürzere Verweildauer im Unternehmen hat. Für diese Kennzahl wird das Umlaufvermögen in Beziehung zum Gesamtvermögen gesetzt.

Vorratsintensität:

Mit dieser Kennzahl lässt sich feststellen, ob die Branche oder das Unternehmen vorratsintensiv oder forderungsintensiv ist, das heißt ob ein hoher Lagerbestand bei entsprechend hohen Lagerhaltungskosten besteht. Die Kennzahl gibt also Auskunft darüber, wie stark die Kapitalbindung in den Vorräten ist. Man erhält die Kennzahl durch Division der Vorräte durch das Gesamtvermögen.

Verschuldungsgrad:

Je höher der Verschuldungsgrad, desto geringer ist die finanzielle Unabhängigkeit und umso einfacher ist die Einflussnahme durch Dritte (von

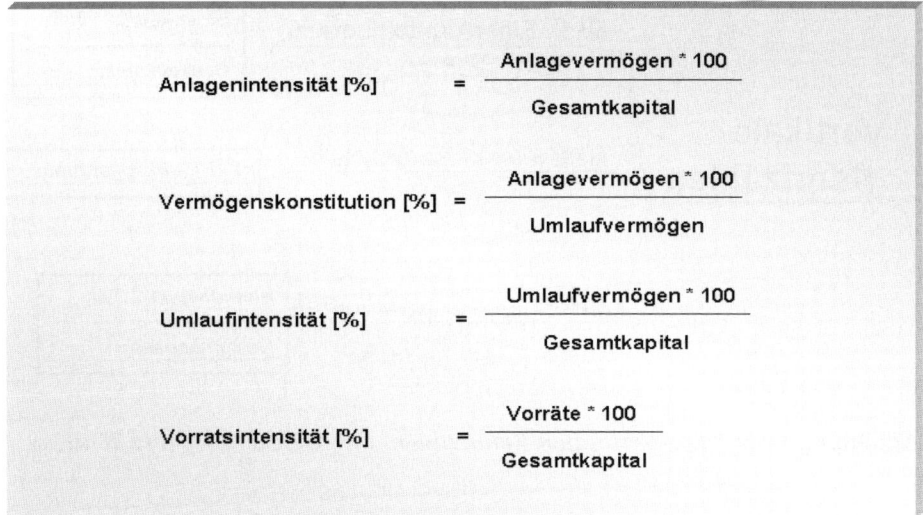

Abbildung 11-4: *Vermögenskennzahlen und ihre Berechnung in der Übersicht.*

außen). Bei dieser Kennzahl wird das Fremdkapital durch das Eigenkapital dividiert. Ein Verschuldungsgrad von weniger als 100 % bedeutet, dass das Fremdkapital niedriger als das Eigenkapital ist. Steigt der Wert über 100 %, steigt auch das generelle Risiko, da das Eigenkapital als haftendes Mittel nicht ausreicht, um die Schulden zu decken.

Kennzahlen zur Kapitalstruktur

Für den Hauptzweig **Vertikale Kennzahlen** stellt Herr S. die im Folgenden beschriebenen Berechnungen an und trägt die Ergebnisse in Unterzweige ein. Die Formel zu jedem Ergebnis schreibt er in einen weiteren Unterzweig.

Eigenkapitalquote:
Die Eigenkapitalquote gibt Aufschluss über die Kreditwürdigkeit des Unternehmens. Mit ihr lassen sich Aussagen darüber treffen, wie hoch der Anteil der eigenen Mittel an der Finanzierung ist. Je höher die Eigenkapitalquote ist, desto unabhängiger und krisenfester ist das Unternehmen. Bei einem Unternehmen mit großem Ertragsrisiko sollte die Eigenkapitalquote also entsprechend hoch sein. Man erhält diese Kennzahl, indem man das Eigenkapital durch das Gesamtkapital dividiert.

Fremdkapitalquote:
Die Fremdkapitalquote ist das Äquivalent zur Eigenkapitalquote. Sie gibt an, welchen Anteil das Fremdkapital an der Finanzierung hat, das heißt

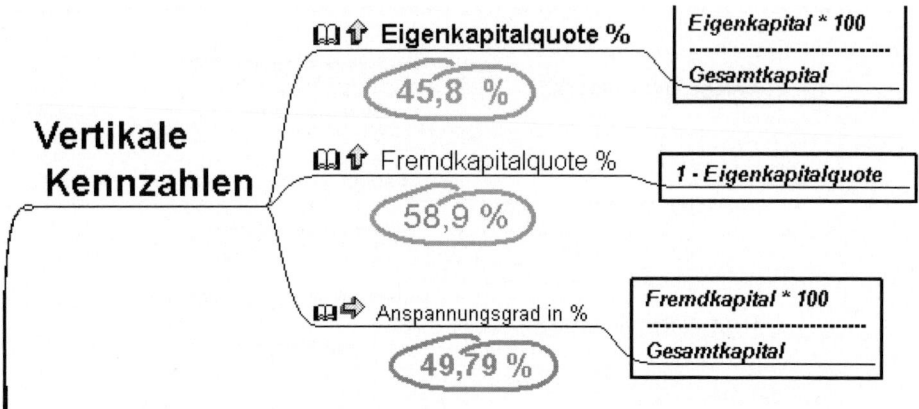

Abbildung 11-5: *Die Vertikalen Kennzahlen, ihre Berechnung und Tendenz.*

was nach Abzug der Eigenkapitalquote von der gesamten Finanzierung noch übrig bleibt. Wenn die Fremdkapitalquote hoch ist, besteht geringe Unabhängigkeit und geringe Krisenfestigkeit.

Anspannungsgrad:
Hierbei wird das Fremdkapital in Relation zum Gesamtkapital betrachtet. Mit zunehmendem Anteil des Fremdkapitals am Gesamtkapital steigt das Risiko.

Kennzahlen zur Liquidität

Weil Herr S. an der Universität gut aufgepasst hat, weiß er auch, was in den Hauptzweig **Renditekennzahlen** aufzunehmen ist:
    Mit der Untersuchung der Liquidität will man herausfinden, wie weit kurzfristige Verbindlichkeiten durch flüssige Mittel gedeckt werden können. Die einzelnen Liquiditätskennzahlen bauen aufeinander auf. Sie sind jeweils abhängig von der Dauer und den Mitteln die zur Verfügung stehen.

Liquidität I:
Sie setzt die liquiden Mittel in Beziehung zu den kurzfristigen Verbindlichkeiten. Dazu gehören unter anderem Kasse, Sicht- und Termineinlagen, diskontfähige Wechsel und so weiter. Daher spricht man hier auch von der »Bar-« beziehungsweise »Kassenliquidität«.

Liquidität II:
Bei der zweiten Variante der Liquiditätskennzahlen wird das kurzfristige Umlaufvermögen im Zusammenhang mit den kurzfristigen Verbindlichkeiten betrachtet. Sie hat daher auch den Namen »einzugsbedingte Liquidität«.

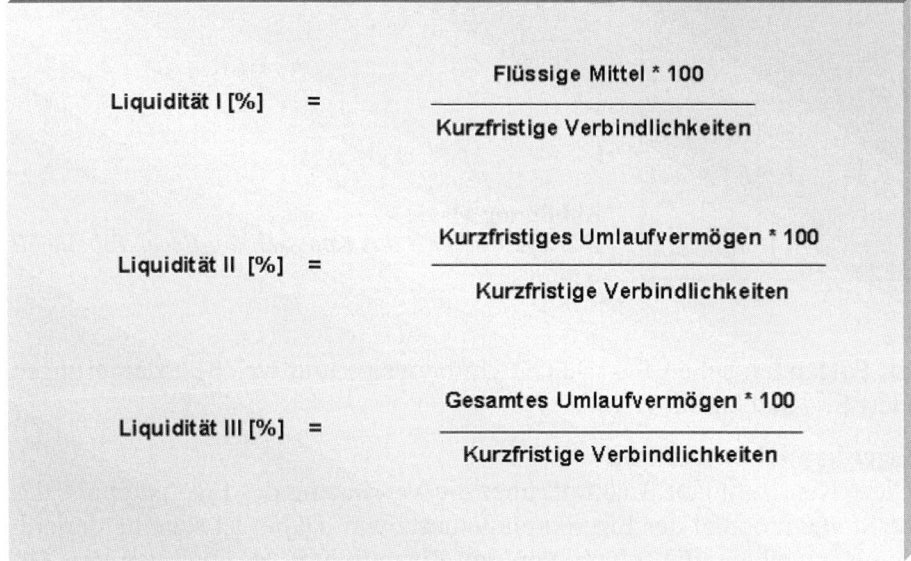

Liquidität I [%] = $\dfrac{\text{Flüssige Mittel} * 100}{\text{Kurzfristige Verbindlichkeiten}}$

Liquidität II [%] = $\dfrac{\text{Kurzfristiges Umlaufvermögen} * 100}{\text{Kurzfristige Verbindlichkeiten}}$

Liquidität III [%] = $\dfrac{\text{Gesamtes Umlaufvermögen} * 100}{\text{Kurzfristige Verbindlichkeiten}}$

Abbildung 11-6: *Ein alter Bankspruch heißt »Liquidität geht vor Rentabilität«.*

Liquidität III:

In diesem Fall wird das gesamte Umlaufvermögen auf die kurzfristigen Verbindlichkeiten bezogen, woher auch der Name »Liquidität des Umlaufvermögens« kommt.

Horizontale Kennzahlen

Um die in Excel erstellten Berechnungen für die **Horizontalen Kennzahlen** auch bei der Präsentation seiner Mind Map zeigen zu können, zieht Herr S. alle Register. Er kopiert den betreffenden Teil der Tabelle als Bild in das Textnotizfenster für den Hauptzweig. Und das geht so:

1. Herr S. markiert die Tabelle in seiner Excel-Arbeitsmappe.

2. Mit festgehaltener Umschalt-Taste wählt er den Befehl *Bearbeiten/Bild kopieren*. Die im folgenden Dialogfeld angebotenen Optionen belässt er bei den in Abbildung 11-7 gezeigten Standardeinstellungen und klickt auf *OK*.

3. Zurück in seiner Mind Map markiert Herr S. den Zweig, wechselt in das geöffnete Textnotizfenster und drückt die Tasten Strg+V, um die Tabelle einzufügen. So hat er seine Excel-Momentaufnahme und kann alle Zahlen zeigen, auch wenn die Excel-Mappe mal nicht zur Verfügung steht.

Abbildung 11-7:
Die Optionen für das Kopieren der Excel-Tabelle als Grafik.

Im Folgenden sehen Sie, welche Unterzweige und welche Erläuterungen Herr S. danach einfügt:

Eigenkapitalrentabilität:
Diese Kennzahl gibt Auskunft über die Verzinsung des Eigenkapitals, das heißt wie rentabel der Eigenkapitaleinsatz war. Daher ist sie eine derjenigen Kennzahlen, die sowohl von den Eigentümern, als auch von den Aktionären am meisten beachtet wird. Zudem steht die Rendite oft in Zusammenhang mit dem Risiko: Je höher die Rendite, desto höher ist im Allgemeinen auch das Risiko. Der Gewinn bzw. Verlust wird bei dieser Kennzahl durch das Eigenkapital dividiert.

Fremdkapitalzinsen:
Die Höhe der Fremdkapitalzinsen fließt im weiteren Verlauf in andere Kennzahlen ein. Die Zinsen selbst stellen also vielmehr eine absolute Zahl als eine Kennzahl dar. Sie sind für weitere Berechnungen aber nicht unbedeutend.

Gesamtkapitalrendite:
Diese Kennzahl gibt Aufschluss über die Ertragskraft des Unternehmens, unabhängig von Unterschieden in der Finanzierung. Somit weist sie viel deutlicher auf die tatsächliche Leistungsfähigkeit des Unternehmens hin, als die Eigenkapitalrendite. Allerdings ist zu beachten, dass zum Beispiel durch Ausweisen außerordentlicher Aufwendungen oder Erträge in der Gewinn- und Verlustrechnung, aber auch durch die Bildung stiller Reserven im abgelaufenen Geschäftsjahr, das Bild verzerrt werden kann. Bei dieser Kennzahl wird der Reingewinn zusammen mit dem Zinsaufwand in Relation zum Gesamtkapital gesetzt.

Die Zahlen für die Eigenkapital- und die Kapitalrentabilität fügt Herr S. als freien Text ein (siehe Abbildung 11-8). Mithilfe der Schaltfläche *Hervorheben* auf der Symbolleiste *Mind Map Kommandos* umrahmt er die Zahlen orange. Die beiden freien Texte hat er dann auf den jeweiligen Zweig gezogen. Wenn dieser grün unterlegt erscheint, lässt er los. Damit sind Zweig und freier Text verbunden.

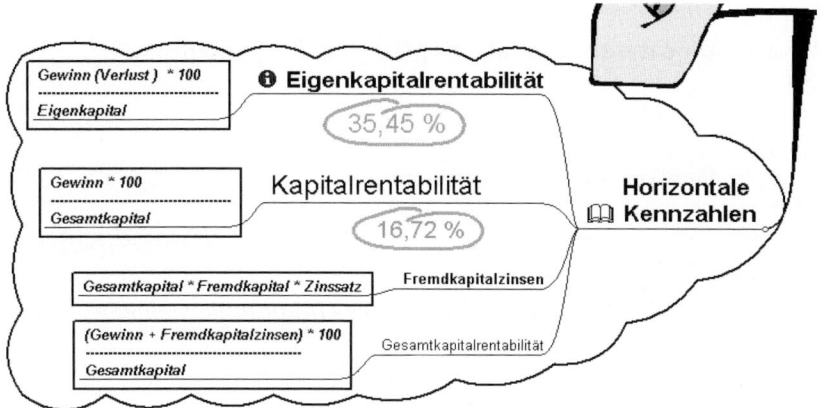

Abbildung 11-8: *Der fertige Zweig* Horizontale Kennzahlen.

Der Return-On-Investment (ROI)

Zum Schluss will Herr S. unbedingt den von ihm ermittelten ROI für zwei Jahre in die Map aufnehmen. Die beiden Kennzahlen verarbeitet er wieder in freien Texten, welche er an dem Hauptzweig **ROI** platziert. Im Folgenden lesen Sie, was er zum Thema ROI in die Textnotizen zum Hauptzweig schreibt.

Der ROI ist einerseits eine Renditekennzahl und andererseits nimmt er einen besonderen Status unter den Kennzahlen ein. Beim ROI handelt es sich um den Ertrag des investierten Kapitals. Bei dieser Kennzahl wird der erwirtschaftete Gewinn im Verhältnis zu den eingesetzten Produktivfaktoren betrachtet. Der ROI als Kennzahl besteht dabei aus einzelnen Elementen, besser gesagt, er setzt sich aus anderen Kennzahlen zusammen. Dadurch wird bei der Betrachtung des ROI das Zusammenspiel und die Abhängigkeiten der einzelnen Faktoren deutlich.

Der *Kapitalumschlag* gibt dabei an, wie intensiv die Nutzung des im Unternehmen eingesetzten Kapitals ist, das heißt er gibt Auskunft über die Produktivität des eingesetzten Kapitals.

Die *Umsatzrentabilität* ist die Verzinsung des Umsatzes im Unternehmen. Aus der Umsatzrentabilität ist also erkennbar, wie ein Unternehmen in Bezug auf den Umsatz gearbeitet hat, das heißt wie erfolgreich das Unternehmen bei der betrieblichen Tätigkeit war.

Die fertige Map

Herr S. ist sehr zufrieden mit seiner Darstellung. Er fügt noch zwei passende Grafiken aus der Symbolgalerie ein und kennzeichnet einige Hauptzweige mit Kodes, um zu zeigen, in welche Richtung die Entwicklung

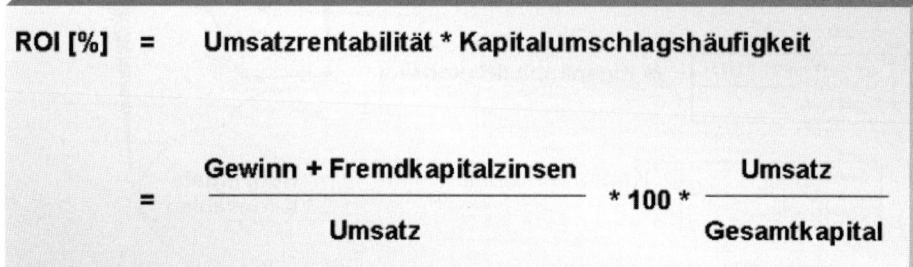

Abbildung 11-9: *Der ROI ist eine Kennzahl des Gesamtunternehmens in Bezug auf Rentabilität und Umschlag.*

geht. Auf einen Blick sehen Sie die wichtigsten Kennzahlen. Mit Kodes wurde visualisiert, ob die Kennzahlen nach oben oder unten weisen. Diese Map kann Herr S. von Jahr zu Jahr ändern und der Führungsriege vorlegen. Detailinformationen sind in Excel schnell erfasst und können in die Map abgerufen werden.

Außerdem eignet sie sich hervorragend für die Unterweisung seiner Kollegen, denen das ganze Thema noch nicht so vertraut ist. Herr S. ist sich sicher, dass sie für diese Art Lernmittel mehr Begeisterung zeigen als für die dicken Fachbücher mit seitenlangen Erklärungen.

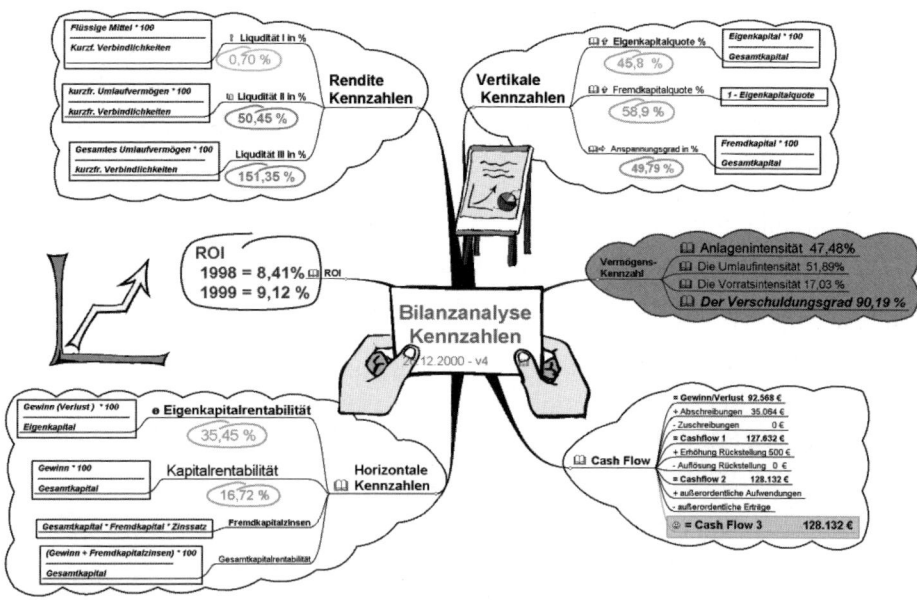

Abbildung 11-10: *Die fertige Map zur Bilanzanalyse.*

12 Internationales Controlling

Ein Konzept für das Controlling der internationalen Gesellschaften eines mittelständischen Unternehmens zu entwickeln, ist eine große Herausforderung. Bei der Konzeption muss großer Wert auf Praxisfähigkeit und überschaubare Handhabung gelegt werden, weniger auf Theorielastigkeit und Überfrachtung mit Formalismus und Details.

Mind Map eines Controllingsystems

Mit Hilfe der Mind Map Methode entwickelt Gerhard S., Diplom-Kaufmann und 34 Jahre alt, ein Controllingsystem für die Schwäma GmbH (**Schwä**bischer **Ma**schinenbau), einem Hersteller von Druckmaschinen mit 250 Millionen DM Umsatz und insgesamt 600 Mitarbeitern, 500 davon im Stammhaus und 100 in den sechs europäischen Gesellschaften, mit denen sich das Controllingsystem beschäftigen muss.

Gerhard S. hat bei der Schwäma GmbH ein Traineeprogramm absolviert und dort seine ersten beruflichen Erfahrungen gesammelt. Als Assistent der Geschäftsführung hat er einen guten Überblick über das mittelständische Unternehmen bekommen und erste Kontakte zu den Auslandsgesellschaften geknüpft. Nun hat man ihm den Aufbau und die Leitung des internationalen Controllings übertragen.

Der Aufbau des Bereichs erfolgt sehr pragmatisch, ja »hemdsärmelig«, und oft ist Improvisationskunst gefragt. Nach der »try and error«-Methode versucht Gerhard S. zwischen Informationswünschen der Geschäftsführung, Möglichkeiten der Tochtergesellschaften und vertretbaren Veränderungen das richtige Verhältnis herzustellen. Er hat bereits eine ganze Menge Material angesammelt und möchte alle Puzzlestücke »seines« Controllings zu einem großen Ganzen zusammenfügen.

Herrn S. schwebt ein integriertes Konzept vor, das »lebt« und an dem sich alle Betroffenen aktiv beteiligen, um es gemeinsam weiterzuentwickeln. Und wenn dann schon einmal alles so schön dokumentiert ist, wäre es ideal, die Inhalte quasi auf Knopfdruck seinen Ansprechpartnern in den Gesellschaften auf Webseiten zur Verfügung zu stellen, deren Gebrauch alle Beteiligten ohnehin schon gewohnt sind. Die Beschreibung von MindManager umfasst diese Option und Herr S. ist schon sehr gespannt, ob es sich in der Praxis auch tatsächlich so einfach einsetzen lässt.

Lösungsansatz und Strukturierung

Die erste grobe Struktur der Mind Map ergibt sich relativ schnell. Der fachliche Aspekt des Controlling besteht im Wesentlichen aus den beiden Bereichen **Planung** und **Berichtswesen**. Somit stehen zwei Hauptzweige bereits fest. Dazu kommt ein **Schwarzes Brett**, an dem alle in der Unternehmensgruppe relevanten Informationen ausgetauscht werden sollen. Ebenso wichtig wie die fachliche Klärung sind natürlich die beteiligten **Personen**. Daher legt Herr S. einen Ast an, der alle Controller der Tochtergesellschaften auflistet. Diese vier genannten Gebiete stellen auch gleich die Struktur dar, in der die Controllinginformationen für alle ins Netz gestellt werden sollen.

Zwei weitere Themengebiete, die Herrn S. einfallen, beziehen sich eher auf seine eigenen Aufgaben als zentraler Controller. Zum einen ist das ein **Zentraler Infopool**, in dem allgemeine Informationen über die einzelnen Gesellschaften und über die verschiedenen Länder gesammelt werden. Zum anderen erstellt Herr S. noch einen Ast **Motivation**, an dem er Stichworte dafür sammelt, wie er sein Controllingsystem und sein Webangebot für seine Partner, die Controller der Gesellschaften, so interessant gestaltet, dass diese gerne und intensiv mitarbeiten. Ein wenig Spaß macht schließlich auch das Berufsleben leichter, denkt sich Herr S.

Die Ideen sprudeln nur so beim Anlegen der Hauptzweige und einige Äste tragen schnell viele »Blätter«, wie wir in den nächsten Abschnitten sehen können.

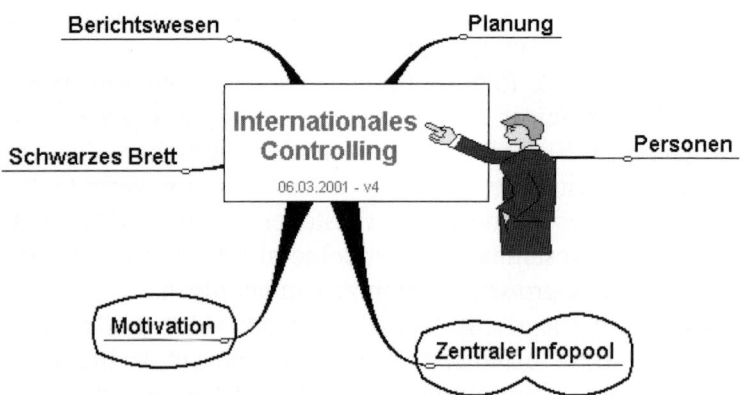

Abbildung 12-1:   *Die ersten Hauptzweige der Controlling Mind Map.*

Die Bereiche, die nicht in die Webseiten übernommen werden sollen, markiert Herr S. durch Einkreisungen mithilfe der Schaltfläche *Umrandungen*.

Die Planung

Basis eines effektiven Controllingsystems ist eine sorgfältige Planung. Nur wenn Sollvorgaben in einer fest definierten Struktur vorliegen und aufgrund plausibler Annahmen getroffen worden sind, ist im laufenden Berichtswesen ein sinnvoller Plan-/Ist-Vergleich möglich. Dieser ist wiederum die Voraussetzung für eine Abweichungsanalyse. Aus dieser Analyse können dann Erkenntnisse gewonnen werden, die nicht nur Transparenz im Unternehmensgeschehen schaffen, sondern auch zur kontinuierlichen Verbesserung der Geschäftsprozesse beitragen.

Die Inhalte der Planung sind bis zu einem bestimmten Grad flexibel und sollten regelmäßig neuen Erkenntnissen angepasst werden. Eine gewisse Kontinuität ist dennoch unerlässlich, denn oft sind Vergleiche erst auf Basis von mehrjährigen Zeitreihen ergiebig. Kurzfristige Vergleiche werden in der Regel durch immer wieder auftretende Sondersituationen verfälscht.

Schließlich sollte man Planung nicht mit Prognose verwechseln. Es geht nicht darum, die Zukunft vorherzusagen, sondern das Unternehmen in einem bestimmten Rahmen darzustellen und seine Weiterentwicklung auf Basis getroffener Prämissen abzuschätzen und somit eine Messlatte für die ständige Beobachtung dieser Weiterentwicklung zu definieren.

Herr S. gliedert seine Überlegungen und Dokumentation zur Planung in folgende Bereiche:

1. Erläuterungen

Hier ist der komplette **Planungsablauf** dargestellt. Dieser umfasst zum Beispiel einen Zeitplan mit festen Eckterminen, die Definition von Zuständigkeiten und Verantwortung sowie die Festlegung von formalen Aspekten, zu verwendenden Systemen usw.

Umfang und Inhalt der Planung sollten auch anhand der vorgegebenen Planungsformulare definiert werden können, zum Verständnis dient aber auch eine Übersicht in den Erläuterungen über die verschiedenen Teilbereiche der Planung. In unserem Beispiel umfasst das:

- Allgemeiner Kommentar

- Marktdaten und Marktanteilsziele

- Maßnahmenplanung, Projekte

- Absatz, Umsatz und Deckungsbeitrag nach Produkten bzw. Produktgruppen

- Personalplan

- Investitionsplan

- Gewinn- und Verlustrechnung

- Bilanz

- Schwerpunktthemen zur Unternehmensentwicklung

Daneben ist es erforderlich, alle wichtigen **Begriffe** zu definieren, die in der Planung verwendet werden. Insbesondere ist auf eine einheitliche Ermittlung von Kennzahlen zu achten.

2. Prämissen

Technische Prämissen beziehen sich im Wesentlichen auf das Produktspektrum des Unternehmens (Einführung von neuen Produkten, wichtige Änderungen an bestehenden Produkten und Entfall von Produkten). Die Produkte sollten hinsichtlich der Eigenschaften und Preisstellungen sowie der Terminsituation definiert sein.

Wirtschaftliche Prämissen sind zum Beispiel die erwarteten Wechselkurse, die im internationalen Geschäft eine bedeutende Rolle gegenüber Wettbewerbern aus anderen Währungsräumen spielen können. Daneben fallen hierunter auch Daten zur allgemeinen Konjunkturentwicklung, zu globalen Branchenindikatoren und zur Entwicklung von Transferpreisen innerhalb einer Firmengruppe.

3. Dateien

An dieser Stelle möchte Herr S. alle Dateien zum Download hinterlegen, die in der Planung von den Tochtergesellschaften verwendet werden. Als EDV-Plattform hat er sich für alle **Planungsformulare** für Microsoft Excel sowie für PowerPoint bei den **Präsentationen** entschieden. Der einheitliche Aufbau von Planungsunterlagen und -präsentationen ist erforderlich,

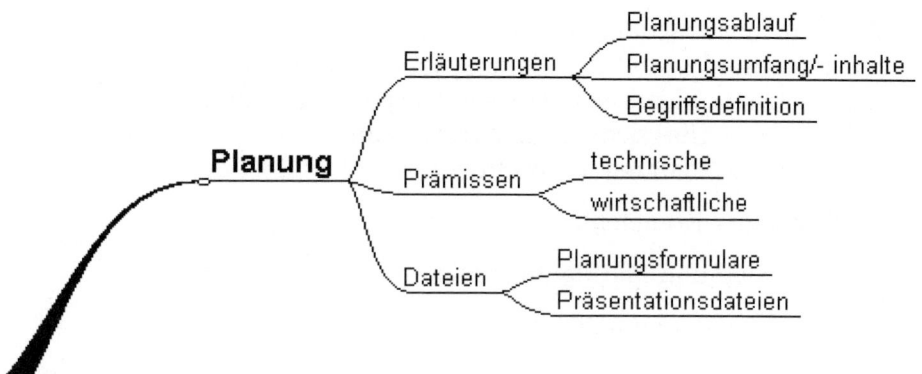

Abbildung 12-2: *Der erste Hauptzweig* Planung.

um die Vollständigkeit der Planung und den Vergleich zwischen den Tochtergesellschaften so effizient wie möglich zu gestalten. Außerdem erlaubt es eine schnelle Orientierung und ein schnelles Verständnis beim Lesen und Bearbeiten der Pläne.

Berichtswesen

Herr S. teilt das Berichtswesen seiner Tochtergesellschaften in zwei Bereiche, die er in einer Übersicht mit den wichtigsten Informationen zu den einzelnen Berichten zusammengestellt hat:

1. Allgemeine Berichte

Bericht	Inhalt	Verantwortlich	Turnus	Termin (im jeweiligen Folgemonat)
Monatsübersicht	Gesamtumsatz, Absatz nach Produktgruppen, Bestand nach Produktgruppen, Personal, Kommentar zur Geschäftsentwicklung	Geschäftsführer	Monatlich	2. Arbeitstag
Absatzbericht	Absatz nach einzelnen Produktgruppen und Produkten	Vertriebsleiter	Monatlich	8. Kalendertag
Deckungsbeitragsbericht	Deckungsbeitrag 1 nach Produktgruppen	Vertriebsleiter	Monatlich	8. Kalendertag
Bestandsbericht	Lagerbestand nach einzelnen Produkten, Reichweite	Vertriebsleiter	Monatlich	8. Kalendertag
Marketingbericht	Marktentwicklung, Marketingmaßnahmen, Konkurrenzaktivitäten etc.	Vertriebsleiter	Vierteljährlich	15. Kalendertag
Technischer Bericht	Produktprobleme, Erfahrungen mit neuen Produkten, Anforderungen an die zentrale Entwicklungsabteilung	Geschäftsführer	Vierteljährlich	15. Kalendertag

2. Finanzielle Berichte

Bericht	Inhalt	Verant-wortlich	Turnus	Termin (im jeweiligen Folgemonat)
Gewinn- und Verlust-rechnung (GuV)	Ergebnisrechnung	Controller	Monatlich	15. Kalender-tag
Bilanz	Bilanz	Controller	Monatlich	15. Kalender-tag
Investitions-bericht	Aktuelle Investitionen und Herleitung aus In-vestitionsplan	Controller	Viertel-jährlich	15. Kalender-tag
Außen-stände	Forderungsbestand in Tagen, überfällige For-derungen, Altersstruk-tur der Forderungen	Controller	Monatlich	15. Kalender-tag
Banken und Kredite	Banksalden und sons-tige Kredite	Controller	Viertel-jährlich	15. Kalender-tag

Durch einen einheitlichen Aufbau kann Herr S. Daten der Tochtergesell-schaften in eine Datenbank einspielen und beispielsweise Quervergleiche anstellen.

Die Zeitreihen sehen in allen Berichten grundsätzlich gleich aus:

- Istwerte Berichtsmonat

- Planwerte Berichtsmonat

- Istwerte kumuliert seit Jahresbeginn (ytd »year to date«)

- Planwerte kumuliert seit Jahresbeginn (ytd »year to date«)

- Istwerte kumuliert des entsprechenden Vorjahresmonats

Mit diesen Überlegungen zu Planung und Berichtswesen hat Herr S. den Kern seines Controllingsystems definiert. Nun möchte er noch die Infor-mationen einbeziehen, die sich nicht immer im Detail strukturieren las-sen.

Schwarzes Brett

In dieser Rubrik sammelt Herr S. alles, was für die Controller der Tochtergesellschaften interessant oder für ihre Arbeit in der Unternehmensgruppe nützlich sein könnte:

- Aktuelles aus der Zentrale mit Neuigkeiten, Beiträgen über Personalien usw.

- Geschäftslage der Unternehmensgruppe und Übersichten einzelner Märkte

- Controllingforum zur Diskussion aktueller Themen, an der sich auch die Controller der Tochtergesellschaften beteiligen dürfen und sollen

- Controller-Kalender 2001 mit allen wichtigen Eckdaten aus Planung und Berichtswesen, Veranstaltungen sowie sonstigen wichtigen Terminen

- Richtlinien zum Download der jeweils aktuell gültigen verschiedenen Konzernrichtlinien

- Dokumentation Workshop 2000 mit allen Beiträgen aus dem gemeinsamen Workshop, an dem die Controller aller Tochtergesellschaften alljährlich teilnehmen

- Protokolle über alle wichtigen Sitzungen zur Einsicht bzw. zum Herunterladen

Personen

Da die Controller der einzelnen Gesellschaften räumlich über ganz Europa verstreut sind, möchte ihnen Herr S. ein Forum schaffen, um untereinander direkten Kontakt zu halten. Schließlich gilt beim Controlling das Gleiche wie bei allen anderen Geschäftsprozessen: Es bleibt so lange »blutleer«, bis es durch die beteiligten Menschen zum Leben erweckt wird. Ein wesentlicher Bestandteil davon ist der Kontakt und die persönliche Beziehung untereinander.

Dafür hat er für jeden Controller eine eigene Web-Seite mit einem »Steckbrief« eingerichtet, wo dieser sich neben den Angaben zur Person auch mit Hobbies, Interessen sowie gegenwärtigen oder früheren Aufgabenschwerpunkten vorstellen kann. Es bleibt auch Platz für die Nennung der Favoriten im Internet, welche die Kollegen direkt zu weiteren interessanten Adressen im WWW führen können. Ein Bild, die Telefonnummer und die E-Mail-Adresse zur spontanen Kontaktaufnahme sollte hier natürlich nicht fehlen.

Die bisher gesammelten Zweige zeigt die Abbildung 12-3.

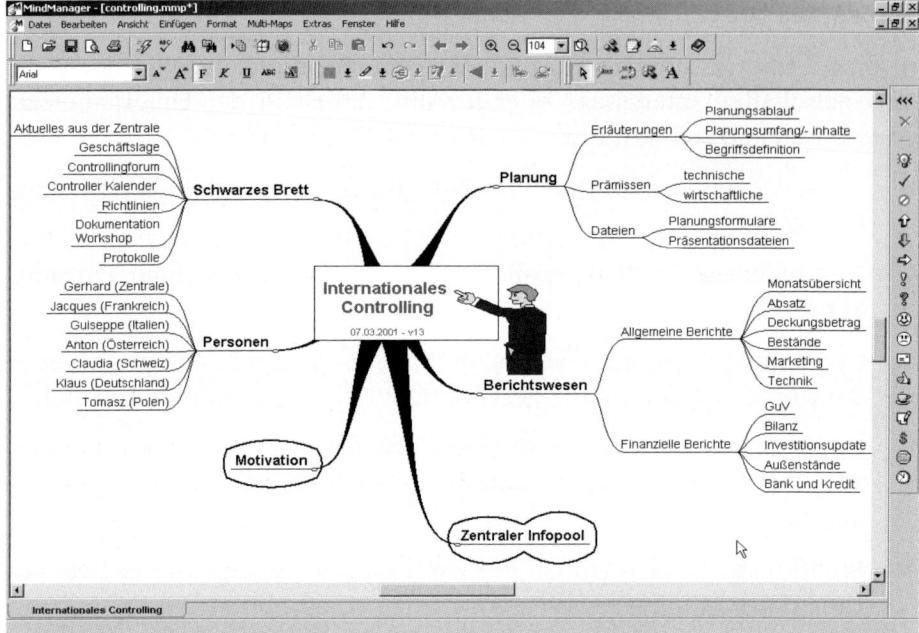

Abbildung 12-3:   *Das sind alle Informationen, die auf der Webseite nachher zur Verfügung stehen sollen.*

Zentraler Infopool

An diesem Ort kann Herr S. gesammeltes Material hinterlegen, um Hintergründe zu erkennen, Informationen schnell zu finden und bei Bedarf Fragen der Geschäftsleitung umgehend beantworten zu können.

Informationen über die Gesellschaften

- Basisinformationen
- Beteiligungsverwaltung
- Aktuelle Themen

Allgemeine Informationen zu den Ländern

- Basisinformationen
- Politik
- Wirtschaft aktuell
- Recht
- Interessante Artikel

Motivation

In einem ersten Kraftakt ein Controllingsystem aufzubauen und einzuführen, ist sicherlich eine Leistung. Noch schwieriger ist es, dieses System am Leben zu halten und dabei die Benutzer so weit wie möglich einzubinden. Herr S. hat den letzten Ast seiner Mind Map dafür vorgesehen, sich selbst einige Regeln zu definieren, durch deren Beherzigung das internationale Controlling der Schwäma GmbH nicht nur auf dem Papier stehen, sondern vor allem auch in der Praxis ein durchschlagender Erfolg werden soll.

Als Erstes muss es natürlich dem Anwender einen konkreten **Nutzen** bringen. Dies ist nur dann gewährleistet, wenn alle **Informationen aktuell** sind und regelmäßig gepflegt werden. Daneben müssen die Informationen für den Benutzer **relevant** sowie **übersichtlich** dargestellt sein und einen **Umfang** haben, der für die Beteiligten zu bewältigen ist.

Die Möglichkeiten der heutigen Systeme bezüglich Speicherplatz und Verarbeitungsgeschwindigkeit dürfen nicht zum Anlegen ganzer Datenfriedhöfe führen, die keinem nutzen. Weniger ist häufig mehr. **Vorsicht**

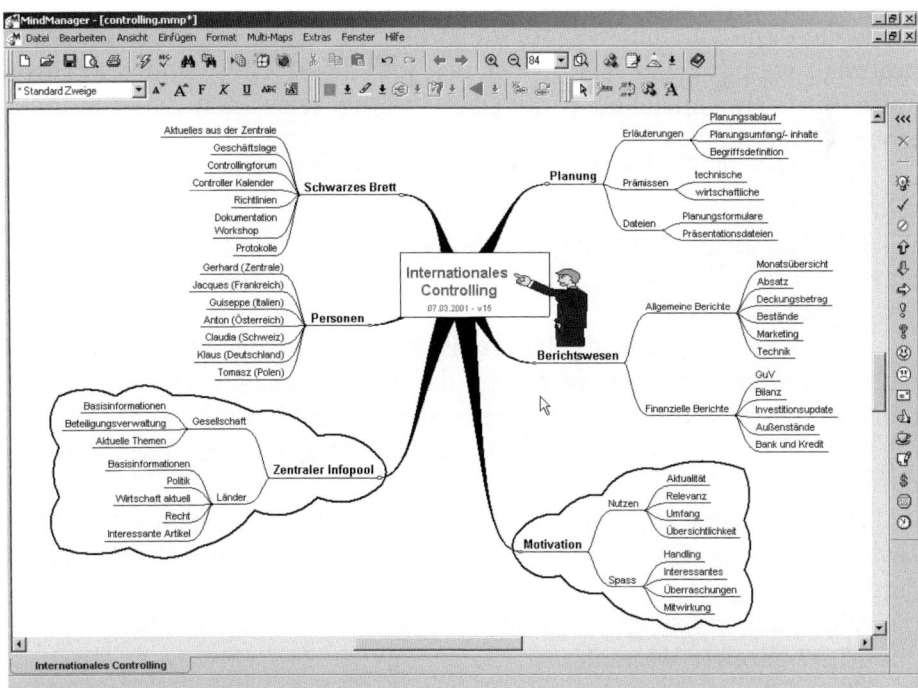

Abbildung 12-4: *Die fertige Controllingsystem Mind Map.*

Spaß soll der Anwender natürlich auch haben. Das fängt bei einem einfachen **Handling** an, welches weitgehend selbsterklärend sein soll. Selbstredend müssen die Inhalte **interessant** sein, was man nicht nur durch die fachlichen Inhalte, sondern manchmal auch ganz einfach durch Überraschendes erreichen kann. Herr S. machte zum Beispiel die Erfahrung, dass es die Aufmerksamkeit und Begeisterung der Nutzer schlagartig erhöhen kann, wenn in einer ansonsten recht trockenen Materie plötzlich mal ein Cartoon eingestreut ist. Die Plattform soll einen gegenseitigen Gedankenaustausch fördern und letztlich ein ganzes Netzwerk an Personen und Know-how schaffen.

»Eigentlich alles Banalitäten zum Thema Motivation«, denkt Herr S., als er seine Mind Map anschaut, »aber wie oft wird andererseits in der täglichen Praxis dagegen verstoßen …« Er nimmt sich jedenfalls vor, regelmäßig zu überprüfen, ob er diese einfachen Regeln in seinem Controllingsystem beherzigt.

In Abbildung 12-4 sehen Sie nun die fertige Mind Map zum internationalen Controlling der Schwäma GmbH:

Übernahme ins Web

Nun will Herr S. natürlich auch testen, ob sich alle Inhalte wie gewünscht »auf Knopfdruck« in Webseiten umsetzen lassen. Dazu hängt er als Erstes die beiden umrandeten Äste ab, die ja nur für seinen internen Gebrauch bestimmt waren. Dazu markiert er den jeweiligen Zweig und drückt die Taste `Entf`. Nun speichert er die Datei mit den relevanten Zweigen unter einem anderen Namen.

Dann gestaltet er eine Begrüßungsseite in Microsoft Word (siehe Abbildung 12-5).

Um den Begrüßungstext beziehungsweise die Eingangsseite grafisch aufzulockern, können ClipArt-Grafiken eingefügt und in den MindManager importiert werden.

 Er markiert das Mind Map-Titelthema und öffnet über die Schaltfläche *Textnotiz anzeigen/verbergen* das Textnotizfenster. Dort kopiert er den Word-Text nebst Grafik hinein. Anschließend wählt er den Befehl *Datei/Export/Webseite*. Es öffnet sich ein Dialogfenster (siehe Abbildung 12-6).

Er entscheidet sich für den Stil *Management* und wählt als Format *Java-Gliederung*. Bei den restlichen Optionen belässt er es bei den Standardeinstellungen.

Die Spannung steigt. Er drückt *OK* und schon erscheint die in Abbildung 12-7 gezeigte Webseite.

 Herr S. ist begeistert. In der linken Box unter »Inhalt« probiert er gleich, ob die Struktur seiner Mind Map komplett übernommen wurde

Herzlich Willkommen beim Internationalen Controlling der Schwäma GmbH

Abbildung 12-5:
*Der Begrüßungstext und
Grafik in Microsoft Word.*

Abbildung 12-6: *Das Dialogfenster zur Auswahl des HTML-Formates.*

und ob mit jedem Klick der Sprung an die richtige Stelle funktioniert. Alles klappt!

Natürlich ist inhaltlich noch einiges zu tun. Sogleich fängt er an, zu jedem Punkt seiner Mind Map in den Textnotizen Inhalte, Grafiken und Links zu hinterlegen, die Hauptzweige für den Web-Export in eine andere Reihenfolge zu bringen, das Titelbild neu zu gestalten, mit verschiedenen Stilen und Schriftarten zu experimentieren …

Aber das ist schon wieder eine neue Geschichte!

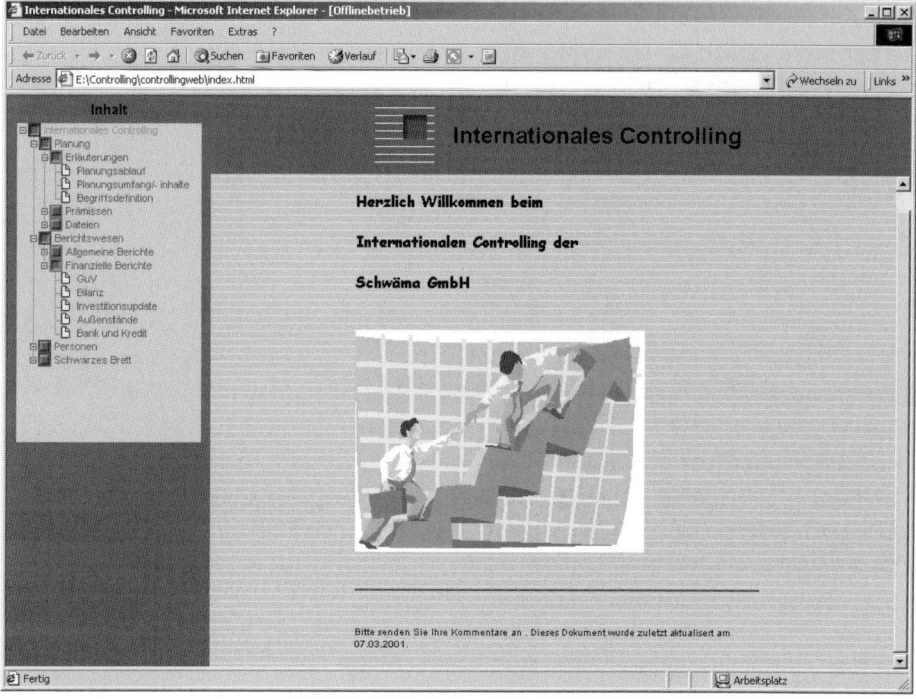

Abbildung 12-7: *Es funktioniert! Herzlich Willkommen!*

13 Richtig Telefonieren

Aus der heutigen Kommunikation ist es nicht mehr wegzudenken: das Telefon. Im beruflichen Alltag spielt es eine große Rolle und wie bei vielen Dingen ist das eigene Telefonverhalten eine Frage des Talents. Es gibt Menschen, denen geht das Telefonieren locker von der Hand, richtige Naturtalente also. Und es gibt andere, denen fällt es schwer, am Telefon eine klare, deutliche Stimme zu bewahren und ruhig zu bleiben. Bedingt wird dies häufig durch die Angst, eine Information zu verpassen. Das Gegenüber nicht sehen zu können, lässt viele Gesprächshinweise auf der Strecke bleiben.

Eigentlich ist es faszinierend zu beobachten, wie viele Informationen man normalerweise aus der Körpersprache des Gesprächpartners entnimmt. Wenn diese wegfällt, ist man unsicher. Dabei gilt beim Telefonieren, was auch in allen anderen Gesprächen gilt: »Sprich, damit ich sehen kann.«

Das eigene Telefonverhalten kann man natürlich trainieren. Stimmvolumen, Fragetechniken, Kommunikationsmethoden, all das kann man lernen. Ein kleines, aber wirkungsvolles Hilfsmittel dazu ist die Telefonnotiz.

Die Telefonnotiz

Frau K. arbeitet am Empfang eines kleinen, aber gefragten Architektur- büros. Bei den alltäglichen organisatorischen Aufgaben wie Terminvereinbarungen, Reiseplanung und Büroorganisation ist das Telefon ihr ständiger Begleiter. Es vergehen keine zehn Minuten, ohne dass sie einen Anruf tätigen oder entgegennehmen muss. Hierfür möchte sie sich nun ein Telefonnotiz-Formular erstellen. Bei der Entwicklung eines Formulars sollte man genau seinen Bedarf bedenken. Die Mind Mapping-Methode eignet sich hierfür gut, da man seinen Sachverhalt gut im Blick behält und ein brauchbares Ergebnis gewährleistet ist.

Ein Brainstorming

 Frau K. ruft sich mit der Schaltfläche *Neues leeres Dokument* eine Standard Mind Map auf.

 Da ihr erst einmal viele Gedanken und Ideen durch den Kopf gehen, entschließt sie sich, mit der Brainstorming-Funktion im MindManager zu arbeiten. Diese wird durch die Schaltfläche *Brainstorming-Modus* aktiviert. Die Funktion bewirkt, dass nach Eingabe des Titelthemas und des Drückens der Taste Eingabe immer wieder ein neuer Zweig geöffnet wird, in den man seine Ideen schreiben kann. Der Modus verhindert absichtlich ein Zurückgehen auf oder das Verändern eines bereits beschriebenen Zweiges. Frau K. kann auch keine Unterzweige anlegen.

 Die Funktion wird beendet, indem man auf dem eingeblendeten Brainstorming-Modus-Symbol die Fertig-Taste anklickt.

Die Gesprächsvorbereitung

Frau K. notiert sich als Erstes natürlich einige W-Fragen:

- Wer ist der Gesprächspartner?

- Was ist der Zweck des Anrufes?

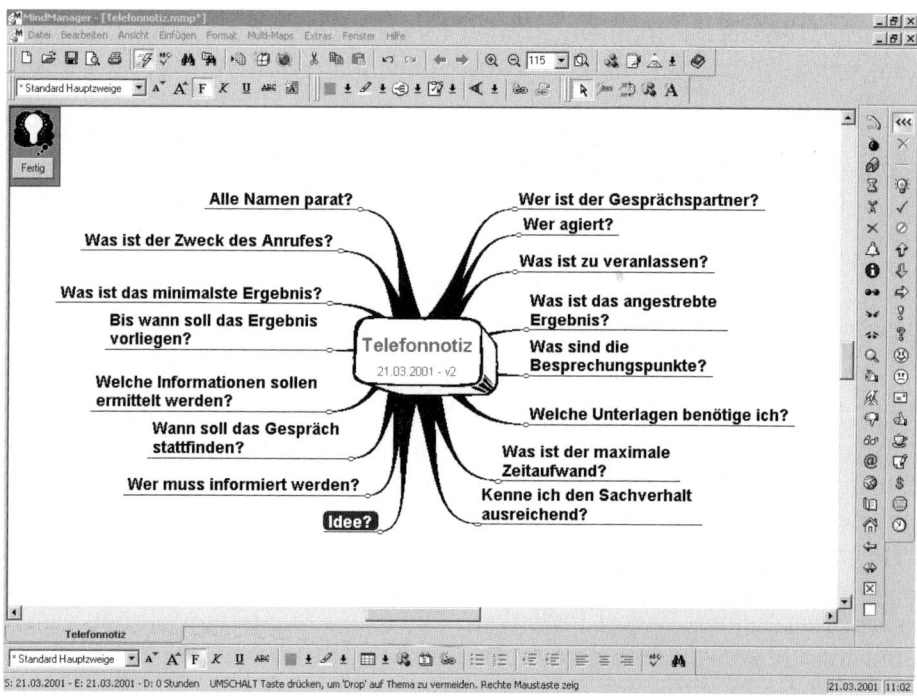

Abbildung 13-1: *Die Ideen von Frau K. zur Telefonnotiz.*

- Welche Unterlagen benötige ich?

- Welche Informationen sollen ermittelt werden?

Sie lässt ihren Gedanken freien Lauf und heraus kommt die in Abbildung 13-1 gezeigte Mind Map.

Sortieren und Ordnen

Nach dem Abstellen des Brainstorming-Modus beginnt für Frau K. das Sortieren und Ordnen der Punkte. Außerdem stört sie das Datum und die Versionsanzeige im Titelthema. Diese löscht sie, indem sie mit der rechten Maustaste in das Titelthema klickt und aus dem Kontext-Menü den Befehl *Eigenschaften* wählt. In der Registerkarte *Datum und Version* deaktiviert sie beide Anzeigen und klickt auf *OK*. Um die Punkte zu strukturieren, erstellt sie mehrere neue Hauptzweige wie **Gesprächspartner, Hintergrund, Ergebnis** und **Termine**. Sie ordnet die Stichpunkte den einzelnen Hauptzweigen zu, schreibt um und ergänzt.

Langsam entwickelt sich eine klare Struktur. Bis auf den Gedanken »Was sind die Besprechungspunkte?« kann sie alle Ideen einsortieren. Sie entschließt sich, diesen Zweig als Hauptast **Besprechungspunkte** stehen zu lassen. Nun wird Frau K. noch kreativer und färbt die Zweige farbig ein und weist Umrandungen zu. Schnell wandelt sich die Map in ein buntes ansehnliches Dokument.

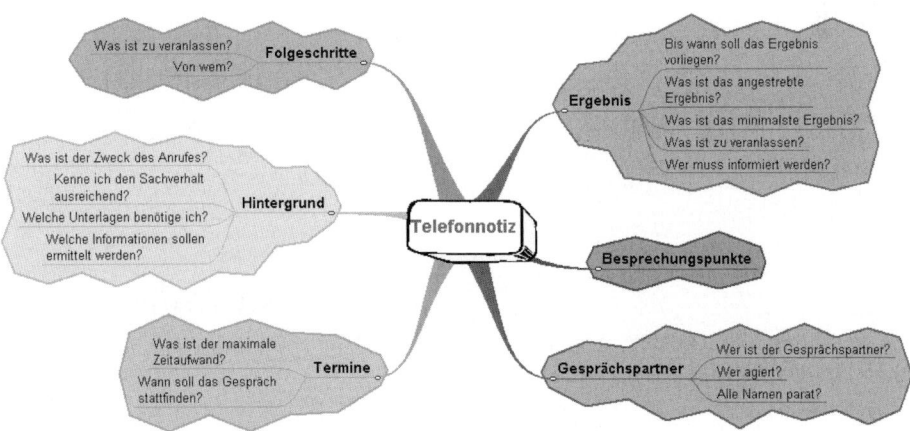

Abbildung 13-2: *Schnell wird aus einem Brainstorming ein informatives und brauchbares Dokument.*

Von der Wiege bis zur Bahre – Formulare Formulare

Eigentlich findet Frau K. ihre Mind Map so schön, dass sie sie am liebsten gleich als Telefonnotizformular verwenden würde. Sinnvoller ist natürlich ein Export der Map in ein Word-Dokument, wie es die Export-Funktion des MindManagers anbietet. Vielleicht kann sie ja auch beide Versionen nutzen, je nachdem was für ein Gespräch ansteht. Überhaupt findet sie, dass das Aufnehmen einer Telefonnotiz natürlich von der Wichtigkeit des jeweiligen Gespräches abhängt. Schließlich soll das Formular den Arbeitsablauf erleichtern und nicht komplizierter machen. Nicht jedes Telefonat verlangt eine Vor- und Nachbearbeitung. Das führt zu unnötigem Bürokratismus, der eher blockiert anstatt voranbringt.

⌐MIND MAP ZU KAPITEL 13 AUF SEITE 157

14 Protokolle schreiben

Jeder Student oder Mitarbeiter wissenschaftlicher Forschungsbereiche weiß, wie schwer das Abfassen wissenschaftlicher Protokolle ist. Ergebnisse in der wissenschaftlichen Gemeinschaft korrekt darzustellen, ist eine Kunst für sich, aber mit Hilfe einer korrekten Anleitung kein Problem. Jegliche Grundlagen einer guten Arbeit sind exakte Daten, daher ist eine goldene Regel: »Vertraue nicht auf Dein Gedächtnis, sondern führe genau Buch über jeden Schritt, den Du tust.«

Abfassung eines wissenschaftlichen Protokolls

Thomas K. ist Diplomchemiker und arbeitet als Assistent an einer Berliner Universität. Er betreut in erster Linie Studienanfänger, was ihm sehr viel Spaß macht. Er steht ihnen mit Rat und Tat zur Seite und wird häufig angesprochen, ob er nicht eine Art Leitfaden für die Abfassung wissenschaftlicher Protokolle habe. Die Versuchsreihen, welche die Studenten durchführen, sind bereits sehr umfangreich. Er überlegt, was wohl eine geeignete Form wäre, den Aufbau wissenschaftlicher Protokolle den Studenten auf eine andere Art als mit wissenschaftlichen Texten zu vermitteln.

Er erinnert sich, dass er während seines Studiums häufig mit der Mind Mapping-Methode gelernt hat. Eigentlich müsste man doch auch für diesen Zweck eine recht anschauliche Map erstellen können. Schon legt er los.

Das Protokoll

Thomas überlegt, nachdem er das Titelthema und -symbol ausgewählt hat, mit welchen Stichpunkten er die Hauptzweige beschriften soll. Er notiert

- Allgemeines

- Gliederung

- Grafiken

- Sonstiges

- Weiterführende Literatur

Er trägt die Punkte als Hauptzweige an seine Map und geht über die Menüleiste *Ansicht/AutoLayout*, um die Funktion *AutoLayout* zu aktivieren. Über die Funktion *AutoLayout* erstellt er eine Map, bei der alle Zweige einen bestimmten Abstand zueinander haben. Diese Funktion kann zu jedem beliebigen Zeitpunkt über *Ansicht/AutoLayout* aktiviert beziehungsweise deaktiviert werden. Wenn Thomas das *AutoLayout* im Nachhinein aktivieren will, braucht er nur einen Zweig leicht zu bewegen, damit die gesamte Map formatiert wird.

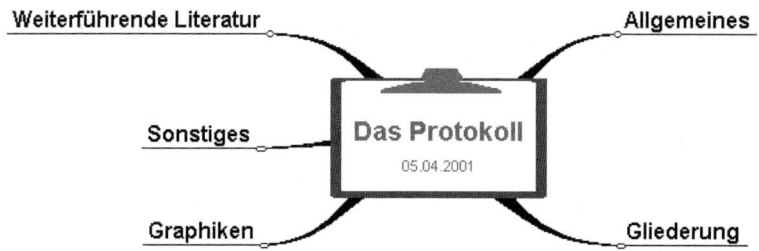

Abbildung 14-1:   *Die mit* AutoLayout *formatierten Hauptzweige.*

Allgemeines

Der wichtigste Punkt eines guten Protokolls ist aus Thomas Erfahrung die **Detailgenauigkeit**. Auch noch jeder so unwichtig erscheinende Parameter eines Versuches kann eine Fehlerquelle sein und gute Fachjournale legen besonderen Wert auf solche Randdetails. Sollte ein Versuch in **Gruppenarbeit** durchgeführt werden, sollten mehrere Personen Protokoll führen, die nicht unmittelbar mit der Datenerhebung betraut sind.

Thomas ist ein »Mausmensch«. Das heißt, er arbeitet bevorzugt mit Dropdown-Menüs, die er mit der rechten Maustaste öffnen kann, wenn er einen Zweig markiert hat (siehe Abbildung 14-2).

Ganz wichtig ist natürlich auch der **sprachliche Stil,** der in wissenschaftlichen Arbeiten immer **kurz und prägnant** sein sollte. **Ungenauigkeiten** müssen vermieden werden. Thomas notiert als *Textnotiz* zu dem Zweig **Ungenauigkeiten,** dass beispielsweise »mehr oder weniger« und »zirka« keine wissenschaftlichen Formulierungen sind. Wichtig ist auch der Umgang mit **Abkürzungen,** denn diese müssen beim ersten Gebrauch erklärt werden, es sei denn, es handelt sich um so genannte offizielle

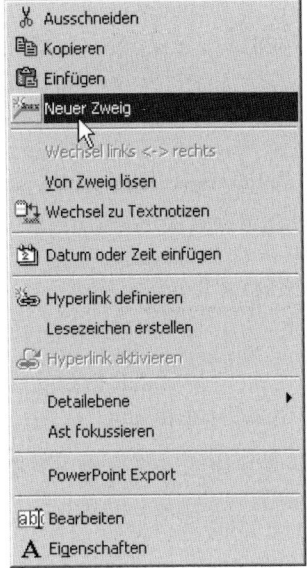

Abbildung 14-2:
Auch über das Kontext-Menü kann ein neuer Zweig angelegt werden.

SI-Einheiten (The International System of Unit's), wie beispielsweise »m« für Meter.

Er weist mit der Schaltfläche *Umrandung* dem Zweig eine Umran- dung zu. Aus dem Dropdown-Menü wählt er *gezackter Rand* und deaktiviert den Befehl *Ausgefüllt*.

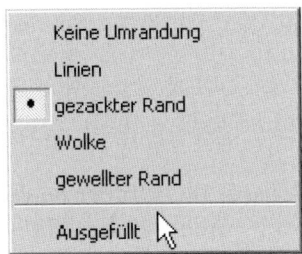

Abbildung 14-3:
Das DropDown-Menü zur Auswahl der Umrandungsart.

Wie gliedert man eine wissenschaftliche Arbeit?

Hauptteil, Einleitung, Schluss – so einfach ist es bei wissenschaftlichen Arbeiten leider nicht. Thomas orientiert sich an folgenden Punkten:

- Einleitung
- Zusammenfassung
- Ergebnisse
- Material und Methode

- Literaturliste

- Diskussion

🔍 Er trägt diese Punkte an den Hauptzweig **Gliederung**. Bei dem Punkt **Zusammenfassung** merkt er im Textfeld jedoch an, dass dieser Punkt für ein einfaches Protokoll nicht notwendig, bei einer Diplomarbeit oder gar wissenschaftlichen Veröffentlichung aber Voraussetzung ist.

Hinter dem Gliederungssystem steckt eine sehr einfache Logik:
Die **Einleitung** soll die Antwort auf die Frage geben, welches Problem oder welche Frage studiert wurde. In **Methode und Material** wird erläutert, wie und mit welchen Mitteln das Problem bearbeitet wurde und im Abschnitt **Ergebnis** kann man lesen, wie die Resultate aussehen. In der abschließenden **Diskussion** wird sich mit der Bedeutung der Resultate auseinandergesetzt. Thomas trägt die Punkte bei den jeweiligen Zweigen als *Textnotiz* ein.

Material und Methode

In dem Abschnitt **Material und Methode** möchte Thomas den Studenten noch einige Hilfestellungen geben, auf die sie achten sollen, denn dieser Abschnitt soll es anderen Experimentatoren ermöglichen, das Experiment zu wiederholen. Es ist also sehr wichtig eine möglichst genaue Schilderung von **Durchführung, Untersuchungsobjekten, Chemikalien, Geräten, Datenaufnahme** und **-analyse** zu geben. Er ruft die Unterpunkte auf und kopiert in die jeweiligen Textnotizen Stichpunkte, die er sich zu den einzelnen Bereichen gemacht hat.
Thomas merkt, dass sich der Zweig nun schon ganz schön »aufbläht« – bedingt durch die vielen Unterzweige.

Er blendet mit Hilfe der Schaltfläche *Detailebene* die Unterzweige aus. Dass nicht alle Detailebenen angezeigt werden, erkennt der Map-Nutzer an dem Pfeil am Zweigende. Über dieselbe Schaltfläche *Detailebene* können die Ebenen wieder eingeblendet werden.

Ergebnisse

Thomas weiß, dass der Ergebnisteil häufig eine Hürde darstellt. Es ist wichtig für den Studenten zu wissen, dass dies nicht der Ort für methodische Details ist, sondern dass er sich wirklich auf die präzise, klare und vor allem einfache Darstellung der Ergebnisse konzentrieren muss, denn schließlich ist dies das Wesentliche, was dem Leser mitgeteilt werden soll. Weiterhin notiert er die folgenden Stichpunkte:

- Der rote Faden
- Darstellung der Daten
- Abbildung und Tabellen
- Berechnung
- Statistik

Auch hier kopiert er in die Textnotizfenster die jeweiligen Notizen, die er sich zu den einzelnen Punkten gemacht hat.

Mit der Taste F12 kann man zwischen Zweig und jeweiliger Textnotiz hin und her wechseln. Die Funktion erleichtert spätere Nachträge im Textnotizfenster.

Wieder blendet Thomas die Zweigebenen zur besseren Übersichtlichkeit aus.

Die Diskussion

In diesem Bereich möchte Thomas die Studenten darauf aufmerksam machen, dass die wissenschaftlichen Ergebnisse an dieser Stelle diskutiert und nicht wiederholt werden sollen. Dazu tendieren nämlich viele Nachwuchswissenschaftler, die sich ihrer Sache nicht ganz so sicher sind. Die Diskussion darf weder zu lang noch zu kurz sein, denn beides deutet auf ein nicht optimales Befassen mit der Materie hin. Er notiert die folgenden Stichpunkte für die Studenten:

- Wie fange ich eine Diskussion an?
- Die goldenen Regeln einer Diskussion
- Literatur richtig im Text zitieren

Den letzten Punkt über die richtige Zitierweise von Literatur hat er hier schon aufgenommen, da jede gute Diskussion auf einem fundierten Literaturwissen beruht.

Er fügt an dieser Stelle mit der Schaltfläche *Zweigverbindung einfügen* eine Zweigverbindung ein, die auf den engen Zusammenhang mit dem Zweig **Literaturliste** hinweist.

Mit der Schaltfläche *Umrandung* weist er abschließend dem Ast noch einen Rahmen zu.

Grafiken

Ganz heikel, so weiß Thomas aus eigener Erfahrung, ist es, die richtigen Grafiken auszuwählen, mal abgesehen davon, sie erst einmal richtig in einem Grafikprogramm erstellen zu können. Bei der grafischen Darstellung von Ergebnissen ist es wichtig, dass die Informationsvermittlung im Vordergrund steht, nicht das »Beeindrucken«. Werden Piktogramme und Inserts geschickt eingesetzt, können sie die Informationsaufnahme enorm erleichtern. Thomas stellt seinen Studenten die folgende Liste zusammen:

- Welche Werkzeuge?
- Verschiedene Diagramme
- Welche Achse steht wofür?
- Das richtige Skalieren
- Die Kurvenanpassung
- Beschriftung und Abbildungslegende

Wie immer kopiert er die Stichpunkte zu den einzelnen Bereichen in das Textnotizfenster. Allerdings legt er dem Zweig **Verschiedene Diagramme** nochmals Unterzweige an, mit denen er folgende Diagrammarten erklärt:

- Balkendiagramm
- Punkt- und Liniendiagramm
- Kreisdiagramm
- Histogramme
- Box- and Whisker-Plots
- Streudiagramme

Sonstiges

Thomas notiert unter **Sonstiges** noch einmal den Hinweis, auf korrekten Sprachgebrauch, also **Rechtschreibung** und **Grammatik,** zu achten. Eben-

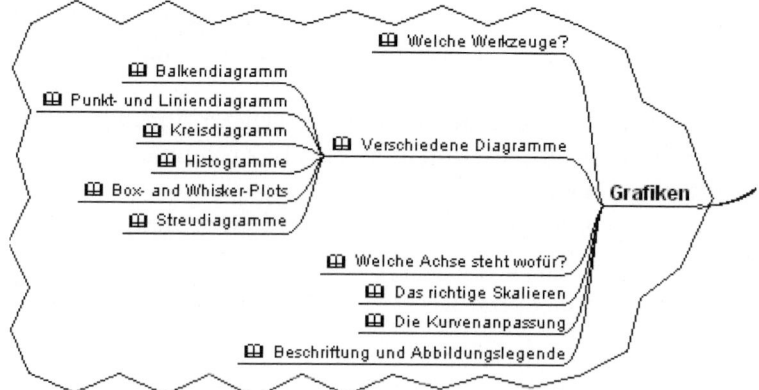

Abbildung 14-4: *Der Zweig* Grafiken *mit seinen Unterzweigen. Hinter jedem Buchsymbol verbirgt sich eine Textnotiz mit Erläuterungen.*

so verweist er auf die Benutzung eines **Thesaurus**. Der richtigen **Interpunktion** hinterlegt er im Textnotizfenster eine kleine Tabelle als Hilfe.

Hierzu geht er auf die Schaltfläche *Tabelle einfügen*. Es öffnet sich daraufhin ein Dialogfenster, welches nach der Anzahl der Spalten und Zeilen fragt. Thomas gibt die benötigte Anzahl ein und klickt auf *OK*.

Abbildung 14-5:
Das Dialogfenster zur Eingabe der Tabellengröße.

Weiterführende Literatur

An dieser Stelle möchte Thomas die Studenten auf angloamerikanische Literatur aufmerksam machen. Er hinterlegt im Textnotizfenster eine Liste mit Titeln, die in einem verständlichen und guten Englisch geschrieben sind. Er weiß aus Erfahrung, dass im Bereich der Präsentation naturwissenschaftlicher Arbeiten die Wissenschaftler gerade dieser Länder unseren weit voraus sind. Nach dem Motto »Was Hänschen nicht lernt, lernt Hans nimmermehr«, möchte er den Studenten die optimale Grundlage für ihre wissenschaftliche Karriere zurechtlegen. Wenn man sich die komplette Map jetzt ansieht, stellt man fest, dass Thomas auf dem besten Weg dahin ist.

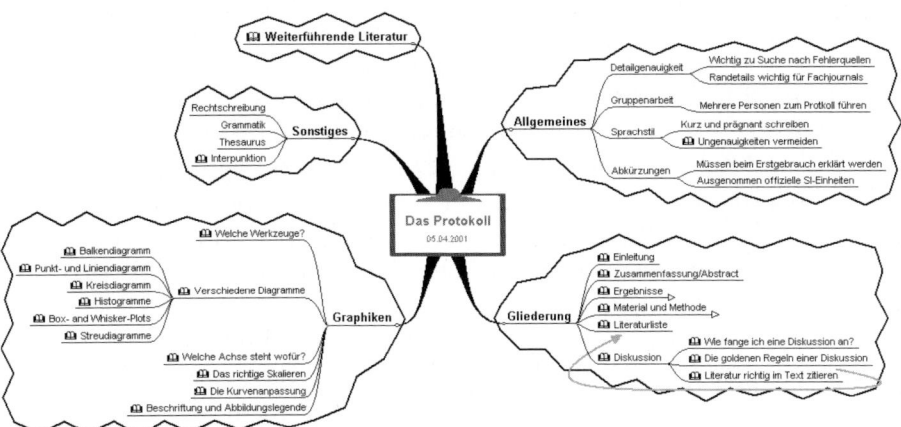

Abbildung 14-6:   *Die vollständige Map zum wissenschaftlichen Protokoll.*

15 Richtig Präsentieren

Wussten Sie, dass bei guten Präsentationen bis zu 50 Prozent des Gesagten und Gezeigten beim Zuhörer im Gedächtnis bleiben können? Leider erreichen nur wenige Redner dieses Ziel. Dies weiß jeder von uns wahrscheinlich aus eigener Erfahrung zu berichten – als Zuhörer, wenn unsere eigenen Gedanken abschweifen, oder als Redner, wenn wir merken, dass das, was wir mitteilen möchten, auf Unverständnis stößt. Aber was bedeutet »Präsentieren« eigentlich? Wir möchten unsere Gedanken für andere sichtbar machen. Gibt es keinen Weg, diesen Prozess effektiver für alle Seiten zu machen? Oder kann uns die Mind Mapping-Methode vielleicht auch in diesem Fall helfen?

Vorbereitung einer PowerPoint-Präsentation

Tine H. ist Verkaufsleiterin in einem kleinen Zeitschriftenverlag. Als neues Aufgabengebiet hat sie die Betreuung der Buchhändler übernommen, denn ab Sommer diesen Jahres soll das Magazin **Möwenschrei,** das sich rund um das Thema **Meer** dreht, auch über den Buchhandel und nicht nur wie bisher über den Zeitschriftenhandel vertrieben werden. Für die Grossisten muss sie nun eine Präsentation vorbereiten, die dieses Vorhaben beschreibt und für alle Beteiligten als gewinnbringend kennzeichnet. Zwar hat Frau H. schon den einen oder anderen Präsentationskurs besucht und sich theoretisches Wissen angeeignet, aber trotzdem tut sie sich immer noch sehr schwer, wenn sie vor einer leeren PowerPoint-Folie sitzt und ihre Gedanken gar nicht alle in die richtige Reihenfolge bringen kann.

Schön wäre eine Herangehensweise wie im MindManager, die ihre Gedanken sammelt und die Eckpunkte einer Präsentation festlegt. Laut Beschreibung des MindManager 4.0 soll der Export in Microsoft PowerPoint nun möglich sein. Tine H. startet neugierig die Programme.

Ein Möwenschrei

Wie für Präsentationen üblich, stellt sich Frau H. die folgenden drei elementaren Fragen:

1. Was ist das **Ziel** meines Vortrages?

2. Welche **Botschaft** soll sich bei meinen Zuhörern einprägen?

3. Wer ist meine **Zielgruppe**?

Diese drei Punkte schreibt sie an ihre drei Hauptzweige, welche sie an ihre Map eingefügt hat. Schnell füllen sich die Unterzweige mit den verschiedenen Informationen und Gedanken, die Frau H. hat, und eine beachtliche Map entsteht.

Arbeiten möchte Tine H. jetzt nur mit den Inhalten des Zweiges **Botschaft**. Mit Hilfe der Multi-Maps-Funktion exportiert sie den Zweig, indem sie ihn markiert und in der Menüleiste auf *Multi-Maps/Export* geht. In dem sich öffnenden Dialogfenster wird die Map nach dem Zweignamen benannt und in denselben Ordner wie die vorher gespeicherte Ursprungs-Map abgelegt.

Mit Hilfe der Schaltfläche *Übersichtsfenster anzeigen* öffnet sich am unteren Bildschirmrand ein Navigationsfenster zwischen der ursprünglichen und der abgeteilten Map. Mit einem Doppelklick auf den Zweig **Botschaft** im Übersichtfenster öffnet Tine H. die neue Mind Map.

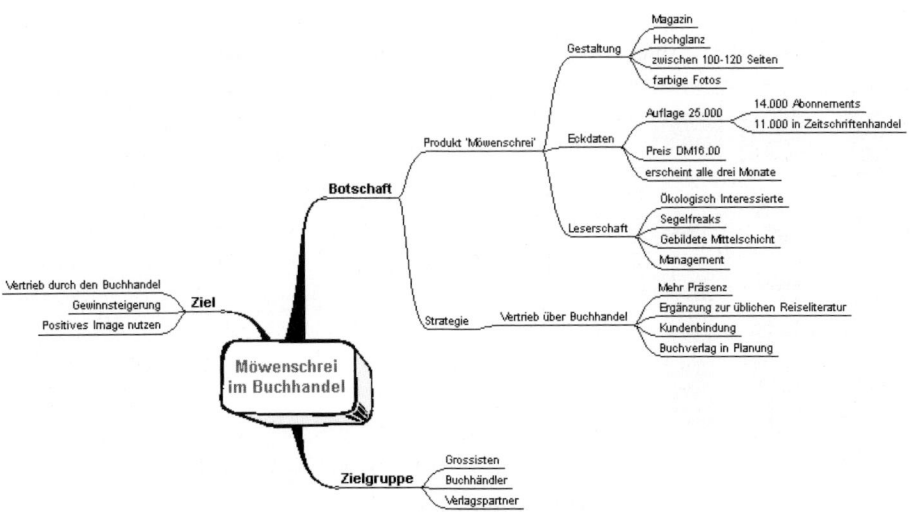

Abbildung 15-1: *Die Antworten auf die drei elementaren Fragen sind schnell gefunden.*

Abbildung 15-2:
Der Mauszeiger zeigt auf die abgeteilte Map.

Bilder prägen

Tine H. nennt das Titelthema der Map **Möwenschrei im Buchhandel,** da ihr das als Einstieg für ihre Präsentation gefällt. Des Weiteren fügt sie noch einige neue Punkte an neue Zweige an, um die Inhalte zu vervollständigen. Tine H. weiß, dass Bilder in Präsentationen besonders wichtig sind. Daher legt sie sich in der *Symbolgalerie* einen neuen Ordner an, den sie **Möwenschrei** nennt und mit dessen Inhalten sie die Zweige und den Titel grafisch gestaltet.

Abbildung 15-3:
Der neue Ordner Möwenschrei in der Symbolgalerie.

Nun ist Tine H. gespannt, wie das mit dem Export ins PowerPoint-Format wohl funktioniert.

Die letzten Schritte bis zur Präsentation

Tine H. möchte, dass jeder Zweig ihrer Map, inklusive des Map-Titels, eine Folie in der Präsentation wird, wobei der Zweigname zur Folienüberschrift werden soll.

MindManager erzeugt nicht die PowerPoint-Datei, sondern diese wird von PowerPoint **Hinweis** selbst erzeugt. Anschließend können Sie die Präsentation mit PowerPoint bearbeiten. Diese Änderungen können nicht in die MindManager-Map zurückgeführt werden.

Bevor Tine H. den Export startet, muss sie verschiedene Exporteinstellungen vornehmen. Hierzu öffnet sie auf der Menüleiste *Format/PowerPoint Export* und das Dialogfenster *PowerPoint Export Formateinstellungen* erscheint.

Sie möchte, dass ihre Präsentation in der verlagsüblichen PowerPoint-Vorlage erstellt wird. Daher deaktiviert sie die Funktion *Benutzte For-*

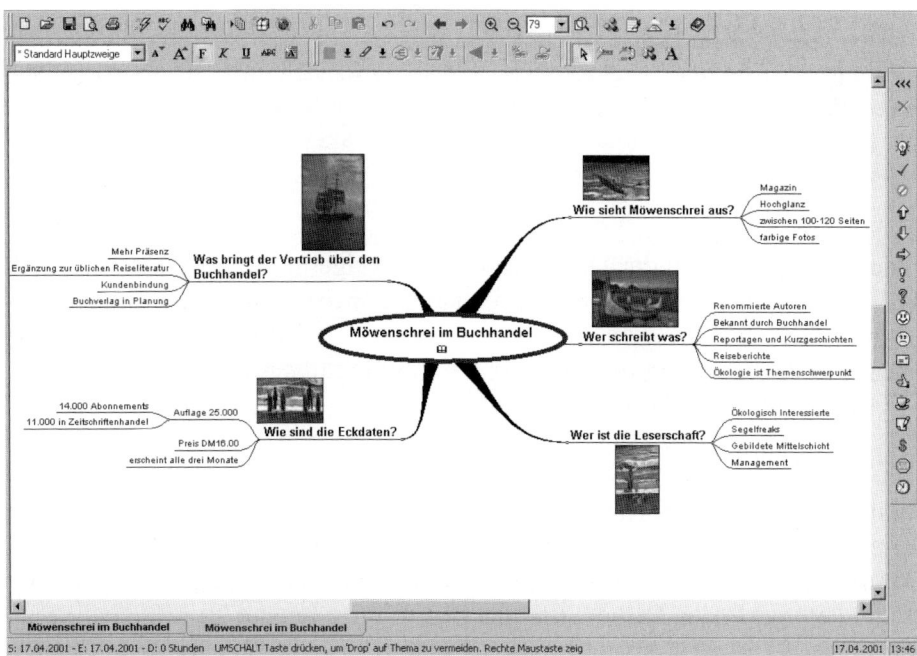

Abbildung 15-4: *Die Map vor dem Export.*

mate der Map, klickt auf die Schaltfläche *Durchsuchen* neben dem Eingabefeld *PowerPoint-Vorlagen* und sucht dann das Verzeichnis mit den Präsentationsvorlagen. Außerdem schaut sie sich einige der weiteren angebotenen Funktionen genauer an:

■ *Folientitel für die Präsentation einfügen*
Mit dieser Option kann sie eine Titelfolie für die gesamte Präsentation erstellen. Dabei wird der Text des Map-Themas als Titeltext übernommen. Wenn Tine H. den Befehl *Folientitel für die Präsentation einfügen* nicht markiert, wird die Präsentation mit einer Folie gestartet, in der die Hauptzweige als Aufzählung aufgeführt sind.

■ *Hauptzweig-Notizen als Unterpunkte einfügen*
Mit dieser Option kann Frau H. sowohl einen Titel als auch den Text auf der Folie aufführen. Damit kann sie beispielsweise den Namen des Vortragenden und das Datum der Präsentation hinzufügen. Sie kann die gewünschten Informationen einfach in die Textnotizen des Map-Themas eingeben und die Funktion aktivieren.

■ *Zweigverknüpfungen als »Siehe Dokument« in den Aufzählungsfolien verwenden*
Hätte Tine H. Hyperlinks in ihre Präsentation eingebaut, könnte sie diese Option sinnvoll aktivieren.

Tipp Der Hyperlink in der Map wird ohne jede Veränderung nach PowerPoint exportiert. Normalerweise sollten Sie absolute Hyperlinks verwenden, weil das endgültige Verzeichnis der Präsentationsdatei während des Exports für MindManager noch unbekannt ist. Wenn Sie relative Hyperlinks verwenden, müssen Sie vor dem Export der Map entscheiden, wo die Präsentation gespeichert wird.

Wie die Reihenfolge der Darstellung der Zweige in der späteren Map sein soll, kann Tine H. über die Menüleiste *Format/Reihenfolge* der Hauptzweige festlegen. In dem Dialogfenster aktiviert sie die Funktion *Eigene Reihenfolge festlegen* und sortiert die Erscheinungsfolge.

Folien-Layout

Nun arbeitet Tine H. an dem Layout jedes einzelnen Zweiges und des Titelthemas. Hierfür klickt sie beispielsweise den Titel mit der rechten Maustaste an, um das Kontextmenü zu öffnen. In diesem wählt sie den Befehl *PowerPoint Export*, um das Einstellungsfenster zu öffnen.

Tine H. erkennt schnell, dass es hier sehr viele verschiedene Einstellungsmöglichkeiten für den PowerPoint-Export gibt, was de facto bedeu-

Abbildung 15-5: *Das* PowerPoint Export Einstellungen-*Fenster.*

tet, dass der Benutzer schon eine gewisse Vorstellung und Erfahrung mit PowerPoint haben muss, um ein zufriedenstellendes Ergebnis zu erzielen. Sie schaut sich die einzelnen Optionen genauer an:

- *Export-Status*
  Die Option *Folie erstellen* steuert, ob aus diesem Zweig beim Export eine Folie erzeugt wird und welches Folienlayout verwendet werden soll. Es gibt vier Auswahlmöglichkeiten:

1. *Nicht in diesem Zweig und allen Unterzweigen* hat die Wirkung, dass aus diesem Zweig und seinen Unterzweigen keine Folie erstellt wird.

2. *Nicht in diesem Zweig* bedeutet, dass aus diesem Zweig keine Folie erstellt wird, aber MindManager macht aus den Unterzweigen Folien, wenn das gewünscht ist.

3. *Automatisch* ist die Standardauswahl, mit der der MindManager auswählt, ob aus einem Zweig eine Folie erstellt wird oder nicht.

4. Mit der Auswahl *Immer* wird immer eine Folie erstellt, egal welche Information der Zweig enthält.

- *Folienlayout*
  Es gibt zwei Entscheidungen, die MindManager beim Export jedes Astes fällt: Ob eine Folie erstellt wird und wenn ja, welches Folienlayout dafür verwendet wird. Tine H. kann mit dieser Option das Folienlayout beim Erstellen der Folie bestimmen. Es gibt 13 Auswahlmöglichkeiten. Tine denkt sich, dass es wohl am besten ist, hier ein wenig auszuprobieren, welches Layout welche Effekte erzielt.

Tipp   Das Folienlayout muss für jeden Zweig eingestellt werden. Hierfür markiert man den gewünschten Zweig und öffnet mit der rechten Maustaste das Kontextmenü, um den PowerPoint Export für diesen Zweig festzulegen.

Bild-Datei

Tine H. weist jedem Zweig ein Folienlayout zu und bestätigt ihre Eingaben mit *OK*. Wenn sie ein Layout mit Bild wählt, trägt sie einen Pfadnamen zu dem Bild in die entsprechende Zeile ein, damit das Bild mit exportiert wird.

Nun fehlt nur noch der Exportbefehl zu PowerPoint. Hierzu wählt sie den Befehl *Datei/Export/PowerPoint Export*.

Hinweis   Sie können den Export abbrechen, bevor er vollständig durchgeführt wurde. Klicken Sie dazu im Fortschrittsfenster auf die Schaltfläche *Abbrechen*.

MindManager aktiviert Microsoft PowerPoint, welches die noch ungespeicherten Folien anzeigt. Mit dem Befehl *Datei/Speichern* wählt sie einen Namen und ein Verzeichnis, um die Präsentation zu speichern.

Tine ist nun aber wirklich begeistert. Die Eckpunkte ihrer Präsentation stehen und sie muss nur noch leichte Nachbearbeitungen durchführen. Lange schon hat ihr eine Präsentationsvorbereitung nicht mehr so viel Spaß gemacht.

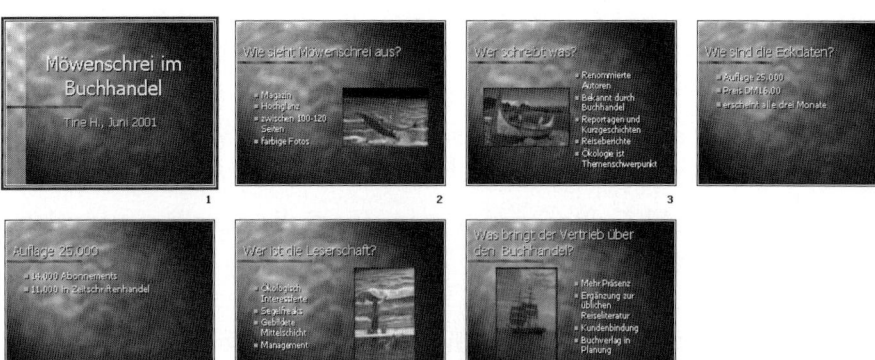

Abbildung 15-6: *Die erstellten PowerPoint-Folien.*

MIND MAP ZU KAPITEL 15 AUF SEITE 159

Fürs Marketing

»Ich muss anderen, meinen Kunden, etwas verkaufen. Ich muss Mitarbeiter für mich gewinnen. Ich muss Lieferanten überzeugen, dass ich für sie der richtige Partner bin. Ich muss also meine Sache verkaufen können. Wer sich fürs Verkaufen zu schade ist, sollte kein Unternehmen gründen.«

Norman Rentrop (*1957), deutscher Verleger

Ohne gute Werbung funktioniert in den meisten Geschäftsbereichen schon lange nichts mehr. Dass fast jede Werbung, wie sinnig oder unsinnig man sie auch finden mag, eine kleine logistische Meisterleistung ist, können wir anhand des Kapitels **Das erfolgreiche Mailing** lernen.

Dass Marketing Verkaufen pur ist und dazu die richtigen Leute an vorderster Front mit den richtigen Informationen stehen müssen, können wir im Kapitel über den **Außendienst** anschaulich beobachten. Bei den verschiedenen Anlässen die richtigen Worte und **Redeformen** zu finden und wie sehr wir uns von **Bildern in der Werbung** beeinflussen lassen, ist höchst interessant und anschaulich dargestellt. Natürlich lernen wir auch etwas mehr zum Thema MindManager, beispielsweise

- die Symbolgalerie um eigene Bilder erweitern
- mit MultiMaps zu arbeiten
- benutzerdefiniertes Drucken der Mind Map
- Dokumenteigenschaften festlegen.

Das ist natürlich wieder nur eine kleine Auswahl.
Viel Erfolg beim Ausprobieren!

16 Training und Information

Zu den wesentlichen und unverzichtbaren Führungsinstrumenten gehören Information und Training. Sie sind ein wesentlicher Bestandteil der Kommunikation im Unternehmen. Der reibungslose Informationsaustausch, wie wohl viele aus eigener Erfahrung wissen, gestaltet sich schon zwischen anwesenden Kollegen häufig schwierig. Noch schlimmer ist die Situation, wenn Außendienstmitarbeiter mit von der Partie sind. Für sie ist ein gut funktionierender Informationsfluss noch wichtiger, da ihnen der tägliche Kontakt und Austausch mit Kollegen ohnehin fehlt. Wie kann sichergestellt werden, dass die Betroffenen immer über die richtigen und aktuellsten Informationen verfügen?

Informieren und Trainieren des Außendienstes

Gesa R. ist Communication-Manager in einer Firma für Messebau. Zu ihren Aufgaben zählt die Führung und Betreuung des Außendienstteams. Bisher läuft der Informationsfluss über die Einführung neuer Produkte und Konditionsmodelle oder veränderte Marktzusammenhänge eher schleppend. Dies möchte Gesa ändern und auf ihrer nächsten Teamsitzung ein neues Modell über die Kommunikationsstruktur in ihrem Team vorstellen. Natürlich könnte sie ihren Kollegen ein einfaches Word-Dokument mit den einzelnen Ideen als Gliederungspunkte aushändigen, aber sie hat sich vorgenommen, die neuen Kommunikationsmethoden sofort einzusetzen und ihren Kollegen das Modell lieber als übersichtliche Mind Map auf dem Flip Chart zu präsentieren.

Trainings- und Schulungsmodell für das Team Außendienst

Gesa hat schon ganz bestimmte Eckpunkte vor Augen, die sie unbedingt in ihre Mind Map einfließen lassen will. Sie schreibt folgende Punkte als Hauptzweige an ihre Map:

- Informationsarten für den Außendienst
- Wege der Information
- Konferenzen als Informationsaustausch
- Arbeitstechniken auf Konferenzen
- Schulungsziele des Außendienstes
- Trainingskonzepte für den Außendienst

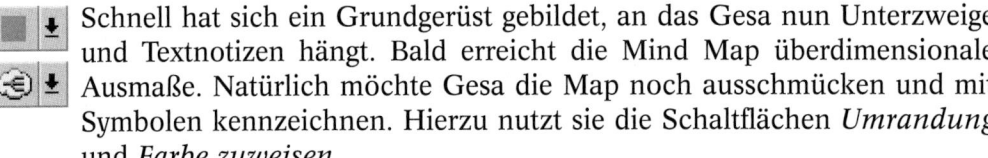 Schnell hat sich ein Grundgerüst gebildet, an das Gesa nun Unterzweige und Textnotizen hängt. Bald erreicht die Mind Map überdimensionale Ausmaße. Natürlich möchte Gesa die Map noch ausschmücken und mit Symbolen kennzeichnen. Hierzu nutzt sie die Schaltflächen *Umrandung* und *Farbe zuweisen*.

Mit der Schaltfläche *Symbolgalerie* hat sie sich die Symbole auf den Bildschirm gerufen. Nach weniger als einer Stunde Arbeitszeit hat sie eine Mind Map vorliegen. Ihr Ergebnis ist in Abbildung 16-1 zu sehen.

Gesa ist mit ihrem Ergebnis sehr zufrieden, aber wie bekommt sie jetzt diese riesige Map auf ein Papierformat ihrer Wahl? Sie entdeckt im Menü *Datei* den Befehl *Seite Einrichten/Mind-Map-Druck*, um zu den ge-

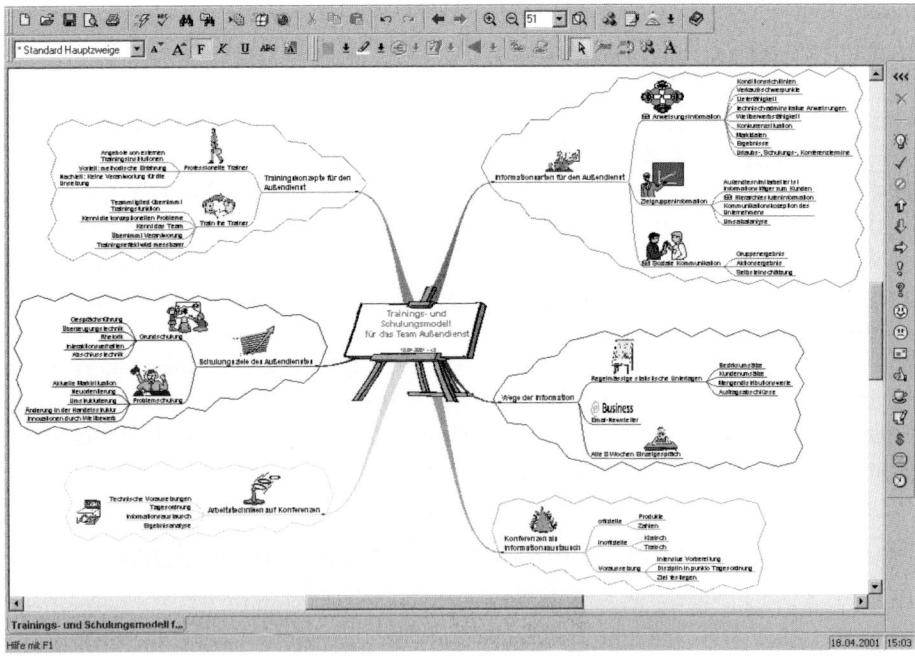

Abbildung 16-1: *Die fertige Mind Map für das Trainings- und Schulungsmodell.*

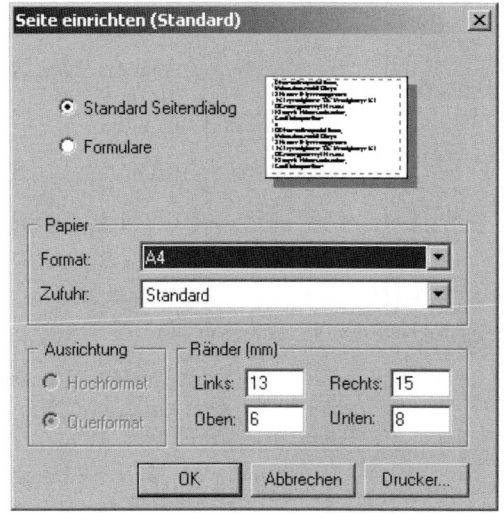

Abbildung 16-2:
Das Dialogfenster Seite
einrichten.

wünschten *Einstellungsmöglichkeiten* zu kommen. Das Dialogfenster
Seite einrichten öffnet sich. Gesa klickt auf die Dropdown-Liste *Format*
mit den zur Wahl stehenden Papiergrößen und wählt die Passende aus.

Genauso verfährt sie im Dropdown-Feld *Zufuhr*, um aus den zur
Wahl stehenden Papierfächern ihres Druckers das richtige zu wählen. Im
Bereich *Ränder (mm)* muss sie keine Veränderungen vornehmen. Sie be-
stätigt ihre Eingaben mit *OK*.

Man kann im MindManager keine Ränder einstellen, die kleiner sind als die vom Drucker **Hinweis**
unterstützten Werte. Der MindManager passt diese automatisch beim Drucken an die
Mindest-Seitenränder des Druckers an.

Die Anpassungs-Automatik des MindManagers berechnet, wie die Map 😊
skaliert werden muss, damit sie auf die gewählte Papiergröße passt. Gesa
kann also ihre Druckoption wählen und die Anpassungs-Automatik passt
dann die Map durch Verkleinern oder Vergrößern nach Bedarf an die Papiergröße an. Gesa kontrolliert nochmals die Einstellungen in *Format/
Mind Manager* in der Registerkarte *Druckformat*. Sie wählt im Bereich
Skala Eine Seite sowie *Querformat* für die Druckerausgabe und bestätigt
ihre Eingabe mit *OK*. Nun muss sie nur noch über *Datei/Drucken* ihren
Drucker anwählen.

Der Ausdruck hat einwandfrei funktioniert. Gesa ist nun so angetan,
dass sie sich überlegt, die Map auch noch anderen Teamleitern zur Verfügung zu stellen, denn diese können mit Sicherheit von ihrer Arbeit profi-
tieren.

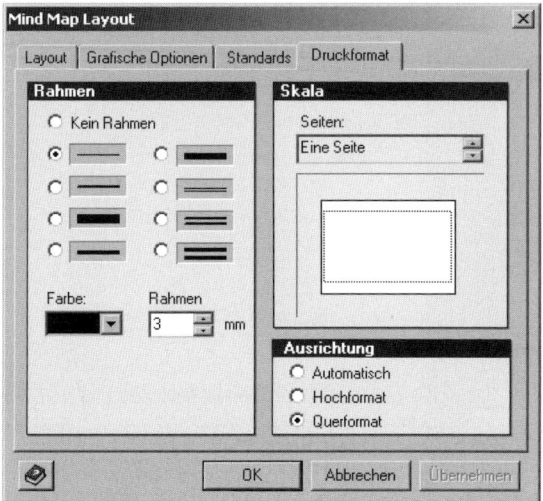

Abbildung 16-3:   *Die Druckeinstellungen im Dialogfenster* Mind Map Layout.

Allerdings möchte sie hierzu ihre Map signieren, damit jeder auch weiß, an wen er sich bei Rückfragen wenden muss. Sie wählt in der Menüleiste den Befehl *Datei/Dokumenteigenschaften* und trägt in das sich öffnende Dialogfenster ihren Namen in das Feld *Autor* und ihre E-Mail-Adresse in *Autor-E-Mail*.

Nun wählt sie noch *Format/Fußzeile,* woraufhin sich das Dialogfenster *Druckformat für Fußzeile* öffnet. Hier kann sie verschiedene Fußzeileneigenschaften festlegen. Ihre Eingaben bestätigt sie mit *OK.* Ob die Auswahl ihrer Vorstellung entspricht, kann Gesa mithilfe der Funktion *Datei/Seitenansicht* prüfen.

Tipp   Wenn die Map als Textausgabe exportiert werden soll, werden die Fußzeileninformationen **nicht** mit der Map exportiert. Kopieren Sie die Fußzeilen der Map und fügen Sie sie in Microsoft Word Kopf- und Fußzeilen ein, wenn Sie eine Textdatei erstellen.

Nun geht Gesa auf die Schaltfläche *Packen & Ausliefern* und wählt in dem sich öffnenden Dialogfenster den Befehl *Datei-Ordner*, denn sie wird die Map auf ein zentrales Laufwerk legen, worauf alle Mitarbeiter Zugriff haben. Als Auslieferungsformat wählt sie *Mapdatei* und als Verpackung *Datei(en) und Verzeichnisse*. Gesa bestätigt ihre Eingabe mit *Fertig stellen*.

Umgehend liegt die Datei auf dem zentralen Verzeichnis. Nun schickt Gesa eine kurze Notiz per Mail an die Kollegen über die hinterlegte Map. Eines positiven Feedbacks kann sie sich sicher sein.

MIND MAP ZU KAPITEL 16 AUF SEITE 160

17 Planung einer Werbeaktion

Eine der gängigsten Marketinginstrumente ist das klassische Mailing per Post. Häufig wird aber gerade in kleinen und mittelständischen Unternehmen an professioneller Unterstützung bei der Planung und Umsetzung gespart. Dabei wäre gerade das eine lohnende Zukunftsinvestition.

Ziel: Das erfolgreiche Mailing

Maja und Steffi haben sich nach ihrem Studium mit einer kleinen Werbeagentur selbstständig gemacht. Sie haben ihren ersten Auftrag akquiriert und sollen für die Firma websaldo.de ein Mailing planen und umsetzen. Die groben Inhalte sind ihnen vorgegeben worden, aber in allem anderen haben sie freie Hand. Das Schreiben soll innerhalb der nächsten drei Wochen an alle Kunden des Internet Start Ups gehen, dass heißt an 5500 eingetragene Nutzer. Dem Brief soll eine Informationsbroschüre beigelegt sein. Die beiden setzen sich zusammen und erarbeiten eine erste Planung mit Hilfe der Mind Mapping-Methode.

Sie rufen sich im MindManager eine *Standard*-Mind Map auf. Beiden passt das Layout der Map nicht. Sie ändern die Schriftart des Titelthemas über die Dropdown-Schaltfläche *Schriftart*.

Das Ändern der Schriftart im Titelthema ändert nicht automatisch die Schriftart der Zweige. Hierfür geht man über das Menü *Format/Mind Map* und ruft das Dialogfenster *Mind Map Layout* auf. Hier wählt man die Registerkarte *Standards*, wo man die Schriftart der Zweige, Freitexte usw. ändern kann.

Die Hauptzweige sind den beiden schnell klar: **Generelles, Textliches, Gestalterisches, Drucktechnisches, Finanzielles**. Sie hängen diese Hauptzweige an das Titelthema.

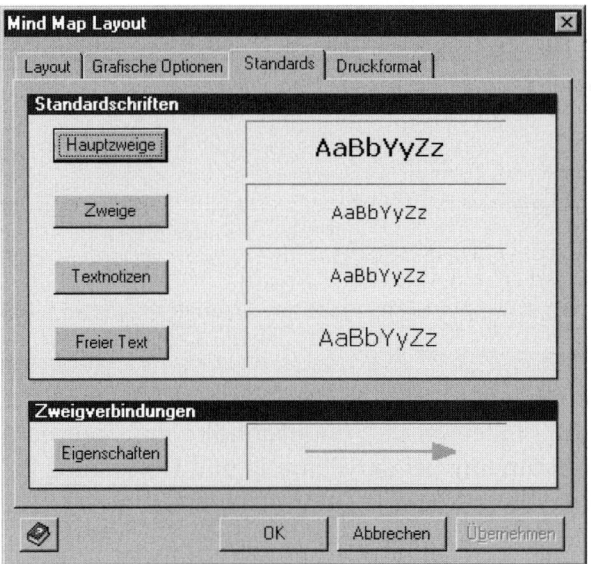

Abbildung 17-1: *Dialogfenster* Mind Map Layout.

Generelles und Textliches

Die beiden lassen ihren Gedanken freien Lauf:

- Gibt es einen Schlusstermin der Aktion?

- Aus was soll die Sendung bestehen, Anschreiben plus Rückantwort?

- Welche Broschüre soll beigelegt werden?

- Wer schreibt den Text?

- Verfügen die beiden über alle Informationen des Inhaltes?

- Besteht die Zielgruppe aus Laien, muss also »Fachchinesisch« übersetzt werden?

- Haben sie dafür genug Hintergrundwissen oder müssen sie sich mit dem Kunden noch einmal zusammensetzen?

Die beiden schieben die Unteräste hin und her, da auf den ersten Blick nicht immer ganz klar ist, wo was hingehört. Dies tun sie, indem sie den zu verschiebenden Zweig markieren und die Umschalt-Taste gedrückt halten, während sie mit der Maus den Zweig an den ausgewählten Ast legen. Mit Hilfe der Symbolleiste *Kodes* bebildern sie die einzelnen Zweige. Hierzu markieren sie den Zweig, dem sie ein Bild hinzufügen möchten und klicken mit der Maus auf das passende Symbol.

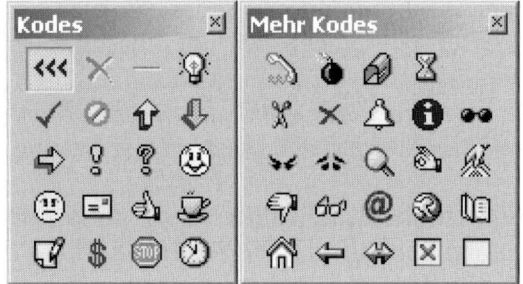

Abbildung 17-2:
Die Symbole auf den Symbol-leisten Kodes *und* Mehr Kodes.

Wenn Sie ein Symbol doch nicht so passend finden, können Sie es einfach durch   **Hinweis**
Markierung des Zweiges und erneutes Anklicken des falsch gewählten Symbols wieder
löschen.

Über die Schaltfläche *Farbe zuweisen* und *Umrandung* gestalten sie die
ersten beiden Zweige. Maja bemerkt, dass die Mind Map schon wieder
»bedrohliche« Ausmaße in der Breite annimmt. Sie markiert das Titelthema, verkürzt über das Menü *Format/Zweiglänge* die Länge der
Zweige und bezieht die Unterzweige mit ein. Sie bestätigt mit *OK* und der
MindManager hat automatisch Zeilenumbrüche eingefügt.

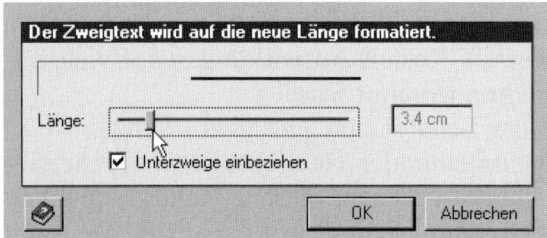

Abbildung 17-3:   *Mit der Maus können Sie die Zweiglänge regulieren.*

Gestalterisches und Drucktechnisches

Die Gestaltung der Sendung wollen Maja und Steffi zusammen übernehmen. Momentan stellt sich noch die Frage, ob sich das Format für den
Postversand eignet, da dem Brief ja auch eine Informationsbroschüre beigelegt werden soll. Sollen die Fotos und Grafiken mehrfarbig oder einfarbig gedruckt werden? Hier müssen auch noch mögliche Zusatzkosten
bezüglich der Anzahl von Farben mit dem Kunden abgesprochen werden.

Es kristallisiert sich zu diesem Zeitpunkt heraus, dass ein weiteres Treffen mit dem Kunden sinnvoll erscheint. Neben den oben beschriebenen Unterzweigen fügen die beiden also noch einen *Freitext* ein.

Dies tun sie mit der Schaltfläche *Freien Text einfügen*. Mit der Maus klicken sie in den Hintergrund der Map, wo der Text platziert werden soll. Hier schreiben sie ihre Notiz.

Um sie zwischen all den Informationen nicht untergehen zu lassen, markieren sie den Text und nutzen die Schaltfläche *Hervorheben/Tabelle einfärben*.

Liest der Kunde die Texte noch einmal Korrektur? Mit der Druckerei muss geklärt werden, welche Anforderungen an die Filme gestellt werden und wann die Druckvorlagen fertig sein müssen. Steffi übernimmt die Prüfung der Vorlagen und die Verhandlungen mit der Druckerei.

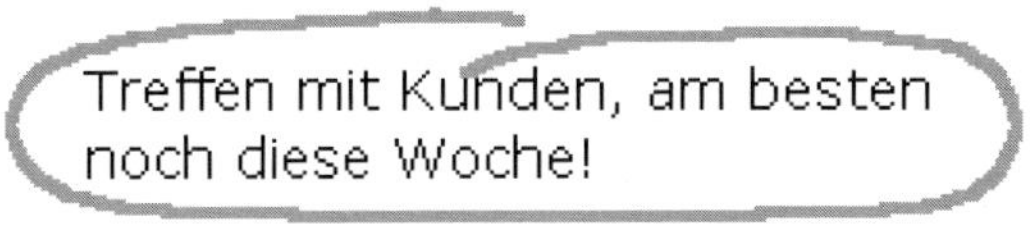

Treffen mit Kunden, am besten noch diese Woche!

Abbildung 17-4:
Der hervorgehobene Freie Text.

Finanzielles

Für den finanziellen Bereich ist wiederum Maja verantwortlich. Sie will verschiedene Angebote der Druckereien einholen und Rücksprache mit dem Kunden halten. Sie wird darauf achten, dass alles im finanziellen Rahmen bleibt. Natürlich haben die Kosten Auswirkungen auf viele andere Bereiche, die in der Map schon genannt wurden.

Daher verbindet Maja mit der Schaltfläche *Zweigverbindungen einfügen* verschiedene Unterzweige miteinander. Nach Anklicken der Schaltfläche drückt sie die Umschalt-Taste und geht mit der Maus zu dem ersten Ausgangspunkt der Zweigverbindung. Von dort zieht sie die Maus mit gedrückter linker Maustaste zu dem Zielpunkt und lässt beide Tasten los. Mit der rechten Maustaste öffnet sie den Befehl *Eigenschaften*, über den sie die Pfeilstärke und die Richtung ändern kann.

»Das sieht doch alles schon sehr rund aus«, meint Steffi. Das findet Maja auch. Allerdings würde sie gerne das Ganze auch noch als Gliederung haben, um die einzelnen Punkte besser abhaken zu können.

Gliederung erstellen

Der MindManager übernimmt automatisch die Gliederung ihrer Map. Hierfür öffnet Steffi über das Menü *Format/Toolkit* die Symbolleiste *Toolkit*. Sie markiert das Titelthema der Map und wählt den Befehl *Numme-*

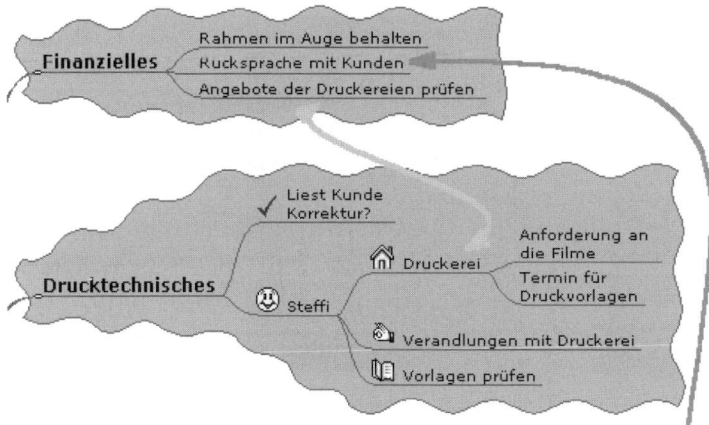

Abbildung 17-5: *Zusätzliche Zweigverbindungen.*

rieren. Der MindManager gliedert nun automatisch die einzelnen Haupt-
und Unterzweige.

Nun kann die Gliederung zum Beispiel nach Microsoft Word exportiert werden.

Um eine doppelte Nummerierung in der Word-Gliederung zu vermeiden, muss vorab unter Menü *Format/Textausgabe* unter der Registerkarte
Gliederung der Wert in dem Feld *Nummerieren bis Ebene* auf *0* (Null)
gestellt sein.

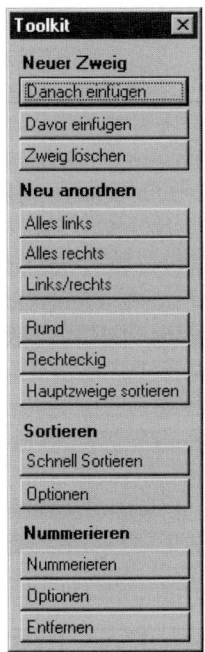

Abbildung 17-6: *Symbolleiste* Toolkit.

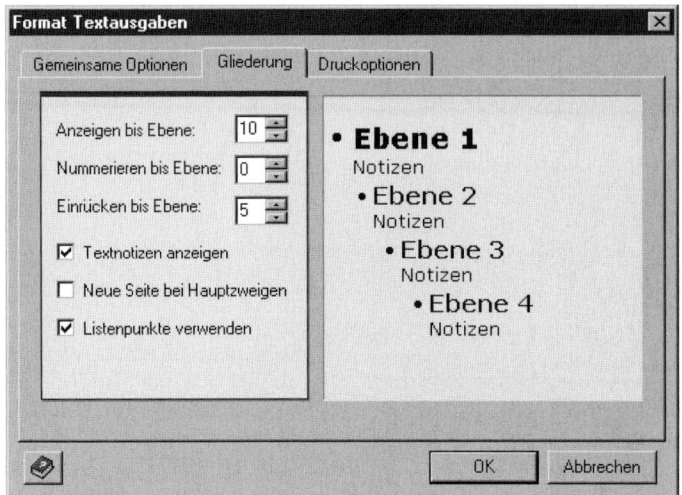

Abbildung 17-7: *Vor dem Export den Eintrag in dem Feld* Nummerieren bis Ebene *auf 0 ändern.*

Für den Export geht Steffi in das Menü *Datei/Export/Datei*. Dort geht sie über die Schaltfläche *Durchsuchen* auf den Pfadnamen, unter dem sie die Datei als RTF-Datei abspeichern möchte. Sie bestätigt ihre Eingaben und in Word wird die Gliederung automatisch geöffnet.

Die fertige Mind Map wollen sich die beiden aber ausdrucken und an die Atelierwand hängen. Natürlich speichern die beiden die Map ab und können nun bei Bedarf Änderungen vornehmen. Dem Erfolg versprechenden Verlauf steht nun nichts mehr im Wege.

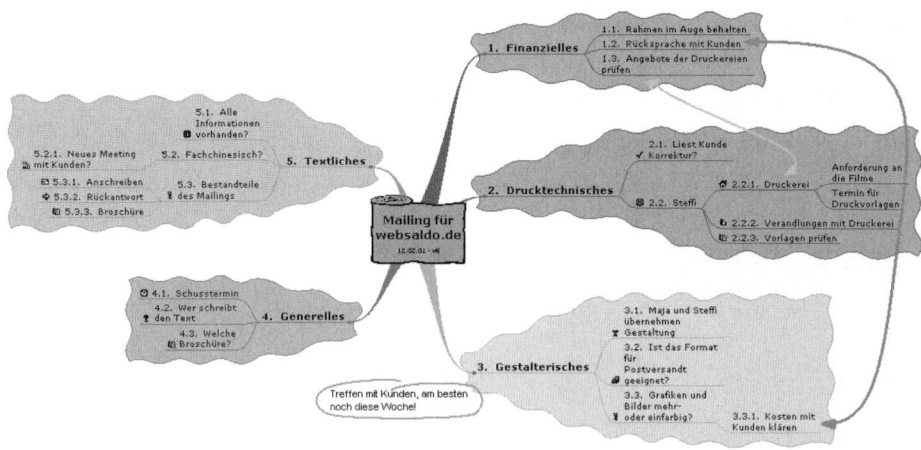

Abbildung 17-8: *Die fertige Mind Map.*

18 Bilder in der Werbung

Werbung – wir können ihr nicht entkommen! Man denke an die Prospekte und Anzeigen in der Tageszeitung, an die Zeitschriften, die vollgekleisterten Litfaßsäulen und Wände in Bahnhofshallen und an Bushaltestellen, an den Fernseher, das Kino und an das Internet. Dabei steht immer weniger die Vermittlung von Produktinformationen im Vordergrund. Bei der täglich auf uns einströmenden Informationsflut und der zunehmenden Informationsüberlastung wäre dies oft nicht Erfolg versprechend.

Vielmehr zielt man in kleinen wie großen Unternehmen darauf ab, sich von der breiten Masse abzuheben. Durch den Einsatz von Bildern in der Werbung verspricht man sich eine schnellere Aufnahme und Verarbeitung der mittels der Bilder transportierten Inhalte. Nicht »Überzeugen durch vollständige Produktinformation« lautet die Devise, sondern: »Aufmerksamkeit erregen, Bedürfnisse wecken und zum Kauf oder Gebrauch animieren«.

Funktionen und Wirkungen von Bildern in der Werbung

So denkt auch Steffi. Ihr ist vollkommen bewusst, dass aufklärende und überredende Werbung out ist. Überzeugen soll sie! Ansprechen soll sie! Begeistern! Gefühle wecken! Und da geht es natürlich nicht ohne die Verwendung von Bildern! Nur ist sie leider in der Marketingabteilung der Schmittchen GmbH, welche Radiowecker produziert und vertreibt, mit dieser Einstellung in der Minderheit.

Es steht eine große Werbekampagne vor der Tür und ausgerechnet Steffi soll das Konzept für die Annonce entwerfen und diese gestalten. Ihr ist klar: Sie muss mit ihrer Idee überzeugen – und der MindManager wird ihr helfen! Nach Feierabend blättert sie in einigen Büchern der Werbepsychologie. Um die Übersicht zu bewahren, erstellt sie mit Hilfe der Symbolgalerie im MindManager eine Mind Map (Abbildung 18-1).

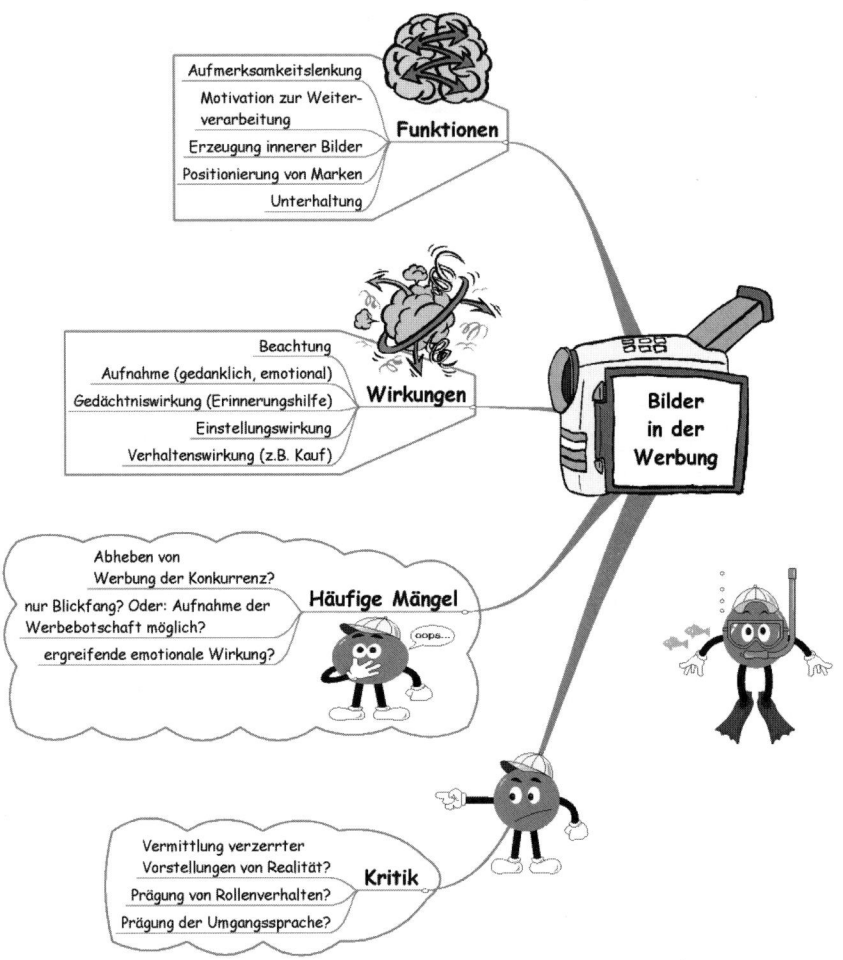

Abbildung 18-1: *Funktionen und Wirkungen von Bildern in der Werbung.*

Gestaltungsgesichtspunkte einer Anzeige

Wenn nur nicht Steffis Kollegen so gegen sie steuern würden. Da wäre beispielsweise Herr Alfonzo, geboren in Italien und eigentlich sehr erfahren in Marketing und Vertrieb. Er vertritt seit Jahrzehnten die Meinung, dass Radiowecker zur Kategorie der erklärungsbedürftigen Produkte gehören und dementsprechend die Werbung aufgebaut und gestaltet werden sollte. Auch Herr Juspière, Werbeprofi aus Frankreich, meint, dass der Informationsgehalt der Werbung höchste Priorität haben muss.

Seit Jahren arbeiten die beiden gemeinsam im Werbeteam. Als »Neue« hat man es da natürlich schwer. Um ihre Ideen gut zu verpacken und die Herren vom Werbeteam zu überzeugen, erstellt Steffi eine weitere

Mind Map. Diesmal verwendet sie keine Symbole aus der *Symbolgalerie* des MindManagers, sondern solche aus externen Programmen.

Zielgruppe der Werbebotschaft

Steffi weiß, dass der Werbeerfolg maßgeblich davon beeinflusst wird, wie gut die Zielgruppe der Werbebotschaft definiert ist. Neben soziodemographischen Merkmalen wie Alter, Beruf und Einkommen spielen hier natürlich auch Einstellungsmerkmale eine große Rolle.

Zielgruppe der Werbebotschaft für die Schmittchen-Schlummersoft-Weckuhren ist natürlich die berufstätige Bevölkerung. Da die Schlummersoft-Wecker in Design und Farbe sehr ausgefallen und deshalb etwas teurer sind als andere Wecker dieser Klasse (die Wecker gibt es in Pyramiden- und Würfelform in jeweils drei Farbkategorien), sollen vor allem Geschäftsleute angesprochen werden.

Auswahl einer ClipArt für den MindManager

Steffi startet Microsoft Word.

Auf der Symbolleiste *Zeichnen* in der unteren Bearbeitungsleiste entdeckt sie die Schaltfläche *Grafik einfügen*, die den Anwender beim Einfügen einer ClipArt unterstützt. Zuerst stöbert Steffi unter den verschiedenen angebotenen Kategorien. Als sie nicht gleich fündig wird, gibt sie den Suchbegriff *Geschäftsleute* in das dafür vorgesehene Feld ein und erhält eine Auswahl an Clips zu diesem Thema.

Beim letzteren Vorgang wird nicht nur die programmeigene Clipgalerie untersucht. Es **Hinweis** werden sämtliche auf dem Rechner gespeicherten Bilder und Fotos zur Auswahl angeboten, die den Suchbegriff in ihrem Dateinamen enthalten. Genaue und treffende Bild- und Fotobezeichnungen in den eigenen Archiven bewähren sich an dieser Stelle!

Suche der Originaldatei auf dem Rechner

Steffi wählt das ansprechende Bild mit den strahlenden Geschäftsleuten. Sie markiert dieses und schaut sich über das Kontextmenü (rechter Mausklick) die Clipinformationen und hier die Dateiinformationen an. Sie sieht nach, wo auf ihrem Rechner das Bild gespeichert ist und wie der Katalogpfad lautet. Den Bildnamen markiert sie mit der Maus und drückt die Tastenkombination Strg+C, um diesen in die Zwischenablage zu kopieren.

Nun verlässt sie das Programm und öffnet den Microsoft Explorer, um sich auf die Suche nach der Originaldatei zu machen. Sie schlängelt sich den Katalogpfad entlang. Da sie sich an diesen nicht mehr vollständig erinnern kann, bricht sie an der Stelle ab, wo sie nicht mehr weiter weiß. Sie markiert die entsprechende Rubrik per Mausklick und betätigt die rechte Maustaste, um die Suchfunktion des Explorers aufzurufen. Hier gibt sie als Suchbegriff durch Drücken der Tastenkombination Strg+V den eben kopierten Dateinamen der ausgewählten ClipArt ein und betätigt die Schaltfläche *Jetzt suchen*.

Über Betätigung der Schaltfläche *Ansichten* und die Auswahl von *Miniaturansicht* im Kopf des Dialogfeldes *Suchergebnisse* wird das Ergebnis der Suche als Miniaturbild angezeigt. Bei einer breiter gefächerten Suche, also nicht über den kopierten Dateinamen, kann dies sehr hilfreich sein.

Einfügen der Datei in die Symbolgalerie

Steffi wählt nochmals das Bild mit den Geschäftsleuten. Über die Schaltfläche *kopieren* in der rechten oberen Ecke des Programmfensters befördert sie die Datei in die Zwischenablage.

Nun öffnet sie im MindManager die *Symbolgalerie* und dort den Ordner *Geschäftsleute*, in welchen sie die ClipArt-Datei einfügen möchte. Doch leider lassen sich hier keine Dateien direkt aus der Zwischenablage einfügen. Daher geht Steffi einen kleinen Umweg:

Im Menü *Symbolgalerie* öffnet sie mit dem Befehl *Importieren* ein Suchfenster, in welchem bereits der Ordner *Symbole* der MindManager-Installation geöffnet ist. Steffi wählt dort den Ordner *GeschLeute* und fügt über Strg+V die Datei aus der Zwischenablage in diesen Ordner ein.

Die so kopierten ClipArts stehen automatisch nach dem Neustart des MindManagers in der *Symbolgalerie* zur Verfügung.

Da Steffi in der ClipArt-Galerie bereits noch einige andere Bilder gefunden hat, die sie ebenfalls in ihren Maps verwenden möchte, wechselt sie zuvor noch einmal zur ClipArt-Galerie. Sie verkleinert diese per Doppelklick auf die Titelleiste zum Fenster und kopiert so bequem die restlichen Bilder in die Symbolgalerie des MindManagers.

Und da Steffi schon einmal dabei ist, sucht sie im Importfenster den Ordner *Eigene Bilder*, wo sie in letzter Zeit einige selbstgestaltete Symbole im WMF- und BMP-Format abgelegt hat. Diese braucht sie nur noch zu markieren und mit der Schaltfläche *Öffnen* in die *Symbolgalerie* zu importieren, bevor sie den MindManager neu startet.

Nach dem Neustart erscheinen die neuen Symbole in der Symbolgalerie. Steffi zieht das Symbol *Geschäftsleute* auf ihre Map und vergrößert es etwas durch Ziehen an einer der Kanten. Anschließend wiederholt sie diesen gesamten Vorgang, um einen Wecker in den MindManager zu importieren und ihn in der Map am Hauptzweig **Produkt** einzufügen. Auf dieselbe Weise verfährt sie mit der Glühbirne.

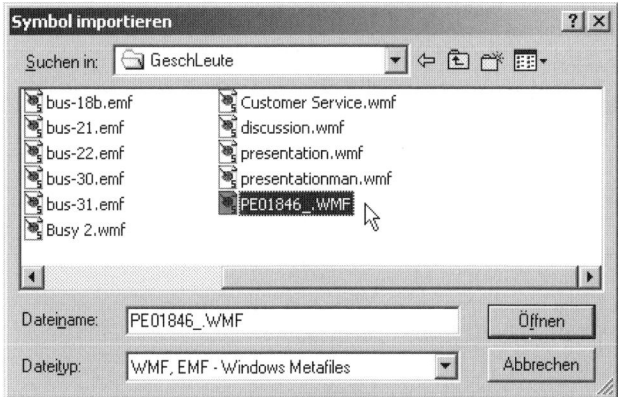

Abbildung 18-2: *Importfenster der Symbolgalerie*

Bildabmessungen können vor dem Import in den MindManager in einem Bildbearbei- **Hinweis**
tungsprogramm geändert werden. Nachbearbeitungen importierter Dateien im Metafile Companion sind nur möglich, wenn diese im WMF- oder EMF-Format vorliegen.

Kern der Werbeaussage

Die Werbebotschaft muss in Einklang mit dem Marketing-Ziel beziehungsweise der Marketing-Gesamtstrategie stehen. Sie muss den Vorteil
kommunizieren, den der Kauf des Produktes mit sich bringt. Unsere Einstellung gegenüber einem Gegenstand oder einer Sache beeinflusst unser
Kaufverhalten. Was assoziiert ein normaler Mensch mit Weckuhren?
Sicherlich nicht allzu positive Gedanken und Gefühle. »Deshalb muss die
Anzeige umso positivere Gefühle hervorrufen«, denkt sich Steffi. Natürlich müssen auch die wichtigsten Produktinformationen und der inzwischen etablierte Markenname der Uhren, Schlummersoft, kommuniziert
werden. Inhaltsschwerpunkt der Anzeige soll also die Motivation und weniger die ausführliche Produktinformation sein.

Gestaltung des Hauptthemas

Steffi will das Hauptthema der Mind Map anschaulich gestalten. »Die Anzeige soll ein Volltreffer werden!«, denkt sie. Da kommt ihr eine Idee. Sie
erinnert sich an ein Bild von einer Golfkugel, die gerade auf ein Loch zu-
steuert. Sofort öffnet sie das Programm *Ulead Photoimpact*. Über die Menüleiste *Web/Komponentendesigner* öffnet sie das entsprechende Symbol, ändert es in der Farbe und exportiert es über *Exportieren/Als Einzel-*

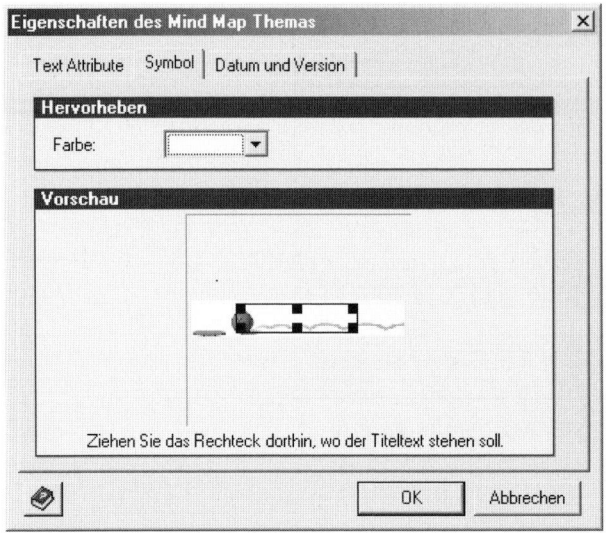

Abbildung 18-3: *Die Registerkarte* Eigenschaften des Mind Map Themas.

objekte (in Photoimpact) in das Anwendungsprogramm. Die Kugel rollt dummerweise in die falsche Richtung und die Spur ist zu lang! So spiegelt sie das Bild horizontal, schneidet es zu und speichert es direkt unter den Ordner *Programme/Mindjet/MindManager/Symbole/Importierte Symbole.*

Dann öffnet sie den MindManager und zieht das Symbol direkt auf das Titelthema. Der MindManager meldet, dass für dieses Symbol kein Textbereich definiert ist. Doch das stört Steffi nicht. Mit einem rechten Mausklick auf das neue Titelthema öffnet sie das Kontextmenü und gibt, nachdem sie den Befehl *Bearbeiten* ausgewählt hat, das Titelthema ein. Sie markiert das Titelthema und öffnet über die rechte Maustaste das Dialogfenster.

Unter dem Register *Symbol* zieht Steffi an den Ecken des Textfeldes so lange, bis die Kugel nicht mehr verdeckt wird und der Text harmonisch über der Überschrift liegt. Sie bestätigt ihre Änderungen mit *OK*.

Gestalterische Gesichtspunkte

Die Entscheidungen hinsichtlich Platzierung und Größe der Anzeige hat bereits Steffis Vorgesetzter getroffen. Was den Slogan, das Bild und die Farbwahl angeht, hat Steffi volle gestalterische Freiheit. Sie entscheidet sich, die langjährige Tradition von Herrn Alfonzo und Herrn Juspière zu brechen und ein Farbfoto als Hintergrund für den Text zu wählen. Bislang bestanden die Anzeigen aus einer in farbiger Schrift gestalteten Auflistung sämtlicher Produkteigenschaften. Steffis neuer Slogan soll natürlich kurz und pfiffig sein. Zudem soll er ein wesentliches Verkaufsargument enthalten.

Sie entscheidet sich für »Schlummre soft mit Schlummersoft – sie weckt Dich sanft, ganz wie erhofft!« Das Foto zeigt eine entspannt schlafende Frau, die eine Schlummersoft-Weckuhr als Kopfkissen benutzt. Steffi hält die Farben sehr gedeckt in zartblau und hellrosa, so dass sich die grellgrüne würfelförmige Uhr gut abhebt. Die Anzeige wirkt sehr entspannend und ruhig, aber doch sehr lebendig und mitreißend auf den Betrachter.

Damit sie die Gestaltung der Anzeige gleich im Bild präsentieren kann, speichert Steffi die Grafikdatei ihres Konzeptes im selben Ordner wie die Mind Map und definiert im entsprechenden Ast der Map mit Strg+H einen Hyperlink zu dem Bild. Mit einem Doppelklick auf den Ast wird sich das Bild morgen vor den erstaunten Augen der Kollegen in der zugehörigen Grafik-Anwendung öffnen ...

Auswahl und Verändern eines Symbols aus Photoimpact

Um den Hauptast **Gestaltung** anschaulicher darzustellen, macht Steffi sich auf die Suche nach geeigneten Symbolen. In *Photoimpact* findet sie eine Farbpalette. Das erscheint ihr passend! Sie verändert das Symbol wie gewohnt. Da sie es diesmal auch an anderer Stelle zur Verfügung haben will, speichert sie es nicht direkt unter *Programme/Mindjet/MindManager/Symbole*, sondern in einem anderen Ordner.

Direkter Import der Datei im MindManager

Wieder im MindManager angelangt, markiert sie die Kategorie, unter welcher sie das neue Symbol im MindManager speichern will. Über *Symbolgalerie/Importieren* lädt sie das Symbol unter der gewünschten Rubrik. Es erscheint sofort und Steffi zieht es auf den Hauptzweig **Gestaltung**.

Schneller geht das Importieren des Symbols durch Auswahl des Ordners. Dann: rechter Mausklick in das untere Feld. Im Kontextmenü erscheint die Option *Importieren*.   **Tipp**

Steffi ist überglücklich. Die Idee für die Anzeige steht! Und auch eine anschauliche Mind Map, die sie den Herren Kollegen am nächsten Tag zeigen wird.

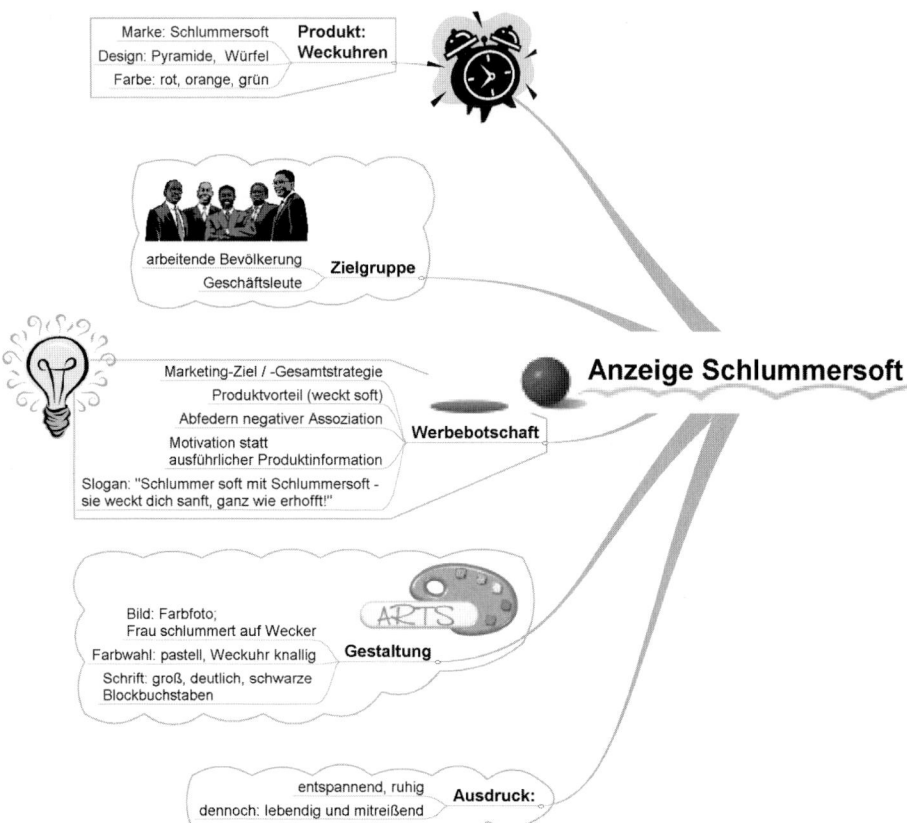

Marke: Schlummersoft **Produkt:**
Design: Pyramide, Würfel **Weckuhren**
Farbe: rot, orange, grün

arbeitende Bevölkerung **Zielgruppe**
Geschäftsleute

Marketing-Ziel / -Gesamtstrategie
Produktvorteil (weckt soft)
Abfedern negativer Assoziation **Werbebotschaft**
Motivation statt
ausführlicher Produktinformation
Slogan: "Schlummer soft mit Schlummersoft -
sie weckt dich sanft, ganz wie erhofft!"

Anzeige Schlummersoft

Bild: Farbfoto;
Frau schlummert auf Wecker
Farbwahl: pastell, Weckuhr knallig **Gestaltung**
Schrift: groß, deutlich, schwarze
Blockbuchstaben

entspannend, ruhig **Ausdruck:**
dennoch: lebendig und mitreißend

Abbildung 18-4: *Fertige Mind Map mit importierten Symbolen aus Microsoft Office und Ulead Photoimpact.*

19 Die richtige Rede finden

Irgendwann trifft es wahrscheinlich jeden: Man wird gebeten, eine Rede zu halten. Die Anlässe können dabei ganz verschieden sein – privat bei Hochzeiten oder Jubiläen oder beruflich bei täglichen Meetings oder bei besonderen geschäftlichen Anlässen. Sowohl eine längere Ansprache als auch eine kurze wichtige Aussage in einer Verhandlungssituation können in solchen Situationen gefordert sein. Leider ist die Begabung, frei und sicher vor Publikum zu sprechen nicht jedem gegeben. Viele bekommen schon allein bei der Vorstellung, zehn Augenpaare auf sich gerichtet zu sehen, weiche Knie. Aber wie viele Dinge im Leben kann man auch das rhetorische Handwerk erlernen. Ein wichtiger Schritt zu größerer Sicherheit ist hier die Wahl des richtigen Redeaufbaus.

Der richtige Aufbau einer Rede

Sofia R. ist Trainerin für Rhetorik und Kommunikation. Bei Health & Co., einer Firma aus dem Bereich Medizintechnik, soll sie mit den vier neuen Trainees eine Schulung über interne und externe Kommunikation durchführen. Aus dem Bereich Personal ist Heiner M. dabei, aus dem Marketing Frauke L., vom Vertrieb Lothar K. und die EDV ist durch Monika P. vertreten. Ein Themenschwerpunkt des Kurses liegt darauf, die richtige Redeform für verschiedene Anlässe zu finden. So hat natürlich das »Reden halten« in Personalgesprächen eine andere Motivation als die Präsentation eines neuen Produktes durch den Vertrieb auf einer Messe. Sofia möchte mit der Gruppe verschiedene Gliederungsformen von Reden ausarbeiten. Sie überlegt sich hierfür, mit dem MindManager zu arbeiten.

Die vier wichtigsten Gliederungsformen

Sofia stellt den Teilnehmern zunächst die vier wichtigsten Gliederungsformen in Form einer Mind Map vor.
Im ersten Schritt möchte sie mit den Teilnehmern Gedanken über die

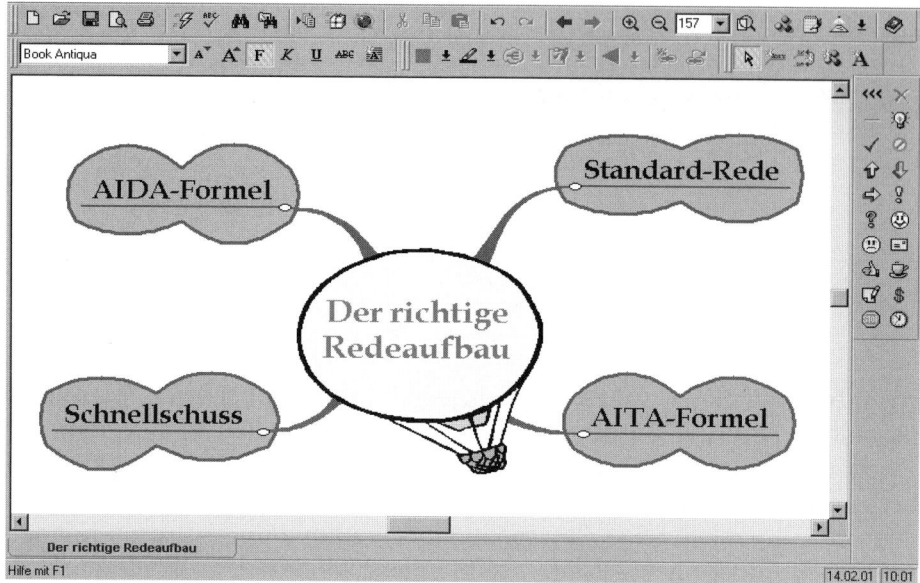

Abbildung 19-1: *Die Mind Map Vorlage für die vier wichtigsten Gliederungs-arten.*

Wichtigkeit von Gliederungen sammeln. Danach soll jeder der vier Teil-nehmer an einem Zweig, das heißt an einer Gliederungsart, arbeiten. Hierfür kommt ihr die Funktion *Multi-Maps* des MindManagers zugute.

Sie markiert jeden Hauptzweig der Map und geht über die Menüleiste *Multi-Maps/Export zu Map*.

Das Dialogfenster *Export nach Mind Map* wird eingeblendet (siehe Abbildung 19-2). Die neue Map erhält automatisch den Namen des expor-

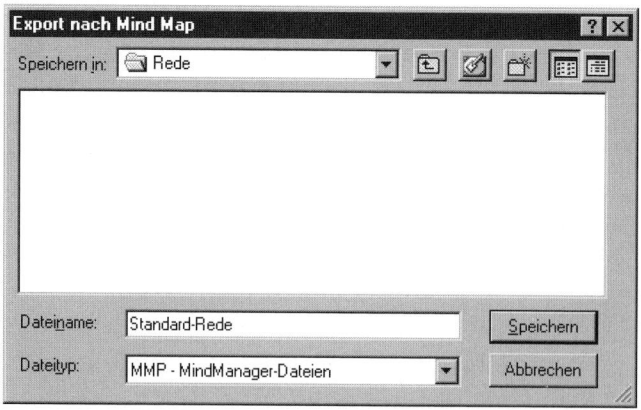

Abbildung 19-2: *Dialogfenster* Export nach Mind Map.

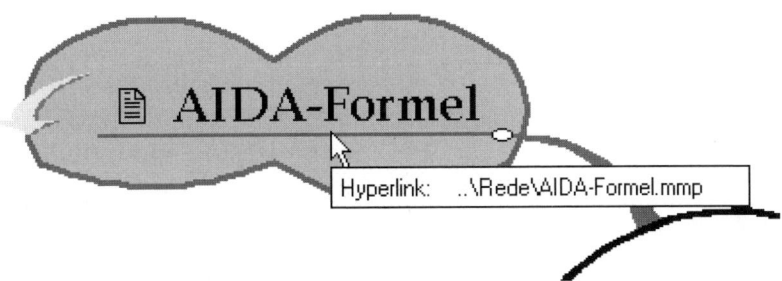

Abbildung 19-3: *Der Hyperlink zur neuen Map.*

tierten Zweiges. Sofia kann diesen Namen übernehmen oder die Map umbenennen. Danach klickt sie auf *Speichern*. Diesen Schritt wiederholt Sofia für alle anderen Hauptzweige. Hinter jedem Zweig ist nun ein Hyperlink zu der neuen Map definiert worden (siehe Abbildung 19-3).

Durch Doppelklicken auf jeden Hyperlink und durch den neuen *Workbook Modus* des **Tipp**
MindManagers 4.0 erscheint jede Map auf einem separaten Registerblatt am unteren
Map-Fenster, mit dem man die geöffneten Maps direkt anwählen kann.

Ideen sammeln

Während Sofia ihrem Kurs noch die Vorgehensweise erläutert, kommt der
erste Einwurf, wozu man denn überhaupt Schemata oder Gliederungen
brauche. Frei sprechen läge ihm viel mehr, meint Heiner. Sofia erwidert,
dass dies ein sehr häufiges Argument sei, dass es aber nur auf erfahrene
und sehr gute Redner zutrifft. Allerdings arbeiteten diese sich auch intensiv in ihre Materie ein.

    Ablehnung von Schemata ist häufig Ablehnung von Vorbereitung
schreibt Sofia als freien Text mit Hilfe der Schaltfläche *Freien Text einfügen* in die Map. Erfahrung sei ja wohl das Wichtigste, meint Monika.
Dies ist prinzipiell auch richtig, aber mit der Anzahl der gehaltenen und
selbst vorbereiteten Reden steigt die Sicherheit. Je weniger Reden jemand
gehalten hat, je wichtiger sind Tipps und Gliederungsvorgaben. **Erfahrung
steigert Sicherheit** wird ebenfalls als freier Text eingefügt.

    Sofia teilt nun jedem Kursmitglied eine Gliederungsart zu. Frauke
übernimmt die **Standard Gliederung,** Monika die **AIDA-Formel,** Heiner
das **AITA-Schema** und Lothar wagt sich an den **Schnellschuss.** Jeder soll
mit Hilfe von zur Verfügung gestelltem Material die wichtigsten Merkmale
in der jeweiligen Map für die anderen Kursteilnehmer zusammenfassen.

Die Standard-Rede

Frauke öffnet ihre Map und liest sich das ausgeteilte Material durch. Als Erstes fällt ihr auf, dass die Aufteilung dem früher in Schulaufsätzen angewendeten Verfahren entspricht: Eine Rede hat **Einleitung, Hauptteil** und **Schluss.** Die Hauptzweige ihrer Map stehen also schnell fest. Der Hauptteil scheint ihr das Wichtigste zu sein. An ihm sollte man wohl zuerst arbeiten.

 Sie weist ihm mit der Schaltfläche *Farbe zuweisen* die Farbe *rot* zu. Ein guter Einstieg und Schluss dient jeweils dazu, die Argumente des Hauptteils zu stützen. Der Einstieg wird grün und der Ausstieg blau markiert. Als Erstes heißt es also Argumente sammeln. Im Hauptteil sollte man sich auf **vier Argumente** beschränken. Außerdem sollte man **nicht alle Argumente offen legen,** die man weiß. Dafür gibt es zwei Gründe: Erstens ist es besser, als Redner immer etwas mehr zu wissen, sich also einen **Trumpf im Ärmel** zu halten, und zweitens ist auch die **Gedächtnisleistung** der Zuhörer beschränkt.

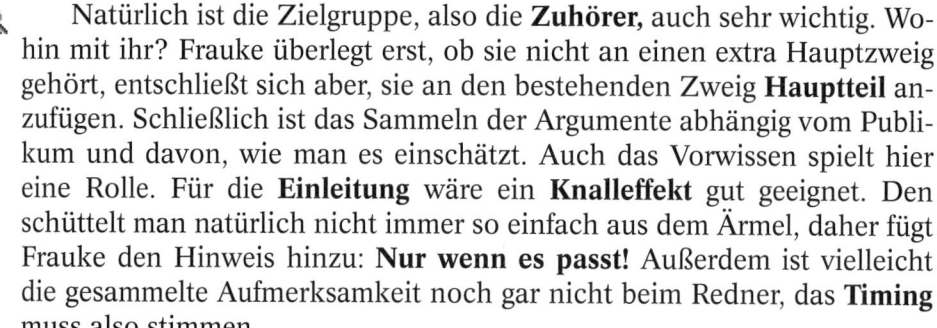 Natürlich ist die Zielgruppe, also die **Zuhörer,** auch sehr wichtig. Wohin mit ihr? Frauke überlegt erst, ob sie nicht an einen extra Hauptzweig gehört, entschließt sich aber, sie an den bestehenden Zweig **Hauptteil** anzufügen. Schließlich ist das Sammeln der Argumente abhängig vom Publikum und davon, wie man es einschätzt. Auch das Vorwissen spielt hier eine Rolle. Für die **Einleitung** wäre ein **Knalleffekt** gut geeignet. Den schüttelt man natürlich nicht immer so einfach aus dem Ärmel, daher fügt Frauke den Hinweis hinzu: **Nur wenn es passt!** Außerdem ist vielleicht die gesammelte Aufmerksamkeit noch gar nicht beim Redner, das **Timing** muss also stimmen.

Vielleicht gibt es eine gute **Geschichte oder Parabel,** die die Aufmerksamkeit der Zuhörer wecken kann. Geschickte Fragen können das Mitdenken der Zuhörer anregen. Die Gestaltung des **Schlusses** bestimmen ähnliche Aspekte wie die Einleitung: Wählen wir eine gute Geschichte, die den Zuhörer anregt, wollen wir ihn zu einer **Handlung motivieren** (Kauf usw.) oder wollen wir seinen **Standpunkt** zu einem Thema ändern?

 Frauke glaubt, alle wichtigen Aspekte herausgearbeitet zu haben und umrandet ihre Zweige mit der Schaltfläche *Umrandung.* Da die anderen noch nicht fertig sind, fügt sie auch noch mit der Schaltfläche *Kodes* kleine Bilder ein.

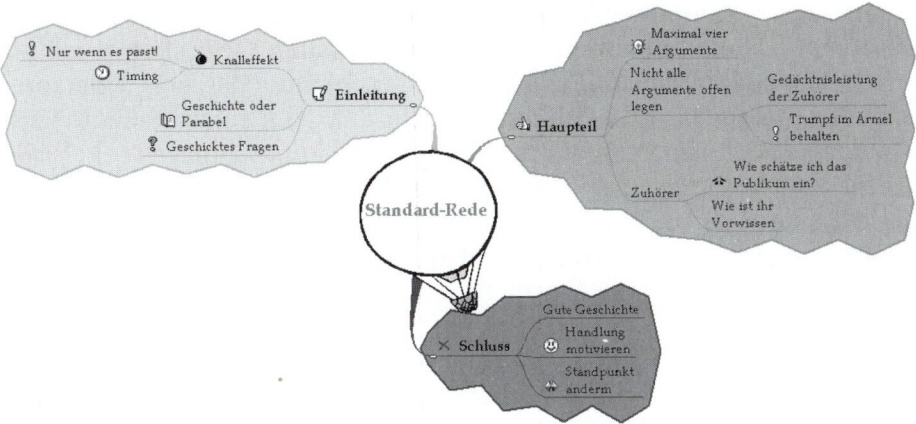

Abbildung 19-4: *Fraukes Mind Map zur Standard-Rede.*

Die AIDA-Formel

Monika muss sich erst einmal in das Thema hineinlesen. Sie betreut die EDV Technik der Firma und hat bisher noch nichts von dieser Formel gehört. Als sie in den Unterlagen liest, erfährt sie den Grund dafür: Die AIDA-Formel wurde ursprünglich als Marketing- und Verkaufsinstrument entwickelt. AIDA steht im Englischen für **A**ttention, **I**nterest, **D**esire, **A**ction und im Deutschen für **A**ufmerksamkeit, **I**nteresse, **D**rang und **A**ktion.

Monika beschließt, die Hauptzweige ihrer Map jeweils mit dem englischen und deutschen Begriff zu kennzeichnen. Über das Menü *Format/Toolkit* ruft sie sich die Befehlsleiste *Toolkit* auf den Monitor.

Mit dem Befehl *alles rechts* ordnet sie alle Zweige auf der rechten Seite an. Mit dem Greifer bringt sie die Äste in die richtige Reihenfolge, so dass der Betrachter von oben nach unten AIDA lesen kann.

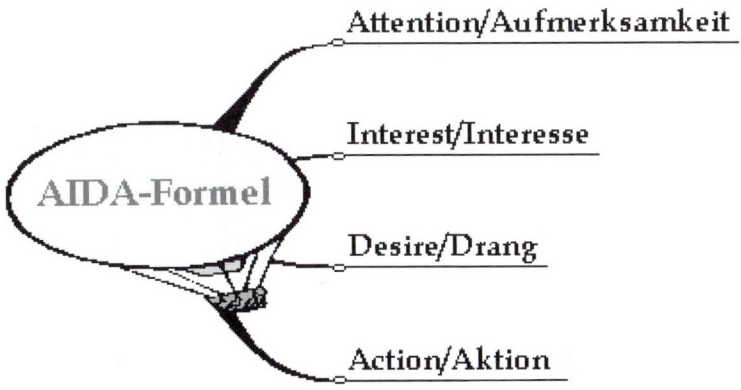

Abbildung 19-5: *Die rechts angeordneten AIDA-Zweige.*

Dem Ast **Attention/Aufmerksamkeit** fügt Monika die Unterzweige **Zuhörer wecken** und **Zuhörer von seinen eigenen Gedanken lösen** an. Am besten gelingt dies mit einer **guten Geschichte** oder sich **widersprechenden Aussagen**. Das Publikum horcht auf. Nun sind die Leute zwar wach, aber ist ihr Interesse für das Thema überhaupt schon geweckt? Dies macht man am besten durch Aktivierung des Publikums.

Monika liest, dass es hierfür einfache Hilfsmittel gibt. Man kann durch eine einfache **Quizfrage,** nicht zu verwechseln mit der rhetorischen Frage, das Publikum zum Beispiel die Investitionskosten für neue Hard- und Software schätzen lassen, wenn dies das zu besprechende Thema ist. Die Zuhörer beginnen dadurch, sich für die Fragestellung zu interessieren. Sie fangen in Gedanken an zu schätzen, und der Redner kann zur kurzen Diskussion mit dem Nachbarn auffordern.

Die Neugierde, wie nah man mit seiner Zahl am richtigen Ergebnis lag, ist geweckt. Das Stellen einer **rhetorischen Frage** kann denselben Zweck erfüllen, allerdings gibt hier der Redner die Antwort nach einer kurzen Pause selbst. Im Hauptteil der Rede gilt es, das **Bedürfnis des Publikums** zu wecken. Der Redner verkauft seine **Ideen** und **Produkte.** Hier braucht man die **richtigen Argumente,** um zu überzeugen. Das Ziel des AIDA-Schemas ist es, beim Publikum eine **konkrete Aktion** auszulösen, das heißt der Zuhörer soll eine **positive Entscheidung** treffen.

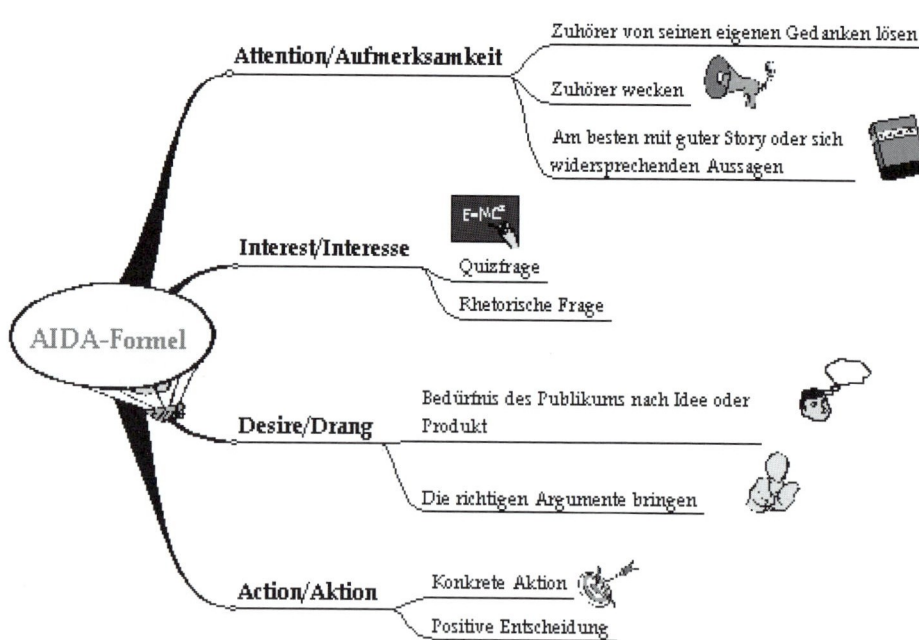

Abbildung 19-6: *Die AIDA-Formel.*

Monika verschönert ihre Map noch, indem sie über die Schaltfläche *Symbolgalerie anzeigen/verbergen* einzelne Grafiken den Zweigen zuweist.

Monika denkt mittlerweile speziell an ein Meeting nächste Woche. Da soll sie mit ihren Kollegen dem Vorstand die benötigten Investitionen in neue Software vorstellen. Die AIDA-Gliederung ist da vielleicht gut geeignet ...

Die AITA-Formel

Heiner fällt in seinen Unterlagen sofort der Begriff **Informationsrede** ins Auge. Das schreibt er sich als Erstes als freien Text in die Map. Ebenfalls als freien Text schreibt er die Definition von **AITA = Aufmerksamkeit, Interesse, Theorie, Aha-Erlebnis**. Neben den ähnlichen Ansätzen wie in der AIDA-Formel scheint bei AITA die Beziehung zwischen **Sender** und **Empfänger** besonders wichtig zu sein.

Heiner entschließt sich, diesen Aspekt zur Hauptbotschaft seiner Map zu machen und fügt zwei Äste an. Er weist **Sender** die Farbe Rot und **Empfänger** Grün zu. Wichtig ist, dass der Sender für das **Überbringen der Information** verantwortlich ist. Er muss **dieselbe Sprache** sprechen wie der Empfänger.

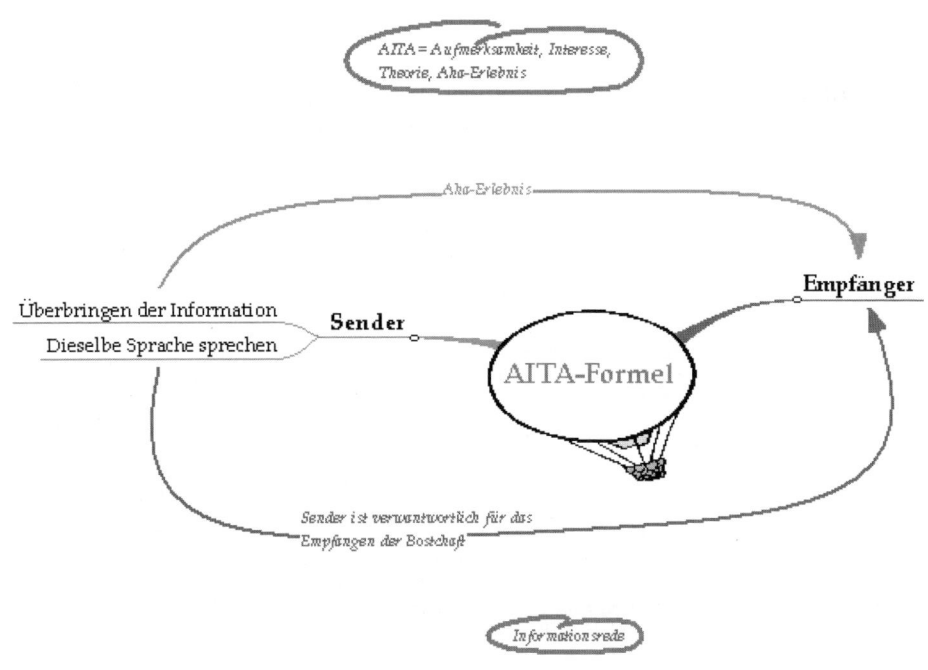

Abbildung 19-7: *Mal eine ganz andere Mind Map. Die AITA-Formel.*

Um das noch mehr zu verdeutlichen, fügt Heiner noch zwei Zweig-verbindungen mit der Schaltfläche *Zweigverbindungen einfügen* ein. Er beschriftet sie mit freien Texten. Für Heiner sind alle wichtigen Informationen in der Map enthalten. Er ist nun gespannt darauf, was der Mind-Manager beim Zusammenfügen der einzelnen Maps aus den freien Texten macht.

Der Schnellschuss

Die Situation kennt Lothar aus dem Vertrieb ziemlich gut: Ein Kunde kommt unangemeldet vorbei, der entsprechende Kollege ist nicht da und er selbst muss schnell eine kleine Präsentation über ein neues Produkt aus dem Ärmel schütteln. Die Idee, die Lothar in den Unterlagen liest, ist simpel und einleuchtend. Man soll mit der Rede die folgenden Punkte abdecken:

- Was war?
- Was ist?
- Was wird?

Das schreibt er auch gleich als Hauptzweige an das Thema. Außerdem sollte man sich kurz an frühere Situationen improvisierter Stellungnahmen erinnern: Was lief gut, was nicht und warum? Und wie würde man es heute machen? Das alles schreibt er an die Map.

 Er verschönert das Ganze noch durch Zweigumrandungen mit der Schaltfläche *Umrandung* und fügt mit der Schaltfläche *Kodes* einige Bilder ein.

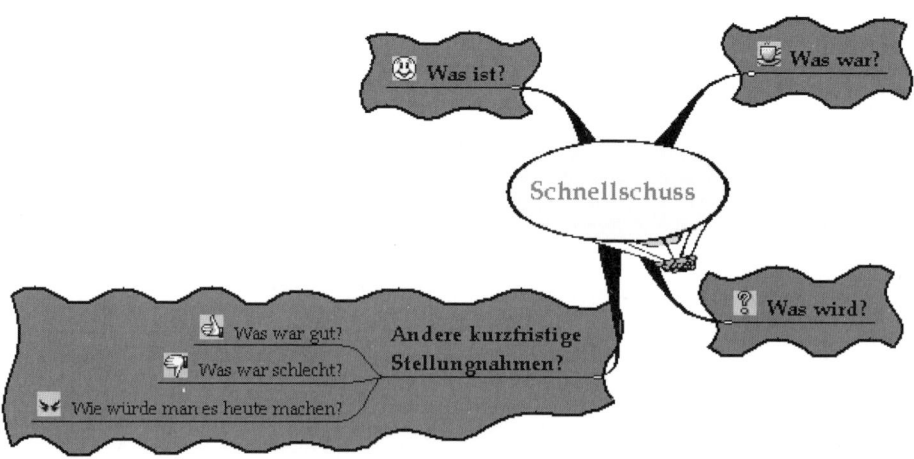

Abbildung 19-8: *Der Schnellschuss als Mind Map.*

Zusammentragen der Ergebnisse

Um für alle nun eine Zusammenfassung der verschiedenen Schemata zu erhalten, fügt die Gruppe nun die Multi-Maps wieder zu einer Mind Map zusammen. Das geht ganz einfach, indem man das Titelthema der übergeordneten Map markiert und über den Befehl *Multi-Maps/Import aller verknüpften Maps* die untergeordneten Maps importiert.

Verschieben Sie freie Texte in der übergeordneten Map weit an den Rand.   **Tipp**

Das Ergebnis der Einzelarbeiten (Abbildung 19-9) kann sich doch sehen lassen:

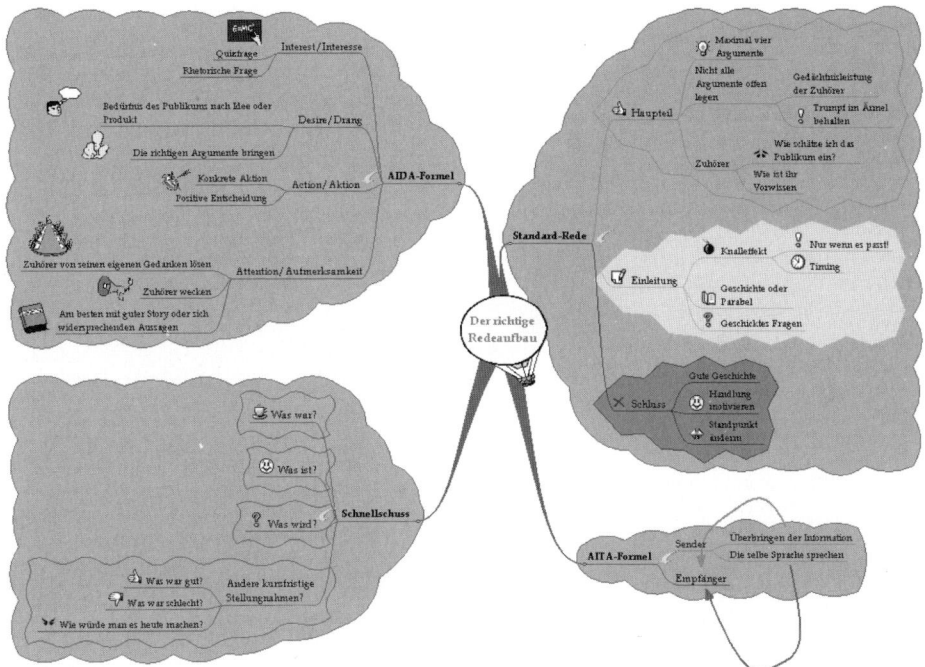

Abbildung 19-9:   *Die zusammengefügte Map zum Redeaufbau.*

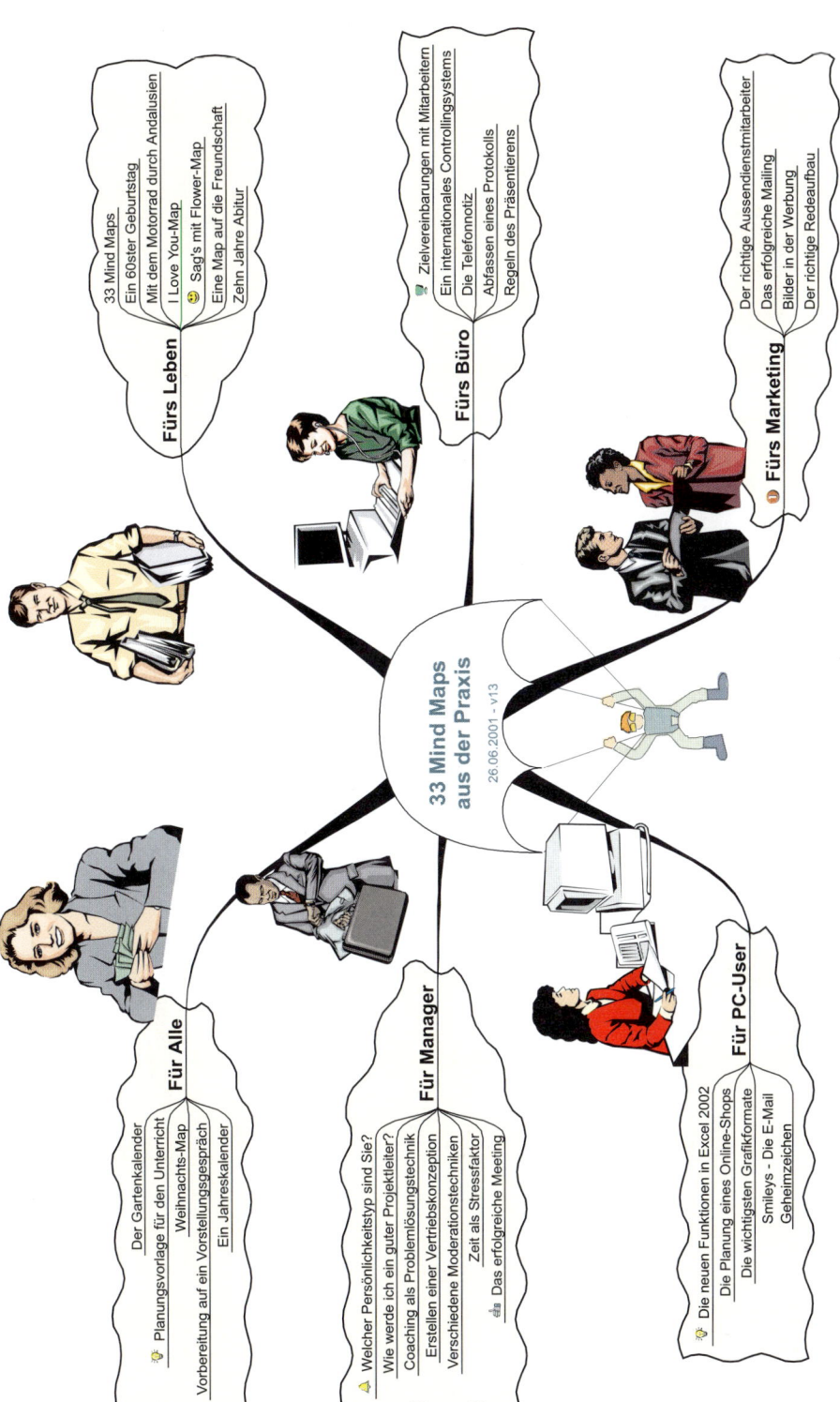

33 Mind Maps aus der Praxis
26.06.2001 - v13

Fürs Leben
- 33 Mind Maps
- Ein 60ster Geburtstag
- Mit dem Motorrad durch Andalusien
- Sag's mit Flower-Map
- I Love You-Map
- Eine Map auf die Freundschaft
- Zehn Jahre Abitur

Fürs Büro
- Zielvereinbarungen mit Mitarbeitern
- Ein internationales Controllingsystems
- Die Telefonnotiz
- Abfassen eines Protokolls
- Regeln des Präsentierens

Fürs Marketing
- Der richtige Aussendienstmitarbeiter
- Das erfolgreiche Mailing
- Bilder in der Werbung
- Der richtige Redeaufbau

Für Alle
- Der Gartenkalender
- Planungsvorlage für den Unterricht
- Weihnachts-Map
- Vorbereitung auf ein Vorstellungsgespräch
- Ein Jahreskalender

Für Manager
- Welcher Persönlichkeitstyp sind Sie?
- Wie werde ich ein guter Projektleiter?
- Coaching als Problemlösungstechnik
- Erstellen einer Vertriebskonzeption
- Verschiedene Moderationstechniken
- Zeit als Stressfaktor
- Das erfolgreiche Meeting

Für PC-User
- Die neuen Funktionen in Excel 2002
- Die Planung eines Online-Shops
- Die wichtigsten Grafikformate
- Smileys - Die E-Mail Geheimzeichen

So schön übersichtlich kann das Inhaltsverzeichnis eines Buches daherkommen. In dem Kapitel zu dieser Map führen wir Sie Schritt für Schritt an die Grundfunktionen des Programms MindManager.

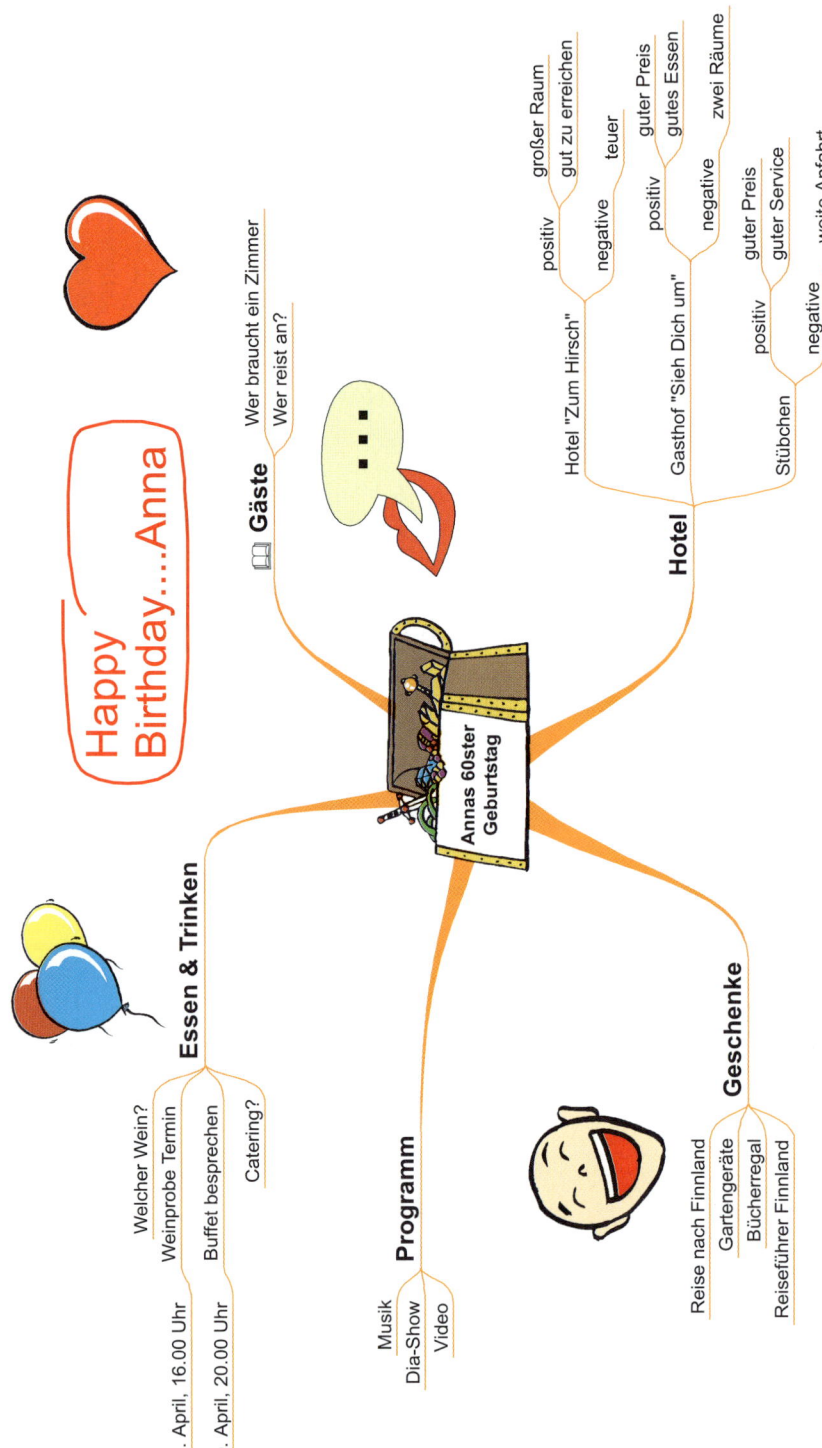

Happy Birthday.....Anna

Gäste
Wer braucht ein Zimmer
Wer reist an?

Hotel
Hotel "Zum Hirsch"
positiv — großer Raum
positiv — gut zu erreichen
negative — teuer
Gasthof "Sieh Dich um"
positiv — guter Preis
positiv — gutes Essen
negative — zwei Räume
Stübchen
positiv — guter Preis
positiv — guter Service
negative — weite Anfahrt

Essen & Trinken
5. April, 16.00 Uhr — Welcher Wein?
Weinprobe Termin
10. April, 20.00 Uhr — Buffet besprechen
Catering?

Programm
Musik
Dia-Show
Video

Geschenke
Reise nach Finnland
Gartengeräte
Bücherregal
Reiseführer Finnland

Annas 60ster Geburtstag

So wird jede Partyplanung zum Vergnügen. Auch für Einsteiger ist Mind Mapping eine ideale Methode, Ideen und Gedanken zu strukturieren.

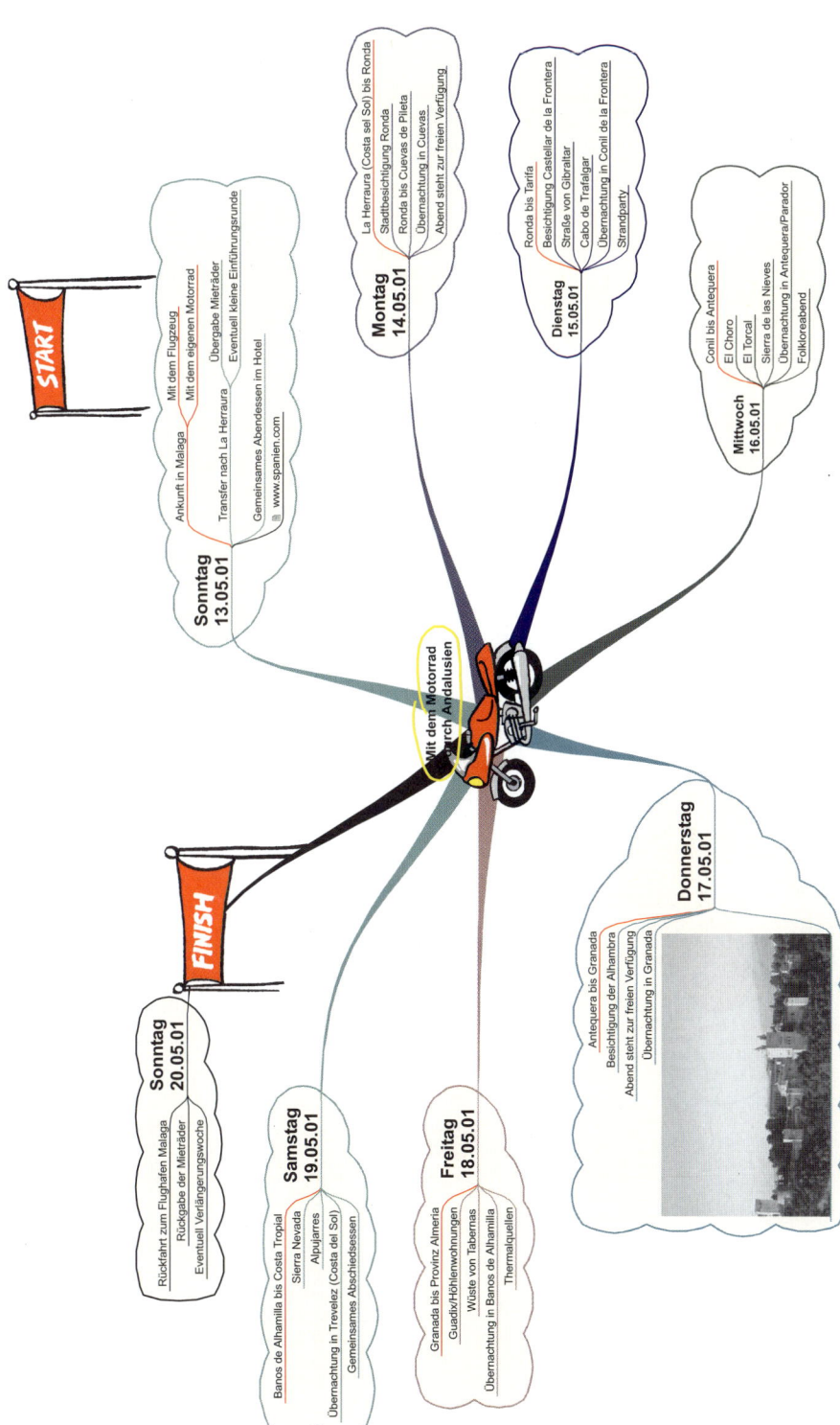

START

FINISH

Mit dem Motorrad durch Andalusien

Sonntag 13.05.01
- Ankunft in Malaga — Mit dem Flugzeug
- Mit dem eigenen Motorrad
- Übergabe Mieträder
- Transfer nach La Herraura — Eventuell kleine Einführungsrunde
- Gemeinsames Abendessen im Hotel
- www.spanien.com

Montag 14.05.01
- La Herraura (Costa sel Sol) bis Ronda
- Stadtbesichtigung Ronda
- Ronda bis Cuevas de Pileta
- Übernachtung in Cuevas.
- Abend steht zur freien Verfügung.

Dienstag 15.05.01
- Ronda bis Tarifa
- Besichtigung Castellar de la Frontera
- Straße von Gibraltar
- Cabo de Trafalgar
- Übernachtung in Conil de la Frontera
- Strandparty

Mittwoch 16.05.01
- Conil bis Antequera
- El Choro
- El Torcal
- Sierra de las Nieves
- Übernachtung in Antequera/Parador
- Folkloreabend

Donnerstag 17.05.01
- Antequera bis Granada
- Besichtigung der Alhambra
- Abend steht zur freien Verfügung
- Übernachtung in Granada

Freitag 18.05.01
- Granada bis Provinz Almeria
- Guadix/Höhlenwohnungen
- Wüste von Tabernas
- Übernachtung in Banos de Alhamilla
- Thermalquellen

Samstag 19.05.01
- Banos de Alhamilla bis Costa Tropial
- Sierra Nevada
- Alpujarres
- Übernachtung in Trevelez (Costa del Sol)
- Gemeinsames Abschiedsessen

Sonntag 20.05.01
- Rückfahrt zum Flughafen Malaga
- Rückgabe der Mieträder
- Eventuell Verlängerungswoche

Mind Mapping zur Reiseplanung. Dass man in MindManager auch mit Fotos arbeiten kann, steigert die Vorfreude natürlich noch mehr.

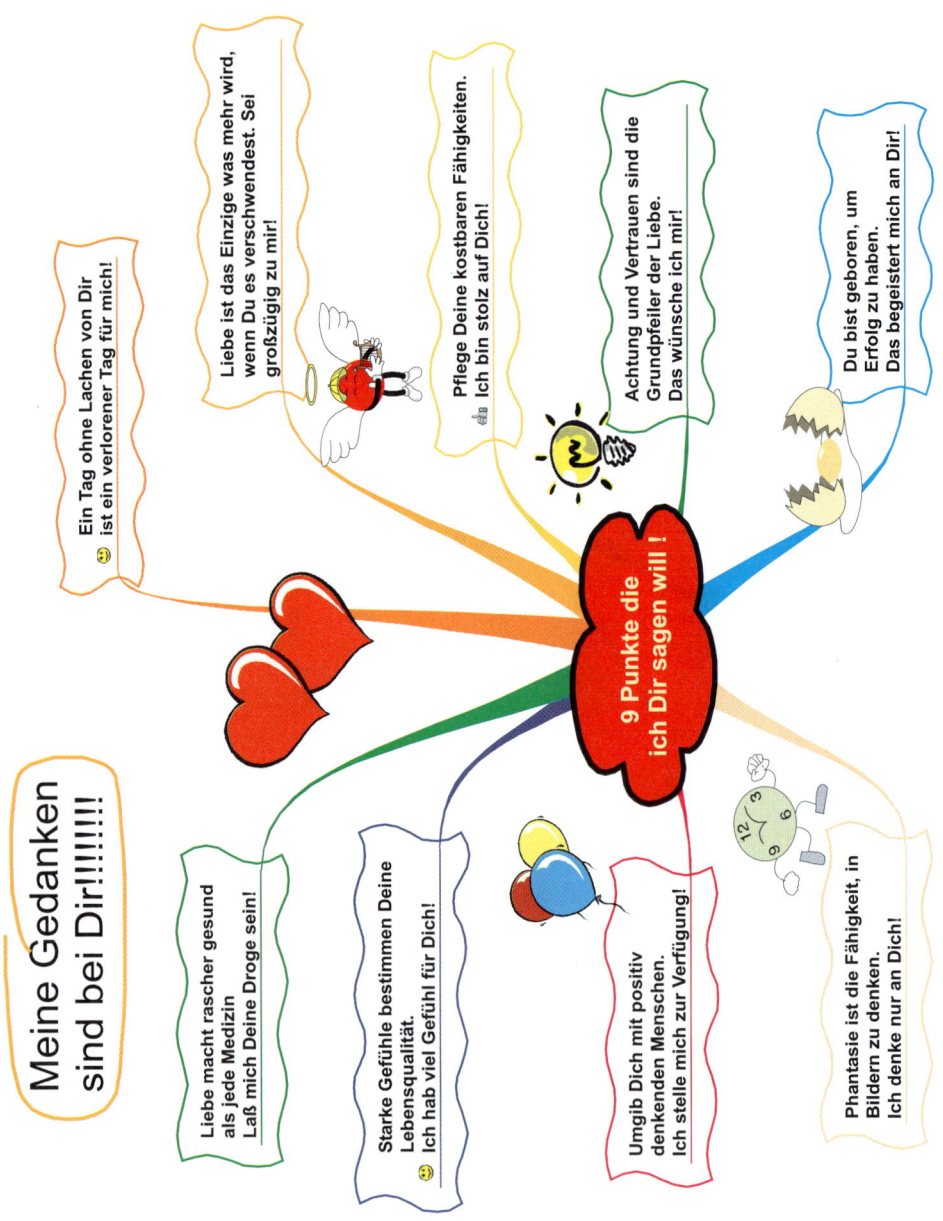

Meine Gedanken sind bei Dir!!!!!!

9 Punkte die ich Dir sagen will !

Ein Tag ohne Lachen von Dir ist ein verlorener Tag für mich!

Liebe ist das Einzige was mehr wird, wenn Du es verschwendest. Sei großzügig zu mir!

Pflege Deine kostbaren Fähigkeiten. Ich bin stolz auf Dich!

Achtung und Vertrauen sind die Grundpfeiler der Liebe. Das wünsche ich mir!

Du bist geboren, um Erfolg zu haben. Das begeistert mich an Dir!

Liebe macht rascher gesund als jede Medizin Laß mich Deine Droge sein!

Starke Gefühle bestimmen Deine Lebensqualität. Ich hab viel Gefühl für Dich!

Umgib Dich mit positiv denkenden Menschen. Ich stelle mich zur Verfügung!

Phantasie ist die Fähigkeit, in Bildern zu denken. Ich denke nur an Dich!

Eine Abwandlung der Liebes-Map aus dem Kapitel I love you-Map. Ein schöner Weg, jemandem seine Gefühle mitzuteilen.

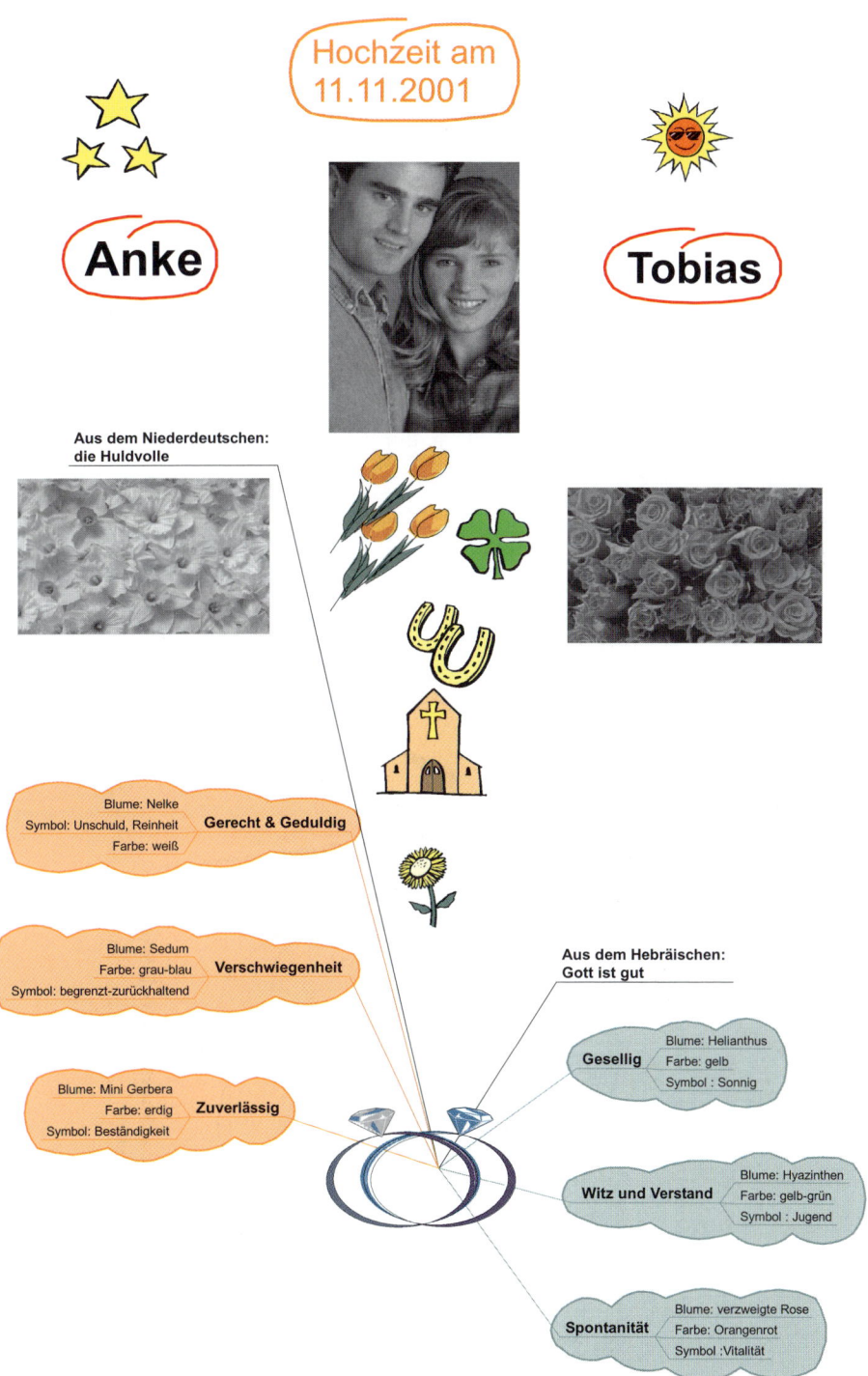

Hochzeit am 11.11.2001

Anke

Tobias

Aus dem Niederdeutschen: die Huldvolle

Blume: Nelke
Symbol: Unschuld, Reinheit
Farbe: weiß
Gerecht & Geduldig

Blume: Sedum
Farbe: grau-blau
Symbol: begrenzt-zurückhaltend
Verschwiegenheit

Blume: Mini Gerbera
Farbe: erdig
Symbol: Beständigkeit
Zuverlässig

Aus dem Hebräischen: Gott ist gut

Gesellig
Blume: Helianthus
Farbe: gelb
Symbol : Sonnig

Witz und Verstand
Blume: Hyazinthen
Farbe: gelb-grün
Symbol : Jugend

Spontanität
Blume: verzweigte Rose
Farbe: Orangenrot
Symbol :Vitalität

Auf viele Arten und Weisen kann die Flower-Map ausgeschmückt werden. Natürlich ist ein Foto des glücklichen Pärchens eine wunderbare Ergänzung.

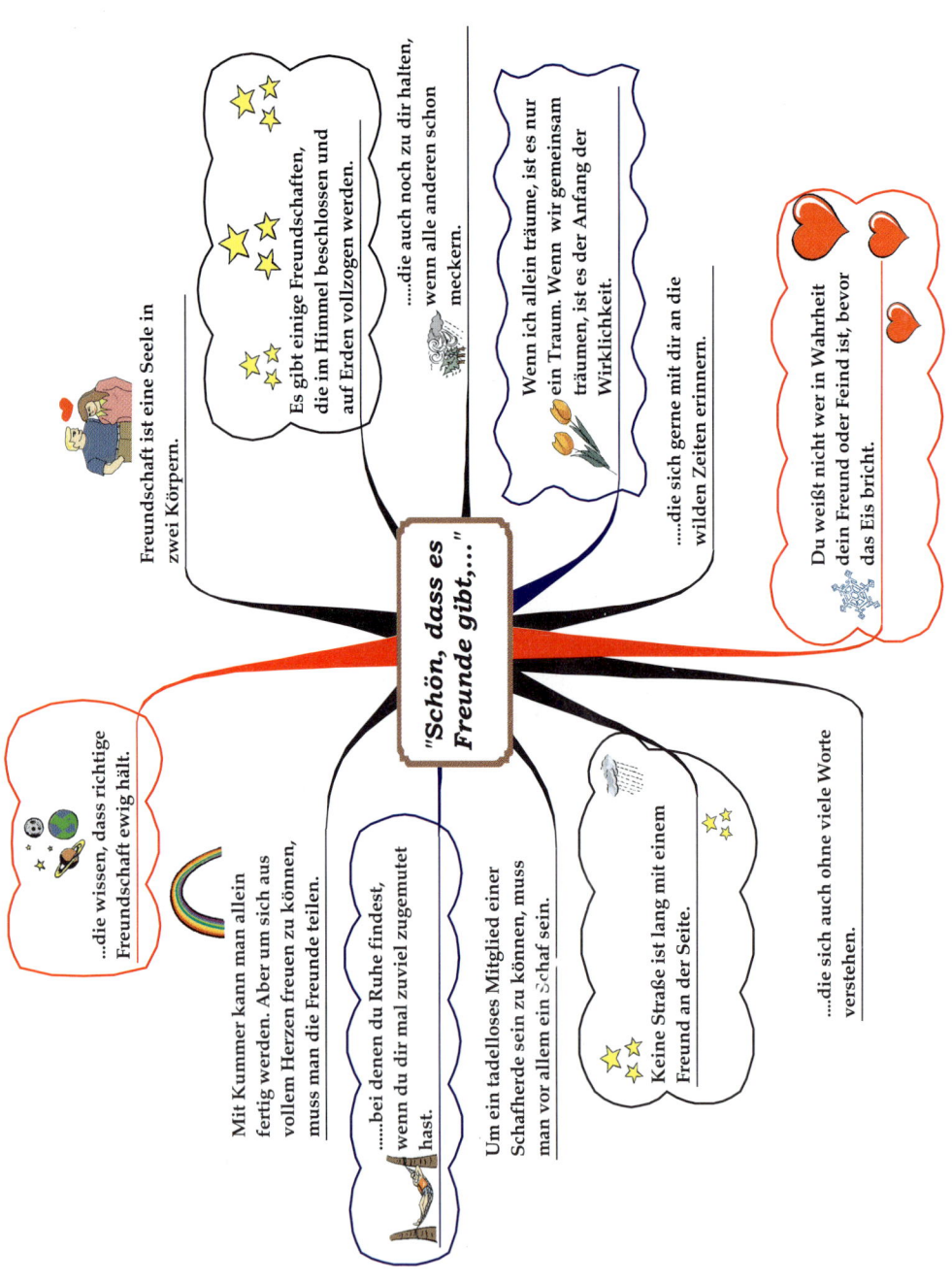

Freundschaft ist eine Seele in zwei Körpern.

Es gibt einige Freundschaften, die im Himmel beschlossen und auf Erden vollzogen werden.

...die auch noch zu dir halten, wenn alle anderen schon meckern.

Wenn ich allein träume, ist es nur ein Traum. Wenn wir gemeinsam träumen, ist es der Anfang der Wirklichkeit.

...die sich gerne mit dir an die wilden Zeiten erinnern.

Du weißt nicht wer in Wahrheit dein Freund oder Feind ist, bevor das Eis bricht.

"Schön, dass es Freunde gibt,..."

...die wissen, dass richtige Freundschaft ewig hält.

Mit Kummer kann man allein fertig werden. Aber um sich aus vollem Herzen freuen zu können, muss man die Freunde teilen.

.....bei denen du dir mal zuviel zugemutet hast.

Um ein tadelloses Mitglied einer Schafherde sein zu können, muss man vor allem ein Schaf sein.

Keine Straße ist lang mit einem Freund an der Seite.

...die sich auch ohne viele Worte verstehen.

Noch eine Freundschafts-Map, die mehr sagt als tausend Worte.

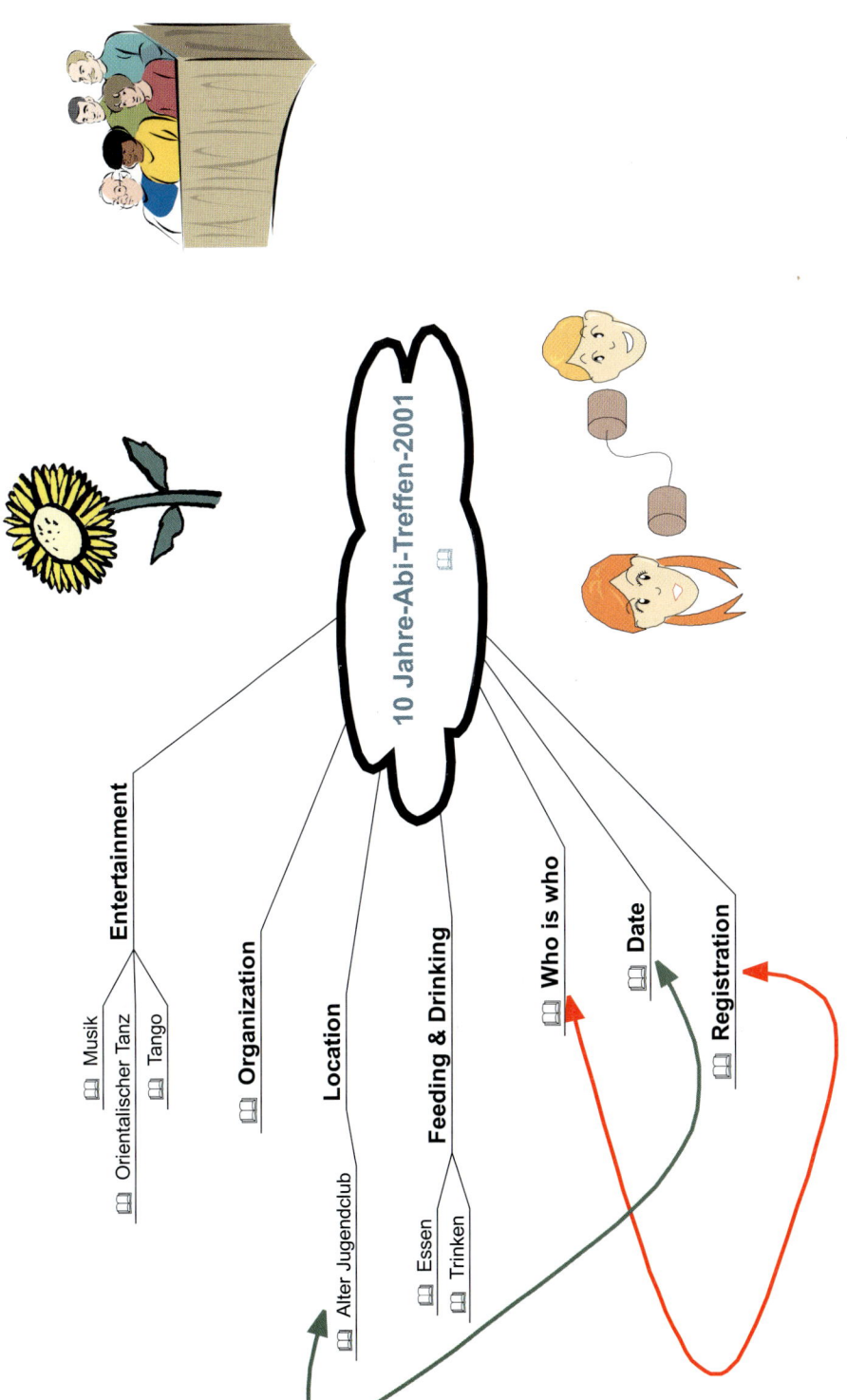

10 Jahre-Abi-Treffen-2001

Entertainment
- Musik
- Orientalischer Tanz
- Tango

Organization

Location
- Alter Jugendclub

Feeding & Drinking
- Essen
- Trinken

Who is who

Date

Registration

Hier ist die ursprüngliche, sehr karge Map aus dem Kapitel Klassentreffen noch um einige Grafiken ergänzt worden.

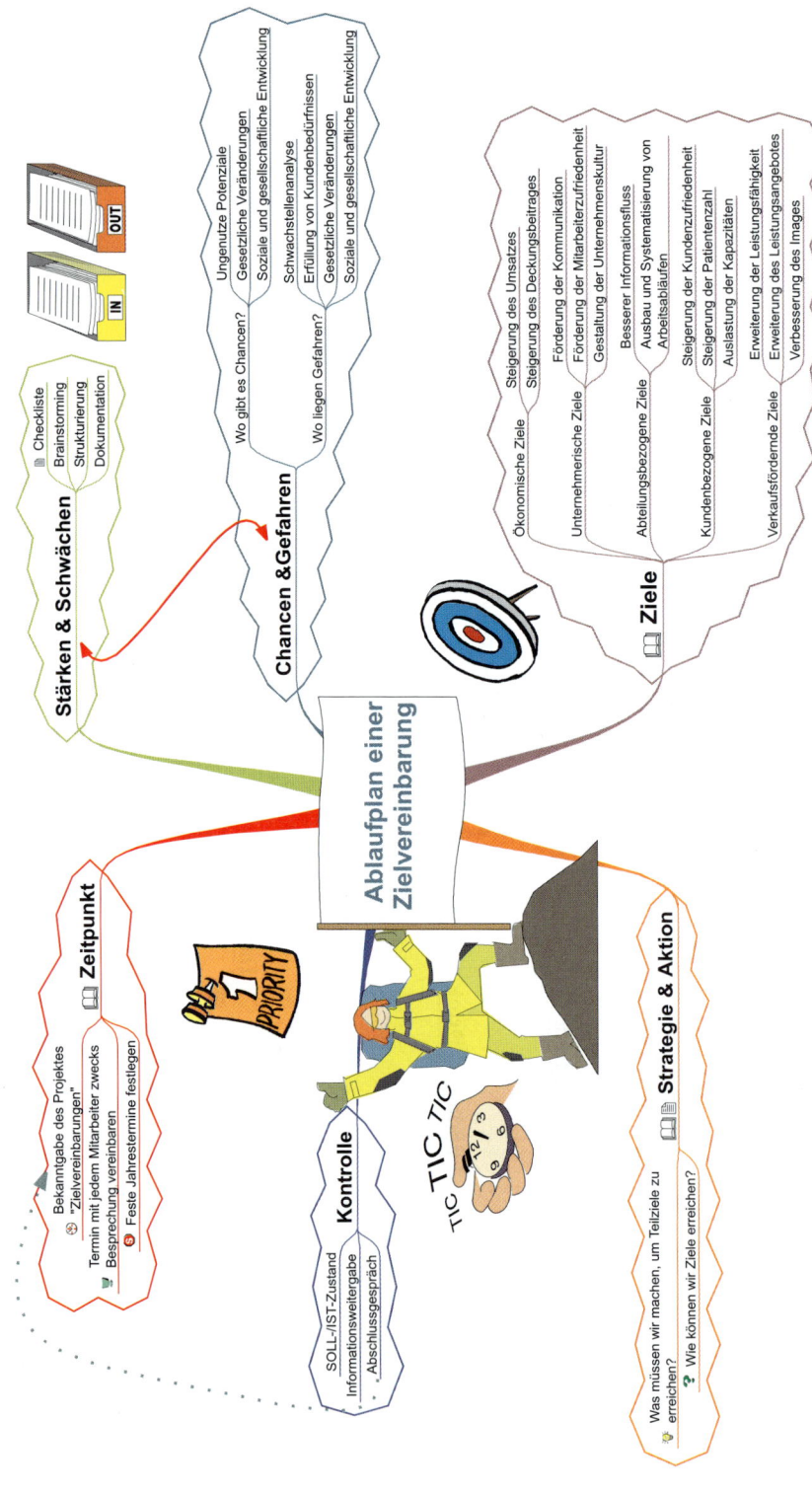

Ablaufplan einer Zielvereinbarung

Stärken & Schwächen
- Checkliste
- Brainstorming
- Strukturierung
- Dokumentation

IN / OUT

Chancen &Gefahren
- Wo gibt es Chancen?
  - Ungenutze Potenziale
  - Gesetzliche Veränderungen
  - Soziale und gesellschaftliche Entwicklung
- Wo liegen Gefahren?
  - Schwachstellenanalyse
  - Erfüllung von Kundenbedürfnissen
  - Gesetzliche Veränderungen
  - Soziale und gesellschaftliche Entwicklung

Ziele
- Ökonomische Ziele
  - Steigerung des Umsatzes
  - Steigerung des Deckungsbeitrages
- Unternehmerische Ziele
  - Förderung der Kommunikation
  - Förderung der Mitarbeiterzufriedenheit
  - Gestaltung der Unternehmenskultur
- Abteilungsbezogene Ziele
  - Besserer Informationsfluss
  - Ausbau und Systematisierung von Arbeitsabläufen
- Kundenbezogene Ziele
  - Steigerung der Kundenzufriedenheit
  - Steigerung der Patientenzahl
  - Auslastung der Kapazitäten
- Verkaufsfördernde Ziele
  - Erweiterung der Leistungsfähigkeit
  - Erweiterung des Leistungsangebotes
  - Verbesserung des Images

Zeitpunkt
- Bekanntgabe des Projektes "Zielvereinbarungen"
- Termin mit jedem Mitarbeiter zwecks Besprechung vereinbaren
- Feste Jahrestermine festlegen

PRIORITY 1

Kontrolle
- SOLL-/IST-Zustand
- Informationsweitergabe
- Abschlussgespräch

Strategie & Aktion
- Was müssen wir machen, um Teilziele zu erreichen?
- Wie können wir Ziele erreichen?

TIC TIC TIC

Ziele zu erreichen, ist gar nicht so schwer, wie man an dieser Map erkennen kann. Nur die Planung muss stimmen.

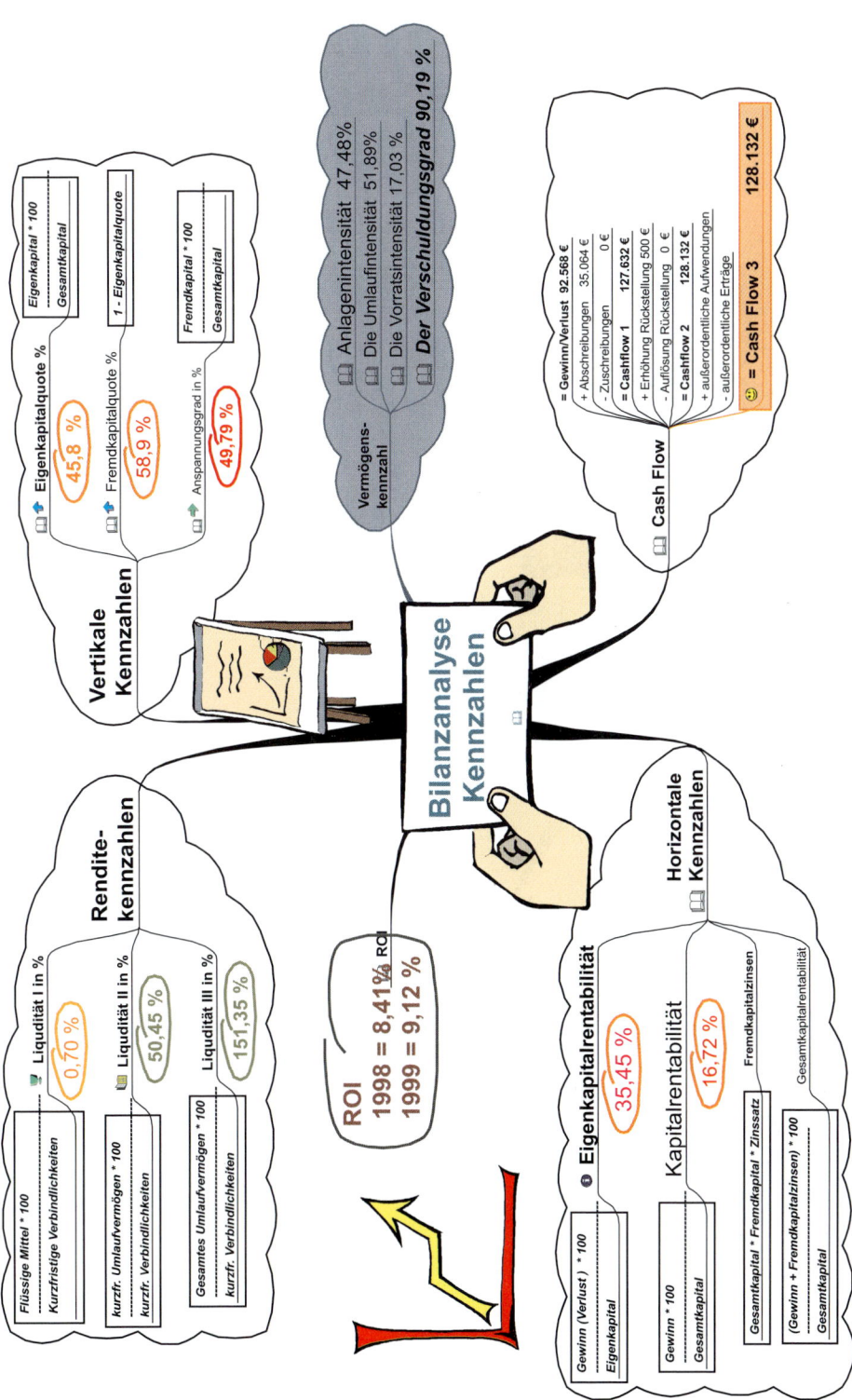

Bilanzanalyse Kennzahlen

Vertikale Kennzahlen

- 🔖⬆️ **Eigenkapitalquote %** — 45,8 % — $\dfrac{Eigenkapital * 100}{Gesamtkapital}$
- 🔖⬅️ Fremdkapitalquote % — 58,9 % — $1 - Eigenkapitalquote$
- 🔖⬆️ Anspannungsgrad in % — 49,79 % — $\dfrac{Fremdkapital * 100}{Gesamtkapital}$

Vermögenskennzahl

- 🔖 Anlagenintensität 47,48%
- 🔖 Die Umlaufintensität 51,89%
- 🔖 Die Vorratsintensität 17,03 %
- 🔖 *Der Verschuldungsgrad 90,19 %*

Cash Flow

= Gewinn/Verlust	92.568 €
+ Abschreibungen	35.064 €
- Zuschreibungen	0 €
= Cashflow 1	**127.632 €**
+ Erhöhung Rückstellung	500 €
- Auflösung Rückstellung	0 €
= Cashflow 2	**128.132 €**
+ außerordentliche Aufwendungen	
- außerordentliche Erträge	
😊 **= Cash Flow 3**	**128.132 €**

Renditekennzahlen

- 🔖 **Liquidität I in %** — 0,70 % — $\dfrac{Flüssige\ Mittel * 100}{Kurzfristige\ Verbindlichkeiten}$
- 🔖 **Liquidität II in %** — 50,45 % — $\dfrac{kurzfr.\ Umlaufvermögen * 100}{kurzfr.\ Verbindlichkeiten}$
- 🔖 Liquidität III in % — 151,35 % — $\dfrac{Gesamtes\ Umlaufvermögen * 100}{kurzfr.\ Verbindlichkeiten}$

ROI
1998 = 8,41 % ROI
1999 = 9,12 %

Horizontale Kennzahlen

- 🔖 **Eigenkapitalrentabilität** — 35,45 % — $\dfrac{Gewinn\ (Verlust) * 100}{Eigenkapital}$
- **Kapitalrentabilität** — 16,72 % — $\dfrac{Gewinn * 100}{Gesamtkapital}$
- Fremdkapitalzinsen — $\dfrac{Gesamtkapital * Fremdkapital * Zinssatz}{}$
- Gesamtkapitalrentabilität — $\dfrac{(Gewinn + Fremdkapitalzinsen) * 100}{Gesamtkapital}$

Auch komplizierte Sachverhalte können mit Mind Mapping übersichtlich gestaltet werden, wie beispielsweise die Bilanzanalyse.

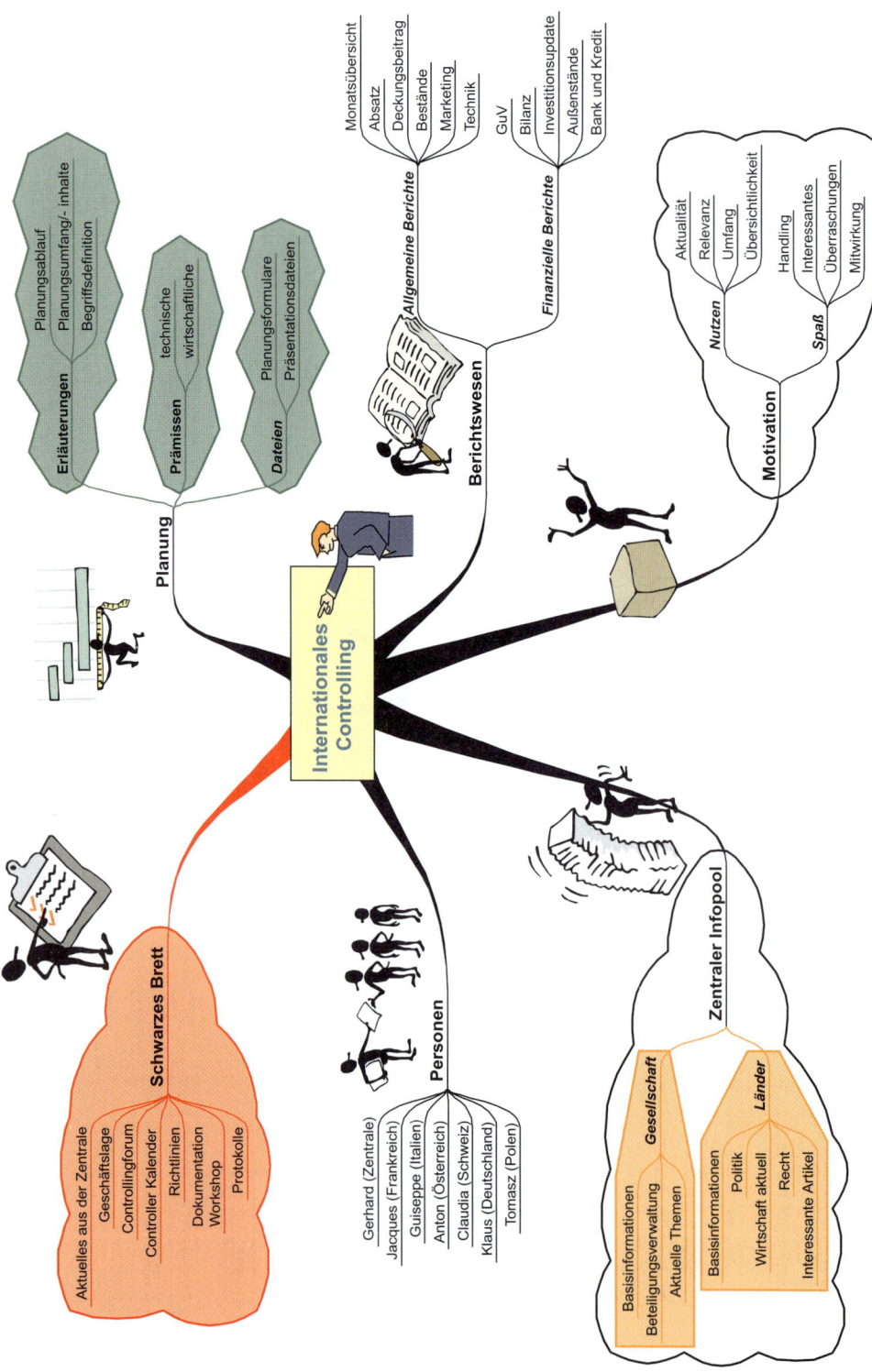

Internationales Controlling

Planung

Erläuterungen
- Planungsablauf
- Planungsumfang/- inhalte
- Begriffsdefinition

Prämissen
- technische
- wirtschaftliche

Dateien
- Planungsformulare
- Präsentationsdateien

Berichtswesen

Allgemeine Berichte
- Monatsübersicht
- Absatz
- Deckungsbeitrag
- Bestände
- Marketing
- Technik

Finanzielle Berichte
- GuV
- Bilanz
- Investitionsupdate
- Außenstände
- Bank und Kredit

Motivation

Nutzen
- Aktualität
- Relevanz
- Umfang
- Übersichtlichkeit

Spaß
- Handling
- Interessantes
- Überraschungen
- Mitwirkung

Schwarzes Brett
- Aktuelles aus der Zentrale
- Geschäftslage
- Controllingforum
- Controller Kalender
- Richtlinien
- Dokumentation
- Workshop
- Protokolle

Personen
- Gerhard (Zentrale)
- Jacques (Frankreich)
- Guiseppe (Italien)
- Anton (Österreich)
- Claudia (Schweiz)
- Klaus (Deutschland)
- Tomasz (Polen)

Zentraler Infopool

Gesellschaft
- Basisinformationen
- Beteiligungsverwaltung
- Aktuelle Themen

Länder
- Basisinformationen
- Politik
- Wirtschaft aktuell
- Recht
- Interessante Artikel

Die Map zum internationalen Controlling wurde hier mit Grafiken ein wenig aufgepeppt.

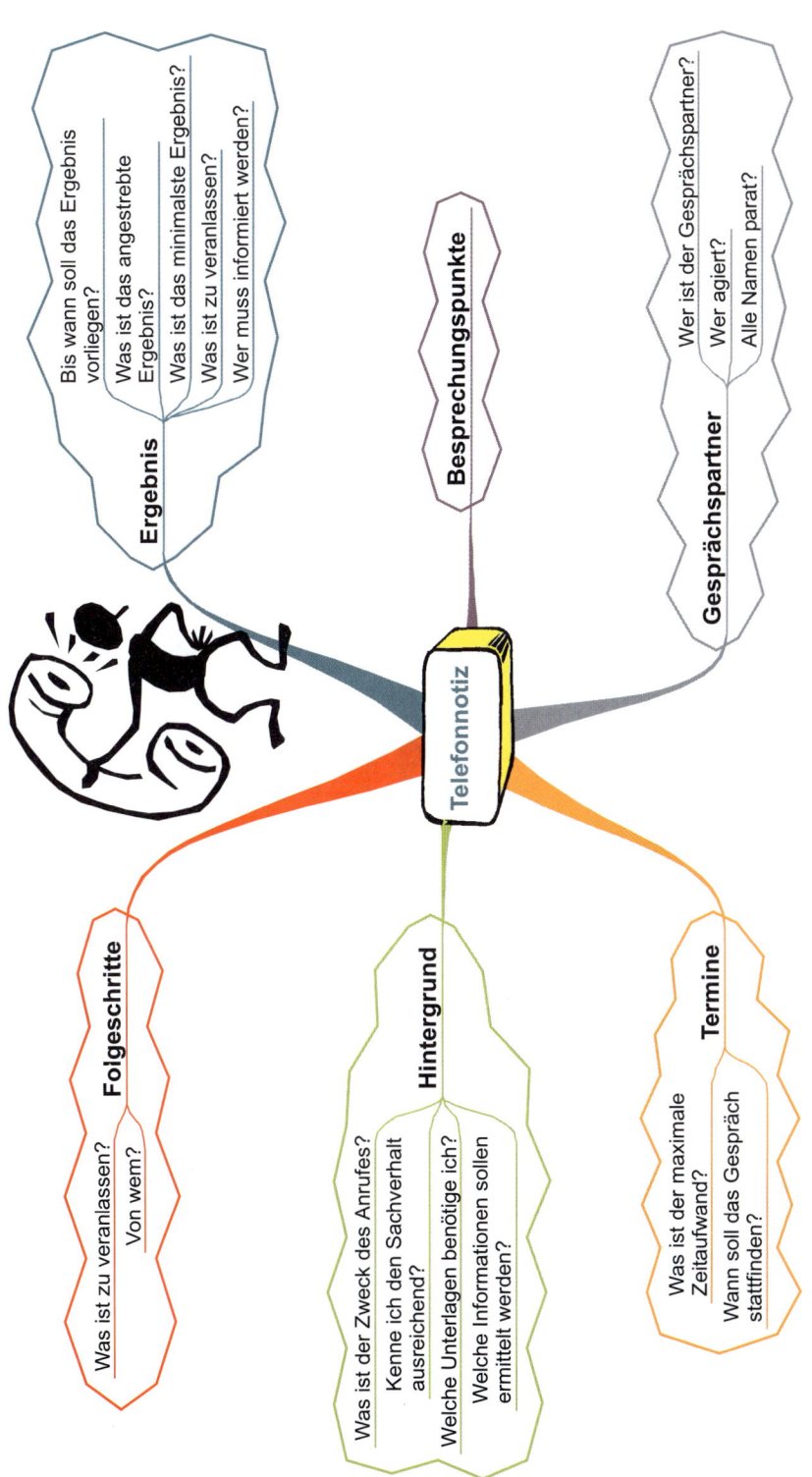

Telefonnotiz

Ergebnis
- Bis wann soll das Ergebnis vorliegen?
- Was ist das angestrebte Ergebnis?
- Was ist das minimalste Ergebnis?
- Was ist zu veranlassen?
- Wer muss informiert werden?

Besprechungspunkte

Gesprächspartner
- Wer ist der Gesprächspartner?
- Wer agiert?
- Alle Namen parat?

Folgeschritte
- Was ist zu veranlassen?
- Von wem?

Hintergrund
- Was ist der Zweck des Anrufes?
- Kenne ich den Sachverhalt ausreichend?
- Welche Unterlagen benötige ich?
- Welche Informationen sollen ermittelt werden?

Termine
- Was ist der maximale Zeitaufwand?
- Wann soll das Gespräch stattfinden?

Mit dieser Map als Telefonnotizvorlage arbeitet man doch lieber als mit einem trockenen Word-Dokument.

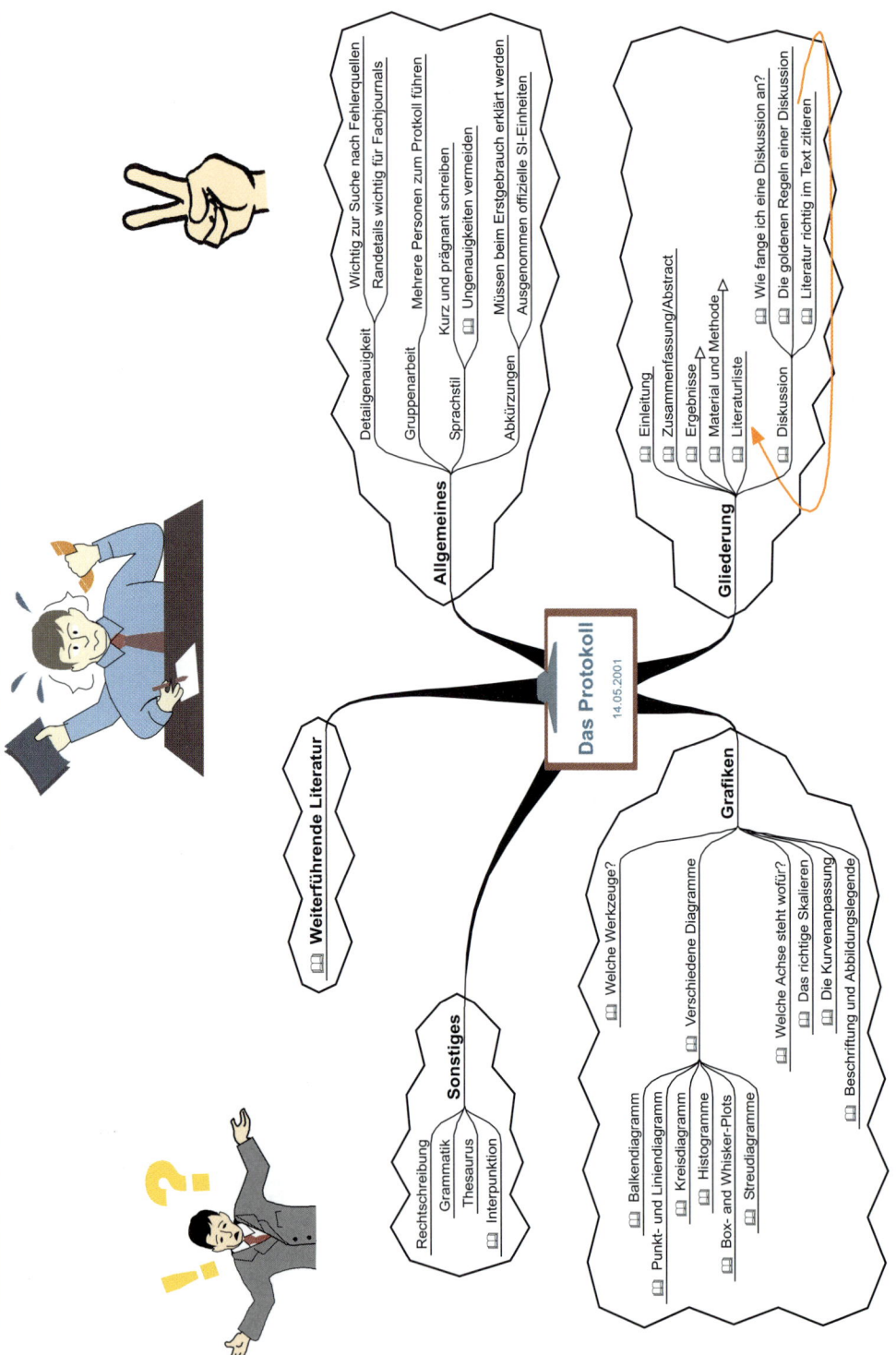

Das Protokoll
14.05.2001

Allgemeines

Detailgenauigkeit — Wichtig zur Suche nach Fehlerquellen
Randetails wichtig für Fachjournals
Gruppenarbeit — Mehrere Personen zum Protokoll führen
Sprachstil — Kurz und prägnant schreiben
Ungenauigkeiten vermeiden
Abkürzungen — Müssen beim Erstgebrauch erklärt werden
Ausgenommen offizielle SI-Einheiten

Gliederung

Einleitung
Zusammenfassung/Abstract
Ergebnisse
Material und Methode
Literaturliste
Diskussion — Wie fange ich eine Diskussion an?
Die goldenen Regeln einer Diskussion
Literatur richtig im Text zitieren

Weiterführende Literatur

Sonstiges

Rechtschreibung
Grammatik
Thesaurus
Interpunktion

Grafiken

Welche Werkzeuge?
Verschiedene Diagramme — Balkendiagramm
Punkt- und Liniendiagramm
Kreisdiagramm
Histogramme
Box- and Whisker-Plots
Streudiagramme
Welche Achse steht wofür?
Das richtige Skalieren
Die Kurvenanpassung
Beschriftung und Abbildungslegende

Eine sachliche Map für ein sachliches Thema. Trotzdem vereinfacht die Map das Erstellen wissenschaftlicher Protokolle.

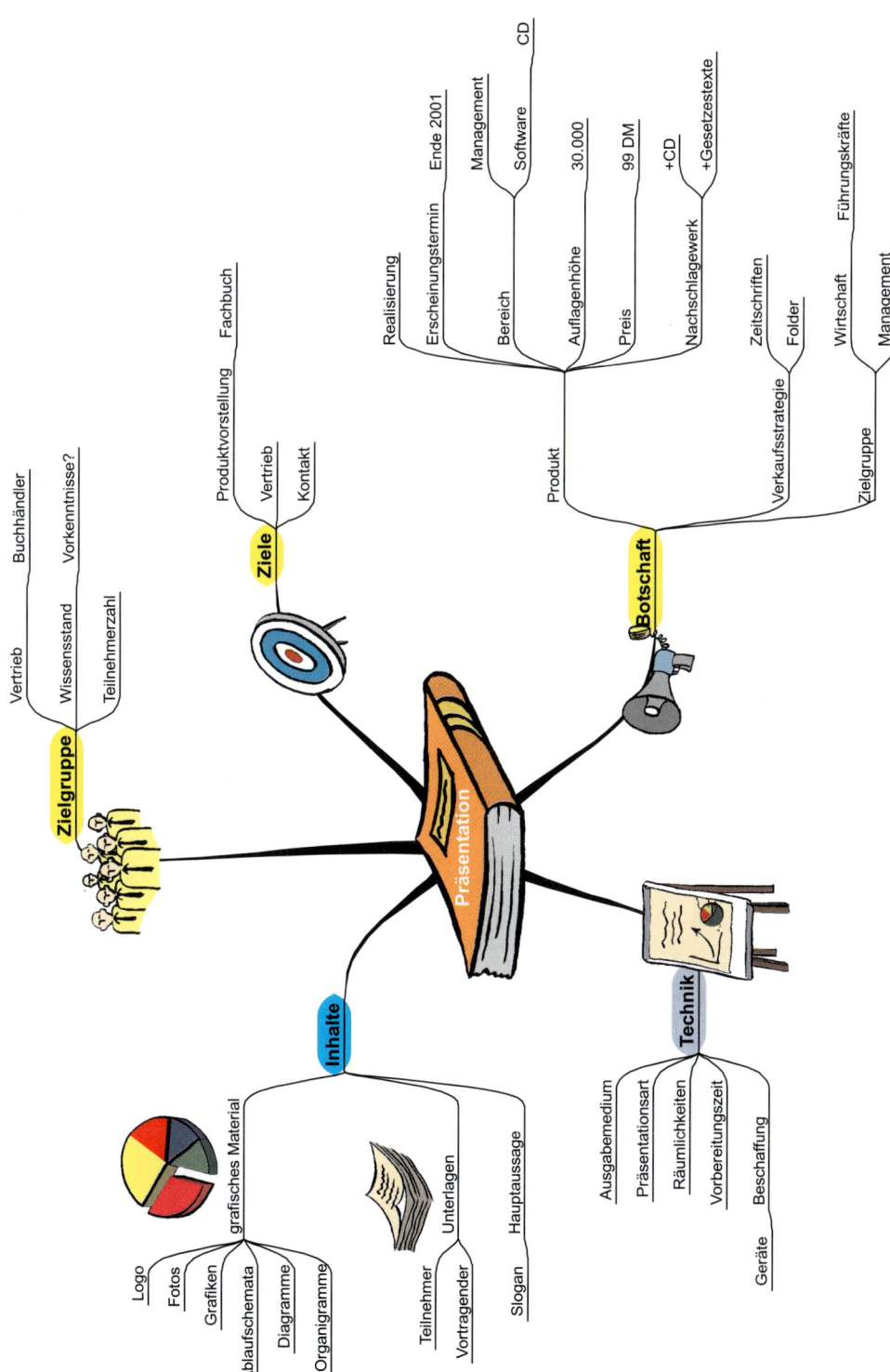

Eine Abwandlung der Präsentationsvorlage als Map.

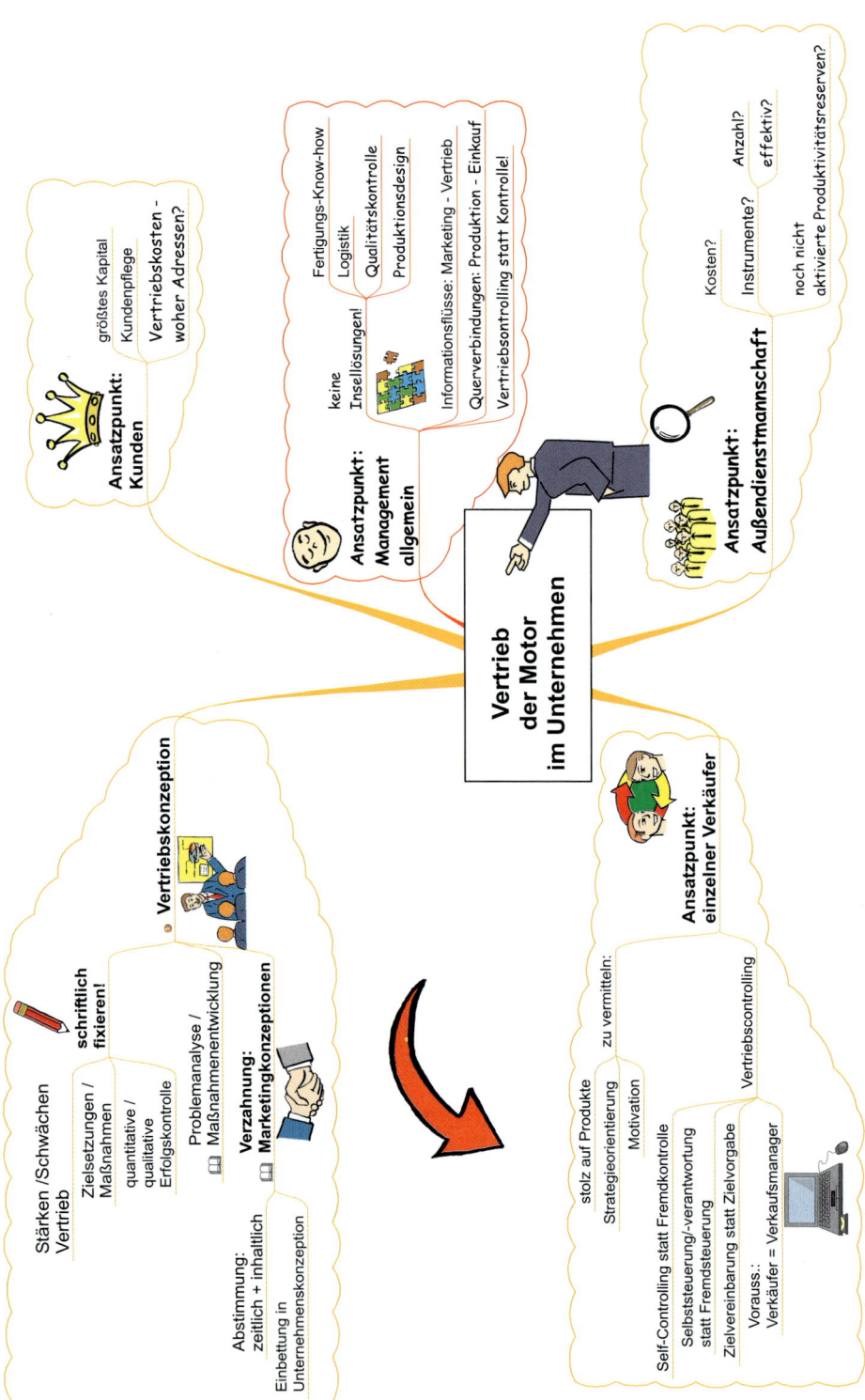

Ansatzpunkt: Kunden
- größtes Kapital
- Kundenpflege
- Vertriebskosten – woher Adressen?

Ansatzpunkt: Management allgemein
- keine Insellösungen!
- Fertigungs-Know-how
- Logistik
- Qualitätskontrolle
- Produktionsdesign
- Informationsflüsse: Marketing – Vertrieb
- Querverbindungen: Produktion – Einkauf
- Vertriebscontrolling statt Kontrolle!

Ansatzpunkt: Außendienstmannschaft
- Kosten?
- Instrumente?
- Anzahl?
- effektiv?
- noch nicht aktivierte Produktivitätsreserven?

Vertrieb der Motor im Unternehmen

Vertriebskonzeption
- Stärken /Schwächen Vertrieb
- **schriftlich fixieren!**
- Zielsetzungen / Maßnahmen
  - quantitative / qualitative Erfolgskontrolle
- Problemanalyse / Maßnahmenentwicklung
- **Verzahnung: Marketingkonzeptionen**
- Abstimmung: zeitlich + inhaltlich
- Einbettung in Unternehmenskonzeption

Ansatzpunkt: einzelner Verkäufer
- zu vermitteln:
  - stolz auf Produkte
  - Strategieorientierung
  - Motivation
- Self-Controlling statt Fremdkontrolle
- Selbststeuerung/-verantwortung statt Fremdsteuerung
- Zielvereinbarung statt Zielvorgabe
- Vertriebscontrolling
- Voraus.: Verkäufer = Verkaufsmanager

Eine Variation der Vertriebskonzeption eines Unternehmens und den sich daraus ergebenden Fragestellungen.

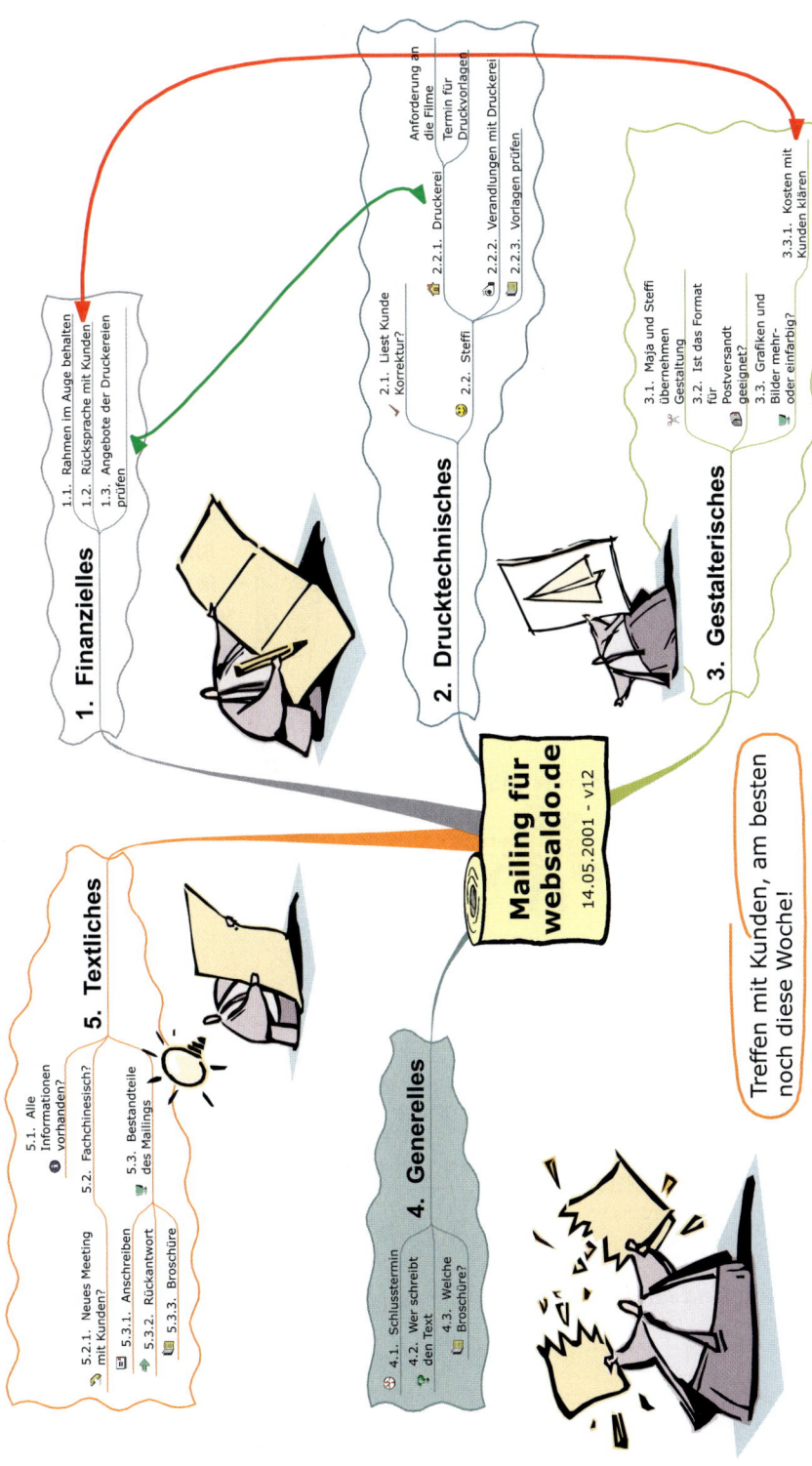

1. Finanzielles
- 1.1. Rahmen im Auge behalten
- 1.2. Rücksprache mit Kunden
- 1.3. Angebote der Druckereien prüfen

2. Drucktechnisches
- 2.1. Liest Kunde Korrektur?
- 2.2. Steffi
  - 2.2.1. Druckerei
    - Anforderung an die Filme
    - Termin für Druckvorlagen
  - 2.2.2. Verandlungen mit Druckerei
  - 2.2.3. Vorlagen prüfen

3. Gestalterisches
- 3.1. Maja und Steffi übernehmen Gestaltung
- 3.2. Ist das Format für Postversandt geeignet?
- 3.3. Grafiken und Bilder mehr- oder einfarbig?
  - 3.3.1. Kosten mit Kunden klären

5. Textliches
- 5.1. Alle Informationen vorhanden?
- 5.2. Fachchinesisch?
  - 5.2.1. Neues Meeting mit Kunden?
- 5.3. Bestandteile des Mailings
  - 5.3.1. Anschreiben
  - 5.3.2. Rückantwort
  - 5.3.3. Broschüre

4. Generelles
- 4.1. Schlusstermin
- 4.2. Wer schreibt den Text
- 4.3. Welche Broschüre?

Mailing für websaldo.de
14.05.2001 - v12

Treffen mit Kunden, am besten noch diese Woche!

Mit Mind Mapping kann man Werbeaktionen noch genauer planen. Eine Variation der Mailing-Map.

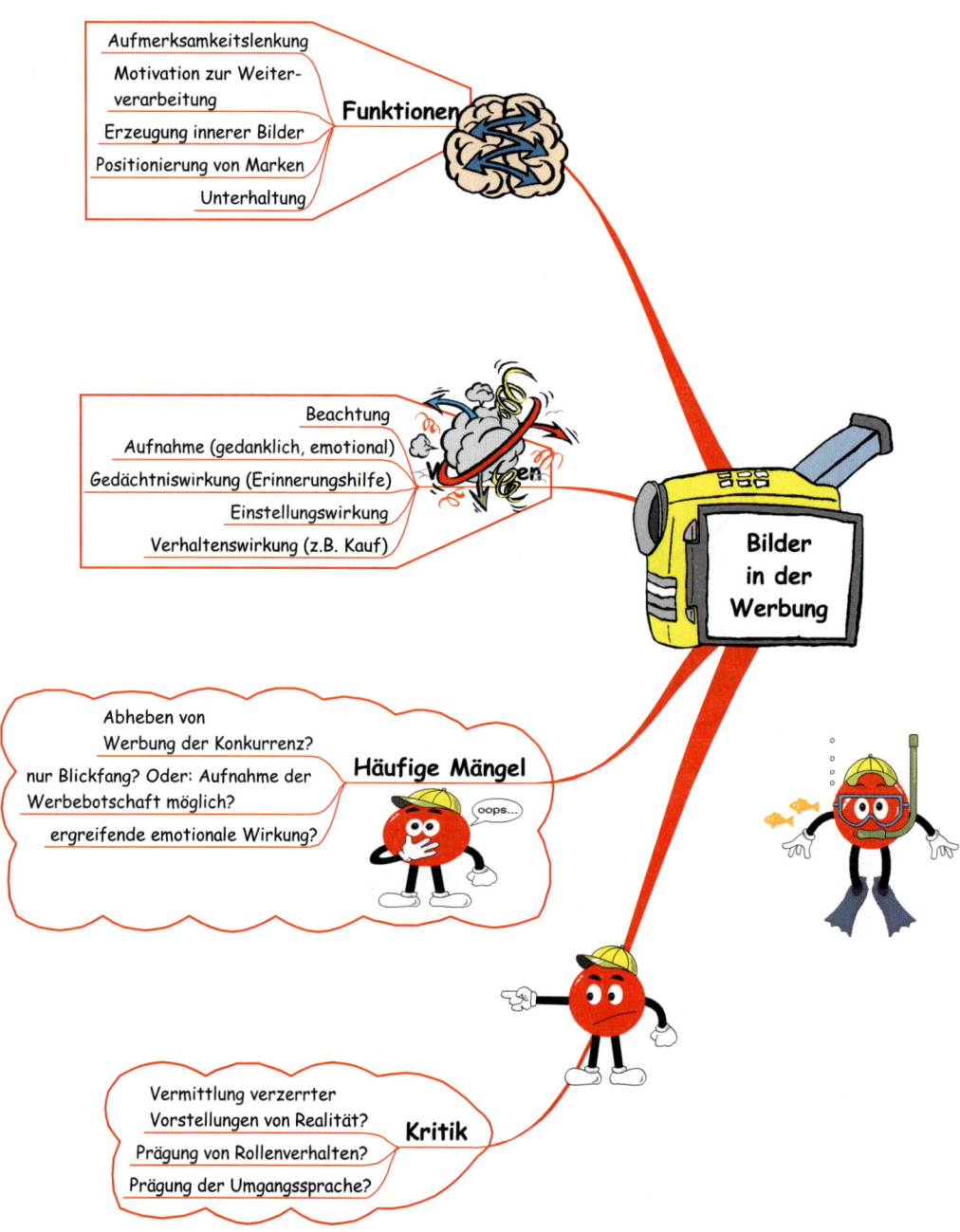

Funktionen
- Aufmerksamkeitslenkung
- Motivation zur Weiter- verarbeitung
- Erzeugung innerer Bilder
- Positionierung von Marken
- Unterhaltung

Wirkungen
- Beachtung
- Aufnahme (gedanklich, emotional)
- Gedächtniswirkung (Erinnerungshilfe)
- Einstellungswirkung
- Verhaltenswirkung (z.B. Kauf)

Bilder in der Werbung

Häufige Mängel
- Abheben von Werbung der Konkurrenz?
- nur Blickfang? Oder: Aufnahme der Werbebotschaft möglich?
- ergreifende emotionale Wirkung?

oops...

Kritik
- Vermittlung verzerrter Vorstellungen von Realität?
- Prägung von Rollenverhalten?
- Prägung der Umgangssprache?

Bilder in der Werbung sind ein interessantes Thema, wie man an dieser Map unschwer erkennen kann.

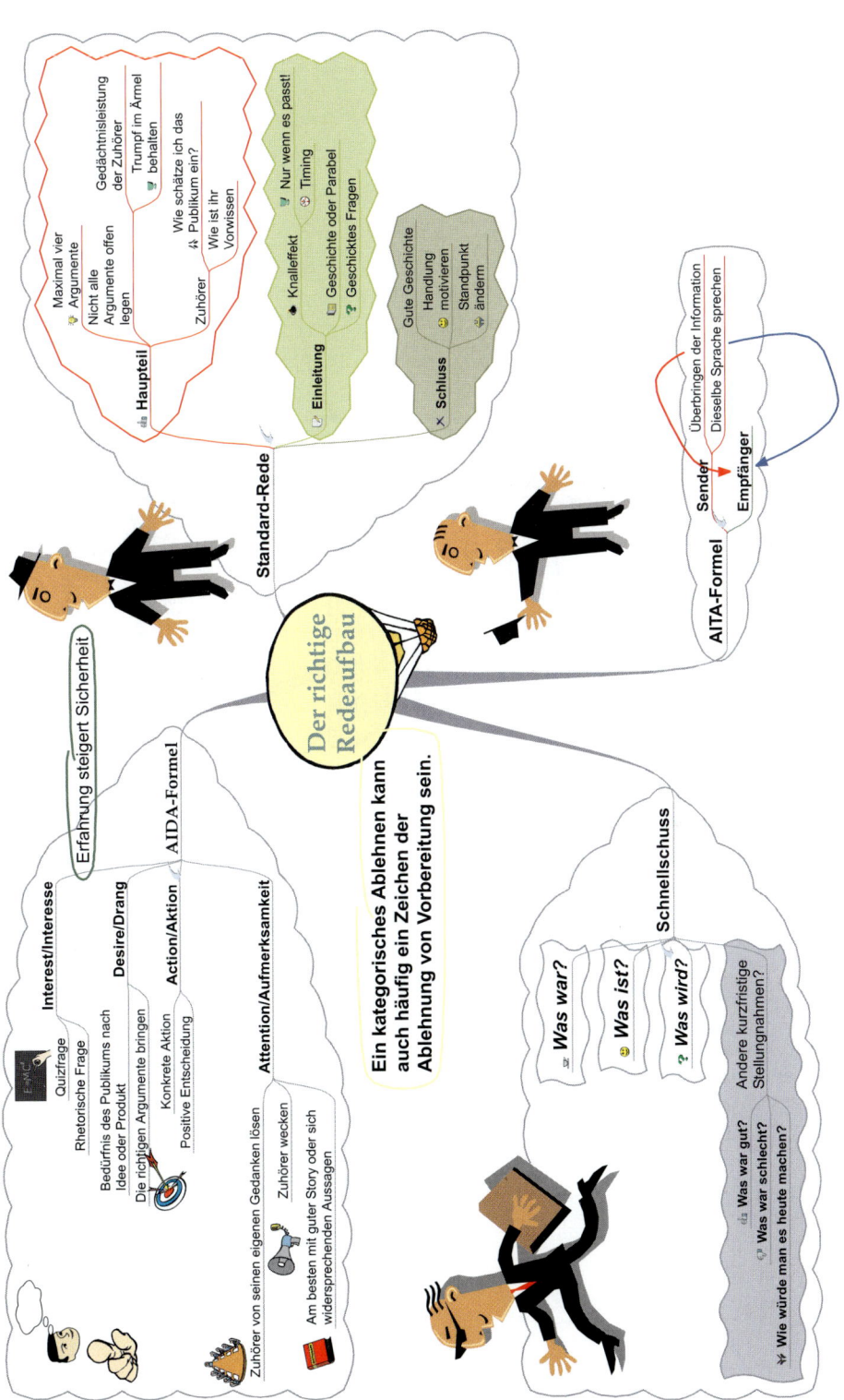

Der richtige Redeaufbau

Standard-Rede

Hauptteil
- Maximal vier Argumente
- Nicht alle Argumente offen legen
- Gedächtnisleistung der Zuhörer
- Trumpf im Ärmel behalten
- Zuhörer
  - Wie schätze ich das Publikum ein?
  - Wie ist ihr Vorwissen

Einleitung
- Knalleffekt
- Nur wenn es passt!
- Timing
- Geschichte oder Parabel
- Geschicktes Fragen

Schluss
- Gute Geschichte
- Handlung motivieren
- Standpunkt ändern

AITA-Formel
- Sender
- Empfänger
  - Überbringen der Information
  - Dieselbe Sprache sprechen

Erfahrung steigert Sicherheit

AIDA-Formel

Interest/Interesse
- Quizfrage
- Rhetorische Frage
- Bedürfnis des Publikums nach Idee oder Produkt

Desire/Drang
- Die richtigen Argumente bringen

Action/Aktion
- Konkrete Aktion
- Positive Entscheidung

Attention/Aufmerksamkeit
- Zuhörer von seinen eigenen Gedanken lösen
- Zuhörer wecken
- Am besten mit guter Story oder sich widersprechenden Aussagen

Ein kategorisches Ablehnen kann auch häufig ein Zeichen der Ablehnung von Vorbereitung sein.

Schnellschuss
- Was war?
- Was ist?
- Was wird?
- Was war gut?
- Was war schlecht?
- Wie würde man es heute machen?
- Andere kurzfristige Stellungnahmen?

So ist die nächste Rede kein Problem mehr. Übersichtlich sind hier die verschiedenen Redeaufbauten dargestellt und erläutert.

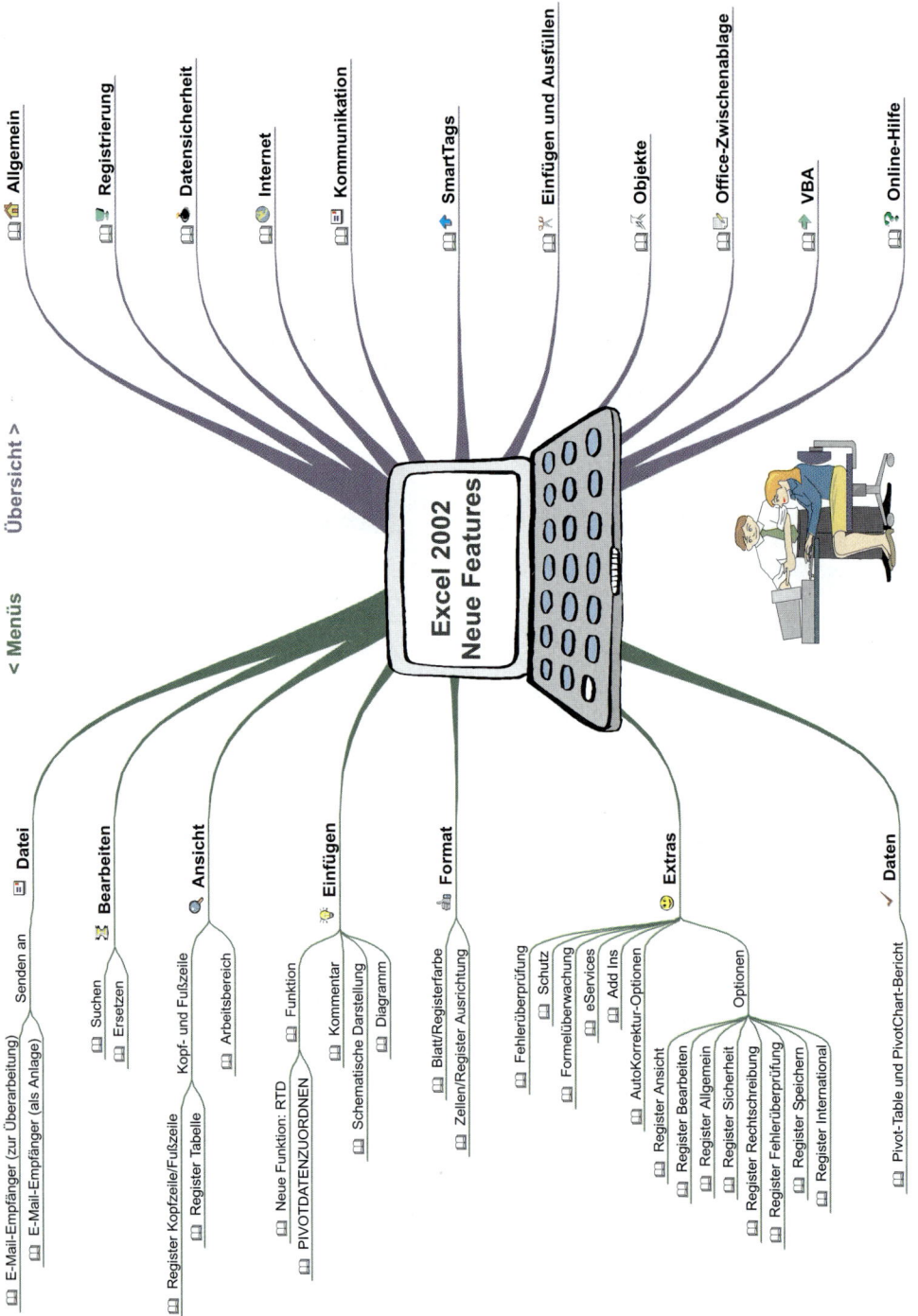

< Menüs   Übersicht >

Datei
- E-Mail-Empfänger (zur Überarbeitung)
- Senden an
- E-Mail-Empfänger (als Anlage)

Bearbeiten
- Suchen
- Ersetzen

Ansicht
- Kopf- und Fußzeile
- Register Kopfzeile/Fußzeile
- Register Tabelle
- Arbeitsbereich

Einfügen
- Funktion
- Neue Funktion: RTD
- PIVOTDATENZUORDNEN
- Kommentar
- Schematische Darstellung
- Diagramm

Format
- Blatt/Registerfarbe
- Zellen/Register Ausrichtung

Extras
- Fehlerüberprüfung
- Schutz
- Formelüberwachung
- eServices
- Add Ins
- AutoKorrektur-Optionen
- Optionen
  - Register Ansicht
  - Register Bearbeiten
  - Register Allgemein
  - Register Sicherheit
  - Register Rechtschreibung
  - Register Fehlerüberprüfung
  - Register Speichern
  - Register International

Daten
- Pivot-Table und PivotChart-Bericht

Excel 2002 Neue Features

- **Allgemein**
- **Registrierung**
- **Datensicherheit**
- **Internet**
- **Kommunikation**
- **SmartTags**
- **Einfügen und Ausfüllen**
- **Objekte**
- **Office-Zwischenablage**
- **VBA**
- **Online-Hilfe**

Das neue Excel. Mit dieser Map hat man schnell den Überblick über alle Neuigkeiten im Programm.

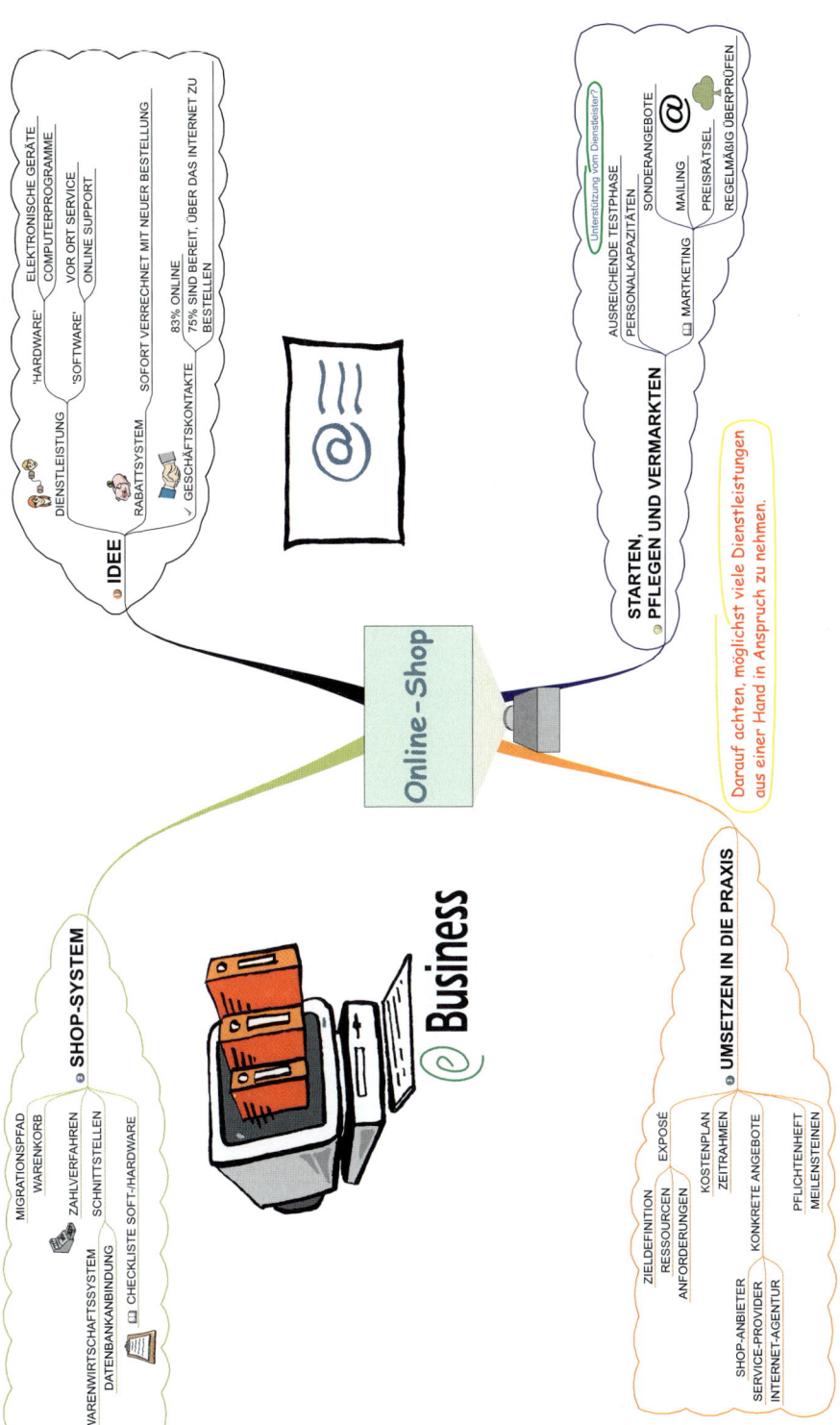

Online-Shop

IDEE

DIENSTLEISTUNG
- 'HARDWARE'
  - ELEKTRONISCHE GERÄTE
  - COMPUTERPROGRAMME
- 'SOFTWARE'
  - VOR ORT SERVICE
  - ONLINE SUPPORT

RABATTSYSTEM — SOFORT VERRECHNET MIT NEUER BESTELLUNG

GESCHÄFTSKONTAKTE
- 83% ONLINE
- 75% SIND BEREIT, ÜBER DAS INTERNET ZU BESTELLEN

STARTEN, PFLEGEN UND VERMARKTEN

AUSREICHENDE TESTPHASE
PERSONALKAPAZITÄTEN — Unterstützung vom Dienstleister?

MARTKETING
- SONDERANGEBOTE
- MAILING
- PREISRÄTSEL
- REGELMÄSSIG ÜBERPRÜFEN

Darauf achten, möglichst viele Dienstleistungen aus einer Hand in Anspruch zu nehmen.

Business

SHOP-SYSTEM

- MIGRATIONSPFAD
- WARENKORB
- ZAHLVERFAHREN
- SCHNITTSTELLEN
- WARENWIRTSCHAFTSSYSTEM
- DATENBANKANBINDUNG
- CHECKLISTE SOFT-/HARDWARE

UMSETZEN IN DIE PRAXIS

- ZIELDEFINITION
- RESSOURCEN
- ANFORDERUNGEN
- EXPOSÉ
- KOSTENPLAN
- ZEITRAHMEN
- KONKRETE ANGEBOTE
  - SHOP-ANBIETER
  - SERVICE-PROVIDER
  - INTERNET-AGENTUR
- PFLICHTENHEFT
- MEILENSTEINEN

Na, Lust auf einen eigenen Online-Shop bekommen? Mit dieser Map-Vorlage haben sie eine gute Grundlage.

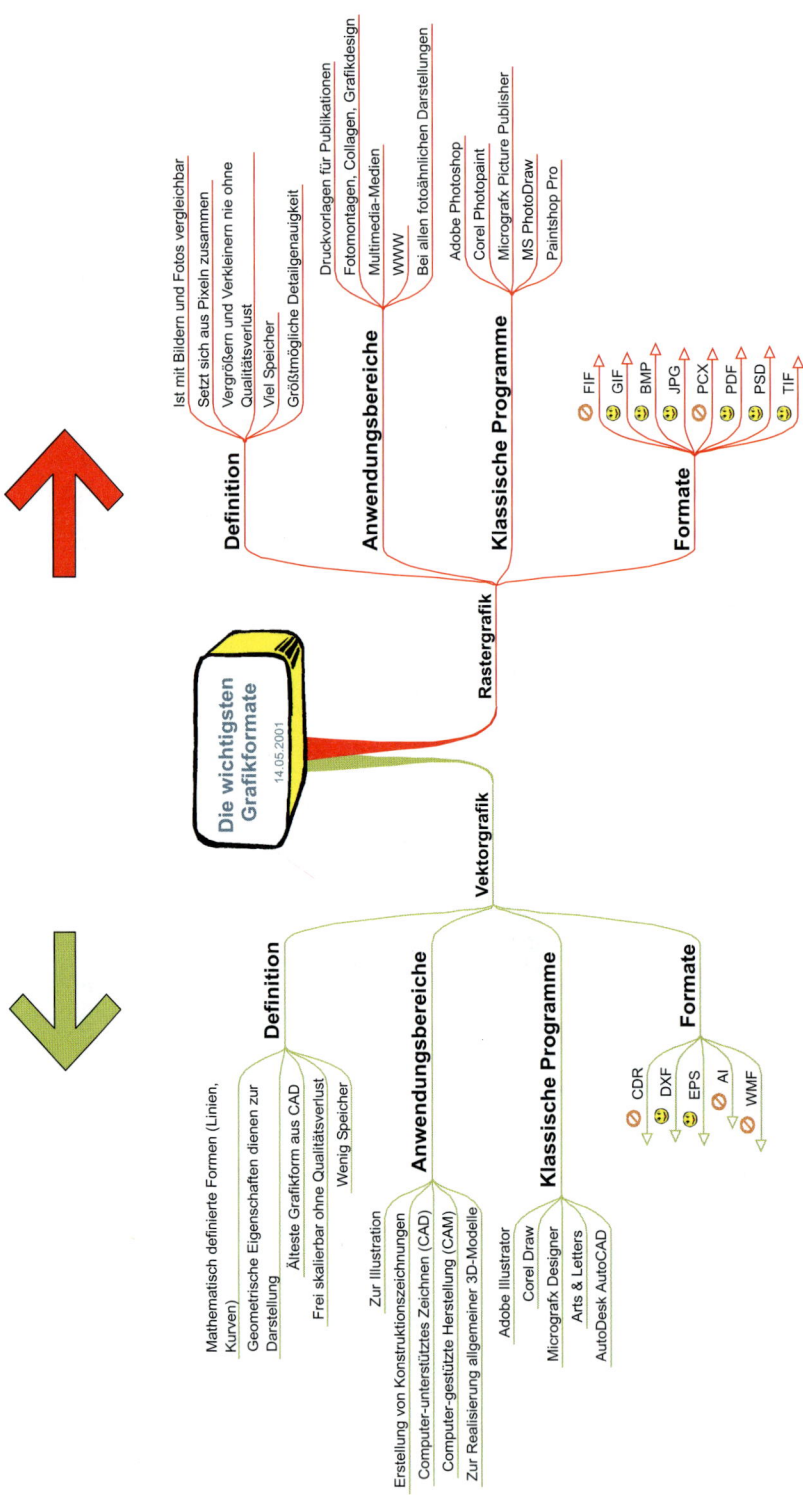

Die wichtigsten Grafikformate

14.05.2001

Rastergrafik

Definition
- Ist mit Bildern und Fotos vergleichbar
- Setzt sich aus Pixeln zusammen
- Vergrößern und Verkleinern nie ohne Qualitätsverlust
- Viel Speicher
- Größtmögliche Detailgenauigkeit

Anwendungsbereiche
- Druckvorlagen für Publikationen
- Fotomontagen, Collagen, Grafikdesign
- Multimedia-Medien
- WWW
- Bei allen fotoähnlichen Darstellungen

Klassische Programme
- Adobe Photoshop
- Corel Photopaint
- Micrografx Picture Publisher
- MS PhotoDraw
- Paintshop Pro

Formate
- FIF
- GIF
- BMP
- JPG
- PCX
- PDF
- PSD
- TIF

Vektorgrafik

Definition
- Mathematisch definierte Formen (Linien, Kurven)
- Geometrische Eigenschaften dienen zur Darstellung
- Älteste Grafikform aus CAD
- Frei skalierbar ohne Qualitätsverlust
- Wenig Speicher

Anwendungsbereiche
- Zur Illustration
- Erstellung von Konstruktionszeichnungen
- Computer-unterstütztes Zeichnen (CAD)
- Computer-gestützte Herstellung (CAM)
- Zur Realisierung allgemeiner 3D-Modelle

Klassische Programme
- Adobe Illustrator
- Corel Draw
- Micrografx Designer
- Arts & Letters
- AutoDesk AutoCAD

Formate
- CDR
- DXF
- EPS
- AI
- WMF

So ist das Abspeichern von Grafiken und Bildern kein russisches Roulette mehr. Die Map liefert eine kompakte Übersicht.

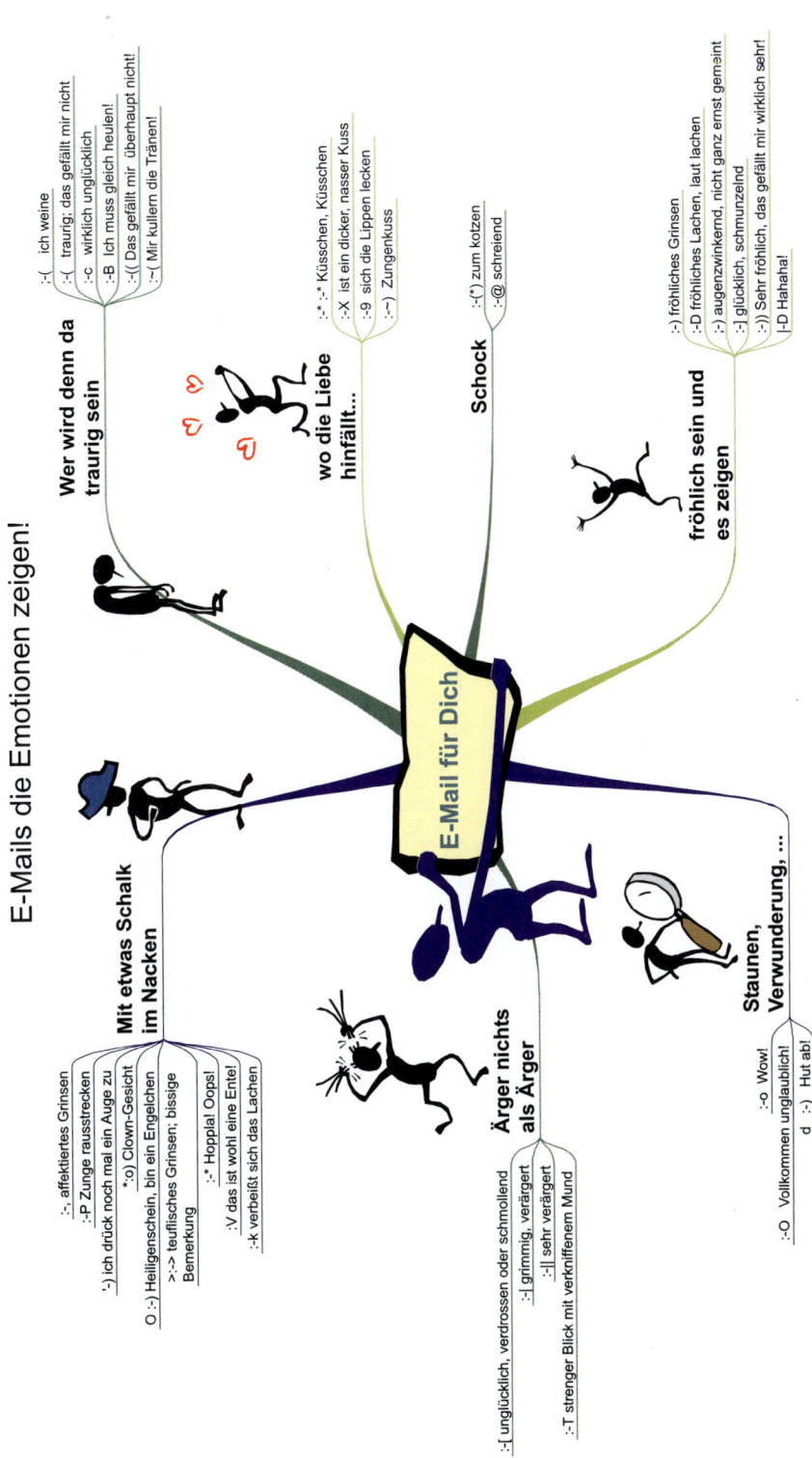

E-Mails die Emotionen zeigen!

E-Mail für Dich

Wer wird denn da traurig sein
- :-(ich weine
- :-(traurig; das gefällt mir nicht
- :-o wirklich unglücklich
- :-B Ich muss gleich heulen!
- :-((Das gefällt mir überhaupt nicht!
- :~(Mir kullern die Tränen!

wo die Liebe hinfällt...
- :-* :-* Küsschen, Küsschen
- :-X ist ein dicker, nasser Kuss
- :-9 sich die Lippen lecken
- :-» Zungenkuss

Schock
- :-(*) zum kotzen
- :-@ schreiend

fröhlich sein und es zeigen
- :-) fröhliches Grinsen
- :-D fröhliches Lachen, laut lachen
- :-) augenzwinkernd, nicht ganz ernst gemeint
- :-| glücklich, schmunzelnd
- :-)) Sehr fröhlich, das gefällt mir wirklich sehr!
- !-D Hahaha!

Mit etwas Schalk im Nacken
- :. affektiertes Grinsen
- :-P Zunge rausstrecken
- *-) ich drück noch mal ein Auge zu
- *:o) Clown-Gesicht
- O :-) Heiligenschein, bin ein Engelchen
- >:-> teuflisches Grinsen; bissige Bemerkung
- :-* Hoppla! Oops!
- :V das ist wohl eine Ente!
- :k verbeißt sich das Lachen

Ärger nichts als Ärger
- :-| unglücklich, verdrossen oder schmollend
- :-| grimmig, verärgert
- :-|| sehr verärgert
- :-T strenger Blick mit verkniffenem Mund

Staunen, Verwunderung, ...
- :-o Wow!
- :-O Vollkommen unglaublich!
- d :-) Hut ab!

Ein Lächeln kann man mit den Smileys auf jedes Gesicht zaubern. Versuchen Sie es doch mal.

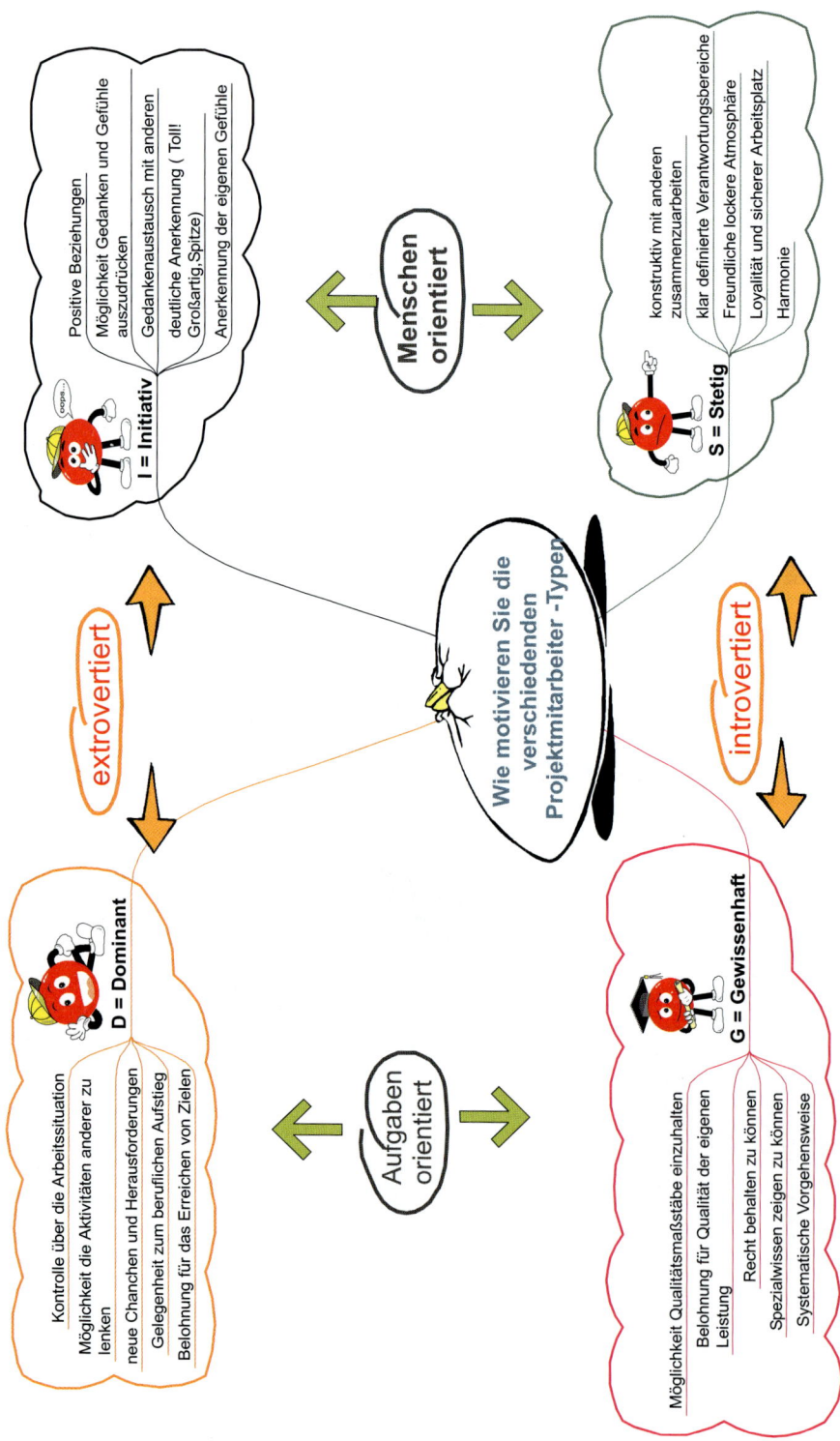

Eine Abwandlung der Map für Persönlichkeitstypen. Das Thema bietet unbegrenzte Möglichkeiten.

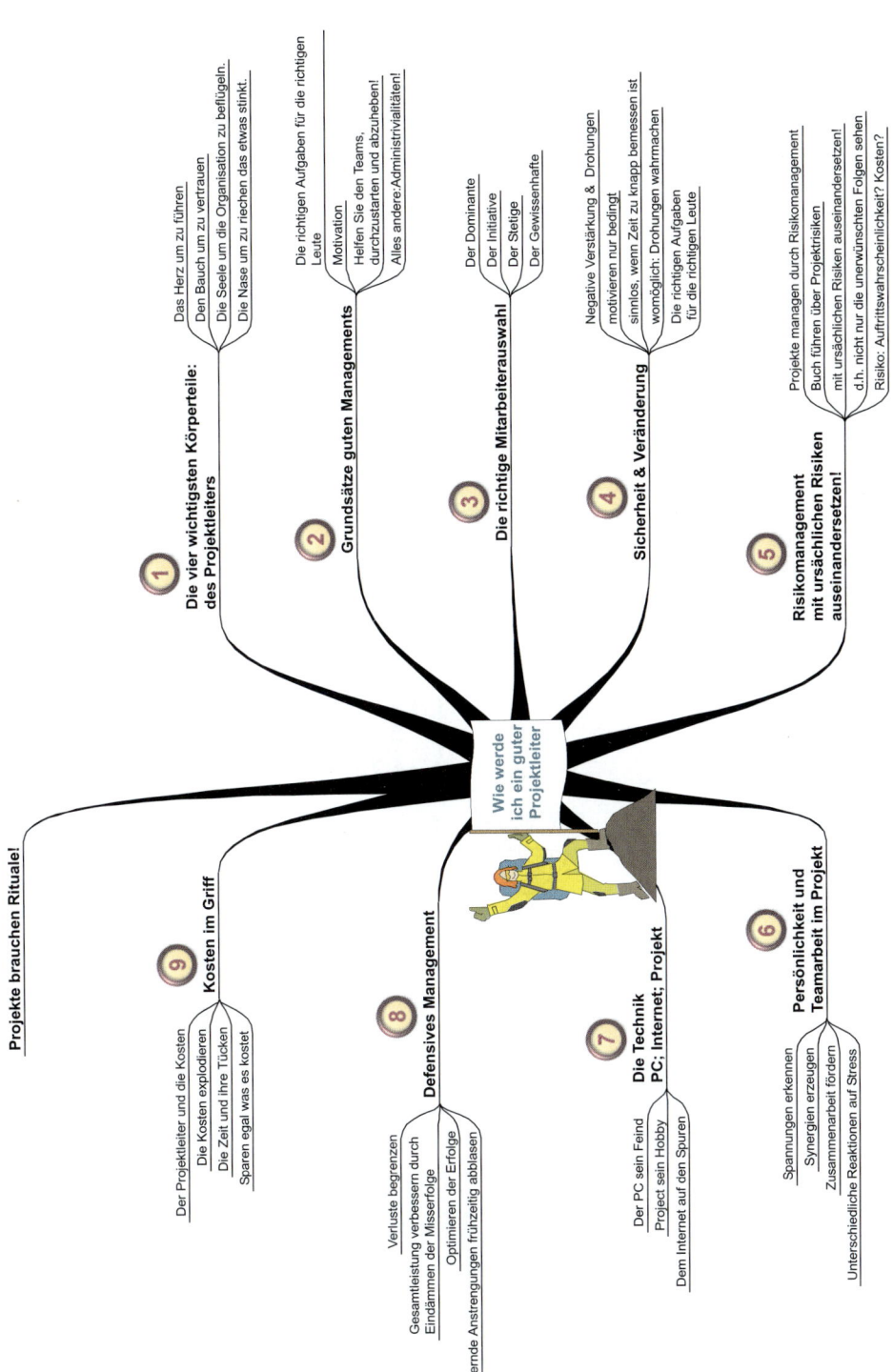

Die vier wichtigsten Körperteile: des Projektleiters
- Das Herz um zu führen
- Den Bauch um zu vertrauen
- Die Seele um die Organisation zu beflügeln.
- Die Nase um zu riechen das etwas stinkt.

Grundsätze guten Managements
- Die richtigen Aufgaben für die richtigen Leute
- Motivation
- Helfen Sie den Teams, durchzustarten und abzuheben!
- Alles andere: Administrivialitäten!

Die richtige Mitarbeiterauswahl
- Der Dominante
- Der Initiative
- Der Steige
- Der Gewissenhafte

Sicherheit & Veränderung
- Negative Verstärkung & Drohungen motivieren nur bedingt
- sinnlos, wenn Zeit zu knapp bemessen ist
- womöglich: Drohungen wahrmachen
- Die richtigen Aufgaben für die richtigen Leute

Risikomanagement mit ursächlichen Risiken auseinandersetzen!
- Projekte managen durch Risikomanagement
- Buch führen über Projektrisiken
- mit ursächlichen Risiken auseinandersetzen!
- d.h. nicht nur die unerwünschten Folgen sehen
- Risiko: Auftrittswahrscheinlichkeit? Kosten?

1
2
3
4
5

Wie werde ich ein guter Projektleiter

6
7
8
9

Persönlichkeit und Teamarbeit im Projekt
- Spannungen erkennen
- Synergien erzeugen
- Zusammenarbeit fördern
- Unterschiedliche Reaktionen auf Stress

Die Technik PC; Internet; Projekt
- Der PC sein Feind
- Project sein Hobby
- Dem Internet auf den Spuren

Defensives Management
- Verluste begrenzen
- Gesamtleistung verbessern durch Eindämmen der Misserfolge
- Optimieren der Erfolge
- scheiternde Anstrengungen frühzeitig abblasen

Kosten im Griff
- Der Projektleiter und die Kosten
- Die Kosten explodieren
- Die Zeit und ihre Tücken
- Sparen egal was es kostet

Projekte brauchen Rituale!

Wie man ein guter Projektleiter wird, ist in dieser Map anschaulich dargestellt. Da steht dem Erfolg nichts mehr im Weg.

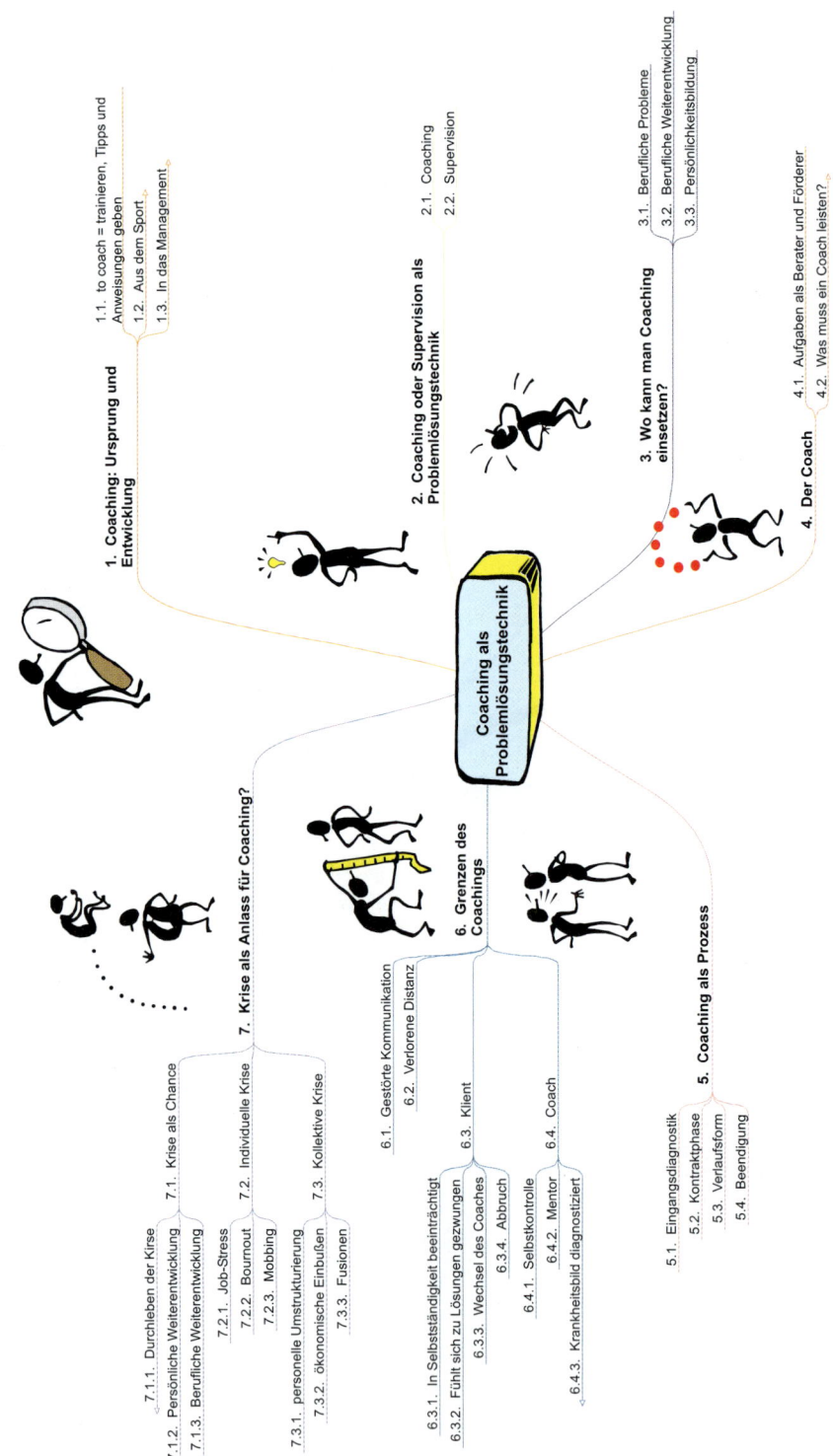

Coaching als Problemlösungstechnik

1. Coaching: Ursprung und Entwicklung
1.1. to coach = trainieren, Tipps und Anweisungen geben
1.2. Aus dem Sport
1.3. In das Management

2. Coaching oder Supervision als Problemlösungstechnik
2.1. Coaching
2.2. Supervision

3. Wo kann man Coaching einsetzen?
3.1. Berufliche Probleme
3.2. Berufliche Weiterentwicklung
3.3. Persönlichkeitsbildung

4. Der Coach
4.1. Aufgaben als Berater und Förderer
4.2. Was muss ein Coach leisten?

5. Coaching als Prozess
5.1. Eingangsdiagnostik
5.2. Kontraktphase
5.3. Verlaufsform
5.4. Beendigung

6. Grenzen des Coachings
6.1. Gestörte Kommunikation
6.2. Verlorene Distanz
6.3. Klient
  6.3.1. In Selbstständigkeit beeinträchtigt
  6.3.2. Führt sich zu Lösungen gezwungen
  6.3.3. Wechsel des Coaches
  6.3.4. Abbruch
6.4. Coach
  6.4.1. Selbstkontrolle
  6.4.2. Mentor
  6.4.3. Krankheitsbild diagnostiziert

7. Krise als Anlass für Coaching?
7.1. Krise als Chance
  7.1.1. Durchleben der Kirse
  7.1.2. Persönliche Weiterentwicklung
  7.1.3. Berufliche Weiterentwicklung
7.2. Individuelle Krise
  7.2.1. Job-Stress
  7.2.2. Bournout
  7.2.3. Mobbing
7.3. Kollektive Krise
  7.3.1. personelle Umstrukturierung
  7.3.2. ökonomische Einbußen
  7.3.3. Fusionen

Coaching ist ein erfolgversprechendes Führungsinstrument. Mithilfe von Mind Mapping ist ein schneller Einsatz möglich.

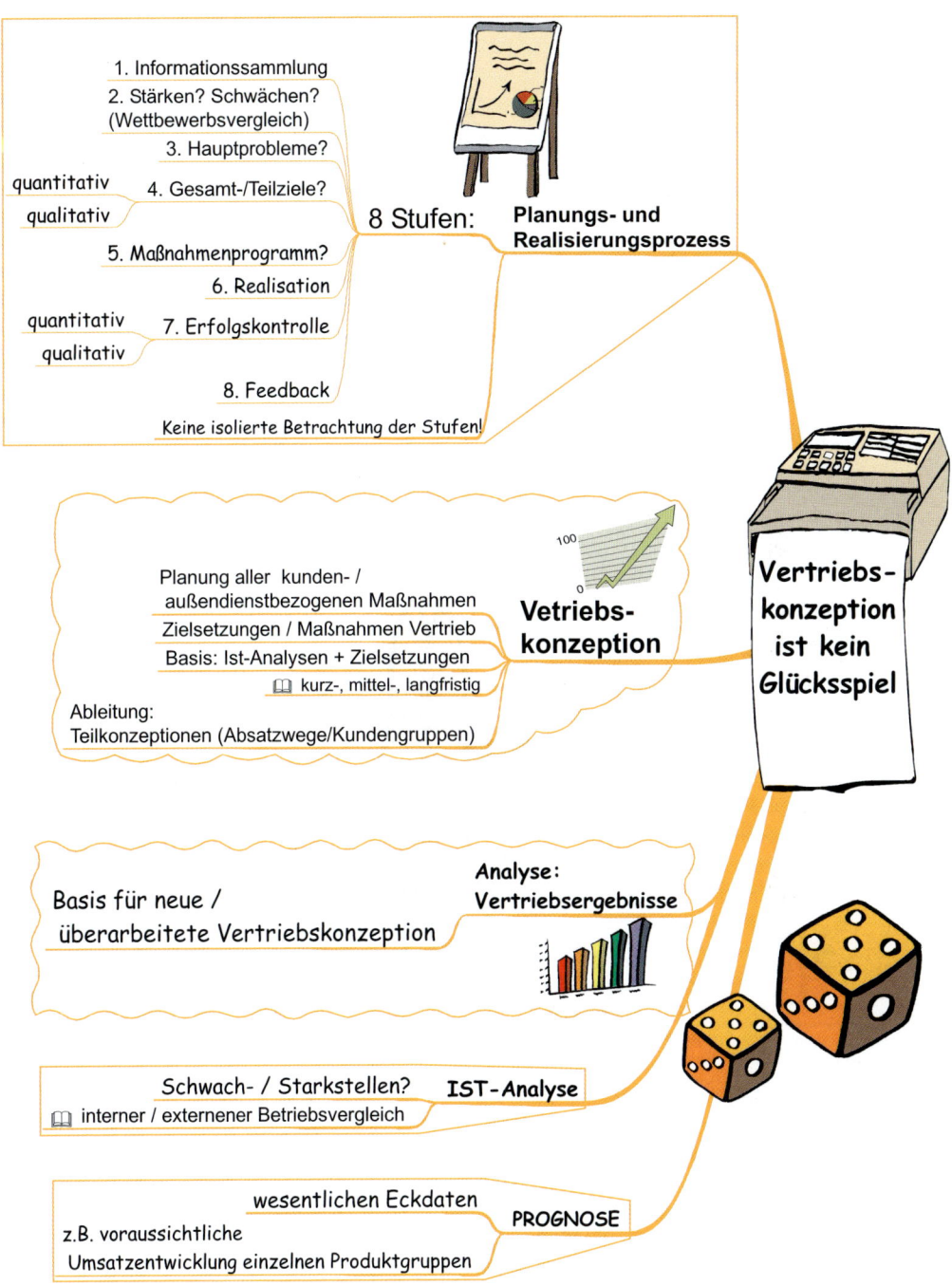

1. Informationssammlung
2. Stärken? Schwächen? (Wettbewerbsvergleich)
3. Hauptprobleme?

quantitativ
qualitativ
4. Gesamt-/Teilziele?

8 Stufen: **Planungs- und Realisierungsprozess**

5. Maßnahmenprogramm?
6. Realisation

quantitativ
qualitativ
7. Erfolgskontrolle

8. Feedback

Keine isolierte Betrachtung der Stufen!

Planung aller kunden- / außendienstbezogenen Maßnahmen
Zielsetzungen / Maßnahmen Vertrieb
Basis: Ist-Analysen + Zielsetzungen
📖 kurz-, mittel-, langfristig
Ableitung: Teilkonzeptionen (Absatzwege/Kundengruppen)

Vetriebs-konzeption

100
0

Vertriebs-konzeption ist kein Glücksspiel

Basis für neue / überarbeitete Vertriebskonzeption

Analyse: Vertriebsergebnisse

Schwach- / Starkstellen?   **IST-Analyse**
📖 interner / externer Betriebvergleich

wesentlichen Eckdaten   **PROGNOSE**
z.B. voraussichtliche Umsatzentwicklung einzelnen Produktgruppen

Dass erfolgreiche Vertriebsplanung kein Glücksspiel ist, sehen wir an dieser Map.

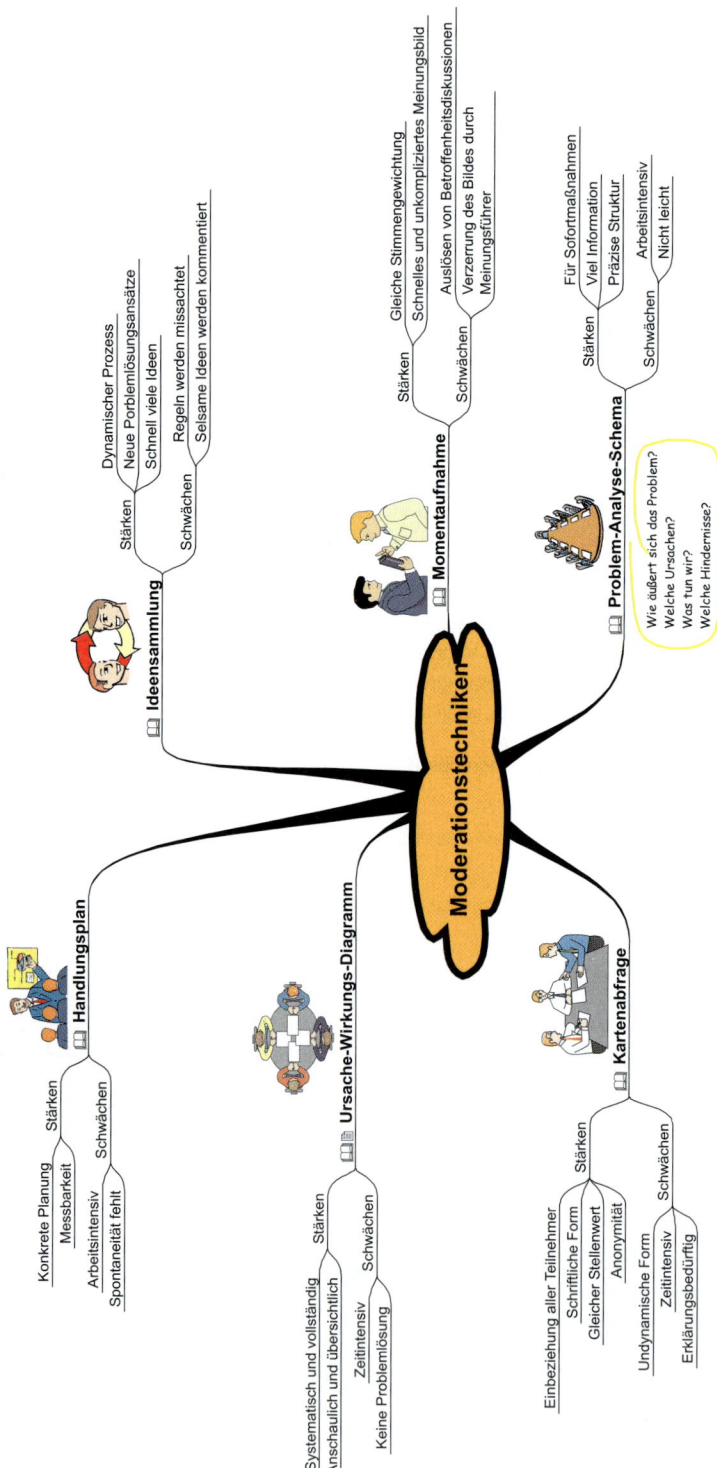

Moderationstechniken

Ideensammlung

Stärken
- Dynamischer Prozess
- Neue Porblemlösungsansätze
- Schnell viele Ideen

Schwächen
- Regeln werden missachtet
- Seltsame Ideen werden kommentiert

Momentaufnahme

Stärken
- Gleiche Stimmengewichtung
- Schnelles und unkompliziertes Meinungsbild

Schwächen
- Auslösen von Betroffenheitsdiskussionen
- Verzerrung des Bildes durch Meinungsführer

Problem-Analyse-Schema

Stärken
- Für Sofortmaßnahmen
- Viel Information
- Präzise Struktur

Schwächen
- Arbeitsintensiv
- Nicht leicht

- Wie äußert sich das Problem?
- Welche Ursachen?
- Was tun wir?
- Welche Hindernisse?

Handlungsplan

Stärken
- Konkrete Planung
- Messbarkeit

Schwächen
- Arbeitsintensiv
- Spontaneität fehlt

Ursache-Wirkungs-Diagramm

Stärken
- Systematisch und vollständig
- Anschaulich und übersichtlich

Schwächen
- Zeitintensiv
- Keine Problemlösung

Kartenabfrage

Stärken
- Einbeziehung aller Teilnehmer
- Schriftliche Form
- Gleicher Stellenwert
- Anonymität

Schwächen
- Undynamische Form
- Zeitintensiv
- Erklärungsbedürftig

Moderationstechniken in der Mitarbeiterführung können sehr wirkungsvoll sein. Anhand der Mind Map, sind die verschiedenen Methoden gut zu erkennen.

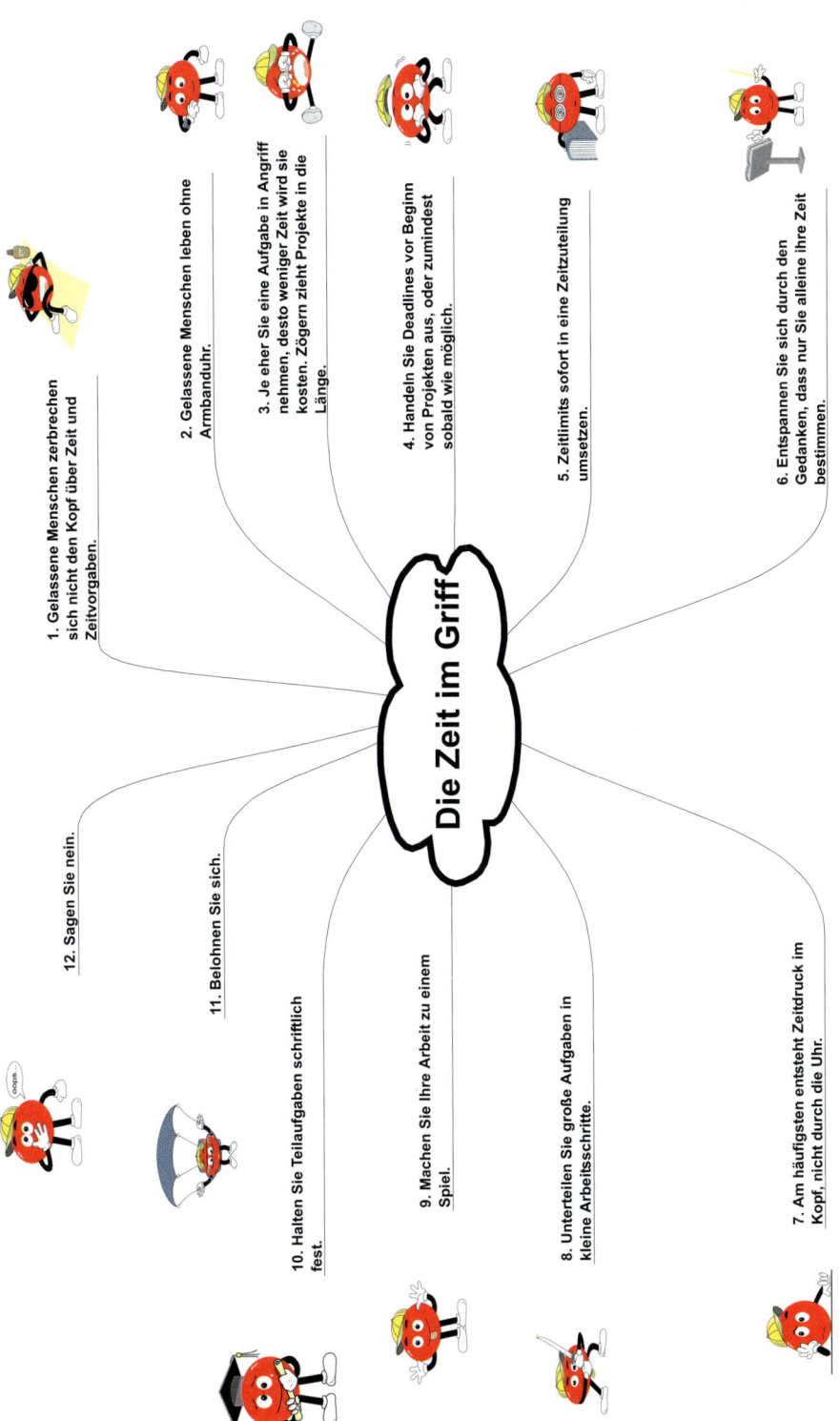

Die Zeit im Griff

1. Gelassene Menschen zerbrechen sich nicht den Kopf über Zeit und Zeitvorgaben.

2. Gelassene Menschen leben ohne Armbanduhr.

3. Je eher Sie eine Aufgabe in Angriff nehmen, desto weniger Zeit wird sie kosten. Zögern zieht Projekte in die Länge.

4. Handeln Sie Deadlines vor Beginn von Projekten aus, oder zumindest sobald wie möglich.

5. Zeitlimits sofort in eine Zeitzuteilung umsetzen.

6. Entspannen Sie sich durch den Gedanken, dass nur Sie alleine ihre Zeit bestimmen.

7. Am häufigsten entsteht Zeitdruck im Kopf, nicht durch die Uhr.

8. Unterteilen Sie große Aufgaben in kleine Arbeitsschritte.

9. Machen Sie Ihre Arbeit zu einem Spiel.

10. Halten Sie Teilaufgaben schriftlich fest.

11. Belohnen Sie sich.

12. Sagen Sie nein.

Zeitmanagement ist das Zauberwort. Was dazu gehört, die Zeit in den Griff zu bekommen, sehen Sie an dieser Map.

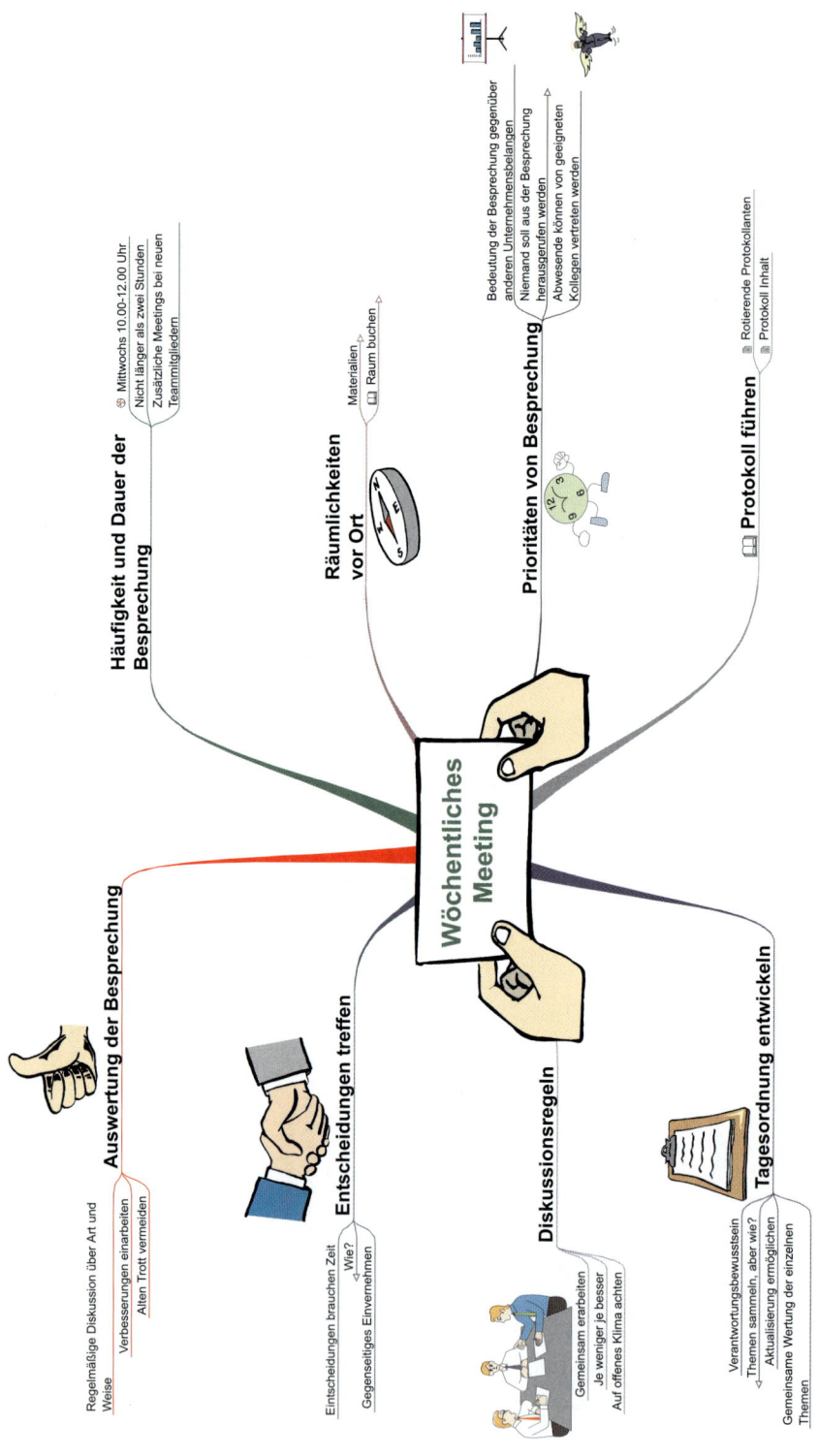

Wöchentliches Meeting

Häufigkeit und Dauer der Besprechung
- Mittwochs 10.00–12.00 Uhr
- Nicht länger als zwei Stunden
- Zusätzliche Meetings bei neuen Teammitgliedern

Räumlichkeiten vor Ort
- Materialien
- Raum buchen

Prioritäten von Besprechung
- Bedeutung der Besprechung gegenüber anderen Unternehmensbelangen
- Niemand soll aus der Besprechung herausgerufen werden
- Abwesende können von geeigneten Kollegen vertreten werden

Protokoll führen
- Rotierende Protokollanten
- Protokoll Inhalt

Auswertung der Besprechung
- Regelmäßige Diskussion über Art und Weise
- Verbesserungen einarbeiten
- Alten Trott vermeiden

Entscheidungen treffen
- Entscheidungen brauchen Zeit
- Wie?
- Gegenseitiges Einvernehmen

Diskussionsregeln
- Gemeinsam erarbeiten
- Je weniger je besser
- Auf offenes Klima achten

Tagesordnung entwickeln
- Verantwortungsbewusstsein
- Themen sammeln, aber wie?
- Aktualisierung ermöglichen
- Gemeinsame Wertung der einzelnen Themen

Nichts ist schlimmer als ein uneffektives Meeting. Die richtige Planung macht jede Besprechung zu einem Erfolg.

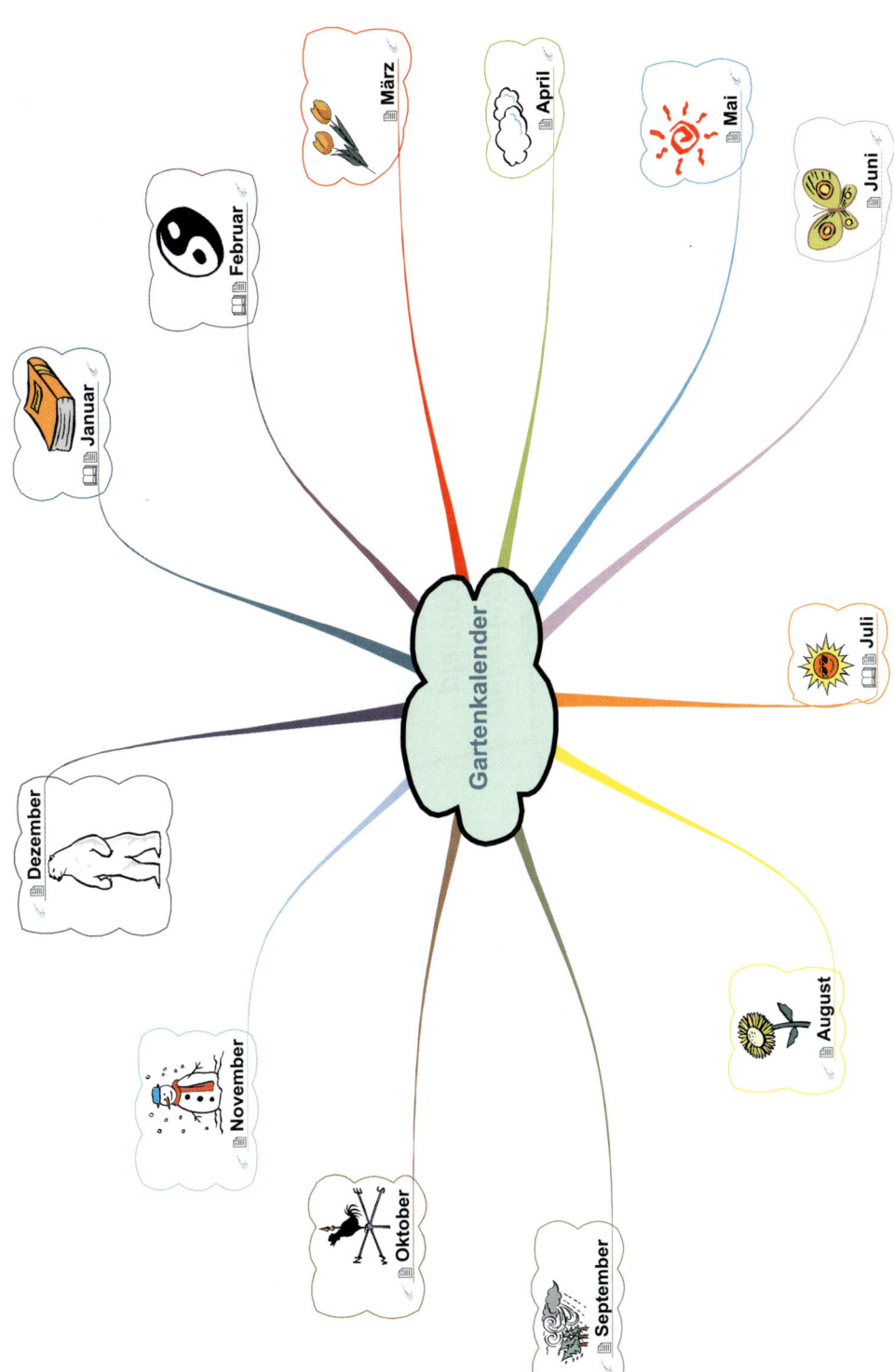

Gartenarbeit macht Spaß – zu jeder Jahreszeit, wie man anhand der Map für das Gartenjahr sehen kann.

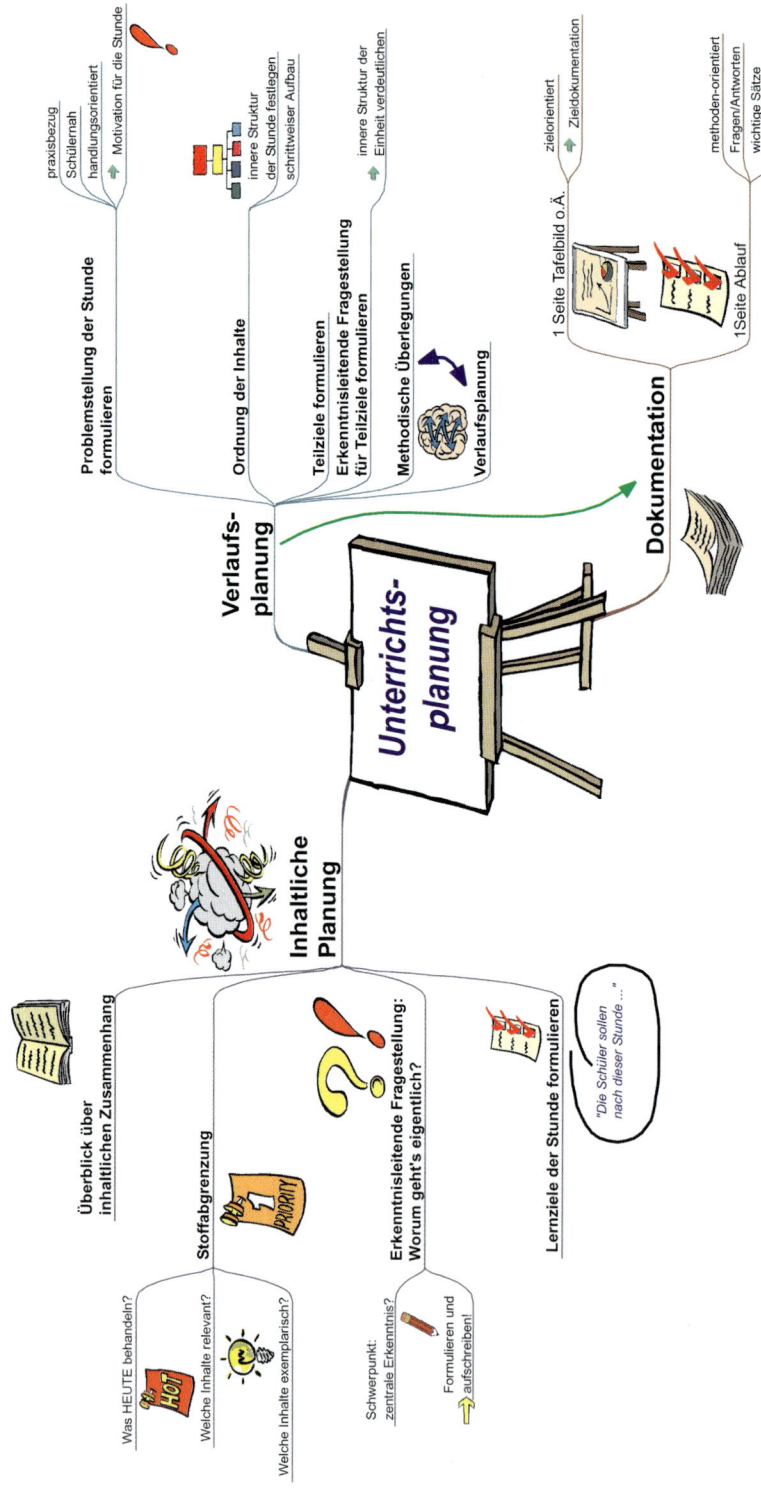

Dass die Unterrichtsplanung Spaß machen kann und nicht unbedingt ein unüberwindbares Hindernis ist, sieht man hier.

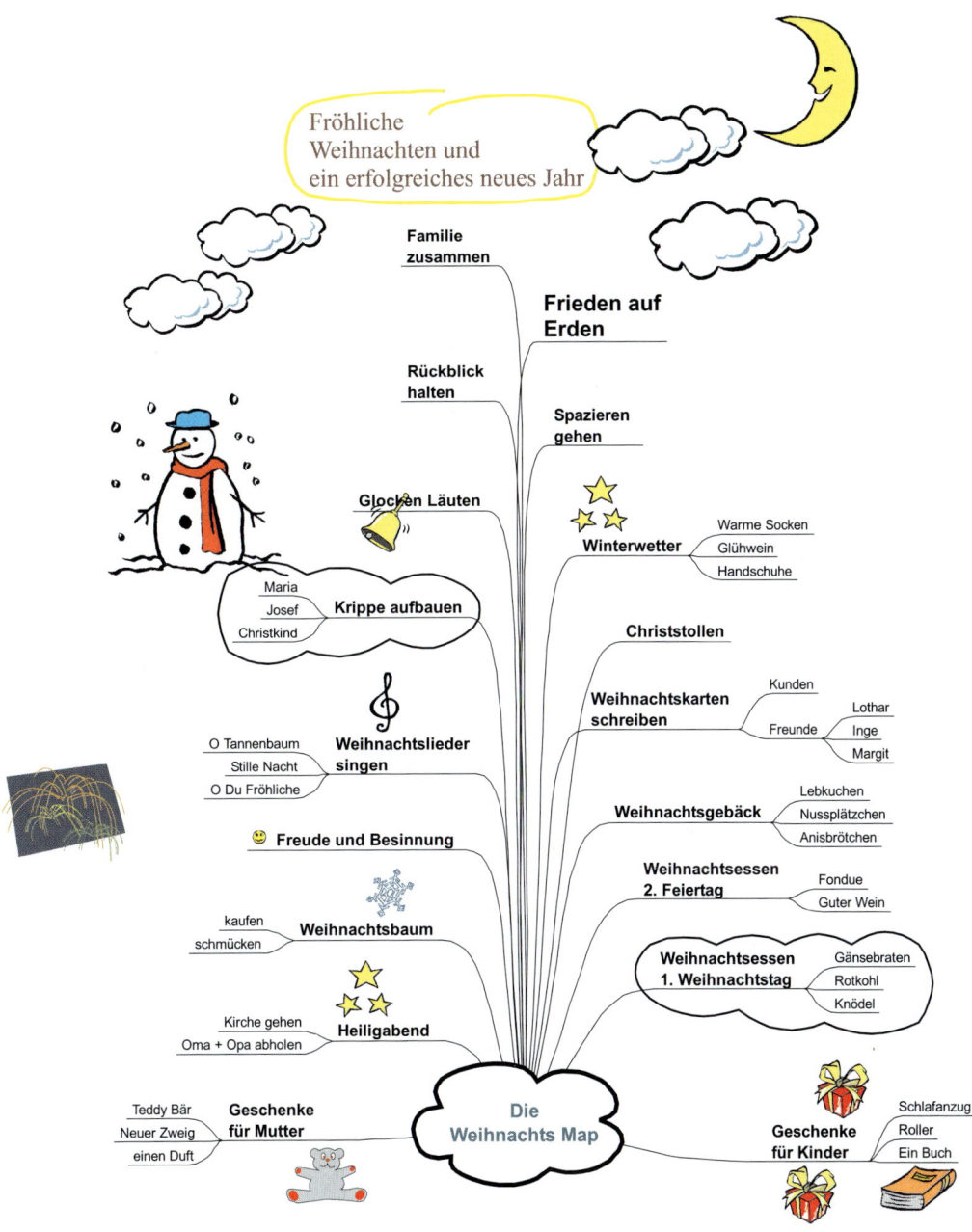

Nichts ist so schön wie die Vorfreude, auch bei den Weihnachtsvorbereitungen. Mit einer Map kann man sich da richtig ausleben.

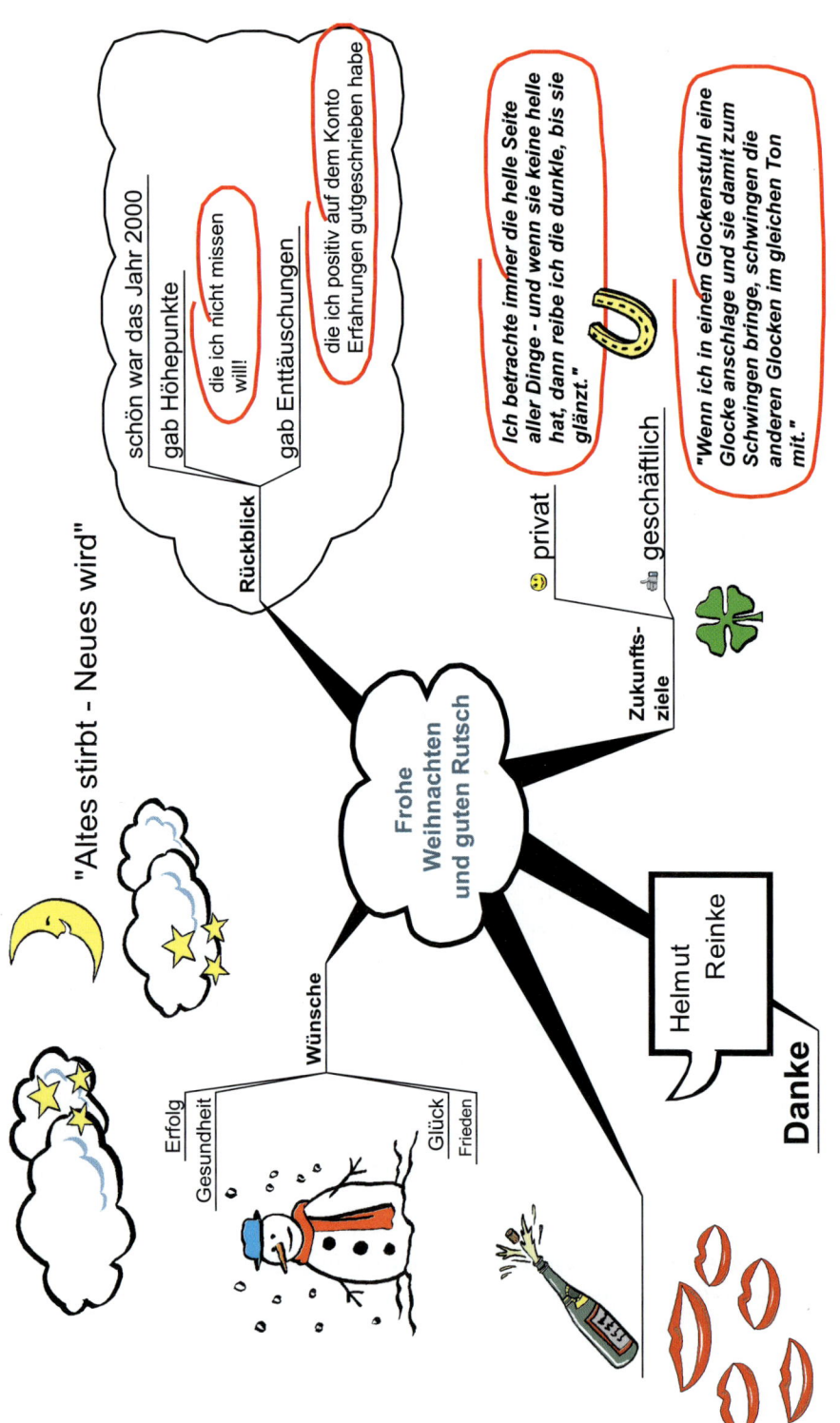

"Altes stirbt – Neues wird"

Rückblick

schön war das Jahr 2000

gab Höhepunkte

die ich nicht missen will!

gab Enttäuschungen

die ich positiv auf dem Konto Erfahrungen gutgeschrieben habe

Frohe Weihnachten und guten Rutsch

Ich betrachte immer die helle Seite aller Dinge – und wenn sie keine helle hat, dann reibe ich die dunkle, bis sie glänzt."

☺ privat

geschäftlich

"Wenn ich in einem Glockenstuhl eine Glocke anschlage und sie damit zum Schwingen bringe, schwingen die anderen Glocken im gleichen Ton mit."

Zukunfts-ziele

Wünsche

Erfolg

Gesundheit

Glück

Frieden

Helmut Reinke

Danke

Eine Mind Map als Weihnachtskarte.

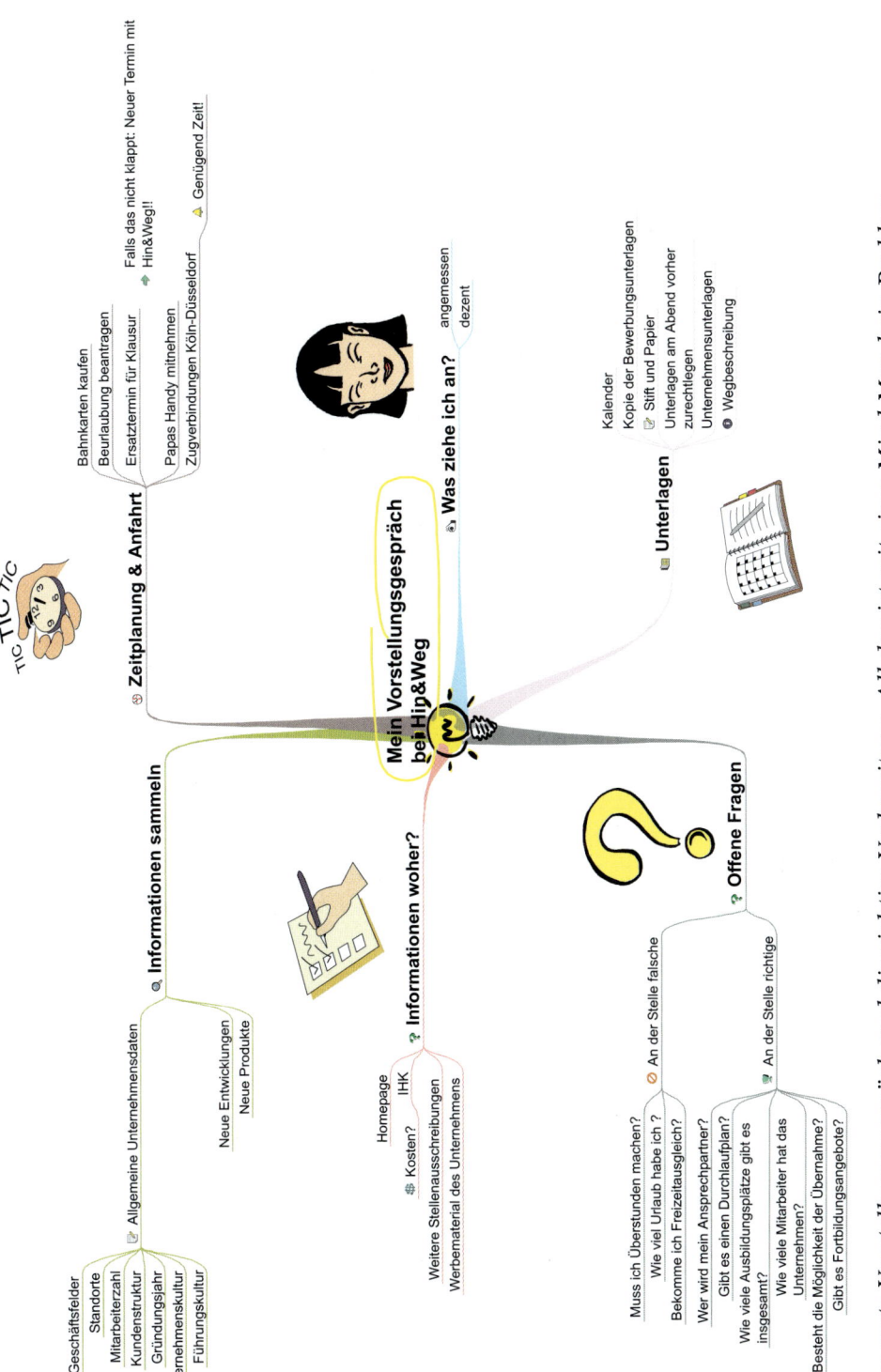

Mein Vorstellungsgespräch bei Hip&Weg

Zeitplanung & Anfahrt
- Bahnkarten kaufen
- Beurlaubung beantragen
- Ersatztermin für Klausur
- Papas Handy mitnehmen
- Zugverbindungen Köln-Düsseldorf
  - Falls das nicht klappt: Neuer Termin mit Hin&Weg!!
  - Genügend Zeit!

Was ziehe ich an?
- angemessen
- dezent

Unterlagen
- Kalender
- Kopie der Bewerbungsunterlagen
- Stift und Papier
- Unterlagen am Abend vorher zurechtlegen
- Unternehmensunterlagen
- Wegbeschreibung

Informationen sammeln
- Allgemeine Unternehmensdaten
  - Geschäftsfelder
  - Standorte
  - Mitarbeiterzahl
  - Kundenstruktur
  - Gründungsjahr
  - Unternehmenskultur
  - Führungskultur
- Neue Entwicklungen
- Neue Produkte

Informationen woher?
- Homepage
- Kosten?
- IHK
- Weitere Stellenausschreibungen
- Werbematerial des Unternehmens

Offene Fragen
- An der Stelle falsche
  - Muss ich Überstunden machen?
  - Wie viel Urlaub habe ich?
  - Bekomme ich Freizeitausgleich?
  - Wer wird mein Ansprechpartner?
  - Gibt es einen Durchlaufplan?
  - Wie viele Ausbildungsplätze gibt es insgesamt?
  - Wie viele Mitarbeiter hat das Unternehmen?
  - Besteht die Möglichkeit der Übernahme?
  - Gibt es Fortbildungsangebote?
- An der Stelle richtige

Das erste Vorstellungsgespräch und die richtige Vorbereitung. All das ist mit einer Mind Map kein Problem.

Für PC-User

»**Der Mensch ist immer noch der außergewöhnlichste Computer von allen.**«
John F. Kennedy (1917– 63), amerikanischer Politiker, 1961–63, 35. Präsident der USA

Manchmal überkommt einen schon das Gefühl, dass der PC einem mehr Arbeit macht als abnimmt. Wie oft ertappen wir uns schimpfend vor dem Bildschirm, wenn wieder einmal nichts so funktioniert, wie wir uns das erhofft hatten. In den folgenden Kapiteln können wir einige Informationslücken füllen, beispielsweise mit den neuen **Funktionen in Excel 2002** oder mit den gängigsten Speicherformaten von **Grafiken**.

Hatten Sie schon mal an die Umsetzung eines **Online-Shops** gedacht? Dann lesen Sie unbedingt das dazugehörige Kapitel. Sie werden interessante Informationen finden. Und mit den **E-Mail-Geheimzeichen** können Sie jeden Empfänger Ihrer Nachrichten eine zusätzliche Botschaft schicken. Außerdem lernen Sie

- Prioritäten im MindManager zu setzen
- Aufgaben abzuhaken
- Maps auf zentralen Laufwerken zu speichern
- eMindMaps zu verschicken.

Viel Spaß damit!

20 Neue Funktionen in Excel 2002

Die Entwicklungen im Bereich Software haben mittlerweile für den durchschnittlichen Nutzer eine nicht mehr nachzuvollziehende Geschwindigkeit erreicht. Kaum hat man sich an das neue Layout und die veränderten Funktionen eines Programms gewöhnt, erscheint schon wieder eine neue Version auf dem Markt. Um sich die neuen Funktionen einzuprägen, kann man auch in diesem Bereich mit der Mind Mapping-Methode arbeiten.

Ziel: Ausarbeitung der neuen Funktionen in Excel 2002

Herr J. ist Mitglied in einem Autorenteam, das schon für die beiden Vorgängerversionen von Excel erfolgreich die Handbücher geschrieben hat. Er verfügt über die Beta 2 Version des neuen Microsoft Office XP-Pakets. Diese Version kommt der finalen Ausgabe bereits sehr nahe. Seine Aufgabe ist es, die neuen Merkmale des Programms zu beschreiben. Nach anfänglichen Überlegungen entscheidet er sich, die Aufgabe mit der Mind Mapping-Methode zu lösen. Er hat sich zwei Wege zurechtgelegt:

■ Zuerst wird er die Menüs der neuen Excel-Version systematisch durchgehen und die neuen Befehle bzw. Veränderungen in die Mind Map aufnehmen. So entsteht bereits eine einfache Übersicht und er kann zusätzlich die Informationen aus Zeitschriften und dem Internet zum Thema »Excel 2002« in dieselbe Mind Map aufnehmen.

■ Im zweiten Schritt sollen auch die neuen Features, die für das gesamte Office-Paket gelten, erfasst werden. Auf diese Art und Weise kommt er zu einer Übersicht über die neuen Merkmale, die er ordnen und evtl. strukturieren kann.

Der Vergleich

Die Bedingungen für den Vergleich sind hervorragend: Auf einem zweiten PC hat er Excel 2000 installiert. Da man nicht alles im Kopf haben kann, schaut er im Zweifelsfall einfach in der Vorgängerversion nach.

 Im MindManager reicht ein Klick auf die Schaltfläche *Neu (Standard)*, um ein neues Standardblatt anzulegen.

 Für das Thema scheint das Standard-Titelsymbol nicht geeignet zu sein. Sicher hat der MindManager ein Titelsymbol, das besser zum Thema passt. Für die Auswahl blendet er durch Klick auf die Schaltfläche *Symbolgalerie anzeigen/verbergen* die *Symbolgalerie* ein.

Im Ordner *Titel Modern* wird er fündig. Das Computersymbol braucht Herr J. nur auf das alte Standardsymbol zu ziehen. Die Beschriftung macht sich gut auf der Monitorscheibe. Für den Zeilenumbruch zur Aufteilung des Titels »Excel 2002 Neue Features« auf zwei Zeilen setzt er die Tastenkombination Umschalt+Eingabe ein. Die Eingabe-Taste allein schließt die Eingabe des Titels ab.

Nun schaut sich Herr J. das Programm Excel 2002 etwas genauer an. Gleich im *Datei*-Menü von Excel 2002 finden sich mehrere neue Einträge unter dem Befehl *Senden an*. Also setzt er im MindManager einen Rechtsklick auf den Titel. Im Kontextmenü wählt er den Befehl *Neuer Hauptzweig*. Die Bezeichnung lautet **Datei**. Über das Kontextmenü des Hauptzweiges **Datei** sind schnell zwei Zweige für die neuen Befehle angehängt.

Auf diese Art und Weise geht er systematisch die Menüs durch und verfolgt die Befehle weiter bis in die Dialogfelder. Alle Unterschiede werden erst einmal namentlich in die Mind Map aufgenommen. Die Abbildung 20-1 zeigt das Ergebnis, in dem schon ein großes Stück Arbeit steckt.

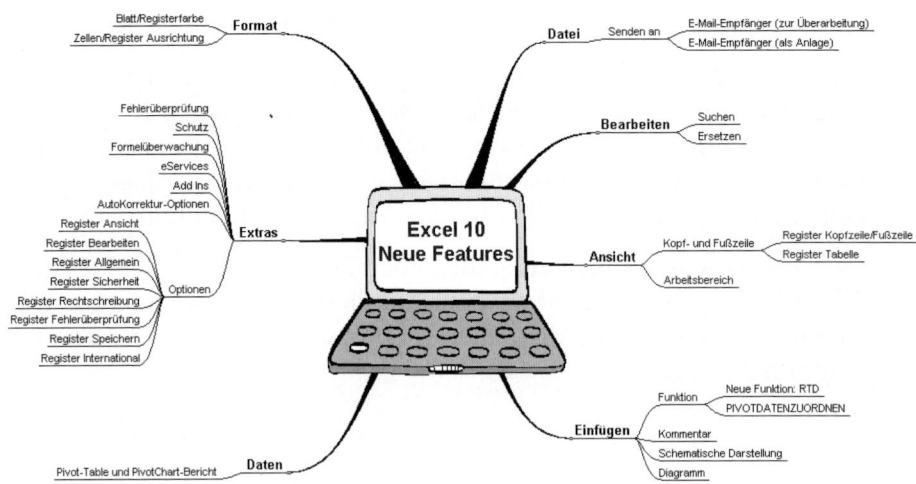

Abbildung 20-1: *Die Übersicht aller neuen oder geänderten Menüs.*

Die sichtbaren Unterschiede sind nun aufgelistet. An diesen können vermutlich viele neue Eigenschaften und Möglichkeiten beschrieben werden. Dies soll daher der nächste Schritt sein.

Die Kurzbeschreibungen

Nachdem die Zweige etwas übersichtlicher angeordnet sind, kann die Beschreibung der neuen bzw. geänderten Merkmale in die Mind Map übernommen werden. Dazu markiert Herr J. den Titel des Hauptzweiges oder Zweiges. An jedes Objekt kann Text gebunden werden. Mithilfe der Schaltfläche *Textnotizen anzeigen/verbergen* öffnet er das Textfenster am unteren Rand.

Für jeden Titel notiert er das Ergebnis seiner Recherchen in das Textnotizfenster. Dabei bemüht er sich um kurze Zusammenfassungen, denn hier sollen die neuen Merkmale nur genannt, nicht schon ausführlich beschrieben werden. Obwohl es nur wenige Sätze sind, ist das eine aufwendige Arbeit, zumindest bei den Punkten, die völlig neu sind und die er selbst erst verstehen muss, ehe er sie beschreibt. Kleine Experimente und das Nachlesen in der Online-Hilfe des neuen Excel helfen ihm aber auf die Sprünge.

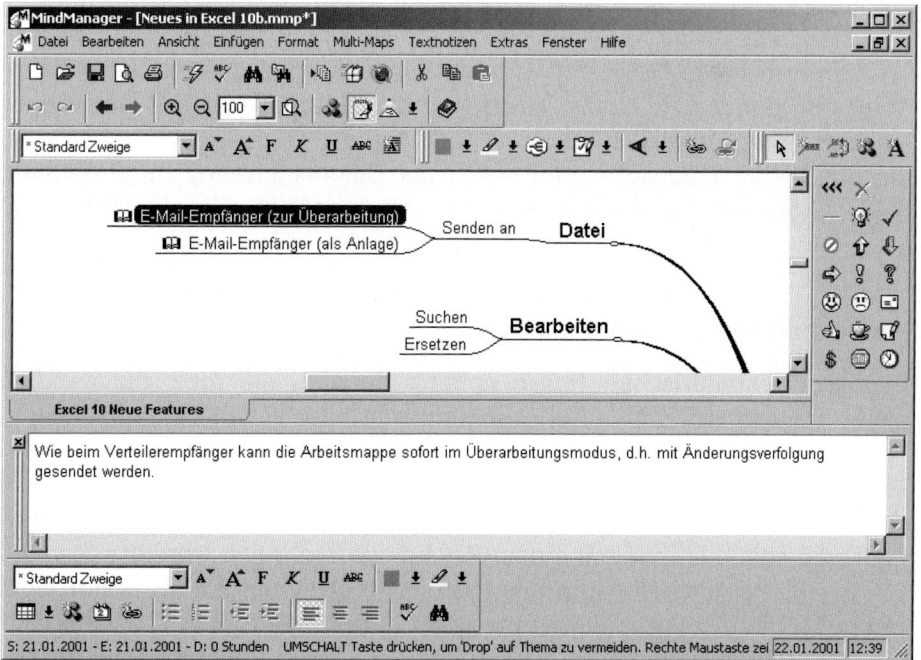

Abbildung 20-2: *Zum markierten Zweig können Textnotizen erfasst werden.*

Die Tatsache, dass Textnotizen zu einem Ast oder Zweig vorhanden sind, erkennt man in der Mind Map an dem Symbol, das ein aufgeschlagenes Buch zeigt. Am Schluss weist jeder Zweig das Textnotiz-Symbol auf. Die gespeicherte Mind Map hilft ihm bereits bei einem Telefongespräch mit einem Kollegen, der mit Herrn J. zusammen am Excel-Handbuch schreibt und mit ihm über die neuen Merkmale sprechen will. Auf einen Blick hat er bereits wichtige Punkte und berichtet seinem Co-Autor voller Stolz von den wichtigsten Neuerungen. Der Kollege ist begeistert und J. muss versprechen, ihm die fertige Mind Map zu schicken.

Die Map wird den Kollegen im Autorenteam helfen, in ihren Spezialgebieten gezielter zu arbeiten und gute Beiträge zum Handbuch zu liefern. Er verteilt sie auch mit dem Hintergedanken, dass er weitere Hinweise oder Präzisierungen zu den von ihm gefundenen Neuigkeiten bekommt.

Das Ergebnis der Internetrecherchen hinzufügen

In einigen Fachzeitschriften und im Internet hat Herr J. bereits Beiträge zu dem neuen Office-Paket gefunden. Diese liegen lose gesammelt auf seinem Tisch. Er beschließt, sie durchzuarbeiten und die neuen Merkmale, welche noch nicht unter seiner Menüstruktur zu finden sind, unter einem Hauptzweig zu notieren. Beim Lesen eines Beitrages stellt er fest, dass ein Ast für allgemeine Beschreibungen benötigt wird. Nach einiger Zeit hat er alle Informationen unter Sammelbegriffen in den Textnotizen zusammengefasst.

 Um nun beide Wege der Informationsbeschaffung auch in der Mind Map auseinander zu halten, ordnet er die Hauptzweige mit der Menüstruktur in der linken Hälfte der Mind Map an. Die neuen Hauptzweige, die quasi eine Übersicht ohne konkrete Befehlsnennung im Programm bieten, kommen auf die rechte Seite. Das Ergebnis zeigt die Abbildung 20-3.

Hervorhebung einzelner Zweige

 In dieser gestalterischen Phase kommt Herrn J. die Idee, die wirklich neuen Punkte von den lediglich erweiterten oder geänderten abzuheben. Nach einigen Experimenten fällt die Entscheidung zugunsten der Mind-Manager-Funktion *Hervorheben/Tabellen einfärben*. Im Handumdrehen sind die neuen Punkte gekennzeichnet, denn sie müssen dazu nur markiert und anschließend mit einem Klick hervorgehoben werden.

Als Farbe erscheint ihm das Pastellgelb geeignet. Sie muss nur beim ersten Mal in der Farbpalette unter dem Dropdown-Symbol gewählt werden. Bei allen folgenden Zweigen reicht ein Klick auf den Stift mit der darunter angezeigten Farbe.

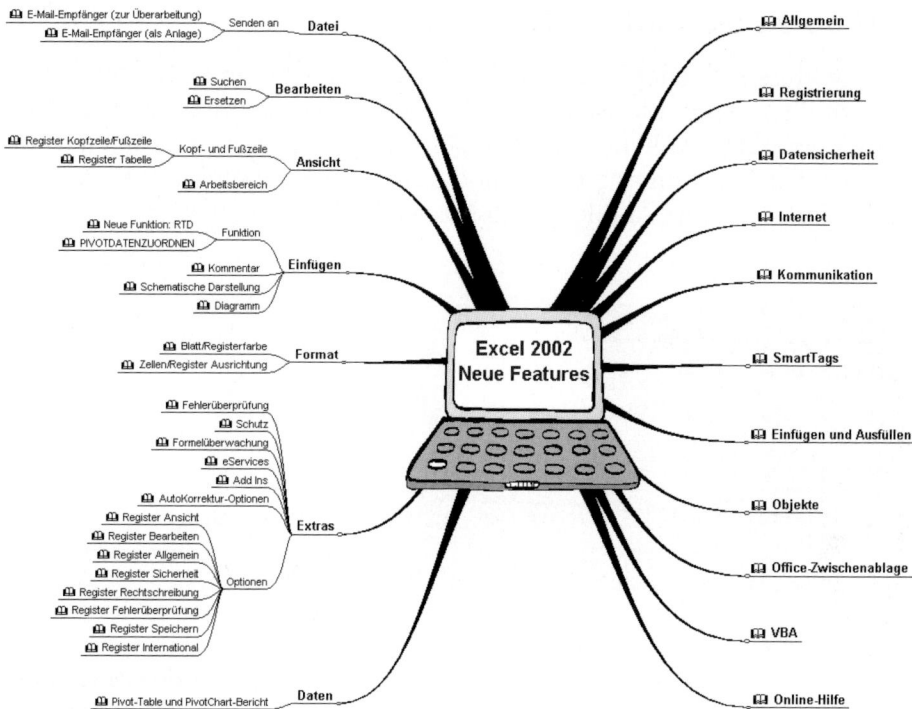

Abbildung 20-3: *Auf jeder Seite befinden sich übersichtlich die Recherche-ergebnisse.*

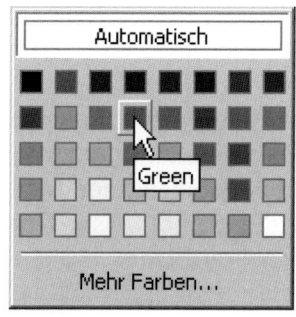

Abbildung 20-4:
Die Farbpalette zum Hervorheben/Tabellen einfär-ben.

Farbliche Unterscheidung der Äste

Um die beiden unterschiedlichen Betrachtungsweisen auch farblich abzu-grenzen, bekommen die Menü-Hauptzweige eine dunkelgrüne und die all-gemeinen Hauptzweige eine dunkelblaue Farbe. Möglich ist das Ganze mithilfe der Schaltfläche *Farbe zuweisen*.

Auch hier sind die Farben in der Farbpalette unter dem Dropdown-Feld auszuwählen.

Symbole als Merkmale

Zum Schluss soll jeder Hauptzweig ein Symbol bekommen, um die Übersicht zu illustrieren. Ein Bild ist gut für die Wiedererkennung und das Einprägen geeignet. Da keine aufwendigen Bilder zum Einsatz kommen sollen, bietet sich der Einsatz der Symbole von den Symbolleisten *Kodes* und *Mehr Kodes* an. Die Abbildung 20-5 zeigt beide Symbolleisten.

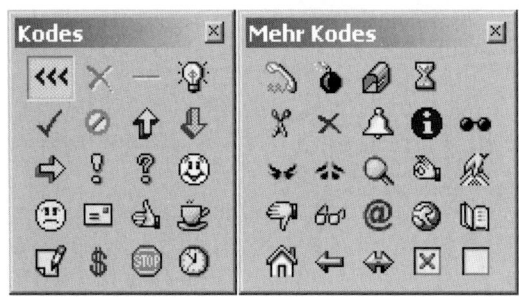

Abbildung 20-5:
Die Symbolleisten Kodes *und*
Mehr Kodes.

Das Prinzip ist ganz einfach: Man markiert den Titel des Astes oder Zweiges und schaltet mit einem Klick auf das treffende Symbol ein oder mehrere Symbole für diesen Ast oder Zweig ein. Trotz der vielen Hauptzweige findet sich für jeden Titel ein Symbol mit einem gewissen Bezug zum Thema.

Freier Text

 Insgesamt zufrieden mit dem Ergebnis plagt Herrn J. die Frage, ob die Zweiteilung und ihr Sinn von jedem Betrachter auf den ersten oder zweiten Blick auch richtig erkannt wird. Deshalb entschließt er sich, hier doch noch ein wenig nachzuhelfen. Das Mittel ist auf der Symbolleiste *Objekte einfügen* zu finden – die Schaltfläche *Freien Text einfügen*.

Nach dem Aktivieren des Symbols für freien Text reicht ein Klick auf die Mind Map-Zeichnungsfläche. In zwei Textrahmen notiert er die Überschriften für seine Mind Map-Hälften. Nach der Eingabe des Textes wird dieser durch Vergrößerung und Fettschrift hervorgehoben. Als Schriftfarbe kommen die für die Hauptzweige schon verwendeten Farben Dunkelgrün und -blau zum Einsatz.

Die Abbildung 20-6 zeigt das Ergebnis der Bemühungen. Nun kann die Darstellung an die Kollegen gehen, deren Beifall er sich sicher ist.

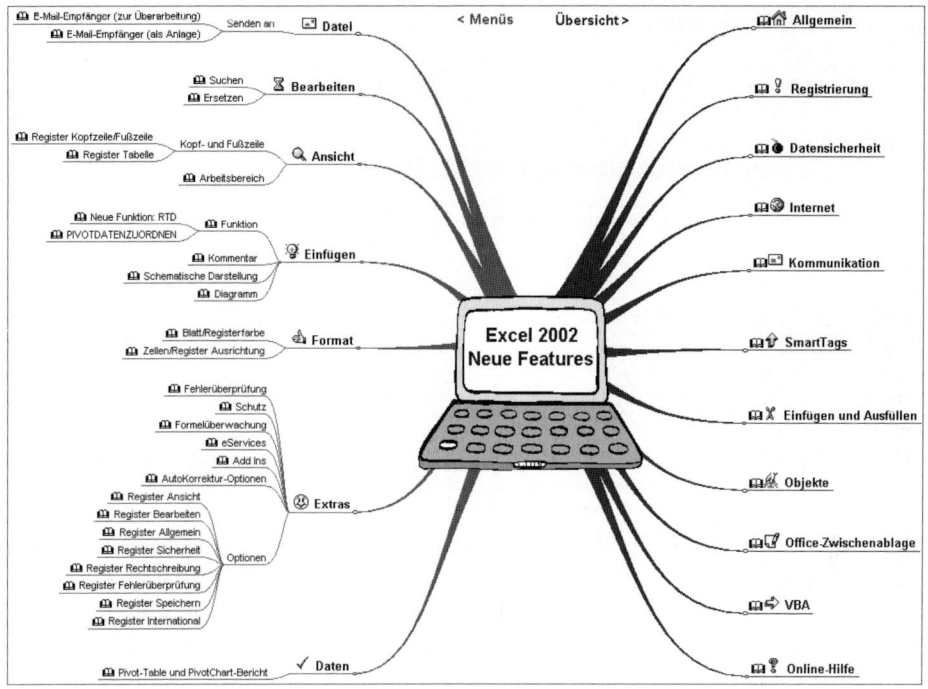

Abbildung 20-6: *Die fertige Mind Map zu den neuen Features in Excel 2002.*

Das Handbuch-Kapitel erstellen

Die Freude über das Ergebnis seiner Bemühungen wird durch die Frage »Wer schreibt mir jetzt das Kapitel zu den Neuigkeiten?« getrübt. Soll Herr J. die vielen Gedanken und Notizen noch einmal in Word aufschreiben? – Nein, denn der MindManager hätte diesen Namen nicht verdient, wenn er nicht in der Lage wäre, seine ihm anvertrauten Gedanken in ein strukturiertes Text-Dokument auszugeben.

Tatsächlich findet sich da der Befehl *Datei/Export/Datei*, mit dessen Hilfe die Grafik und die dahinter liegenden Notizen in ein mit Word zu bearbeitendes Dokument verwandelt werden.

Im Dialogfeld (siehe Abbildung 20-7) muss die Gliederung und der Pfad gewählt werden. Mit *OK* erhält er ein Dokument im RTF-Format, in dem sich alle Äste und Zweige in eine Gliederung verwandelt haben. An der Nummerierung und den Einrückungen sind die Ebenen zu erkennen. Die Textnotizen stehen als »Textkörper«, wie Word das nennt, unter dem jeweiligen Gliederungspunkt.

Sicher, das vorliegende Dokument entspricht noch nicht ganz den Vorgaben des Verlages für ein Kapitel, aber die Änderungen sind schnell

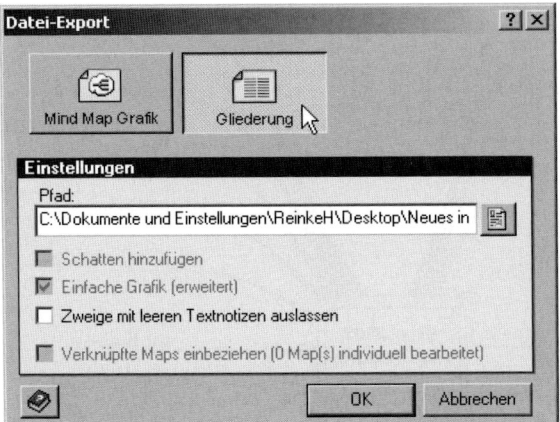

Abbildung 20-7: *Der Export der Mind Map in ein gegliedertes Dokument.*

erledigt. Das Kapitel ist im Großen und Ganzen fertig. So kann Herr J. zufrieden sein Tagwerk beenden und sich endlich zur Nachtruhe begeben, denn die Mitte der Nacht ist schon überschritten. Morgen oder besser heute warten die nächsten Aufgaben. Sicher werden Mind Maps ihm auch bei diesen Aufgaben helfen, seine Ideen und Gedanken zu sammeln und zu strukturieren.

13.6 AutoKorrektur-Optionen
Hier gibt es die neuen Register "AutoFormat während der Eingabe" und "Smarttags".

13.7 Optionen

13.7.1 Register Ansicht
Hier gibt es ein neues Kontrollkästchen für den Start-Aufgabenbereich, d.h. ob das neue Aufgabenfenster beim Start gezeigt werden soll oder nicht.

13.7.2 Register Bearbeiten
Neue Kontrollkästchen "Optionen-Schaltfläche beim Einfügen ... anzeigen". Damit schaltet man das Angebot von Optionen nach dem Kopieren oder Einfügen ein bzw. aus.

13.7.3 Register Allgemein
Eine QuickInfo für Funktionen kann aktiviert werden. Außerdem sind über die gleichnamige Schaltfläche neue Web-Optionen einzustellen.

Abbildung 20-8: *Ein Ausschnitt aus dem Export-Dokument. Die Mind Map wurde in eine Gliederung übersetzt.*

MIND MAP ZU KAPITEL 20 AUF SEITE 164

21 Einstieg ins eCommerce

Electronic Commerce ist in aller Munde. Seit im Herbst 2000 viele Internet Start Ups vom Pleitegeier eingeholt wurden, sind viele mittelständische und kleine Firmen verunsichert, ob sich der Einstieg ins Internet für sie noch lohnt. Dabei gilt beim eCommerce das Gleiche wie bei allen anderen neuen Geschäftsfeldern, -ideen und Vertriebswegen: Der Erfolg ist abhängig von einer genauen Planung. Sie müssen wissen, wie Sie Ihr Projekt am besten umsetzen, von der Idee über die Kalkulation bis zum laufenden Betrieb.

Die Planung eines Online-Shops

Holger G. betreibt seit einigen Jahren einen kleinen Handel für elektronische Geräte. Neben Audio/Video/TV bietet er Computer, Telekommunikation sowie Haushaltsgeräte an. Da er seinen Kunden für seine etwas höheren Preise eine intensive individuelle Betreuung und Beratung bietet, kann Holger G.'s kleine Firma neben den Branchenriesen sehr gut bestehen.

Das hier mehr investierte Geld macht sich für seine Kunden bezahlt: Sie müssen sich nicht mit überforderten Reklamationsstellen der Großhandelsketten herumärgern und dadurch kostbare Arbeitszeit verlieren, sondern bekommen bei Holger alles aus einer Hand. Auf diese Art und Weise hat sich Holger einen beträchtlichen Kundenstamm aufgebaut, von dem er gut leben kann.

Nun denkt er über eine Investition nach, nämlich den Aufbau eines Online-Shops. Sein Freund Detlev H., von Beruf Unternehmensberater, schlägt ihm vor, die ersten Ideen und Gedanken zu sammeln und zu visualisieren. Hierfür wollen die beiden eine Mind Map erarbeiten, die eine genaue Auflistung der vier Phasen des Projektes verbildlicht:

■ Phase Eins – Die Idee

■ Phase Zwei – Die Entscheidungen

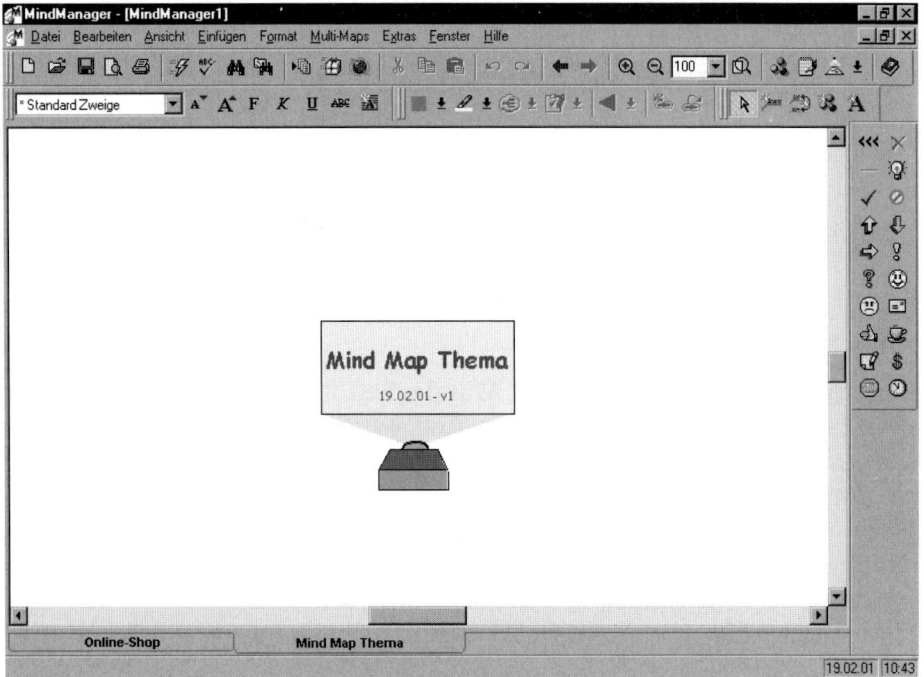

Abbildung 21-1:   *Holgers benutzerdefinierte Mind Map Vorlage.*

■ Phase Drei – Die Praxis

■ Phase Vier – Starten, Pflegen und Vermarkten

Da Holger regelmäßig mit dem MindManager arbeitet, ruft er sich mit `Strg+N` seine benutzerdefinierte Vorlage auf, die in dem Auswahlfenster *Vorlage auswählen* abgespeichert ist.

Phase Eins: Die Idee

»Was hast Du Dir denn genau vorgestellt?« fragt Detlev. Holgers Antwort kommt wie aus der Pistole geschossen: »Mehr Service für meine Kunden und mehr Umsatz für mich.« Nun wird er aber ernsthafter. Ihm ist bewusst, dass zu einem solchen Projekt eine wirklich zündende Idee gehört und dass mehr **Service** und mehr **Umsatz** natürlich Ziele sind, die nur mit einem guten Produkt erreichbar sind. Seine Idee ist es, alle **Dienstleistungen,** die er bisher im Angebot hat, auch online zur Verfügung zu stellen.

Das bedeutet, dass nicht nur Hardware, also alle elektronischen Geräte, sondern auch Software, also alle Dienstleistungen wie Vor-Ort-Service und -Support online buchbar sein sollen. Außerdem sollen die Online-Kunden eine Art Rabattsystem nach guter alter Manier erhalten: Bei einem Jahresumsatz von DM 15000 gibt es 1,5%, bei DM 20000 1,75% Rabatt usw. Das wird sofort beim nächsten Einkauf verrechnet. »In diesem Fall kannst Du natürlich einen Startvorteil für Dich nutzen«, meint Detlev. Holger benutze die bereits bestehende Geschäftsidee, um ins eCommerce einzusteigen.

Eine andere Variante wäre es gewesen, mit etwas ganz Neuem das Internet zu erobern. Dies erfordere aber auch entsprechend mehr Vorarbeit, meint Detlev. Die Idee mit dem Online-Shop schmort schon eine ganze Weile in Holger. Er hat also auch schon einige Informationen gesammelt. »83% meiner Kunden sind beruflich oder privat online«, berichtet er stolz. 75% wären bereit, Geschäftskontakte zukünftig über das Internet zu erledigen. »Ich möchte auf jeden Fall erst einmal das anbieten, was ich kann und was meine Kunden kennen«, sagt Holger. »Das klingt vielleicht nicht sehr risikofreudig, aber ausbaufähig ist das Angebot ja sowieso.« Detlev stimmt ihm zu. Nun pinseln die beiden aber fleißig Zweige an ihre Map.

Den ersten Hauptzweig wollen sie mit der *Priorität 1* versehen. Holger ruft nun im MindManager über das Menü *Format/Aufgabenplanung* die Registerkarte *Aufgabenplanung* auf.

Er möchte den ersten Zweig gerne als *Phase 1* kennzeichnen. Hierfür benennt er zuerst die Prioritäten in *Phase 1–4* um, indem er die Option *Prioritäten von 1–9 (erstellen Sie ein eigenes Schema)* wählt. Dann wählt er den neu zu benennenden Punkt aus und klickt auf die Schaltfläche *Umbenennen*. Er gibt den ersten vier Punkten die Namen *Phase 1–4* und

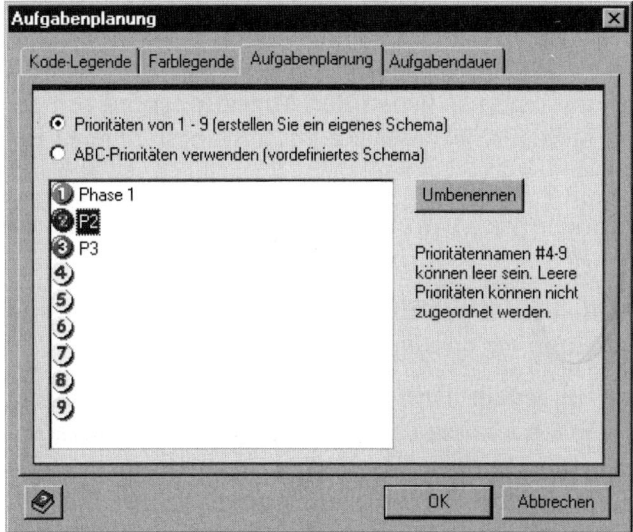

Abbildung 21-2: *Hier können die einzelnen Prioritäten umbenannt werden.*

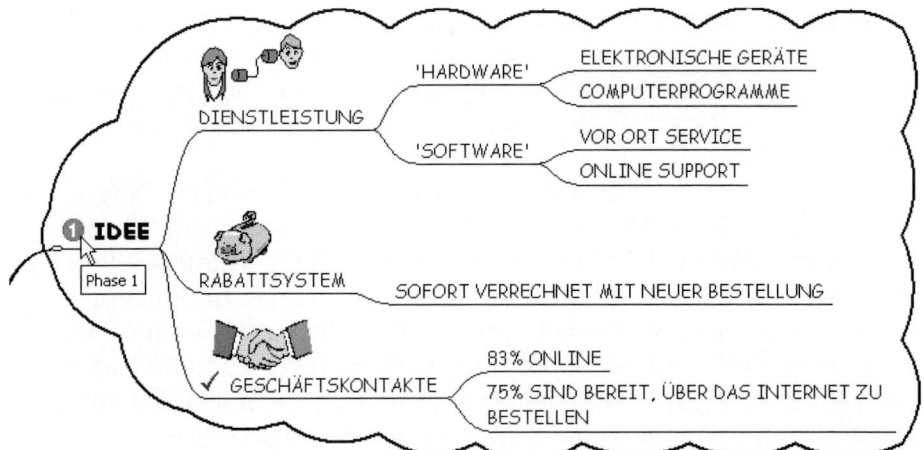

Abbildung 21-3: *Der Zweig »Idee« ist mit einer Priorität gekennzeichnet.*

bestätigt die Eingabe mit *OK*. Er hebt nun den Zweig hervor, dem er eine Priorität zuweisen möchte und wählt aus der Schaltfläche *Aufgabenlegende zuweisen* die *Phase 1*. Die Phase wird nun an dem Zweig angezeigt.

Das richtige Shop-System

»Ich möchte keine Übergangslösung«, meint Holger auf die Frage, an welches Shop-System er gedacht hat. Das findet Detlev auch. »Du solltest gleich in eine vernünftige Shop-Software investieren.« Schon bei 100 Artikeln lohnt sich eine solche Investition. Allerdings sind einige Dinge zu beachten:

- Beim Kauf sollte man auf einen so genannten **Migrationspfad** achten, dies ermöglicht einen späteren Wechsel auf ein leistungsfähigeres Betriebssystem.

- Die Gestaltungsspielräume von **Warenkorb** und **Zahlverfahren** sollten geklärt sein.

- Es müssen **Schnittstellen für die Anbindung von Datenbanken und Warenwirtschaftssystemen** vorhanden sein.

Detlev empfiehlt Holger, in jedem Fall die Software vorab zu testen. »Außerdem solltest Du eine **Checkliste** über die **Soft- und Hardware** anfertigen, die Du momentan in Deinem Geschäft einsetzt. So lassen sich mögliche **Kompatibilitätsprobleme** von vornherein ausgrenzen.« Die beiden fügen alle Ideen an den nächsten Hauptzweig. Bezüglich der Checkliste fällt Holger noch ein, dass er eine solche gerade angefertigt hat.

- Printmaterial (Briefpapier usw.) mit E-Mail-Adresse und Homepage versehen

- Bei Suchmaschinen anmelden

- Anzeigen schalten

- Werbebanner auf anderen Seiten

Holger hinterlegt am Zweig **Marketing** eine Textnotiz mit dem Verweis auf die Liste. Die Marketing-Aktivitäten sollte Holger regelmäßig überprüfen und bei Bedarf seine Strategie verändern. Der Zweig bekommt die *Phase 4* zugewiesen.

Abbildung 21-6:   *Die Phase 4 des Projektes.*

Prioritäten abhaken

»Du solltest darauf achten, möglichst viele Punkte einer Phase abzuarbeiten, bevor Du Dich der nächsten widmest«, rät Detlev. Hierzu bietet der MindManager die Funktion, Aufgaben abzuhaken und somit als erledigt zu kennzeichnen. Holger markiert den Unterzweig **Geschäftskontakte** und wählt aus dem Men*f Format/Eigenschaften.* Es öffnet sich ein Dialogfenster, aus dem er die Registerkarte *Aufgabenplanung* wählt. Er aktiviert den Befehl *Aufgabe erledigt* (siehe Abbildung 21-7).

Er klickt *OK* und der Zweig wird mit einem roten Haken als erledigt markiert (siehe Abbildung 21-8).

»So«, meint Detlev, »nun hast Du schon eine gute Arbeitsgrundlage für Deinen Online-Shop. Da kann ja fast gar nichts mehr schief gehen.« Holger ist auch sehr froh, dass er das Projekt nun endlich in Angriff genommen hat und freut sich schon auf die Umsetzung.

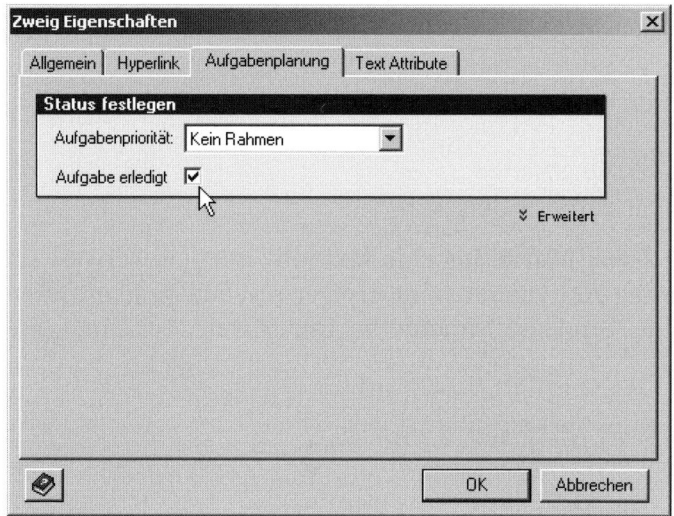

Abbildung 21-7: *Die Registerkarte* Aufgabenplanung.

Abbildung 21-8:
Die erste erledigte Aufgabe.

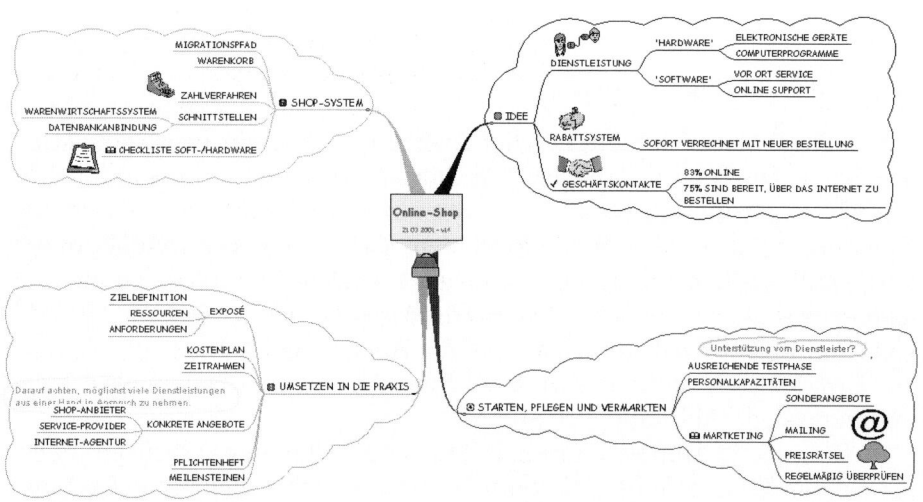

Abbildung 21-9: *Die fertige Arbeitsgrundlage für Aufbau und Betrieb eines Online-Shops.*

MIND MAP ZU KAPITEL 21 AUF SEITE 165

22 Die bunte Welt der Bilder

Mit der Ära der Personal Computer begann das Desaster: Inkompatible Grafikformate bestimmen den Alltag von Designern, Werbeleuten und Agenturen. In den 80er Jahren des vorigen Jahrhunderts erkannten die Software-Häuser schnell die Chance, die sich ihnen in diesem Markt bot. Jedes Haus entwickelte seine eigenen Programme und somit auch seine eigenen Speicherformate. Unter dieser nicht vorhandenen Kooperationsbereitschaft der Softwareschmieden müssen die Nutzer der Programme heute noch leiden.

Das richtige Grafikformat benutzen

Tonia H. ist Grafikerin. Mit einigen Freunden zusammen hat sie eine kleine Agentur, in die sie all ihr Herzblut steckt. 15 bis 17 Stunden arbeitet sie täglich und da ist es selbstverständlich, dass sie sich jedes Mal maßlos ärgert, wenn sie sich mit Dingen herumschlagen muss, die nicht notwendig sind. Dazu gehört das Empfangen oder Verschicken inkompatibler Grafikdateien. Von diesen empfängt sie einige täglich und ein Großteil ihrer Arbeitszeit geht für Konvertierungen oder das Vor- und Zurückschicken von Dateien drauf.

Dem möchte sie nun ein für alle Mal ein Ende setzen und sie entschließt sich, mit Hilfe des MindManagers eine übersichtliche Map zu erstellen, die sie als eMindMap an Geschäftspartner und Kollegen verschicken möchte. Sie soll einen Überblick über Formate und deren richtigen Einsatz geben.

Die wichtigsten Grafikformate

Als Erstes ruft sich Tonia mit der Schaltfläche *Neu (Standard)* eine Mind
Map auf den Bildschirm. Als Titelthema wählt sie **Die wichtigsten Grafikformate** und fügt mit der Taste Einfg zwei Zweige ein, die sie mit **Rastergrafik** und **Vektorgrafik** beschriftet. Aus der *Symbolgalerie* holt sie

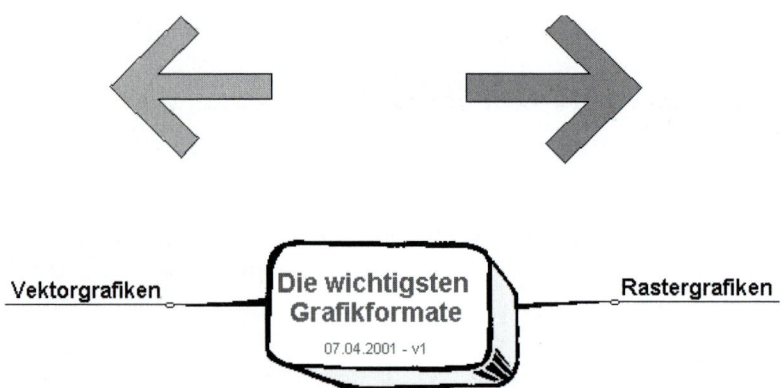

Abbildung 22-1: *Zwischen den beiden Computergrafikkategorien scheint es doch einige Unterschiede zu geben.*

sich im Ordner *Pfeile* zwei Symbole, um noch einmal die Unterschiedlichkeit zwischen den beiden Hauptzweigen zu verdeutlichen.

Tonia möchte jede der zwei Kategorien mit folgenden Unterzweigen beschriften:

- De
- A   ngsbereiche
- Formate
- Klassische Programme

Sie beschriftet den einen Zweig mit diesen Punkten. Dann kopiert sie sich die Zweige einfach, indem sie die Strg-Taste beim Verschieben der Zweige gedrückt hält, und beschriftet so den zweiten Zweig.

Tipp Mit gedrückter Strg-Taste kann man auch freie Texte und Symbole an eine andere Stelle in der Map kopieren.

Rastergrafiken

Ganz grob kann man sagen, dass Rastergrafiken **mit Bildern und Fotos vergleichbar** sind, findet Tonia. Wichtig bei diesen Grafiken ist, dass sie sich aus einzelnen **Pixeln,** also Bildpunkten, zusammensetzen. Dies hat natürlich bei einer Eins-zu-Eins-Wiedergabe den Vorteil einer **größtmöglichen Detailgenauigkeit.** Darin liegen aber gleichzeitig auch die Probleme: Eine **Vergrößerung oder Verkleinerung** des Bildes geht nie ohne **Verlust der Qualität.** Die Dateien benötigen in der Regel **viel Speicher.**

All diese Punkte notiert Tonia an den Unterzweig **Definition**. Tonia springt mit den Pfeiltasten auf der Tastatur zwischen den Zweigen viel hin und her. Mit der Taste Esc kehrt sie ganz einfach auf das Titelthema der Map zurück.

Wenn man bei gehaltener Strg-Taste die Pfeiltasten drückt, kann man die Map nach oben, unten, links und rechts bewegen. Alt+Pfeiltaste öffnet Zweige/Unterzweige, wenn man sich auf sie bewegt, und schließt sie wieder, wenn man zurückgeht.

Tipp

Die Anwendungsbereiche für Rastergrafiken hat Tonia schnell in einer Liste zusammengefasst:

- Druckvorlagen für Publikationen
- Fotomontagen, Collagen, Grafikdesign
- Multimedia-Medien
- WWW (Internet)
- Bei allen fotoähnlichen Darstellungen

Sie überträgt die Punkte als Unterzweige in die Map und verfährt genauso mit der Liste der bekanntesten Programme:

- Adobe Photoshop
- Corel Photopaint
- Micrografx Picture Publisher
- MS PhotoDraw
- Paintshop Pro

Natürlich gibt es noch einige mehr, aber mit dieser Auswahl hat sie wohl die meistgenutzten Programme ihrer Kollegen und Geschäftspartner abgedeckt. Bei den Formaten hofft sie auf die Nachsicht der wissenden Kollegen, denn eigentlich müsste hier eine Dreiteilung erfolgen, die Tonia unter den Tisch fallen lässt, denn neben **Rastergrafik-** und **Vektorgrafikformaten** gibt es auch noch **Metagrafikformate**. Diese können sowohl das eine wie das andere, manchmal auch beides speichern. Tonia entschließt sich, bei der Zweiteilung zu bleiben und notiert unter **Rastergrafiken** folgende Formate mit einer kurzen Beschreibung zur besseren Orientierung:

BMP, FIF, GIF, JPG, PCX, PDF, PSD, TIF

Diese Fülle an Informationen lässt die Mind Map natürlich sehr groß werden.

Sie klickt auf die Schaltfläche *Detailebenen* und wählt *Ebene 2 anzeigen*. Hierdurch bleibt die Map übersichtlicher.

Hinweis Die Ebenennummer bezieht sich immer auf den markierten Ausgangszweig. Es hat also einen unterschiedlichen Effekt, wenn das Titelthema, ein Hauptzweig oder Unterzweig markiert wird und beispielsweise *Ebene 2 ausblenden* angeklickt wird.

Mit der Schaltfläche *Farbe zuweisen* weist Tonia dem Zweig Rastergrafiken die Farbe Rot zu.

Tonia ist selbst ganz erstaunt, wie schön gegliedert und übersichtlich dieses sonst so verwirrende Thema dargestellt ist. Sie macht sich gleich an die Vektorgrafiken.

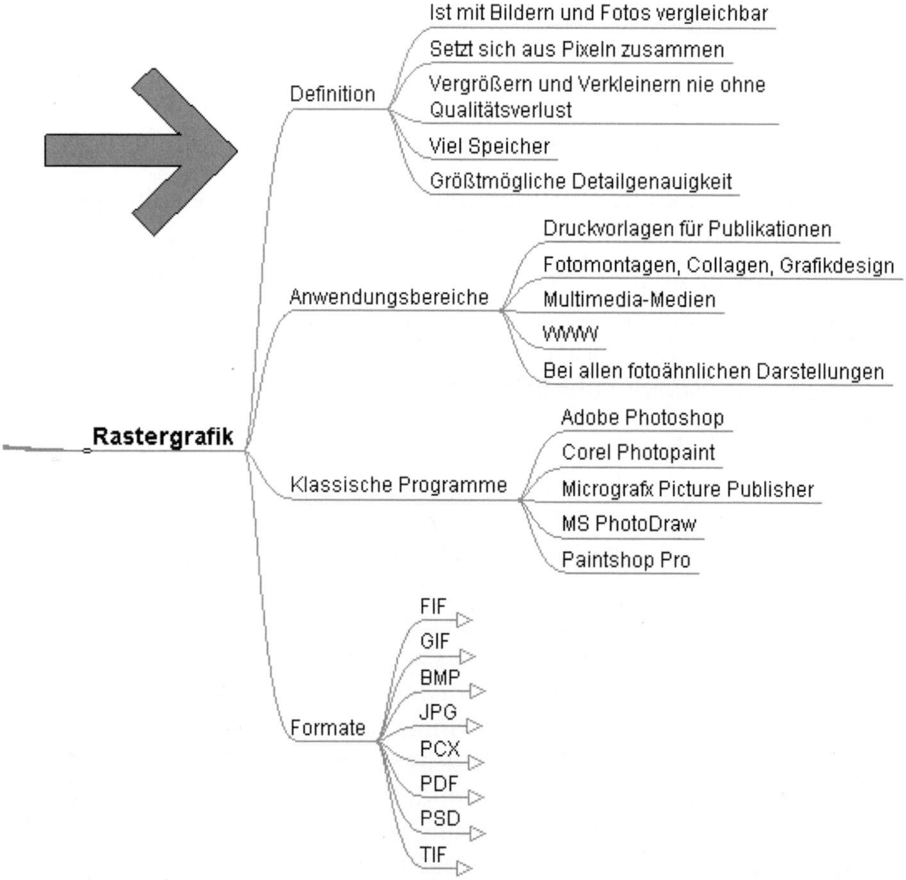

Abbildung 22-2: *Schön übersichtlich stellt sich der Bereich Rastergrafik nun dar.*

Vektorgrafik

Vektorgrafiken beruhen auf einer Konstruktion aus **mathematisch definierten Formen wie Linien und Kurven,** die man auch als Vektoren bezeichnet. Die **geometrischen Eigenschaften** dienen zur **Darstellung von Objekten.** Die Vektorgrafik ist die **älteste Grafikform** und wurde ursprünglich im **Konstruktionsbereich** (CAD) entwickelt. Große Vorteile bieten Vektorgrafiken in ihrer **freien Skalierbarkeit.** Eine Veränderung der Größe führt also **nicht** zu einem **Qualitätsverlust.** Zudem benötigen sie wesentlich **weniger Speicher** als Rastergrafiken. Tonia notiert all diese Punkte an dem Zweig **Definition.** Als **Anwendungsbereiche** kommen in Frage:

- Zur Illustration
- Erstellung von Konstruktionszeichnungen
- Computer-unterstütztes Zeichnen (CAD)
- Computer-gestützte Herstellung (CAM)
- Zur Realisierung allgemeiner 3 D-Modelle

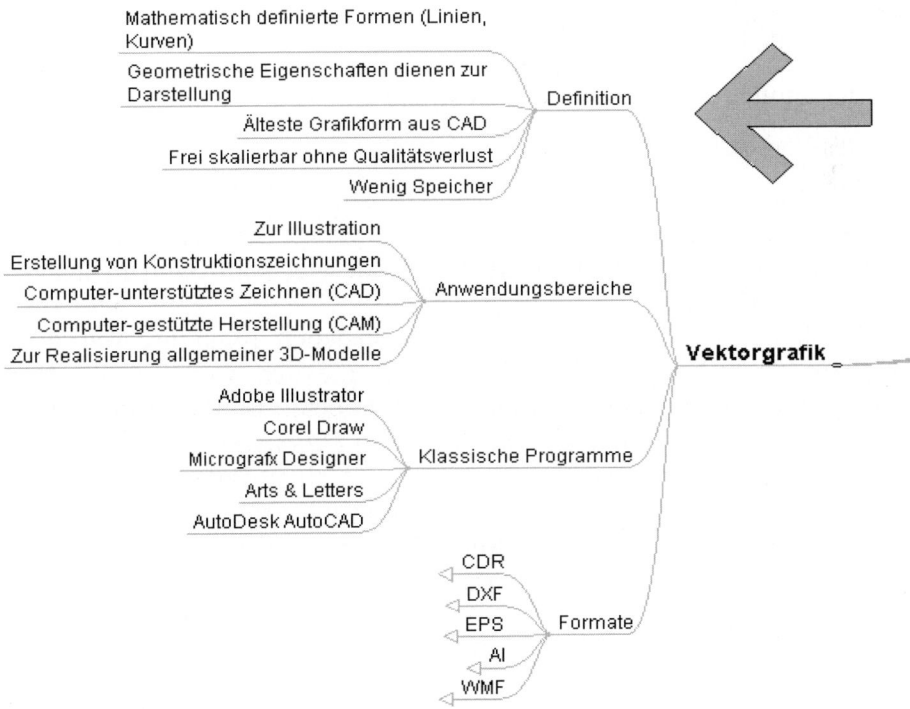

Abbildung 22-3: *Und hier die Vektorgrafikseite.*

Schnell hat sie auch eine Liste mit den **gängigen Programmen** notiert, die aber auch wiederum keinen Anspruch auf Vollständigkeit erhebt:

▓ Adobe Illustrator

▓ Corel Draw

▓ Micrografx Designer

▓ Arts & Letters

▓ AutoDesk AutoCAD

Eine Liste der **Formate** hat sie natürlich auch schon im Kopf:
AI, CDR, DXF, EPS, WMF

Auch der Vektorgrafikzweig bekommt eine Farbe mit der Schaltfläche *Farbe zuweisen*. Wiederum ist Tonia von der Übersichtlichkeit angetan.

Was geht und was geht nicht

Tonia hat ihren Kollegen und Geschäftspartnern nun eine Fülle an Informationen gegeben. Das Wichtigste aber fehlt nun noch, nämlich das Kennzeichnen der Dateiformate als akzeptabel und als nicht geeignet. Hierzu entschließt sich Tonia mit Kodes zu arbeiten, die sie in der Schaltfläche *Kodes anzeigen/verbergen* findet. Sie sucht sich nur zwei eindeutige Symbole heraus:

 ▓ den Smiley als Zeichen für **Das ist gut**

 ▓ das Verbotsschild für **Nein**

Sie teilt jedem Grafikformat einen Kode zu. Hierzu markiert sie den Zweig mit dem Formatkürzel und klickt auf das jeweilige Symbol in der Schaltfläche *Kodes anzeigen/verbergen*. Der Kode erscheint dann neben der Zweigbeschriftung.

Zusätzlich zur normalen Speicherung speichert Tonia ihre Map noch im *eMindMaps*-Formate. Diese Option ist nützlich, wenn sie die Map später an jemanden versenden möchte, der keinen MindManager installiert hat. Hierzu geht sie in der Menüleiste in *Datei/Export/eMindMaps*. Es erscheint ein Dialogfenster, in welchem sie einen Dateinamen und einen Speicherort wählen muss. Sie bestätigt ihre Eingabe mit *OK*.

 Folgende Eigenschaften von MindManager 4.0 werden in diesen Formaten nicht unterstützt und gehen daher verloren:

▓ Textnotizen

▓ Umrandungen

▓ AutoFormat

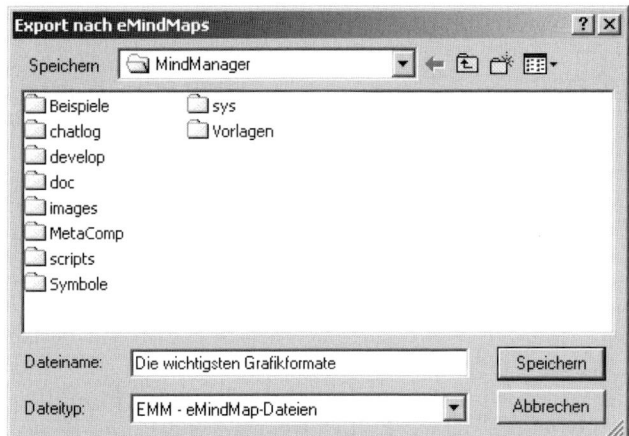

Abbildung 22-4:   *Das Dialogfenster zum Abspeichern der eMindMaps.*

»Oh wie wunderbar«, denkt sich Tonia. Sie hat eine Stunde an der Mind Map gearbeitet, aber diese Zeitinvestition hat sich gelohnt. Sie wird ihren Kollegen und Geschäftspartnern sicherlich eine sinnvolle Unterstützung sein.

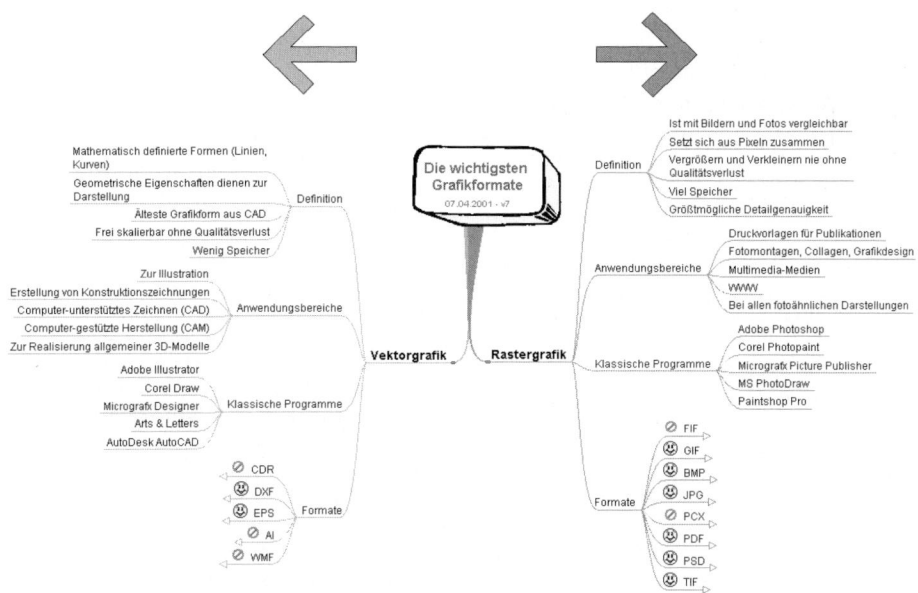

Abbildung 22-5:   *Jetzt weiß jeder, wo es langgeht.*

23 E-Mail für Dich

Im Kommunikationszeitalter gehört das Bewältigen der hereinströmenden Bilder- und Datenfluten zum Alltag. Wir schwimmen und versinken darin, wir dirigieren und selektieren die Informationen unter Zuhilfenahme einer inzwischen stattlichen Anzahl von möglichen Medien. »Fasse Dich kurz, wenn Du kannst« wird das Motto der Neuzeit lauten und damit erklärt sich auch schon die stetig steigende Beliebtheit der erst seit wenigen Jahren etablierten »E-Mail«.

Das elektronische Briefchen ist überaus praktisch. E-Mail ist schnell – schneller als Telefax oder Kurier, vom guten alten »Postillion« ganz zu schweigen. E-Mail kommt pur, kurz und schmerzlos oder kreativ gestaltet, mit und ohne Anhang. Das lässt sogar die ehemals Schreibfaulen am schriftlichen Austausch Vergnügen finden. Info, Memo, Terminanfrage und Liebesbrief – »E-Mail für Dich« hat den nationalen und internationalen Briefverkehr geradezu revolutioniert.

Inzwischen hat sich sogar ein regelrechter »Cyberslang« etabliert – eine spezielle Internet-Sprache. Besonders findige »Net-ianer« schwören auf den Gebrauch der »Emoticons«, auch Smileys genannt, mit denen man E-Mails sozusagen stimmungstechnisch aufpeppen kann.

Die E-Mail Geheimzeichen

Norbert S. ist EDV-Trainer. Heute steht ihm eine besonders schöne und mit Sicherheit lustige Aufgabe bevor – der Vorstand des Seniorenvereins hat ihn gebeten, seinen Mitgliedern das Medium E-Mail nahe zu bringen. Er kennt seine Pappenheimer schon, denn als Letztes hat er den junggebliebenen Alten die Vorzüge von Microsoft Word und Excel erklärt. Seine anfängliche Skepsis, dass die alten Leute nicht die richtige Motivation aufbringen könnten, wurde da schon beeindruckend widerlegt.

 Neben den normalen Funktionen wie Schreiben, Senden und Empfangen möchte er sein Seminar etwas aufpeppen. Beim Surfen im Internet kommt ihm die passende Idee, als sein Blick auf ein Smiley fällt. Im

Bruchteil einer Sekunde weiß Norbert, wie er »seine« Senioren noch besser unterrichten und gleichzeitig unterhalten kann. Smileys machen die Mails sofort persönlicher, richtiggehend lebendig. Und Norbert wird seinen Seminarteilnehmern auch gleich eine Übersicht über die wichtigsten »Faces« verschaffen – in Form einer Mind Map!

Die Smiley-Map

In weniger als einer Minute hat Norbert eine Webseite ausfindig gemacht, die eine Übersicht über häufig verwendete Smileys zeigt – praktischerweise gleich in Tabellenform (siehe Abbildung 23-1).

Das wird ihm einige Arbeit ersparen! Er markiert im Internet-Browser den Tabellenbereich mit den gewünschten Definitionen und kopiert ihn mit Strg+C in die Zwischenablage. Dann öffnet Norbert Microsoft Word und fügt die Tabelle mit Strg+V in ein leeres Dokument ein. Er markiert den gesamten Bereich mit dem Befehl *Tabelle/Markieren/Tabelle* und fügt mit *Tabelle/Zellen einfügen/Spalten nach links* eine weitere Spalte auf der linken Seite ein. Diese benötigt er für eine saubere Gliederung, da sonst alle Zeilen im MindManager als Hauptzweige erscheinen.

Die HTML-Seite mit den Smileys und die im Folgenden beschriebenen Word-Dokumente des Norbert S. finden Sie als Beispieldatei auf der CD zu diesem Buch. **Hinweis**

Smilies - das Gesicht der Mail

fröhlich sein und es zeigen

:-)	fröhliches Grinsen
:-D	fröhliches Lachen, laut lachen
;-)	augenzwinkernd, nicht ganz ernst gemeint
:-]	glücklich, schmunzelnd
:-))	Sehr fröhlich, das gefällt mir wirklich sehr!
|-D	Hahaha!

Wer wird denn da traurig sein...

;-(	ich weine
:-(	traurig; das gefällt mir nicht
:-c	unglücklich
:-C	wirklich unglücklich
:-B	Ich muss gleich heulen!
:-((	Das gefällt mir überhaupt nicht!
:~(	Mir kullern die Tränen!

Abbildung 23-1: *Ein Ausschnitt aus der HTML-Seite.*

```
fröhlich·sein·und·es·zeigen·¶
    →   :-)  →  fröhliches·Grinsen¶
    →   :-D  →  fröhliches·Lachen,·laut·lachen¶
    →   ;-)  →  augenzwinkernd,·nicht·ganz·ernst·gemeint¶
    →   :-]  →  glücklich,·schmunzelnd¶
    →   :-)) →  Sehr·fröhlich,·das·gefällt·mir·wirklich·sehr!¶
    →   |-D  →  Hahaha!¶
    →    o   →   o¶
Wer·wird·denn·da·traurig·sein...·¶
    →   ;-(  →  ich·weine¶
    →   :-(  →  traurig;·das·gefällt·mir·nicht¶
    →   :-c  →  unglücklich¶
    →   :-C  →  wirklich·unglücklich¶
    →   :-B  →  Ich·muss·gleich·heulen!¶
    →   :-(( →  Das·gefällt·mir·überhaupt·nicht!¶
    →   :~(  →  Mir·kullern·die·Tränen!¶
    →    o   →   o¶
wo·die·Liebe·hinfällt...·¶
```

Abbildung 23-2: *Im Nu ist die HTML-Seite in ein Word-Dokument umgewandelt und kann in den MindManager importiert werden.*

Anschließend wählt Norbert im Menü *Tabelle* den Befehl *Umwandeln/ Tabelle in Text* und markiert im folgenden Fenster bei *Text trennen durch* die Checkbox vor *Tabulatoren*. Mit Klick auf *OK* verwandelt sich die Tabelle in puren Text – und vor jeder Zeile steht fein säuberlich ein Tabulator. Diesen Tabulator muss Norbert S. nun nur noch jeweils vor den Überschriften entfernen, und fertig ist die Grundstruktur.

Import der Gliederung in eine Map

Norbert markiert den gesamten Text und befördert ihn noch einmal mit Strg+C in die Windows-Zwischenablage. Dann startet er den MindManager und öffnet eine neue Map. Mit einem Klick auf den Titel hebt Norbert diesen hervor und nach Betätigen der Tastenkombination Strg+V kann er bereits seine halbfertige Mind Map bestaunen.

Kosmetik für die Smileys

Was nun folgt, ist nur noch Kosmetik. Zuerst ordnet Norbert S. die Hauptzweige der Mind Map neu an. Dann benötigt er ein paar witzige Grafiken. In seinen Office-ClipArts blättert er im Bereich *Cartoons* mit *Weitersuchen* auf die dritte Seite und sucht sich einige der stilisierten Figuren aus.

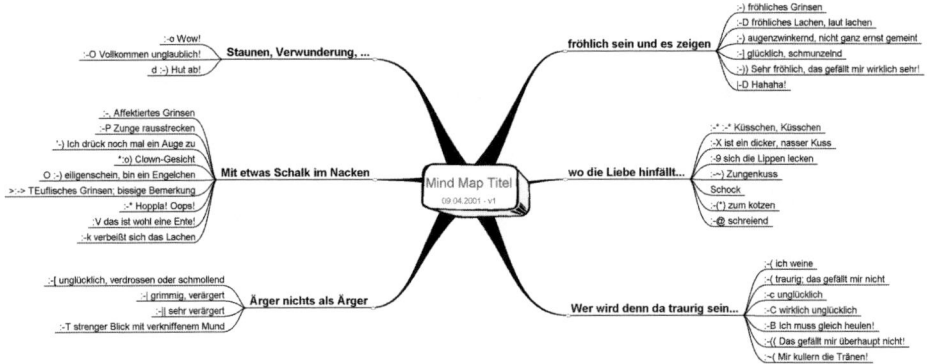

Abbildung 23-3: *Die halbfertige Map.*

Für den Titel der Map wählt Norbert das Männchen mit dem Bauplan (*j0078732.wmf*). Er markiert die gewünschten ClipArts mit gedrückter `Strg`-Taste und befördert sie mit einem Klick auf die Schaltfläche *Kopieren* in die Zwischenablage. Im MindManager öffnet Norbert die Symbolgalerie und wählt im nun erscheinenden Menü *Symbolgalerie* den Befehl *Importieren*. Im Dialogfenster *Symbol importieren* öffnet er den Ordner *Meine Symbole* und fügt die zuvor kopierten ClipArts mit `Strg+C` ein.

Norbert zieht die Symbole mit der Maus auf die passenden Zweige der Map. Die Grafik für den Titel jedoch will er zuvor weiter bearbeiten. Zu diesem Zweck klickt er mit der linken Maustaste doppelt auf das entsprechende Symbol. MindManager startet automatisch das Programm *Metafile Companion*, mit dem Norbert nun die Grafik bearbeitet:

Bearbeiten von Symbolen

Zunächst markiert Norbert S. das Haus in der Mitte des »Bauplanes« und löscht das Objekt kurzerhand mit der Taste `Entf`. Anschließend markiert er nacheinander den Rand des Bauplanes sowie den rechten Arm der Figur und zieht beide Objekte auf etwa die doppelte Breite. Mit Doppelklick auf das Objekt werden jeweils die Umrisspunkte angezeigt, die sich nun einzeln mit der Maus verschieben lassen, bis Norbert S. mit der Form zufrieden ist. Schließlich zeichnet er mit dem Polygon-Werkzeug die ungefähre Form für die Innenfläche des Planes. Er weist dem Objekt die Farbe Weiß zu und befördert es mit dem Menübefehl *Format/Nach Hinten* in die unterste Bildebene. Die Farbe dieser Fläche wird er später noch direkt im MindManager an die Map anpassen können. Die Farbe des Männchens ändert Norbert noch in Blau ab.

Damit die Grafik beim Einfügen in die Map nicht allzu groß erscheint, markiert er mit `Strg+A` das gesamte Bild und verkleinert es auf etwa die

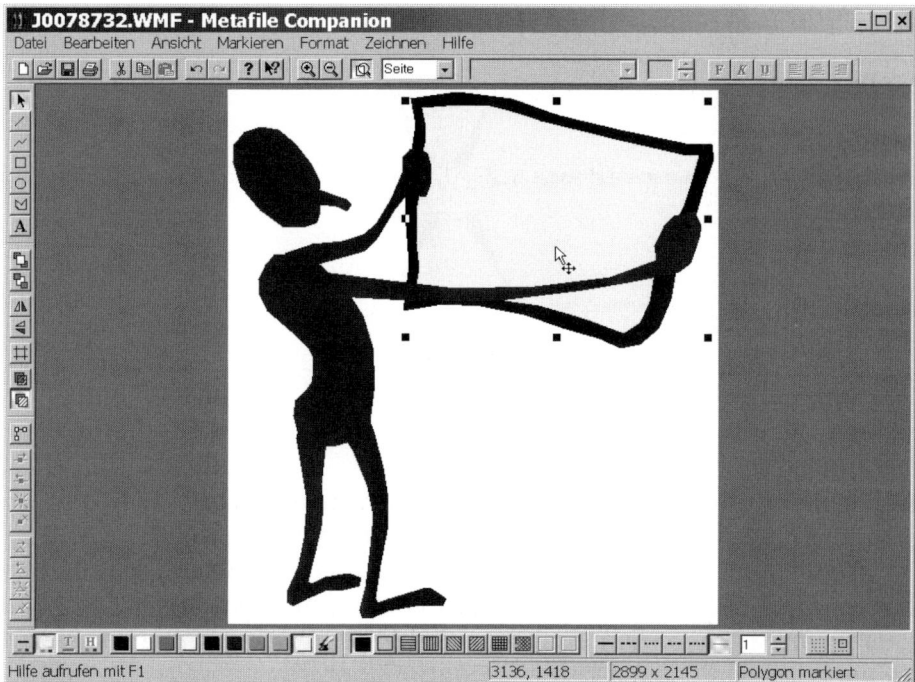

Abbildung 23-4: *Die Titelgrafik im Programm* Metafile Companion.

Hälfte. Er beschneidet die Bildfläche mit dem Befehl *Format/Bildgröße anpassen* und verlässt das Programm, wobei er die Frage nach dem Speichern natürlich bejaht.

Anpassen des Titelsymbols

Zurück im MindManager, zieht Norbert S. das neu gestaltete Symbol auf den Titel der Map. Zwar warnt ihn das Programm, dass kein Textbereich definiert sei, aber diese Meldung ignoriert Norbert einfach. Stattdessen klickt er mit der rechten Maustaste auf den Titel und wählt im Kontextmenü den Befehl *Eigenschaften*. Auf der Registerkarte *Symbol* passt er nun den Textbereich für den Titel an und wählt eine Farbe für den Hintergrund. Sobald Norbert einen Titel für die Map eingegeben hat, wird der Textbereich wirksam und das Symbol springt an die passende Stelle. Anschließend passt Norbert S. mit den entsprechenden Schaltflächen in der Symbolleiste die Schriftgröße des Titels an und verändert mit der Maus Größe und Proportionen der Grafik, bis alles ein schönes Bild ergibt.

Die übrigen Symbole passt Norbert S. auf die beschriebene Weise ebenfalls an, beispielsweise zeichnet er eine Narrenkappe für die Figur des Hauptzweiges **Mit etwas Schalk im Nacken**.

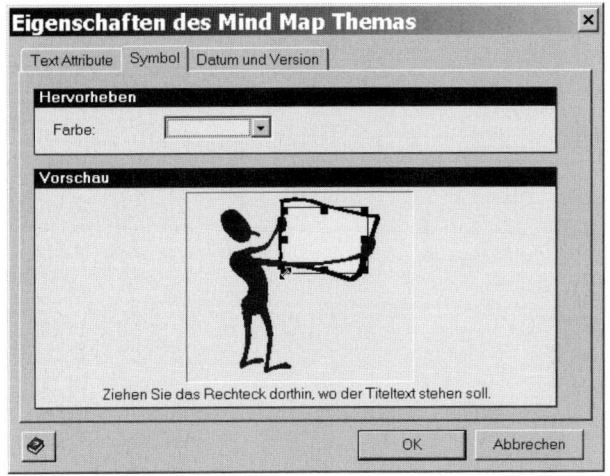

Abbildung 23-5: *Anpassen des Titelsymbols im MindManager.*

Abschließend hebt er die einzelnen Zweige durch unterschiedliche Farben besser hervor und fügt einen freien Text als Seitenüberschrift ein. Diesem weist er noch die Schriftart *Comic Sans MS* zu und fügt auf beiden Seiten eine Smiley-Grafik ein. Norbert ist sehr zufrieden – das Ergebnis kann sich sehen lassen.

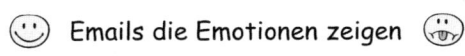

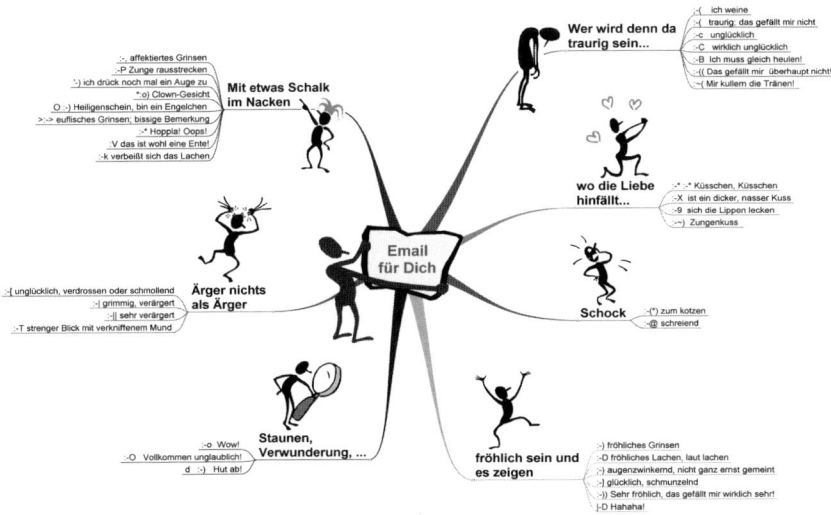

Abbildung 23-6: *Die fertige Mind Map.*

MIND MAP ZU KAPITEL 23 AUF SEITE 167

Fürs Leben

Fürs Büro

Fürs Marketing

Für PC-User

Für Manager

Für Alle

Anhang

Für Manager

>>Die meisten Führungskräfte zögern, ihre Leute mit dem Ball lau-
fen zu lassen. Aber es ist erstaunlich, wie schnell ein informierter
und motivierter Mensch laufen kann.<<

Lee Iacocca (*1924), amerikanischer Topmanager

Dass das wichtigste Potenzial eines Unternehmens seine Mitarbeiter sind,
weiß jeder gute Manager. Der erste Schritt zu einer guten Führungsper-
sönlichkeit ist diese und die Erkenntnis über die eigenen Stärken und
Schwächen. Mithilfe einer Map über **Persönlichkeitstypen**, finden Sie
schnell heraus, zu welchem Kreis von Menschen Sie gehören.

Auch ein guter **Projektleiter** zu sein, ist eine Fähigkeit, die man erlernen kann. **Coaching** und **Moderation**, aber auch **Zeitmanagement** sind
heute unabdingbare Führungsinstrumente. Schauen Sie mal rein, es gibt
sicherlich einiges an Informationen zu entdecken. Zusätzlich können Sie
im MindManager lernen wie man

- Maps untereinander verlinkt

- Maps als E-Mail verschickt

- Texte kopiert

- mit dem Toolkit arbeitet

- Und natürlich gibt es viel Spannendes mehr.

Lassen Sie sich inspirieren!

24 Bestimmung von Persönlichkeitstypen

Die Persönlichkeit eines Menschen ist äußerst komplex und daher nicht einfach einzuordnen. Häufig fällt es schwer, die eigenen Stärken und Schwächen zu erkennen. Eine klare Erkenntnis über unseren eigenen Persönlichkeitstyp würde jedoch das zwischenmenschliche Miteinander, beruflich wie privat, erleichtern. Es gibt nützliche Theorien, die als Grundlage zur Selbstanalyse dienen können. Wer sich selbst erkannt hat, wer also weiß, wie er arbeitet, lebt und liebt, weiß auch, wo seine Stärken und Schwächen liegen. So kann das zwischenmenschliche Verhalten in vielen Bereichen verbessert werden.

Welcher Persönlichkeitstyp sind Sie?

Claudia H. ist Praktikantin in der Personalabteilung eines alternativen Stromkonzerns. Sie studiert BWL und Psychologie und befasst sich im Zuge ihrer Diplomarbeit mit verschiedenen Theorien zu Persönlichkeitstypen. Sie hat ihren Kollegen in der Abteilung von den Studien Karl Jungs erzählt, der bereits Anfang des 20. Jahrhunderts Untersuchungen zur Bestimmung von Persönlichkeitstypen durchgeführt hat.

Die Kollegen haben Claudia mit so viel Spannung zugehört, dass sie ihnen angeboten hat, über diese Theorie ein Mind Map zu erstellen. Diese Informationen könnten ein nützliches Instrument für weitere Personalplanung und Einstellungen sein. Claudia setzt sich zu Hause hin und versucht einen Teil der Studienergebnisse von Karl Jung mit dem MindManager zu visualisieren.

Die vier Persönlichkeitstypen nach Jung

Mit der Schaltfläche *Neu (Standard)* ruft sich Claudia eine Standard Mind Map auf, in deren Titelthema sie folgende Frage formuliert: **Welcher Persönlichkeitstyp sind Sie?** Über die *Symbolgalerie* holt sie sich aus der Datei *Titel Modern* ein passendes Symbol.

Über die Funktion *AutoLayout* erstellt sie nun eine Map, bei der alle Zweige einen bestimmten Abstand zueinander haben. Diese Funktion kann zu jedem beliebigen Zeitpunkt über *Ansicht/AutoLayout* aktiviert bzw. deaktiviert werden.

Hinweis Wenn Sie das AutoLayout im Nachhinein aktivieren, brauchen Sie nur einen Zweig leicht zu bewegen, damit die gesamte Map formatiert wird.

Sie markiert das Titelthema der Map und wählt in der Menüleiste den Befehl *Format/Mind Map,* um das Format der Map zentral einzustellen. In der Registerkarte *Layout* deaktiviert sie den Befehl *Runde Linien verwenden.* Unter *Grafische Optionen* aktiviert sie den Befehl *Nur Texte farbig* und bestätigt die Eingabe mit *OK.*

Jung geht davon aus, dass es zwei Persönlichkeitstypen gibt:

- Der Introvertierte bevorzugt das selbstständige und unabhängige Arbeiten und Leben.

- Der Extrovertierte fühlt sich allein verloren und benötigt die Interaktion mit seinen Mitmenschen.

Komplexität erhält Jungs Theorie erst durch seine Annahme, dass wir Daten über vier Funktionen empfangen und verarbeiten:

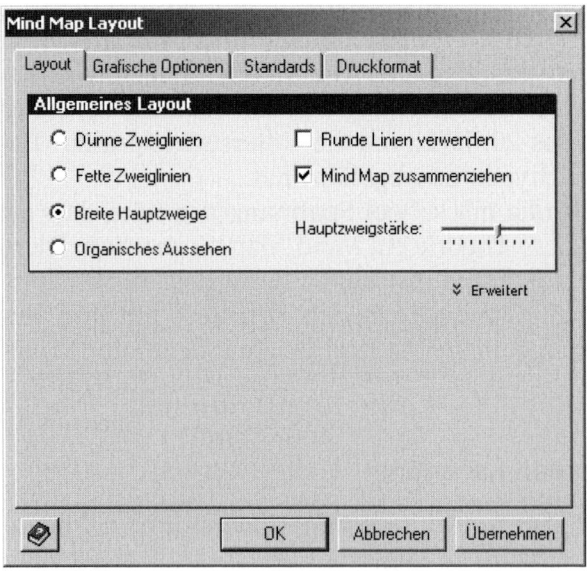

Abbildung 24-1: *Das Dialogfenster* Mind Map Layout *hilft bei Formatänderungen.*

▦ Denken

▦ Intuition

▦ Fühlen

▦ Sinnliche Wahrnehmung

Jeder Mensch hat eine dominierende, eine oder zwei nur halb- und eine unterentwickelte Funktion.

Claudia fügt nun mit der Schaltfläche *Zweig einfügen* vier Haupt- zweige ein, die sie folgendermaßen beschriftet:

▦ Der Denkertyp

▦ Der Wahrnehmungstyp

▦ Der Intuitionstyp

▦ Der Gefühlsmensch

Mit der Schaltfläche *Farbe zuweisen* färbt sie die Zweige ein.

Claudia hat zwar noch nicht so viel Arbeitserfahrung gesammelt, aber ziemlich schnell ist ihr aufgefallen, dass es gerade in beruflichen Bereichen wichtig ist, zu wissen, ob jemand zu den introvertierten oder extrovertierten Menschen gehört und welche der vier Funktionen am stärksten, welche am schwächsten ausgeprägt ist. Hat man dies auch für sich selbst erkannt, ist es viel einfacher, genau diese Stärken und Schwächen bei Mitarbeitern feststellen zu können. Dadurch kann effektiver entschieden werden, wer sich für die jeweiligen Aufgaben am besten eignet. Auf diese Art und Weise können Arbeitsgruppen aufgebaut werden, in denen Stärken der Teammitglieder gebündelt und Schwächen ausgeglichen werden.

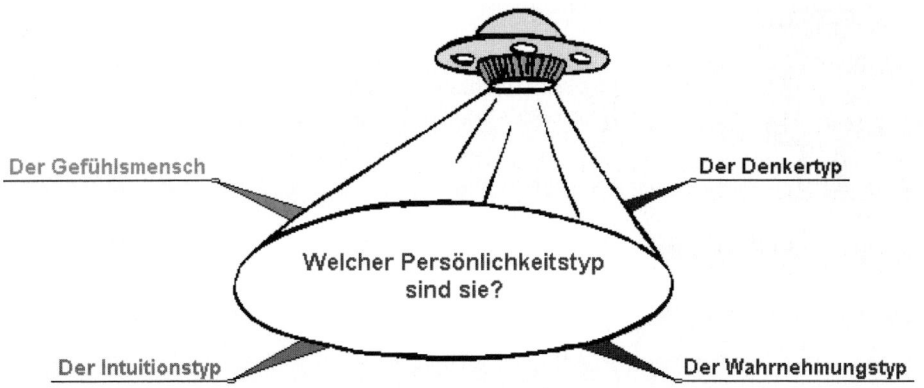

Abbildung 24-2: *Die Formatveränderungen wirken sich gleich auf den Eindruck der Map aus.*

Der Denkertyp

Der Denker ist stark in Logik, Methodik und Analyse, allerdings hat er Probleme mit der Umsetzung. Er konzentriert sich gerne auf Details und ist im Umgang mit Menschen sehr diplomatisch. Obwohl er in der Regel Anweisungen folgt, steht er Projekten, deren rationale Grundlage fehlt, kritisch gegenüber. Claudia hat bereits in einem Word-Dokument die folgenden Stichpunkte notiert:

▩ Logische Denkweise und Problemlösungsansätze

▩ Ist stark in der Analyse, aber schwach in der Ausführung

▩ Methodische Arbeitsweise

▩ Ist Skeptiker gegenüber irrationalen Projekten

▩ Zahlenmensch, gut im kaufmännischen Bereich

▩ Gut in der Recherche und Systemanalyse

Neben ihrer Map öffnet Claudia gleichzeitig das Word-Dokument und ordnet ihren Bildschirm so an, dass beide Programmfenster nebeneinander geöffnet sind. Sie markiert die Gliederungspunkte in dem Word-Dokument und zieht den Ausschnitt mit gedrückter linken Maustaste bei festgehaltener Strg-Taste auf die Zweigbeschriftung **Der Denkertyp**. Dort lässt sie die Tasten los und der MindManager legt automatisch für jeden Gliederungspunkt einen Zweig an. Per Hand muss sie nur noch die mitkopierten Gliederungszeichen entfernen.

Claudia entschließt sich, zuerst mit wenigen grafischen Elementen zu arbeiten. Allerdings fügt sie aus der Symbolgalerie aus dem Ordner »Figuren« ein zu dem Persönlichkeitstypen passendes Männchen ein.

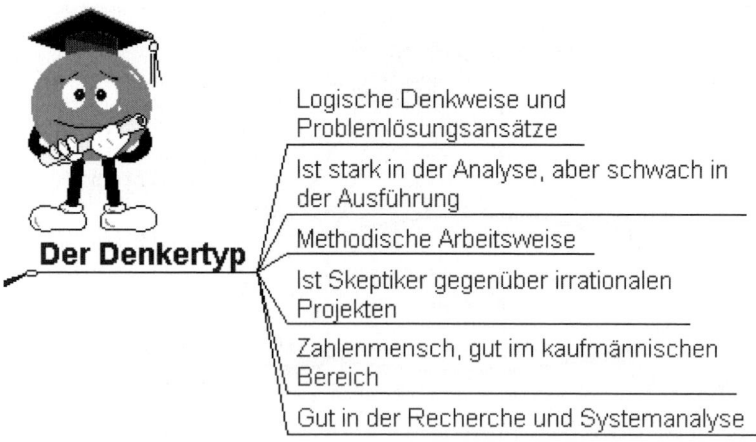

Abbildung 24-3:   *Der Denker ist stark in Logik, Methodik und Analyse.*

Der Wahrnehmungstyp

Menschen, die stark durch Sinneswahrnehmungen geprägt sind, erscheinen sachlich, energisch und pragmatisch. Sie wollen etwas bewirken. Der Wahrnehmungstyp übernimmt gerne und schnell das Kommando und trifft schnelle Entscheidungen. Außerdem scheut er vor keiner Herausforderung zurück. Claudia notiert

- Arbeitet intensiv und ist gut organisiert
- Häufig ungeduldig in der Planungsphase
- Fühlt sich wohl bei Routineaufgaben
- Besitzt gesunden Menschenverstand
- Ist praktisch veranlagt und setzt Ideen in Taten um
- Ist dynamisch und zielstrebig, aber auch pragmatisch
- Stark im Projekte veranlassen und Verhandlungen führen/abschließen

Wieder kopiert sie sich die Stichpunkte aus dem Word-Dokument in die Mind Map und fügt dem Zweig ein passendes Symbol-Männchen bei.

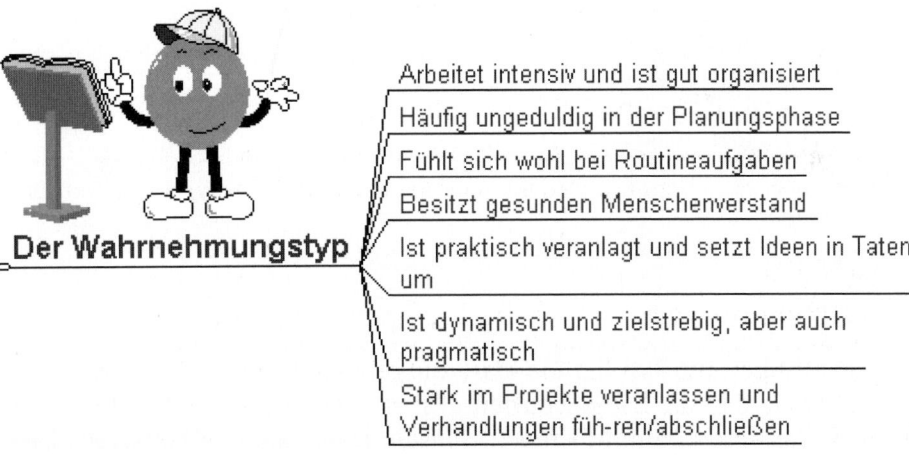

Abbildung 24-4: *Der Wahrnehmungstyp dirigiert gern das Geschehen.*

Der Intuitionstyp

Der intuitive Typ ist ideenstark, kreativ und kann lateral denken, das heißt, er schaut über den Tellerrand. Er kann begeistern und motivieren, versprüht also eine Menge Optimismus. Allerdings hat er den Hang zur ungenauen Detailarbeit. Seine Stärken liegen eher in der langfristigen Grobplanung. Claudia überträgt die folgende Liste in ihre Map:

- Handelt häufig aus dem Bauch heraus

- Spielt gerne mit Ideen und Theorien

- Überblickt das Geschehen, aber übersieht Details

- Ist kreativ, besitzt eine blühende Phantasie

- Stark in langfristiger Planung, kreativem Schreiben, lateralem Denken

- Arbeitet gerne mit Kreativitätsmethoden (Mind Mapping, Brainstorming)

Natürlich bekommt dieser Zweig auch ein Männchen zugeordnet.

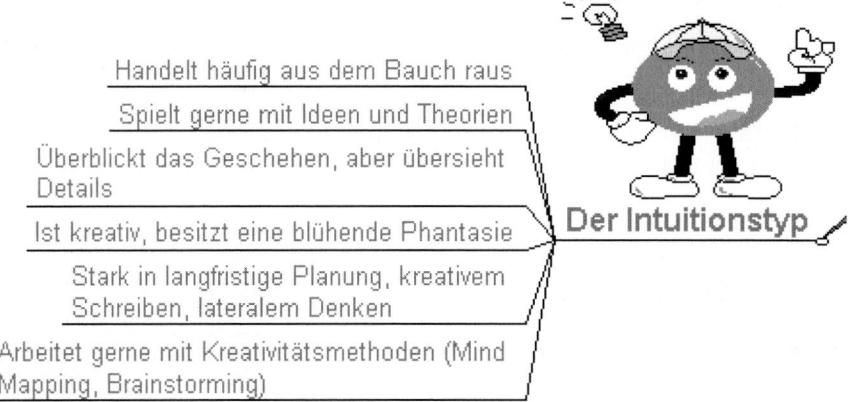

Abbildung 24-5: *Bauchschmerzen bereiten dem Intuitionstyp seine Entscheidungen nicht.*

Der Gefühlsmensch

Der gefühlsbetonte Typ hat ein stark ausgeprägtes persönliches Wertesystem nach dem er die Dinge beurteilt. Er ist in der Regel ein herzlicher, extrovertierter und kommunikativer Mensch. Dabei kann er ein spezialisiertes Können entwickeln und sich auf Aufgaben konzentrieren. Claudia kopiert die Punkte:

- Urteilt nach persönlichen Werten, nicht nach fachlichem Wissen

- Blüht in der Gesellschaft Anderer auf

- Ist durch seine Herzlichkeit und Sympathie ein gut akzeptiertes Teammitglied

- Reagiert auf die Stimmungen, Gefühle und Verhalten anderer

- Kann wichtige Fakten außer acht lassen, weil er etwas anderes fühlt

- Festigt die Beziehungen im Team

- Gut im Beraten, Schlichten, Public Relations

- Ist im Umgang mit unterstellten Kollegen genauso natürlich wie mit Führungsleuten

Nun noch das obligatorische Männchen.

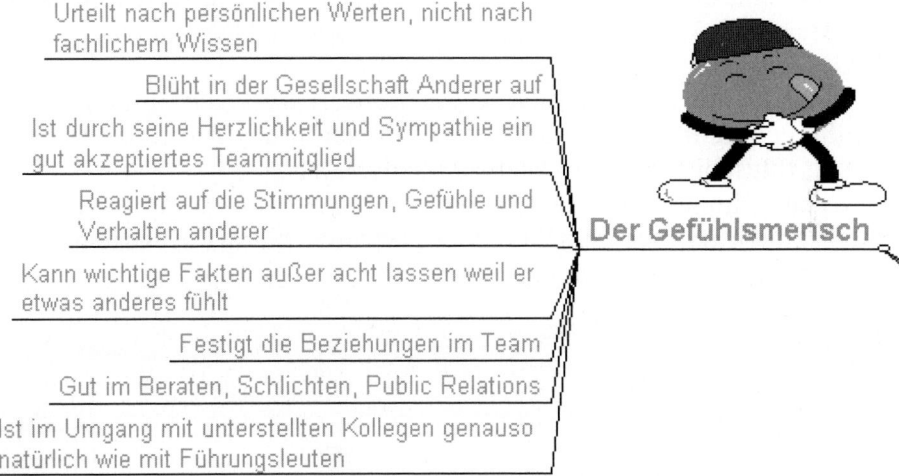

Urteilt nach persönlichen Werten, nicht nach fachlichem Wissen

Blüht in der Gesellschaft Anderer auf

Ist durch seine Herzlichkeit und Sympathie ein gut akzeptiertes Teammitglied

Reagiert auf die Stimmungen, Gefühle und Verhalten anderer

Der Gefühlsmensch

Kann wichtige Fakten außer acht lassen weil er etwas anderes fühlt

Festigt die Beziehungen im Team

Gut im Beraten, Schlichten, Public Relations

Ist im Umgang mit unterstellten Kollegen genauso natürlich wie mit Führungsleuten

Abbildung 24-6: *Der Gefühlsmensch ist auch ein Genussmensch.*

Die eigenen Stärken erkennen

In ihrer Dokumentation über Persönlichkeitstypen findet Claudia auch noch eine, wie sie findet, wichtige Liste mit Punkten, wie man es schafft, sich auf die eigenen Stärken zu konzentrieren.

- Wer sich seiner Stärken bewusst ist, ist in der Lage, Arbeitsplatzfehlbesetzungen aus dem Weg zu gehen.

- Wer die eigene Neigung und Grundrichtung und die der Anderen erkennt, ermöglicht das Wachsen von Selbstvertrauen, Motivation und Energie.

- Wer Situationen vermeidet, die hauptsächlich Schwächen betonen, lebt leichter.

- Ein Teamleiter muss sicherstellen, dass in seinem Team Personen vertreten sind, deren Stärken und Schwächen sich ausgleichen.

■ Man sollte zu seinen Schwächen stehen und bei nicht zu bewältigenden Aufgaben die Hilfe von Kollegen gewinnen oder die Aufgabe einer vertrauenswürdigen Person übertragen.

■ Ständiger Druck und Über- oder Unterforderung benötigen grundlegende Veränderungen.

■ Situationen, in denen die schwachen Seiten gefordert sind, lassen sich nicht immer vermeiden. Das Beste aus dieser Situation machen und daran wachsen.

Sie möchte dies ihren Kollegen nicht vorenthalten und fügt die Punkte als *Textnotiz* ein, die sie dem Titelthema hinterlegt. Hierzu speichert sie den Textbereich des Word-Dokuments in die Zwischenablage und markiert im MindManager das Titelthema.

Sie geht auf die Schaltfläche *Textnotizen anzeigen/verbergen* und fügt die Punkte mit der Schaltfläche *Einfügen* in das Textnotizfenster am unteren Bildschirmrand ein (siehe Abbildung 24-7).

Claudia findet, dass sie eine ganze Menge Information in der Map untergebracht hat. Sie ist schon sehr gespannt, ob ihre Kollegen sich in der Map wiederfinden werden.

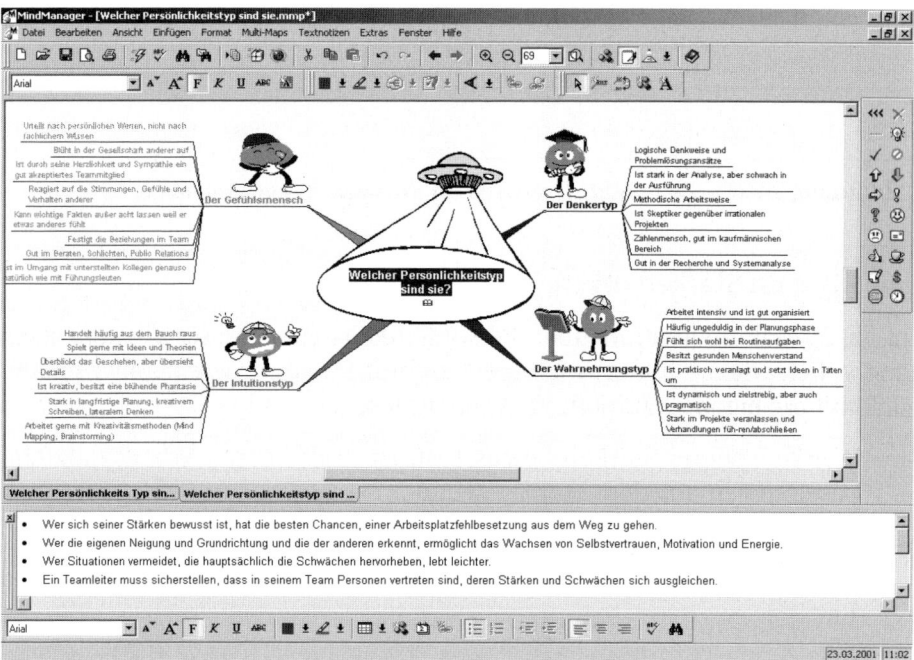

Abbildung 24-7: *Die vollständige Map zu Persönlichkeitstypen mit geöffnetem Textnotizfenster.*

MIND MAP ZU KAPITEL 24 AUF SEITE 168

25 Projekte richtig leiten

Der Projektleiter ist für die Planung aller Projektaufgaben, die Arbeitsverteilung an die Mitarbeiter sowie für die Gesamtkoordination verantwortlich. Für Mitarbeiter und Führungskräfte reicht es heute nicht mehr aus, über exzellente Fachkompetenzen zu verfügen. Angesichts der Globalisierung der Arbeitswelt wird es immer wichtiger, im Team und interdisziplinär zu arbeiten. In Wirtschaft und Verwaltung werden umfangreiche und komplexe Aufgabenstellungen immer häufiger in Form von Projekten abgewickelt.

Wie werde ich ein guter Projektleiter?

Helmut R. ist Unternehmensberater und Trainer für die praxisorientierte Anwendung von MS-Project, MS-Excel, MS-Word und MS-Access. Er arbeitet gerade an einem Vortrag mit dem Titel »Wie werde ich ein guter Projektleiter?« für die MS-Project-User-Konferenz.

In der Vorbereitungsphase visualisiert er gerne und immer häufiger mit der Mind Mapping-Methode, um seine Ideen und Gedanken zu sammeln. Dadurch hat er schon viele Maps in seinem Archiv, aus denen er immer wieder schöpfen kann. Der MindManager 4.0 hat mit dem *Map Organizer* eine neue Funktion, die das Verwalten, Suchen und Finden von Maps wesentlich vereinfacht – für einen »Vielmapper« wie Helmut R. eine ideale Ergänzung.

Wir beginnen Helmut R. über die Schulter zu sehen, als er bereits die Hauptzweige seiner Map beschriftet hat. Es sind zehn an der Zahl.

Die zehn Schritte zum guten Projektleiter

Als Erstes stellt Helmut R. sicher, dass der MindManager bei späterem Export seiner Map die Anordnung der Zweige im Uhrzeigersinn beachtet. Dies kann er kontrollieren, indem er in der Menüleiste *Format/Reihenfolge* der Hauptzweige das gleichlautende Dialogfenster öffnet. Hier kann

Abbildung 25-1: *Die zehn Punkte einer guten Projektleitung.*

Helmut R. auswählen, ob die Zweige entweder *Im Uhrzeigersinn (Beginn bei 12:00)* oder in *Eigene Reihenfolge* exportiert werden sollen. Im Uhrzeigersinn bedeutet, dass die Zweige beginnend von 12:00 Uhr nach rechts im Uhrzeigersinn angeordnet werden.

Mit der Funktion *Eigene Reihenfolge* kann eine andere Reihenfolge festgelegt werden. Hierzu markiert man mit der rechten Maustaste die Zeile und zieht diese an die gewünschte Position. Helmut R. wählt also den *Uhrzeigersinn*.

Hinweis Bei Eigene Reihenfolge wird nicht die Zweiganordnung in der Map verändert. Die Funktion spielt nur beim Export eine Rolle.

Im Suchfeld der *Symbolgalerie* sucht Helmut nun vergebens nach Nummern, die er den einzelnen Zweigen zuweisen kann. Leider hat er keinen Erfolg, aber er weiß sich zu helfen. Für eine andere Präsentation hat er im Programm *Ulead PhotoImpact* eine Nummerierung entworfen. Da er diese Zahlen mit Sicherheit noch einige Male im MindManager benötigen wird, entschließt er sich, einen neuen Ordner in der Symbolgalerie einzurichten, in den er die Symbole kopieren wird.

Abbildung 25-2: *Das Dialogfenster* Reihenfolge der Hauptzweige.

Hierzu markiert Helmut einen beliebigen Ordner in der *Symbolgalerie* und geht in der Menüleiste auf *Symbolgalerie/Neuer Ordner*. Es öffnet sich ein Eingabefenster, in welches er **Zahlen** schreibt. Er bestätigt seine Eingabe mit *OK*.

Im Menü *Symbolgalerie* öffnet er mit dem Befehl *Importieren* ein Suchfenster, in welchem bereits der Ordner *Symbole* der MindManager-

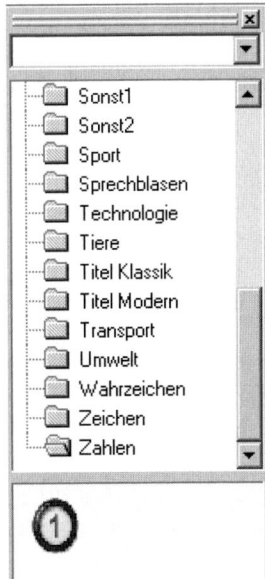

Abbildung 25-3:
Das neue Symbol in der Symbolgalerie.

Installation geöffnet ist. Dort sucht er den Ordner, in dem er seine Zahlen-Symbole im WMF- und BMP-Format abgelegt hat. Diese braucht er nur noch zu markieren und mit der Schaltfläche *Öffnen* in die Symbolgalerie zu importieren.

Helmut R. wiederholt diese Schritte für alle anderen Zahlen. Danach kann er mit ihnen genauso verfahren wie mit den anderen Symbolen in der Galerie. Er zieht sie von dort einfach an die gewünschte Position in der Map.

Tipp Übrigens lassen sich auch ganze Ordner mit Grafiken einbinden, indem sie als Ganzes in den Symbol-Ordner der MindManager-Installation kopiert werden. Allerdings darf ein solcher Ordner ebenfalls nur Dateien in den unterstützten Formaten enthalten.

Jetzt wendet sich Helmut R. den einzelnen Punkten zu.

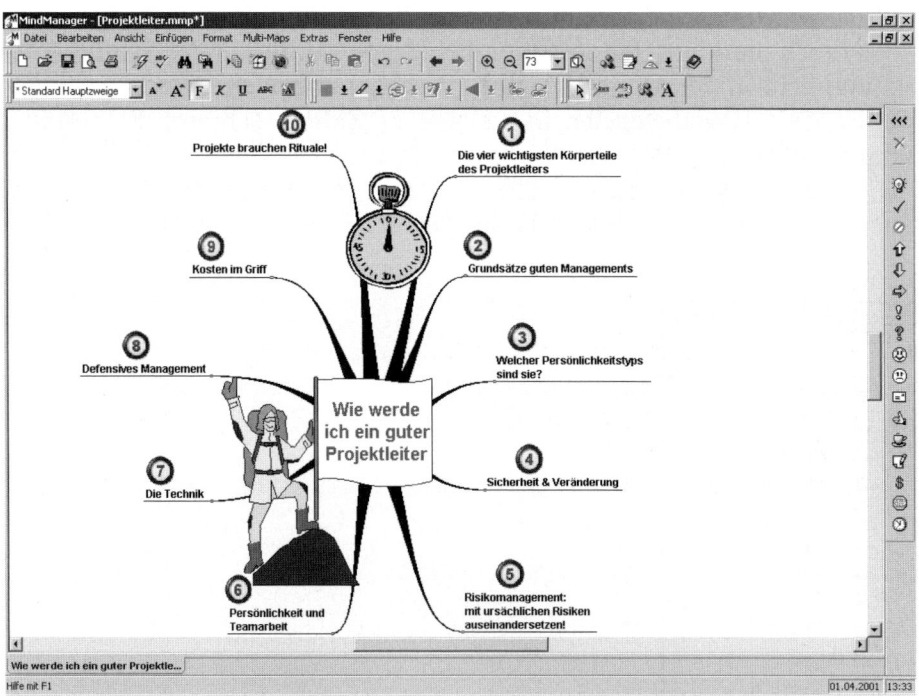

Abbildung 25-4: *Die Map mit den neuen Nummerierungssymbolen.*

Die vier wichtigsten Körperteile des Projektleiters

Helmut R. weiß aus seiner langjährigen Erfahrung, dass zu einem guten Q
Projektleiter neben einem guten Verstand auch Herz, Bauch, Seele und
Nase gehören:

- Das Herz um zu führen.

- Der Bauch um zu vertrauen.

- Die Seele um die Organisation zu beflügeln.

- Die Nase um zu riechen, wenn etwas stinkt.

Er trägt die vier Punkte an den ersten Zweig.

Grundsätze guten Managements

»Mitarbeiter sind wie wertvolle Uhren. Man muss sie schonend behandeln
und immer wieder aufziehen.« (Gerald W. Huft, Herausgeber »Incentive
Journal«)

Dieses Zitat fällt Helmut R. sofort ein. Er schreibt an einen Zweig **Motivation** und fügt das Zitat als Textnotiz ein. Natürlich ist es auch wichtig,
die richtigen Leute für die richtigen Aufgaben zu finden und einzusetzen. Ein guter Projektleiter muss seinen **Teams helfen, durchzustarten
und abzuheben**. Alles andere bezeichnet Helmut R. als **Administrivialitäten**.

Persönlichkeitstyp

Bei der Einschätzung des eigenen **Persönlichkeitstyps** fällt Helmut ein, ☺
dass er zu diesem Thema bereits eine Mind Map angefertigt hat. Leider ist
ihm aber sowohl der Dokumenttitel als auch der Ordner entfallen, in dem
er die Map abgespeichert hat.

Der MindManager hat für solche Fälle einen *Map Organizer*, der
beim Verwalten der Maps hilft. Helmut R. hat damit bereits eine Liste seiner Maps und einen Benutzerindex erstellt. Er wählt *Datei/Map Organizer* in der Menüleiste. Daraufhin wird das Dialogfeld *Map Organizer* angezeigt. Mit Hilfe von Schlüsselwörtern, die er zu einer oder zu mehreren
Maps hinzugefügt hat, kann er den Index durchsuchen. Das Dialogfeld
Map Organizer enthält vier Schaltflächen und ein Kombinationsfeld
(siehe Abbildung 25-5).

In das Suchfeld Schlüsselwort suchen trägt Helmut R. den Begriff *Persönlichkeit* ein. Der *Map Organizer* findet sofort die gewünschte Map
Welcher Persönlichkeitstyp sind Sie?. Mit einem Doppelklick öffnet er
die Map. Es ist inhaltlich genau das, was er in seiner neuen Map beschrei-

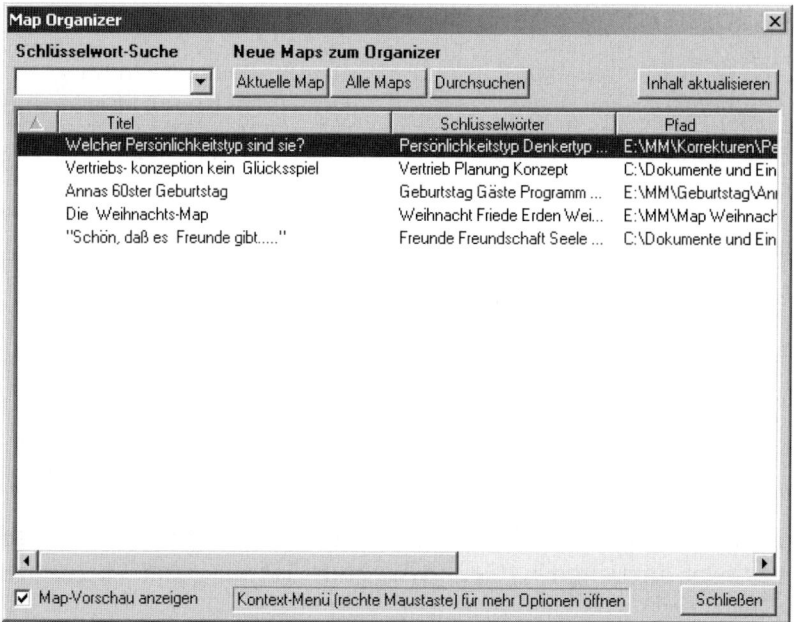

Abbildung 25-5:   *Der* Map Organizer.

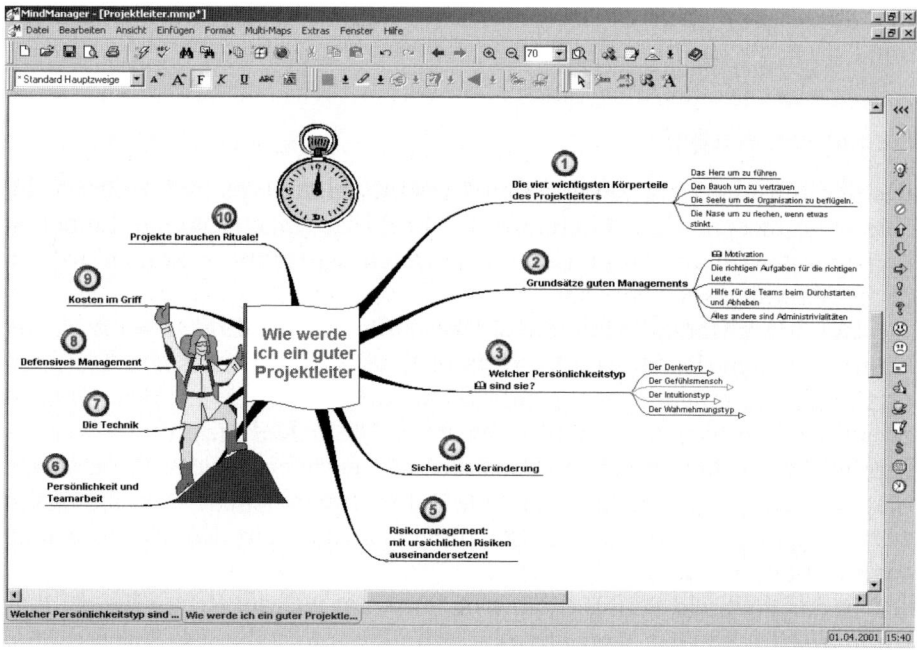

Abbildung 25-6:   *An Zweig Nummer drei ist einfach eine bereits vorhandene Map mit der Funktion* Multi Map *angefügt worden.*

ben möchte. Daher entschließt er sich, die Map einfach zu importieren. Hierfür markiert er in der Map den Zweig **Welcher Persönlichkeitstyp sind Sie?** und wählt *Multi Maps/Import von Map* aus der Menüleiste. Es öffnet sich ein Dialogfenster, indem er mit Hilfe der Schaltfläche *Durchsuchen* die Mind Map mit selbigem Titel öffnet. Der Inhalt wird nun vollständig in die *Projektleiter*-Map übertragen.

Da der Inhalt der Map über Persönlichkeitstypen natürlich sehr groß ist, entschließt sich Helmut R., mit Hilfe der Schaltfläche *Detailebene* nur die erste Ebene anzeigen zu lassen. Außerdem entfernt er die mitübertragenen Symbole, indem er sie markiert und die Entf-Taste drückt.

Sicherheit, Veränderung und Risikomanagement

Ein guter Projektleiter **hat die für das Projekt notwendigen Schritte durchzuführen,** um das Erreichen der geforderten Projektziele zu gewährleisten. **In Konfliktfällen vermittelt er** und **hält störende Einflüsse vom Projekt und den Mitarbeitern fern.** Die **Teammitglieder fühlen sich unter seiner Leitung sicher,** aber nicht bevormundet und **Veränderungen werden nicht über ihre Köpfe hinweg durchgesetzt.** Helmut R. schreibt seine Gedanken an den Zweig **Sicherheit & Veränderung.**

Auch den Zweig **Risikomanagement** hat er schnell mit Stichpunkten wie **Buchführung von Projektrisiken, ursächliche Risiken** und **unerwünschte Folgen,** deren **Auftrittswahrscheinlichkeit** und **Kosten** gefüllt.

Persönlichkeit und Teamarbeit

Genauso wichtig wie die Erkenntnis über die eigene Persönlichkeit ist das Einschätzen und der richtige Einsatz der Mitarbeiter. Neben der Beschriftung mit den Stichpunkten **Spannungen erkennen, Synergien erzeugen, Zusammenarbeit fördern** und **unterschiedliche Reaktionen auf Stress beachten** möchte er den Ast mit den verschiedenen Persönlichkeitstypen verlinken. Hier erkennt Helmut R. nämlich sofort wieder Parallelen zu den Inhalten, die er an den Zweig Nummer drei angefügt hat.

Hierfür hat der MindManager die Funktion *Lesezeichen*, wie sie auch aus allen gängigen Internetbrowsern bekannt ist. Im *Netscape Navigator* heißen sie Lesezeichen, im *Microsoft Internet Explorer* werden sie Favoriten genannt. MindManager verwendet dasselbe Konzept – Helmut kann ein Lesezeichen dazu verwenden, eine Verknüpfung mit anderen Dateien oder zu bestimmten Zweigen zu erstellen.

Hierfür markiert er den Zweig Nummer drei **Welcher Persönlichkeitstyp sind Sie?** Er erzeugt ein Lesezeichen, indem er über den Befehl *Einfügen/Lesezeichen* das Dialogfenster *Zweig Eigenschaften* öffnet und das Registerblatt *Allgemein* angezeigt wird. Hier gibt Helmut R. den Lese-

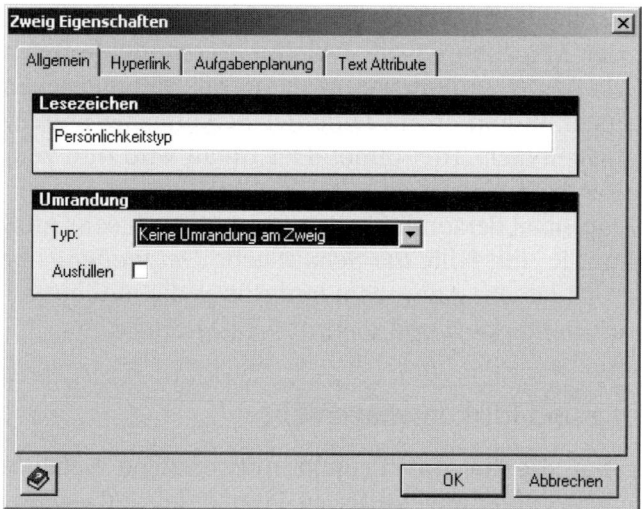

Abbildung 25-7: *Das Dialogfenster* Zweig Eigenschaften *für den Eintrag des Lesezeichens.*

zeichennamen **Persönlichkeitstyp** für den Zweig in das Feld *Lesezeichen* ein und bestätigt mit *OK*.

Er geht nun zurück auf den Zweig Nummer sechs **Persönlichkeit und Teamarbeit im Projekt**.

Er klickt auf die Schaltfläche *Hyperlink definieren*, woraufhin wieder das Dialogfenster *Zweig Eigenschaften* angezeigt wird. Hier wählt er das

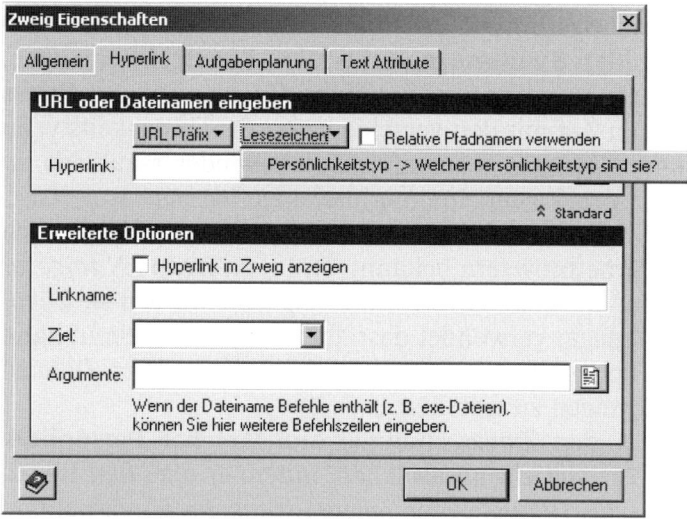

Abbildung 25-8: *Das geöffnete Auswahlfeld* Lesezeichen.

Registerblatt *Hyperlink*, um es anzuzeigen. Helmut R. klickt auf das Auswahlfeld der Schaltfläche *Lesezeichen* und es werden ihm alle verfügbaren Lesezeichen angezeigt. Er wählt **Persönlichkeitstyp** und klickt *OK*.

Ein Doppelklick genügt nun, um zwischen den Zweigen hin und her zu springen.

Helmut füllt nun noch die leeren Äste mit den nötigen Stichpunkten und ist am Ende sicher, gut auf seinen Vortrag vorbereitet zu sein.

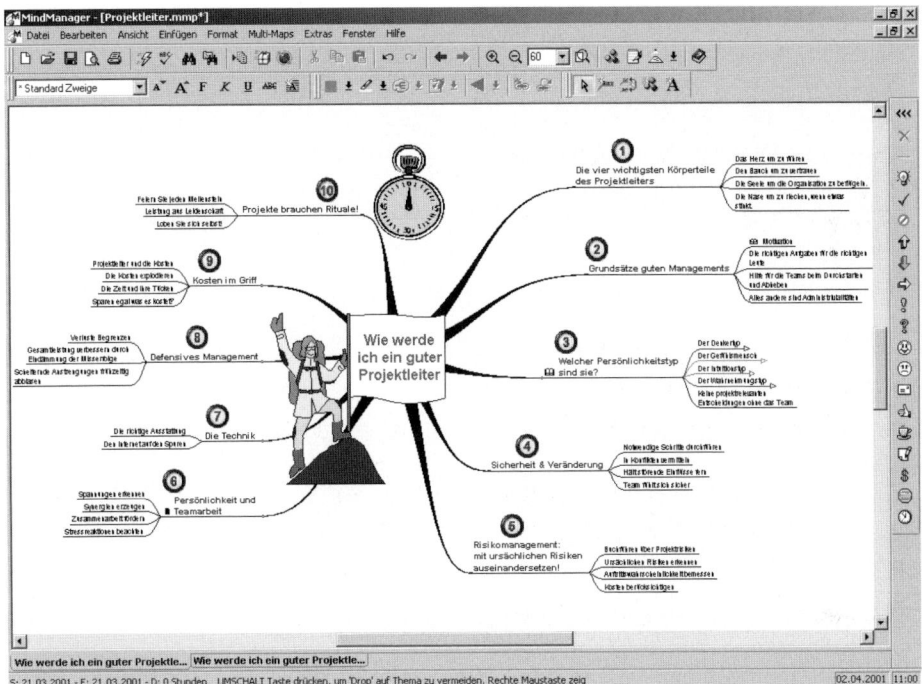

Abbildung 25-9: *Die fertige »Wie werde ich ein guter Projektleiter?«-Map.*

26 Das Coaching

Führungskräfte auf allen Managementebenen tragen eine enorme Verantwortung. Neben der Leitung unternehmerischer Veränderungsprozesse spielt das Begleiten und Lösen von fachlichen wie persönlichen Konflikten eine immer größere Rolle. Zum einen sind Manager für die effektive Neugestaltung der Unternehmensstruktur verantwortlich, zum anderen sollen sie für die Sicherung der Arbeitsplätze sorgen. Häufig treten in solchen Fällen Grenzsituationen auf, die mit Hilfe des Coachings gelöst werden können.

Ziel: Coaching als Problemlösungstechnik

Frau B. arbeitet freiberuflich als Trainerin für Selbstmanagementtechniken. Sie arbeitet momentan an einem neuen Seminar über **Coaching als Problemlösungstechnik**. Frau B. ist schon sehr fleißig gewesen und hat eine Gliederung der Seminarinhalte in *Microsoft Word* erstellt. Allerdings merkt sie, dass sie inhaltlich zumindest an einigen Punkten nicht richtig weiterkommt. Manche Gliederungspunkte stehen ganz allein, dabei hat Frau B. noch so viele Ideen, die nicht in ihre Gliederung zu passen scheinen.

So entschließt sie sich, ihre Gedanken mit Mind Mapping zu visualisieren und sich somit die Arbeit zu erleichtern. Hierzu kann sie den Mind-Manager verwenden, der aus einer einfachen Word-Gliederung eine strukturierte Mind Map zaubert.

Damit der MindManager die Gliederung in Ihrer Struktur erkennt, dürfen Sie in Word **Tipp** keine Formatierung verwenden, sondern die einzelnen Gliederungsebenen nur durch Einrücken mit Tab kennzeichnen.

Frau B. markiert ihre Gliederung in Word, kopiert sie mit Strg+C in die Zwischenablage und öffnet im MindManager eine Standard Mind Map mit Strg+N. Sie klickt auf das Titelthema und fügt die Gliederung

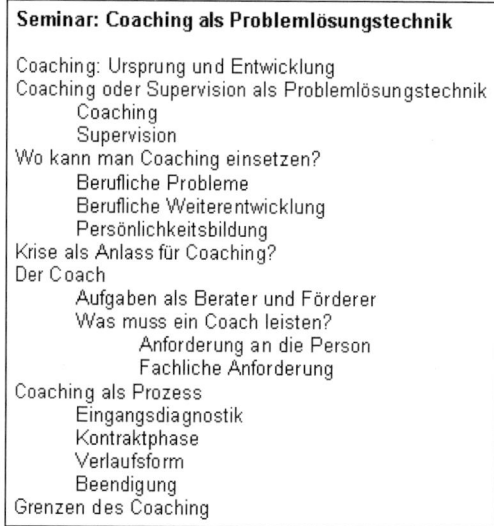

Abbildung 26-1:
Die Gliederung in Microsoft Word.

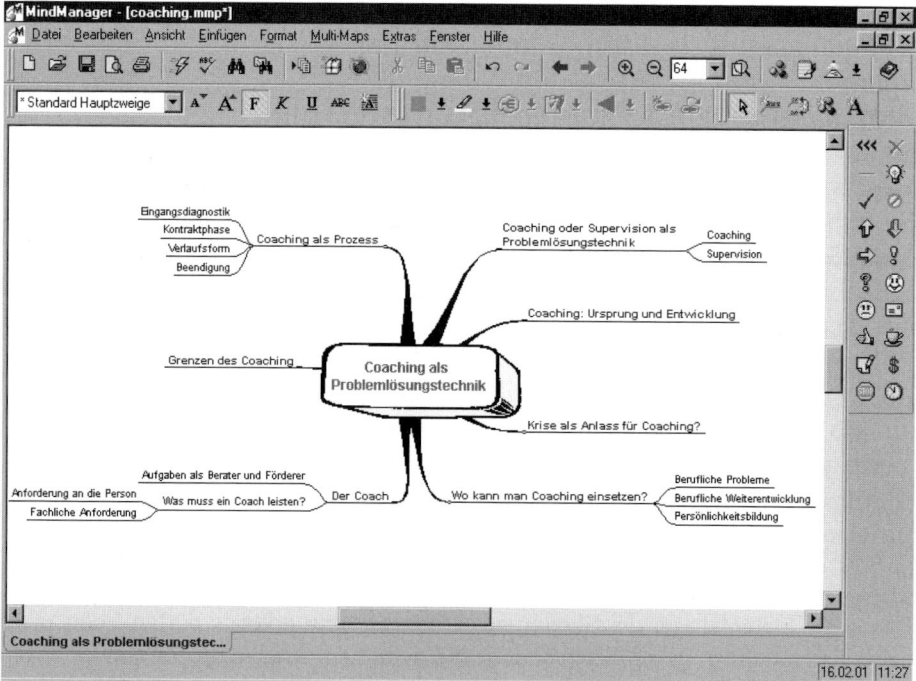

Abbildung 26-2: *So sieht die Gliederung aus Abbildung 26-1 im MindManager aus.*

mit `Strg+V` in die Mind Map ein. Der MindManager hat bereits alle Haupt- und Unterzweige erkannt.

Ursprung des Coaching

Frau B. möchte nun die Zweige ihrer Map, die bisher noch keine Unterzweige aufweisen, um ihre Gedanken und Stichpunkte erweitern. Zum Thema »Ursprung des Coaching« notiert sie **to coach = trainieren, Tipps und Anweisungen geben**. Eigentlich kommt der Begriff Coach ursprünglich aus dem **Sport**. Der Coach oder **Trainer** hilft dem **Sportler,** den **Gegner im eigenen Kopf** zu bezwingen, das heißt, beim Coachen wird nicht nur an der **Technik,** sondern auch an der **psychischen Verfassung** gefeilt.

Im **Management** hat man die Methode der »**inner games**« als **Führungsinstrument** recht bald entdeckt. Gemeinsam kann man mit dem Coach **Krisensituationen und Konflikte,** aber auch **Bedürfnisse nach beruflicher Entwicklung** be- und verarbeiten. Schnell ist so aus dem zuerst recht leeren Ast eine Verzweigung mit einer Fülle von Ideen geworden.

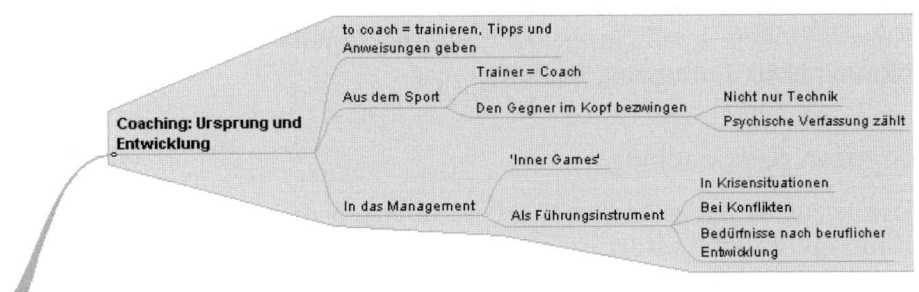

Abbildung 26-3: *Da sind die Ideen doch regelrecht gesprudelt ...*

Über die Schaltfläche *Farbe zuweisen* und *Umrandung* teilt sie dem Zweig eine Farbe und einen Rahmen zu.

Krise als Anlass für Coaching?

Krise als Chance fällt Frau B. schlagartig ein. Warum ist ihr der Gedanke vorhin nicht gekommen? Sie schreibt ihn sofort auf. »Wahrscheinlich«, denkt sie, »weil jeder Mensch Krisen in erster Linie immer als **Belastung** und als **Bedrohung** empfindet«. Erst später merkt man, dass das **Durchleben der Krise** eine **persönliche Weiterentwicklung** zulässt.

Gerade in **beruflichen Bereichen** können Krisen **alte Strukturen** auf- brechen und **neue Lösungen** ermöglichen. Frau B. möchte auch noch auf die zwei häufigsten Krisenformen eingehen:

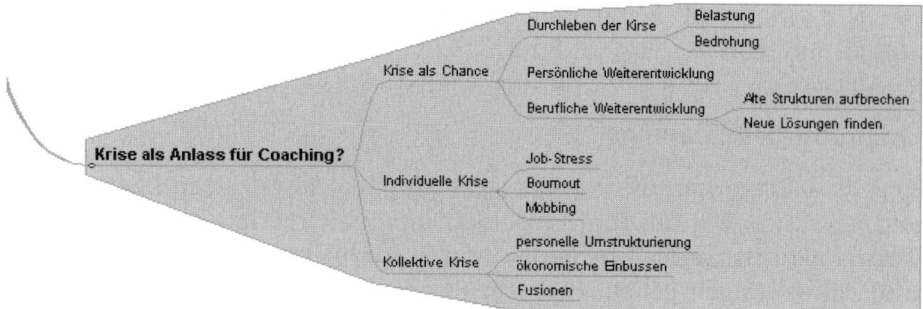

Abbildung 26-4: *Auch dieser Zweig ist ganz schön gewachsen.*

░ die **individuelle Krise** und

░ die **kollektive Krise**.

Bei der individuellen Krise ist die Leistungsfähigkeit durch bestimmte Auslöser wie **Job-Stress, Burnout** oder auch **Mobbing** eingeschränkt. Im Gegensatz dazu ist bei der kollektiven Krise ein **ganzes Team** von der Krise betroffen, häufig ausgelöst durch **personelle Umstrukturierungen, ökonomische Einbussen, Fusionen** usw.

Grenzen des Coaching

Der letzte, bisher sehr karge Ast ist **Grenzen des Coaching**. Wenn die **Kommunikation gestört** ist, also zwischen Coach und Klient nicht funktioniert, ist natürlich kein effektives Coaching möglich. Ebenso wird es schwierig, wenn dem Coach die nötige **Distanz verloren geht** zu den Anliegen und Problemen seines Klienten.

Der Klient selber sieht sich möglicherweise während des Coaching in seiner **Selbstständigkeit beeinträchtigt** und **zu Lösungen gedrängt**. Auch hier ist entweder ein **Wechsel des Coaches** oder ein Abbruch der Beratung empfohlen.

Ein ganz wichtiger Grund eines Abbruchs des Coaching-Prozesses liegt vor, wenn der Coach bei dem Klienten ein **Krankheitsbild** diagnostiziert wie **Sucht** oder **schwere Depression**. Hier muss der Coach seine Grenzen kennen, indem er die Arbeit der Managementberatung beendet und dem Klienten eine therapeutische Behandlung empfiehlt.

Um die **Selbstkontrolle** durchführen zu können, sollte ein professioneller Coach selbst einen **Mentor** in Anspruch nehmen, um rechtzeitig auf Störungen, welche das Coaching in seiner Wirkung beeinträchtigen können, aufmerksam zu werden.

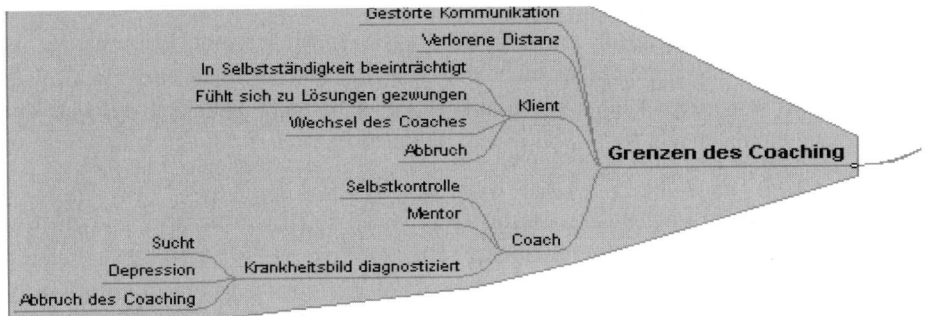

Abbildung 26-5: *Jedes Instrument in der Managementberatung hat Grenzen, auch das Coaching.*

Die Nummerierung der Zweige

Natürlich möchte Frau B. auch die anderen Zweige layouten. Beim Import der Daten aus Word hat der MindManager die Zweige nicht nur korrekt aufgeteilt, er hat auch die Reihenfolge der Gliederungspunkte, wie sie in Word vorlagen, gespeichert. Frau B. möchte nun gerne eine Nummerierung der Äste durchführen. Hierzu geht sie in zwei Schritten vor:

1. Über das Menü *Format/Reihenfolge der Hauptzweige* öffnet sie ein Dialogfenster, in dem sie den Befehl *Eigene Reihenfolge festlegen* auswählt. Die aufgelistete Reihenfolge der Zweige entspricht automatisch der Word-Gliederung. Sie bestätigt ihre Wahl mit *OK*.

2. Über den Menübefehl *Format/Toolkit* öffnet sie den Befehl *Toolkit*. Sie markiert nun das Titelthema ihrer Map und klickt in der *Toolkit-*Symbolleiste auf den Befehl *Nummerieren*. Der MindManager führt eine korrekte Nummerierung der Haupt- und Unterzweige durch.

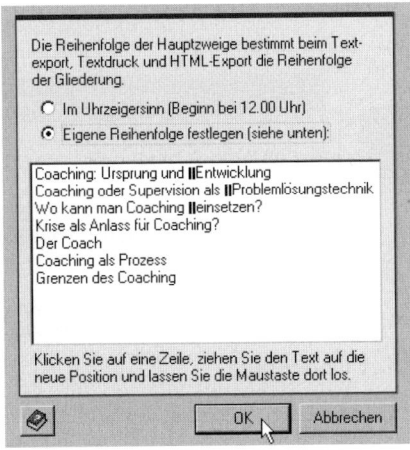

Abbildung 26-6:
Das Dialogfenster Reihenfolge der Hauptzweige.

Hinweis Sollten Sie eine Nummerierung mit Hilfe von *Toolkit* eingefügt haben, löschen oder ändern Sie die Nummerierung nicht mehr manuell, sondern nur noch über die *Toolkit*-Symbolleiste. Ansonsten kann die Nummerierung nicht mehr fehlerfrei durchgeführt werden.

🔔 Sie sollten Nummerierungen immer erst nach Fertigstellung der kompletten Mind Map einfügen.

Nun möchte Frau B. auch noch die Zweige numerisch sortieren. Hierzu geht sie in *Toolkit* auf den Befehl *Sortieren Optionen*. Es öffnet sich wiederum ein Dialogfenster, aus dem sie die in der Abbildung 26-7 zu sehende Option auswählt.

Mit Hilfe von *Toolkit* haben sich die Zweige nun numerisch um das Titelthema angeordnet. Frau B. ist froh, dass sie mit der Mind Mapping Methode ihre Gedankenblockade überwinden konnte.

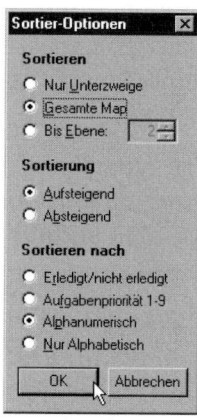

Abbildung 26-7:
Dialogfenster Sortier-Optionen.

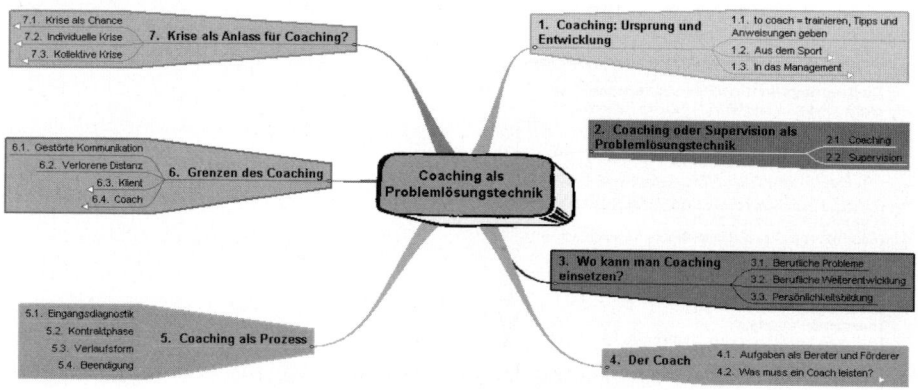

Abbildung 26-8:   *Die fertige Mind Map für das Coaching.*

MIND MAP ZU KAPITEL 26 AUF SEITE 170

27 Vertriebskonzeption

Durch Verdrängungswettbewerb, erheblichen Kostenanstieg einerseits und eingeschränkte Chancen zur Umsatz- und Deckungsbeitragssteigerung andererseits haben viele Unternehmen mit geringen Umsatzrenditen oder sogar Verlusten zu kämpfen. Häufige Reaktion ist der Auf- oder weitere Ausbau der Marketingabteilung. Oftmals werden Marketingkonzeptionen verfolgt, die den Vertrieb nur als Instrument des Marketing-Mix betrachten.

Vertriebskonzeptionen gibt es, wenn überhaupt, nur in den Köpfen der Verantwortlichen. Jedoch liegen erhöhte Erfolgschancen für Unternehmen in der Kombination der aus den Produkten heraus entstehenden Anforderungen mit den aus Kundensicht abgeleiteten Anforderungen. Zur Marketingkonzeption gehört also eine schriftlich fixierte, kundenorientierte Vertriebskonzeption, die Zielsetzung und Planung mit einschließt. Dies bezeichnen wir als Vertriebscontrolling. Die Abbildung 27-1 zeigt, worauf es bei der Erstellung einer Vertriebskonzeption ankommt.

Erstellen und Präsentieren einer Vertriebskonzeption

Seit vielen Jahren produziert und vertreibt die Adler AG Sonnenbrillen in sämtlichen Designs und Größen. Im vergangenen Geschäftsjahr mussten leider erhebliche Gewinneinbußen verzeichnet werden.

Gottfried Sch., Vertriebsleiter der Adler AG, ist über die aktuellen Umsatzzahlen schockiert. Er kommt auf die Idee, die Vertriebskonzeption nicht nur mit Herrn Dr. Sp., dem Vorstandsvorsitzenden der Adler AG, bei ihrem sonntäglichen Vitaminsaft auf dem Golfplatz zu besprechen, sondern sie vor der gesamten Vertriebsmannschaft zu präsentieren.

Bei einem Fortbildungsseminar hat Herr Sch. bereits einen ersten Kontakt mit dem MindManager geknüpft. Dazu muss man wissen, dass Herr Sch. von Hause aus nicht zu den »Kreativen« gehört. Da ahnt er ja noch nicht, dass aus der kurzen Einführung während des Seminars eine lange und intensive Freundschaft entstehen sollte! Denn seitdem begleitet

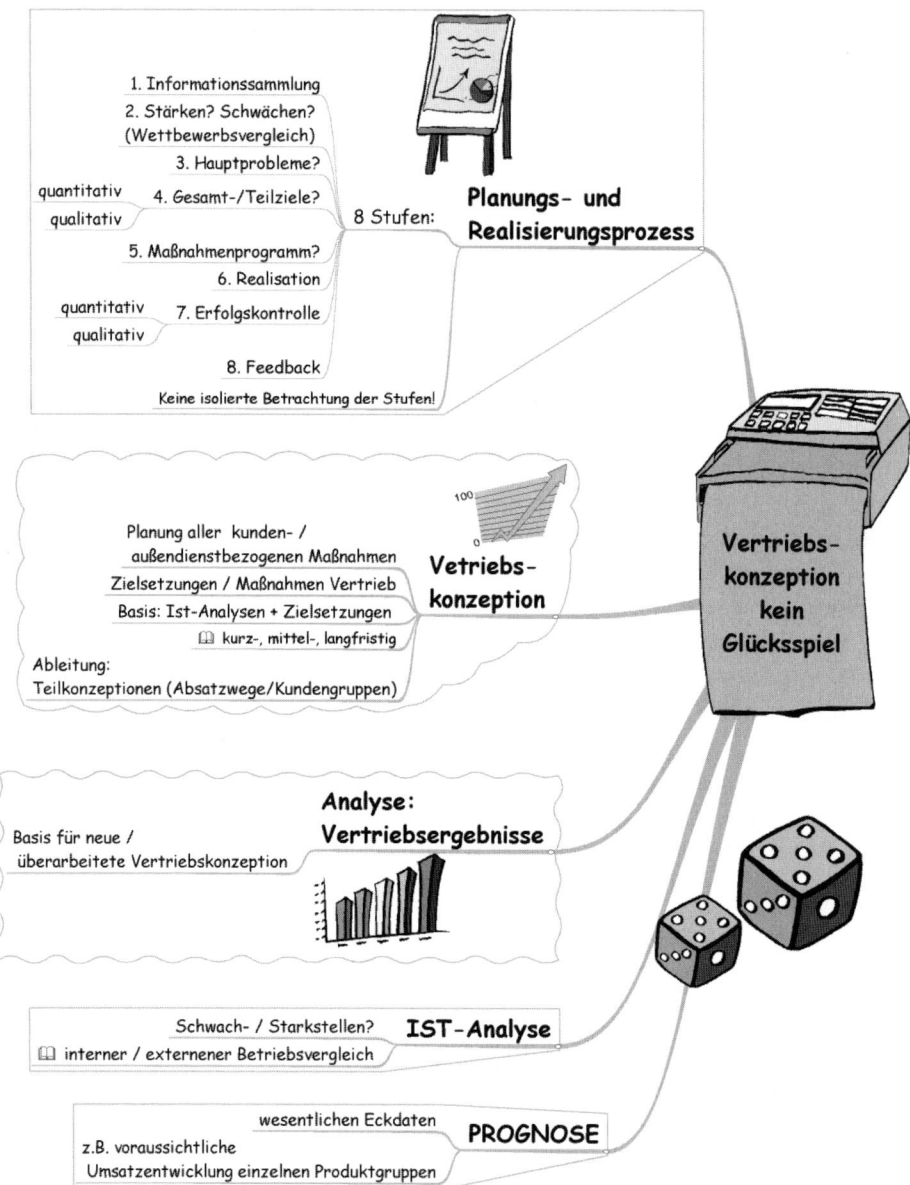

Abbildung 27-1: *Ein Vorgeschmack auf die Mind Map Vertriebskonzeption.*

ihn der MindManager überall hin – auf Messen, zu Kunden, in Bespre-chungen, auf Seminare, ins Flugzeug und sogar auf den Golfplatz. Denn da hält er sämtliche Anregungen, Anordnungen und Tipps von Herrn Dr. Sp. in einer ansprechenden Mind Map fest. Der MindManager ist ein wunderbares Werkzeug. um vortreffliche Präsentationen zu gestalten!

Bei dem heutigen Treffen auf dem Golfplatz wollen die beiden die aktuellen Ereignisse und Ergebnisse der Adler AG bereden. Herr Sch. packt wie jeden Sonntag sein Notebook aus und zeigt Herrn Dr. Sp. seine neueste Vertriebskonzeption. Die beiden gehen die Map zusammen durch und Herr Dr. Sp. hat den einen oder anderen berechtigten Verbesserungsvorschlag zu machen. Diese werden sofort in die Map eingearbeitet und

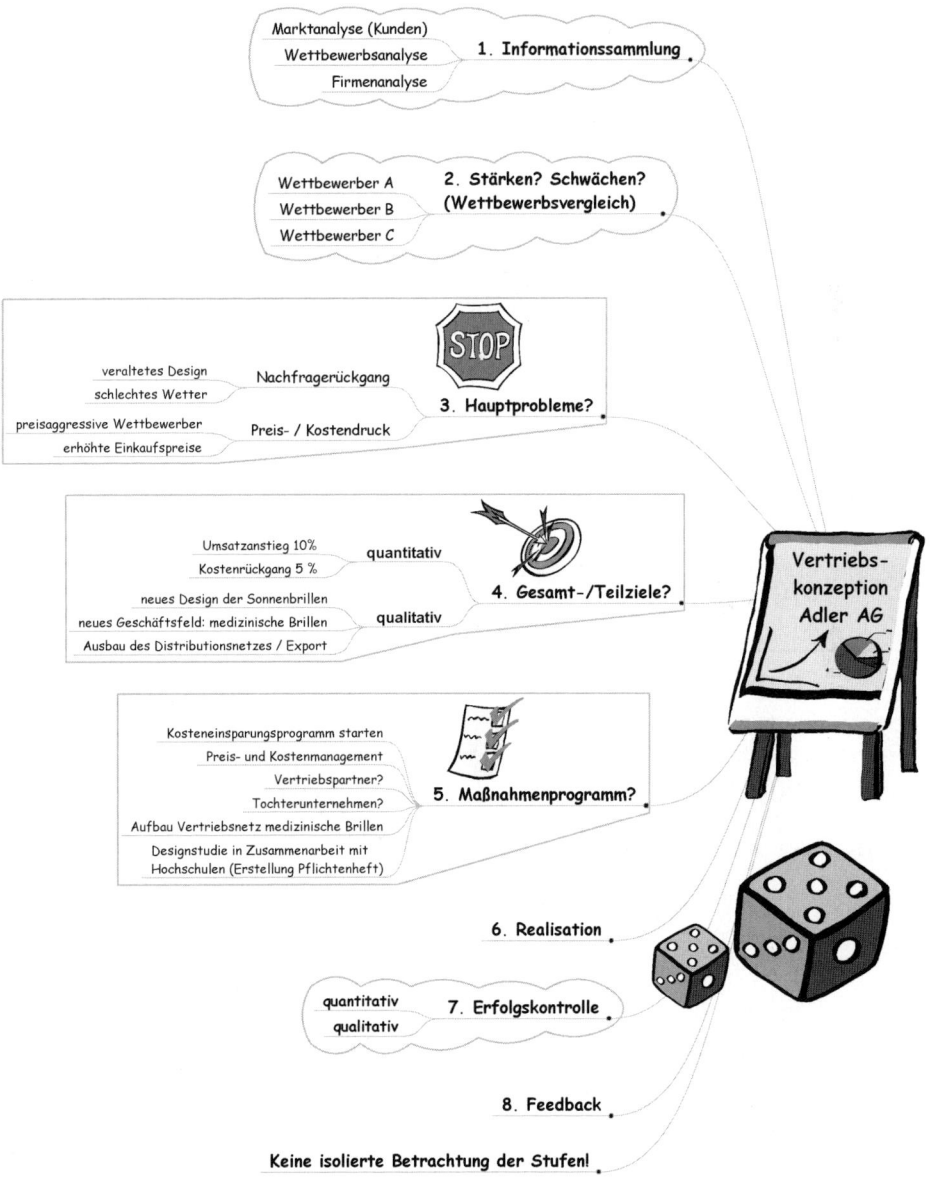

Abbildung 27-2: *Vertriebskonzeption der Adler AG.*

nach kurzer Zeit hat Herr Sch. eine überarbeitete Version seiner Map im PC (siehe Abbildung 27-2).

Jetzt heißt es: Schnell nach Hause und ans Werk, denn am Montagmorgen muss der Vortrag fertig sein!

Verändern von Symbolen im Metafile Companion

Herr Sch. sitzt vor der fertigen Mind Map. Er ist ein Ästhetiker und ein wenig extravagant. Die Farben bei einigen der verwendeten Symbole aus der *Symbolgalerie* gefallen ihm überhaupt nicht. Und außerdem muss man ja nicht alles so haben, wie es alle haben! Er macht sich ans Werk.

Über das Menü *Ansicht/Symbolgalerie* blendet er am linken Bildschirmrand die *Symbolgalerie* ein. Zuerst will er die Farbe des blauen Kreises der verwendeten Zielscheibe verändern. Er gibt in das Abfragefenster der *Symbolgalerie* den Begriff **Ziel** ein und bestätigt die Eingabe. Sofort sucht der MindManager sämtliche entsprechenden Symbole.

Mit Doppelklick auf die richtige Zielscheibe öffnet sich dann der so genannte *Metafile Companion (MetaComp)*. Dieser ist ein MindManager-eigenes Anwendungsprogramm, mit welchem Symbole für die Symbolgalerie erstellt oder bereits bestehende in Farbe, Form, Linienstärke, Ausrichtung, Text usw. verändert werden können.

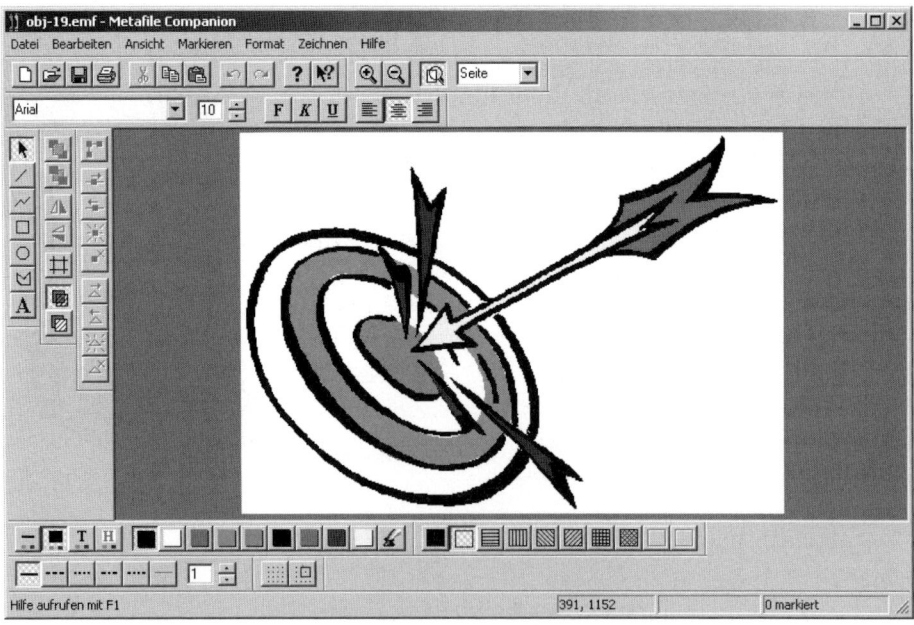

Abbildung 27-3:   *Das MindManager-eigene Programm Metafile Companion.*

Gottfried Sch. markiert die Zielscheibe mit der Maus. Jetzt erst bemerkt er, dass diese aus zahlreichen übereinander angeordneten einzelnen Bestandteilen besteht. Er markiert den hellblauen Ring und weist ihm per Mausklick von der unten eingeblendeten Farbpalette die Farbe Grün zu. Da ihm das angebotene Grün zu dunkel ist, passt er es durch Klick auf die Schaltfläche *Benutzerdefinierte Farben* seinen individuellen Wünschen an. Außerdem, so meint er, würde es der Gesamtoptik gut tun, wenn man die Zielscheibe vertikal spiegeln würde. Über das Menü *Markieren/Alles auswählen* werden sämtliche Komponenten des Symbols markiert.

Über die Schaltfläche *Spiegeln links nach rechts* kann das gesamte Symbol schließlich horizontal, über den Button *Spiegeln oben nach unten* vertikal gespiegelt werden.

Schneller geht das Markieren über den Tastaturbefehl Strg+A. **Tipp**

Über das Menü *Datei/Speichern* beziehungsweise *Speichern unter* wird das Symbol gespeichert. Wieder im MindManager angekommen, nimmt Herr Sch. das neue Symbol über das Menü *Symbolgalerie/Importieren* in die Symbolgalerie auf. Nun wird es in dem jeweils ausgewählten Ordner in der Galerie eingeblendet.

Ist der entsprechende Ordner in der *Symbolgalerie* markiert, kann das Symbol auch fol- **Hinweis** gendermaßen importiert werden: Rechter Mausklick in Galerie, dann über den Befehl *Importieren* wie oben aktivieren.

PowerPoint-Export

Gottfried Sch. ist schon ganz gespannt. Bei dem Fortbildungsseminar hat der Dozent erwähnt, dass man Mind Maps direkt nach *Microsoft Power-Point* exportieren kann. So kann nicht nur eine Serie automatisch erstellter Screenshots mit dem jeweils zu betrachtenden Zweig im Großformat erstellt werden, sondern zudem erspart man sich lästige Schreibarbeit.

Über das Menü *Format/PowerPoint-Export* legt er die Optionen für den Transport fest. Zuerst deaktiviert er das Feld *Benutzte Formate der Map* und wählt eine bereits existierende PowerPoint-Vorlage aus. In diese wird die Folienserie dann sozusagen hineintransportiert und man erhält ein einheitliches Layout aller Folien. In Abbildung 27-4 sieht man die Auswahl an Optionen, die er vornimmt.

Über die Schaltfläche *Voreinstellungen* gelangt man zu weiteren Optionen.

Über die Auswahl *Export-Status* wird gesteuert, ob aus einem Ast bzw. Unterzweig beim Export eine Folie erstellt wird oder nicht.

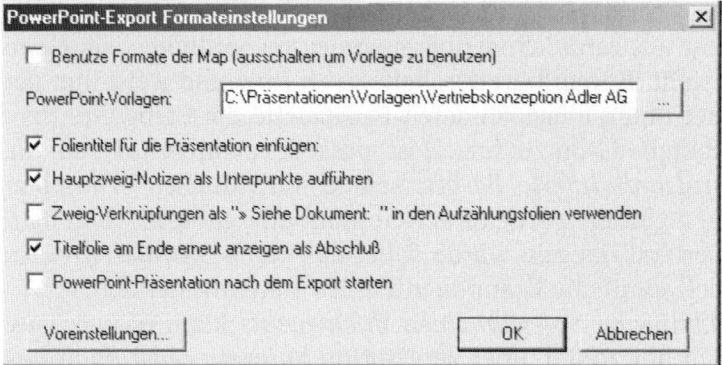

Abbildung 27-4: *Das Dialogfenster für die* PowerPoint-Export Formateinstellungen.

Abbildung 27-5: *Das Dialogfenster* PowerPoint-Export Standard-Zweigeinstellungen.

Dies lässt sich aber nicht für alle Zweige zentral einrichten, sondern muss individuell für jeden Ast ausgewählt werden.

Hierzu geht Herr Sch. einzeln auf jeden Zweig und öffnet mit der rechten Maustaste das Drop-Down-Menü. Hier wählt er *PowerPoint-Export-Einstellungen*, um für den jeweiligen Ast genaue Export-Definitionen vorzugeben. Auch die Wahl des *Folienlayouts* des Zweiges wird hier festgelegt. Es gibt hier 13 Auswahlmöglichkeiten. Wird die Schaltfläche *Transparenter Hintergrund für Map-Bilder* nicht aktiviert, wird die Map auf weißem Hintergrund mit schwarzem Rand eingefügt. Bei der Wahl eines transparenten Hintergrundes wird der weiße Hintergrund so behandelt, als sei er transparent. Es wird kein Rahmen angezeigt und als Hintergrundfarbe wird die Präsentationsvorlage verwendet. Die Aktivierung der Schaltfläche *Notizblätter aus den Textnotizen erstellen* erspart dem MindManager-Anwender lästige Schreibarbeiten: Textnotizen werden auf separaten Folien dargestellt.

Jetzt kann es losgehen! Über *Datei/Export/PowerPoint-Export* aktiviert Herr Sch. den automatischen Export der Map als PowerPoint-Präsentation. Standardmäßig werden im Uhrzeigersinn und rechts oben beginnend die jeweiligen Hauptäste mit ihren untergeordneten Zweigen fokussiert und farblich hervorgehoben. Es wird eine logische Abfolge von Mind Maps und den zugehörigen Textfolien der untergeordneten Zweige und Textnotizen erstellt.

Die Reihenfolge der Zweige in der Präsentation kann geändert werden über das Menü *Format/Reihenfolge der Hauptzweige.*

Herr Sch. startet die eben erstellte Präsentation in PowerPoint und ist begeistert. Sogar auf eine Nachbearbeitung in PowerPoint kann er verzichten! Beruhigt geht er zu Bett.

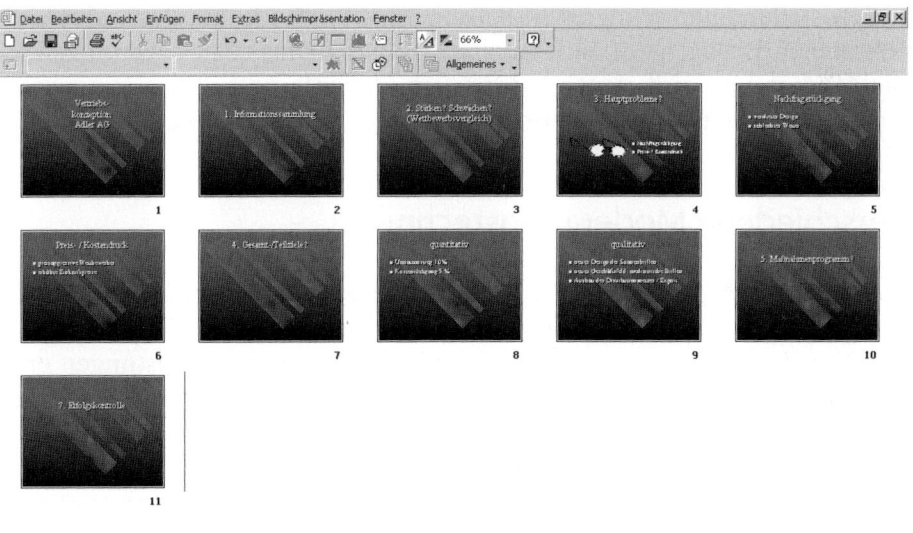

Abbildung 27-6: *Die Folienübersicht in Microsoft PowerPoint.*

MIND MAP ZU KAPITEL 27 AUF SEITE 171

28 Das Handwerkszeug des Moderators

Es gibt heute fast keinen Job mehr, in dem nicht Teamfähigkeit gefragt ist. Da die Aufgaben immer komplexer werden, kann ein Einzelner allein nicht mehr die Kapazität und auch nötige Kompetenz aufbringen, um alles zufriedenstellend und erfolgreich zu lösen. Eine Methode, um Ressourcen wie Kreativität, Engagement und Arbeitszeit eines Teams effektiv zu nutzen, ist die Moderation, eine systematische, strukturierte und offene Vorgehensweise, um Arbeitssitzungen vorzubereiten, zu leiten und nachzuarbeiten.

Verschiedene Moderationstechniken

Paula M. ist Human Ressource Manager bei einem Informationsanbieter für wissenschaftliche Datenbanken. Neben den üblichen Personalfragen wie Neueinstellungen, Gehälter, Urlaub und zusätzliche Leistungen erarbeitet Frau M. Arbeitsmaterialien und Vorlagen für firmeninterne Teamsitzungen und Besprechungen. Häufig ist sie schon von Kollegen darauf angesprochen worden, dass eine Vorlage für verschiedene Moderationstechniken sinnvoll wäre. Heute nimmt sie sich nun die Zeit, um eine solche Vorlage zu erarbeiten.

Sie arbeitet dafür mit dem Programm MindManager 4.0 und ruft sich eine *Standard*-Vorlage auf. Nachdem sie das Titelthema in Moderationstechniken geändert hat, schreibt sie hintereinander alle Moderationstechniken auf, die ihr in den Sinn kommen:

- Ideensammlung
- Momentaufnahme
- Problem-Analyse-Schema
- Ursache-Wirkungs-Diagramm
- Handlungsplan
- Kartenabfrage

Abbildung 28-1:
Die Symbolleiste Toolkit.

Um eine übersichtliche und geordnete Verteilung der Hauptzweige herzustellen, ruft sich Frau M. über das Menü *Format/Toolkit* die Symbolleiste *Toolkit* auf den Bildschirm (siehe Abbildung 28-1).

Sie markiert das Titelthema ihrer Mind Map und wählt unter der Befehlszeile *Neu anordnen* die Option *Links/rechts*. Die Hauptzweige werden nun gleichmäßig um das Titelthema verteilt. Frau M. möchte gerne für ihre Kollegen die **Stärken** und **Schwächen** jeder einzelnen Methode auflisten und weist jedem Hauptzweig zwei Unterzweige mit einer Beschriftung zu. Sie hat keine Lust, diese Beschriftung für jeden Ast vorzunehmen, daher kopiert sie die Unterzweige, indem sie diese markiert und mit gedrückter linker Maustaste bei gleichzeitig gehaltener Strg-Taste an die gewünschte Position zieht. Hier lässt sie beide Tasten los und der jeweilige Zweig ist kopiert.

Zusätzlich möchte sie in einer *Textnotiz* jede Methode kurz definieren. Hierzu öffnet sie über die Schaltfläche *Textnotizen anzeigen/verbergen* das Textnotizfenster am unteren Bildschirmrand.

Frau M. verfährt nun an jedem Zweig nach demselben Prinzip:

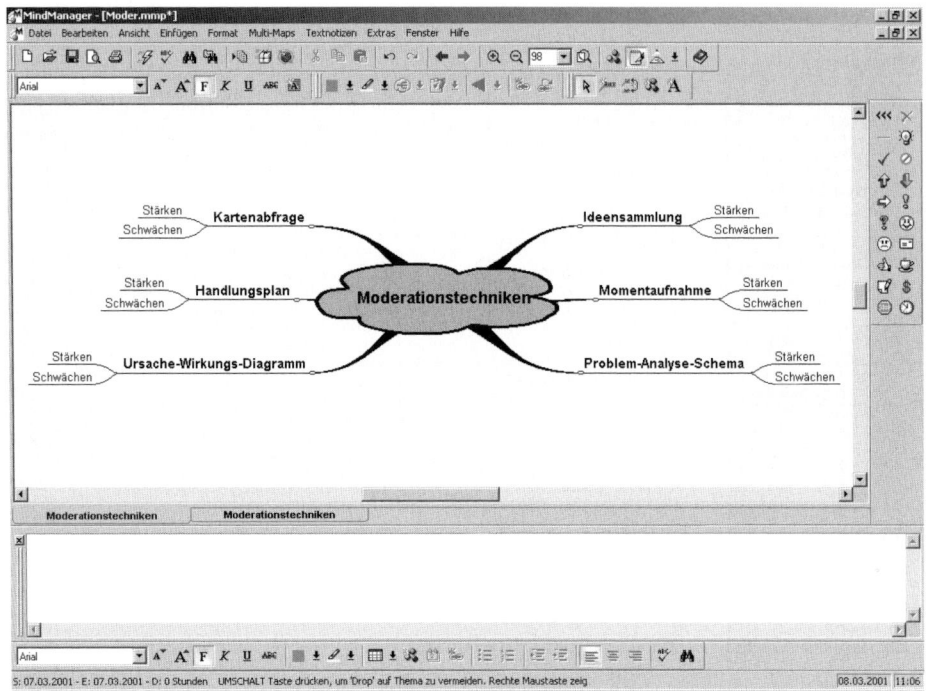

Abbildung 28-2: *Die Mind Map Moderationstechniken mit Textnotizfenster noch ohne Inhalt.*

Ideensammlung

In die Textnotiz schreibt sie:

»Bei der Ideensammlung handelt es sich um eine Art Brainstorming. Der Moderator schreibt eine Frage oder die Problemstellung an eine Tafel oder Flipchart. Jeder Teilnehmer der Gruppe kann nun seine Ideen zurufen und sie werden als Stichwörter notiert. Es ist darauf zu achten, dass keine Idee während der Ideensammlung kritisiert wird, auch ›verrückte‹ Ideen sind willkommen. Bei diesem Prozess gilt – einmal anders als sonst – Quantität vor Qualität.«

An die Unterzweige **Stärken** und **Schwächen** notiert sie, dass die Methode einerseits schnell **eine Fülle von Ideen** liefert, die häufig ganz **neue Problemlösungsansätze** aufzeigen. Es ist ein **dynamischer Prozess,** der den Mitarbeitern hilft, sich für neue Lösungswege zu öffnen. Andererseits ist es für viele Mitarbeiter schwierig, »seltsame« **Ideen unkommentiert** im Raum stehen zu lassen und auf eine Bewertung zu verzichten. In diesem Fall **missachten** sie jedoch **die Regeln** der Methode.

 Mit der Schaltfläche *Symbolgalerie anzeigen/verbergen* fügt sie dem Zweig noch eine Grafik bei.

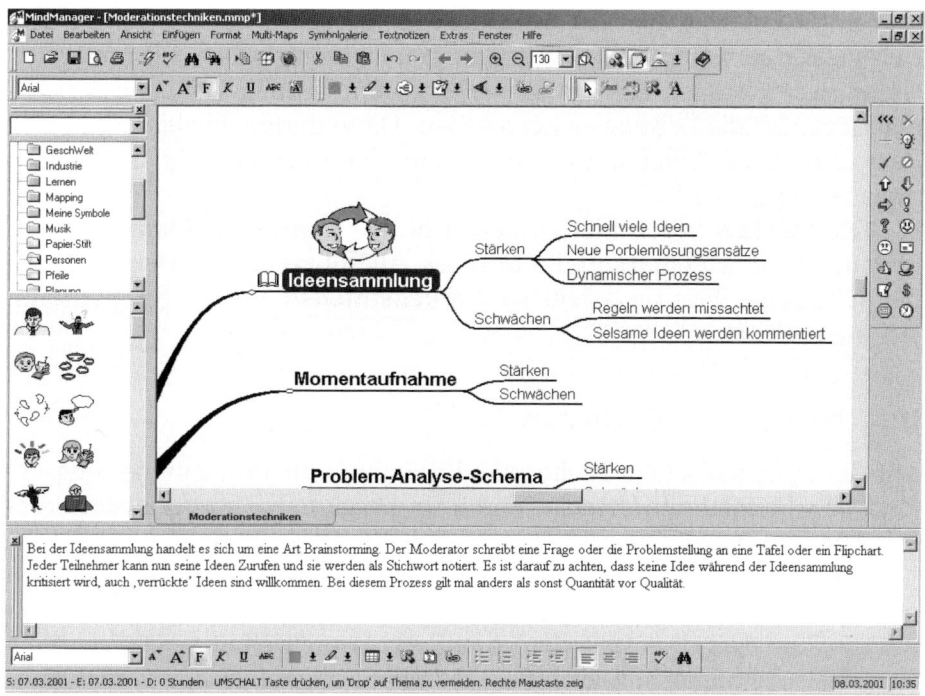

Abbildung 28-3: *So sehen die Eingaben für den Zweig **Ideensammlung** im MindManager aus.*

Momentaufnahme

Diese Methode eignet sich gut für eine Zwischenbilanz, beispielsweise am Ende einer Besprechung oder eines Workshops. Momentaufnahmen können aber auch in Situationen eingesetzt werden, in denen es der Moderator für wichtig hält, dass jeder Teilnehmer sich zu einer bestimmten Frage äußert. Wichtig ist, dass auf eine gezielte Frage des Moderators in weniger als 45 Sekunden reihum geantwortet wird. Es sind nur Verständnisfragen erlaubt.

Die **Stärken** der Methode liegen in der **schnellen** und **unkomplizierten** Erstellung eines **Meinungsbildes**. Jede Stimme hat die **gleiche Gewichtung**.

Schwächen liegen in der Gefahr des Auslösens von **Betroffenheitsdiskussionen,** die an dieser Stelle fehl am Platz sind. Eine **Verzerrung des Bildes** kann durch die Stellungnahme von **Meinungsführern** entstehen.

Handlungsplan

Eines der wichtigsten Instrumente der Moderation ist der Handlungsplan. Mit seiner Hilfe werden konkrete Vereinbarungen getroffen: Wer macht was, mit wem, bis wann, mit welchem Ziel und wer prüft wie den Erfolg? Beispielsweise werden offene Fragen vom Team nur noch mit konkreten Lösungsvorschlägen, Folgeeinschätzungen und groben Zeit- und Arbeitsplanungen an die Leitung weitergegeben. Diese dürfen wiederum nur von dem Lösungsvorschlag abweichen, wenn eine nachvollziehbare Begründung vorgelegt wird.

Die **Stärken** liegen hier eindeutig in den **konkreten Planungsangaben** und in der **Messbarkeit** des Erfolges. Allerdings hat die Methode auch die **Schwäche,** dass sie bereits sehr **arbeitsintensiv** ist und **Spontaneität** fast **ausschließt.**

Ursache-Wirkungs-Diagramm

Mit der systematischen Suche und Erfassung von Problemursachen befasst sich die Methode Ursache-Wirkungs-Diagramm. Hierbei ist das Problem bereits identifiziert und es geht um die Aufdeckung der möglichen Ursachen. Die Grobstruktur ist ein Flussdiagramm in Form eines Fischgrätenmusters. An der Pfeilspitze ganz rechts wird das Problem notiert. Es werden fünf »Gräten« mit den jeweiligen Ursache-Kategorien versehen (zum Beispiel Mensch, Maschine, Methode, Material usw.).

Die **Stärken** der Methode sind die durch die Struktur des Schemas geförderte **systematische und vollständige Problemanalyse.** Die Ursachen liegen **anschaulich** und **übersichtlich** auf der Hand. Unter den **Schwächen** ist zu verbuchen, dass die Methode **keine Lösungen** des Problems liefert. Dies muss gesondert geschehen, was sehr **zeitintensiv** ist.

 Irgendwo, so denkt sich Frau M., hat sie doch noch eine Diagramm-Vorlage. Diese möchte sie den Kollegen gerne als Datei zur Verfügung stellen. Sie markiert den Zweig **Ursache-Wirkungs-Diagramm** und klickt mit der rechten Maustaste darauf.

 Aus dem Menü wählt sie die Schaltfläche *Hyperlink definieren.* Mit der Schaltfläche Durchsuchen trägt sie den relativen Pfadnamen des Dokumentes ein.

Im Zweig erscheint nun das Symbol für ein hinterlegtes Dokument bzw. für einen Hyperlink.

Ein Doppelklicken auf das Symbol (siehe Abbildung 28-5) öffnet die hinterlegte Vorlage eines Ursache-Wirkungs-Diagramms.

URL oder Dateinamen eingeben

| | URL Präfix ▼ | Lesezeichen ▼ | ☑ Relative Pfadnamen verwenden |
| Hyperlink: | diagramm.bmp | | |

Abbildung 28-4: *Das Eingabefeld für den Hyperlink.*

Abbildung 28-5: *Der Mauszeiger zeigt auf das Hyperlinksymbol.*

Kartenabfrage

Die Methode der Kartenabfrage empfiehlt sich besonders in Situationen, in denen sensible und kritische Themen behandelt werden, also beispielsweise bei der Suche nach Ursachen von unbefriedigender Zusammenarbeit oder bei persönlichen Konflikten. Auch wenn in der Gruppe wenig Offenheit herrscht oder einige Teilnehmer sehr zurückhaltend sind, kann man auf die Kartenabfrage zurückgreifen, da sie die Möglichkeit der Anonymität sichert. Jeder Teilnehmer schreibt Lösungen zu einer vorher definierten Frage auf eine bestimmte Anzahl von Karten. Die Karten werden an der Tafel oder dem Flipchart gesammelt, besprochen und von einem Teilnehmer oder der ganzen Gruppe zu Sinneinheiten zusammengestellt.

Die **Stärken** der Methode liegen in der **Einbeziehung aller Teilnehmer** in die Arbeitssitzung. Alles wird **schriftlich** festgehalten und hat den **gleichen Stellenwert**. Im Idealfall kann durch die schriftliche Form eine gewisse **Anonymität** gewahrt werden. Die **Schwächen** liegen in der relativ **undynamischen Form,** die einen direkten Austausch zwischen den Teilnehmern blockieren kann. Außerdem ist die Methode sehr **zeitintensiv**. Da aus der Erfahrung heraus viele Karten **erklärungsbedürftig** sind, ist die Anonymität gefährdet.

Problem-Analyse-Schema

Das Problem-Analyse-Schema ist universell einsetzbar. Mit dieser Methode können Themen intensiv bearbeitet, Probleme durchleuchtet, Ursachen erkannt und Lösungsansätze aufgezeigt werden. Meist wird es in Situationen eingesetzt, in denen die Existenz eines Problems bereits bekannt, aber noch kein Problemverständnis vorhanden ist. Es wird mit einem Schema von vier Fragen gearbeitet, die auf Zuruf durch die Teilnehmer beantwortet werden. Alles wird in schriftlicher Form in vier Spalten auf einem Flipchart oder einer Tafel festgehalten.

Die Methode eignet sich gut für die Planung von **Sofortmaßnahmen,** da sie viele **Informationen** in einer relativ **präzisen Struktur** sammelt. Allerdings ist die Methode **nicht** so **einfach** zu bedienen, da mit vier Spalten gearbeitet wird und die Zuordnung der Beiträge genau beachtet werden muss.

 Die vier Fragen des Schemas möchte Frau M. als freien Text in die Map eintragen. Hierzu geht sie auf die Schaltfläche *Freien Text einfügen* und schreibt:

1. Wie äußert sich das Problem?

2. Welche Ursachen?

3. Was tun wir?

4. Welche Hindernisse?

Den freien Textblock markiert sie und zieht ihn an den Hauptzweig **Problem-Analyse-Schema,** bis durch eine gelbgestrichelte Linie eine Zweigverbindung angezeigt wird (siehe Abbildung 28-6).

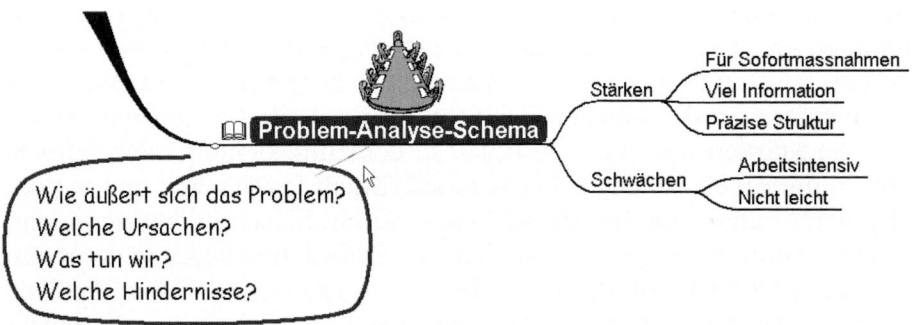

Abbildung 28-6: *Der Mauszeiger zeigt auf die Zweigverbindung.*

Nun ist Frau M. mit ihrer Sammlung sehr zufrieden. Die Map ist übersichtlich und wird ihren Kollegen sicherlich genug Informationen für eine effektive Moderation bieten.

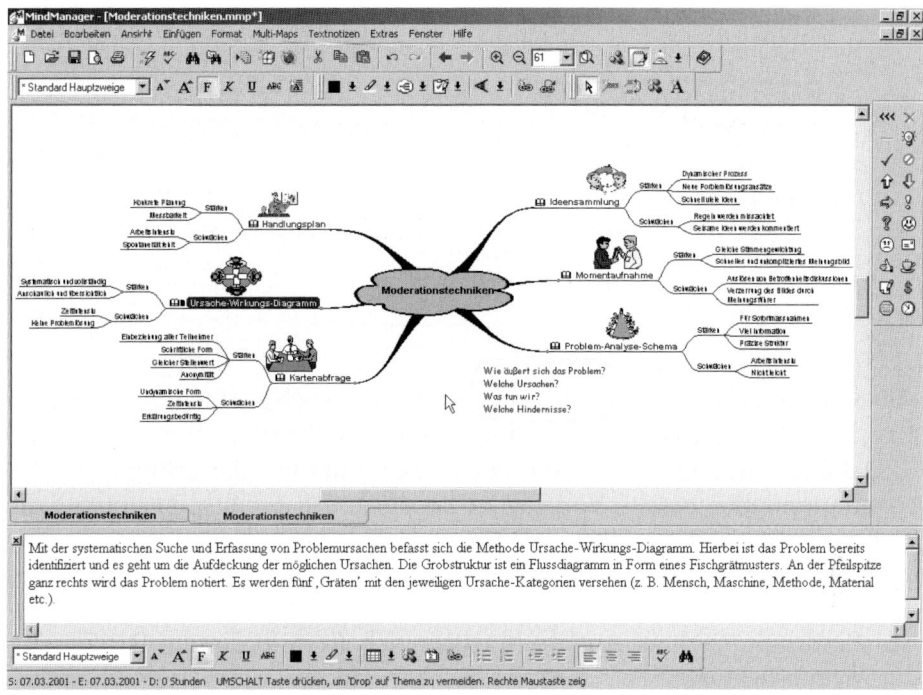

Abbildung 28-7: *Die vollständige Mind Map zu ausgewählten Moderations-techniken.*

Zeitmanagement

Für den Stress am Arbeitsplatz gibt es viele Ursachen. Fragt man Betroffene ist neben mangelndem Einfluss, sozialen Faktoren und physischen Ursachen Zeitmangel der wesentliche Faktor, der uns das erfolgreiche Arbeiten unmöglich macht. Von Tag zu Tag steigt das Arbeitspensum und die Welt wird geschäftiger, aber auf unsere Zeit können wir keinen Einfluss nehmen. Staunend stehen wir vor manchen Menschen, die scheinbar alles immer in der richtigen Zeit schaffen und dabei auch noch einen gelassenen Eindruck machen. Andere hingegen scheitern in diesem Punkt ständig. Woran liegt das?

Zeit als Stressfaktor

Niclas S. ist Supervisor in einer großen Bankgesellschaft in Frankfurt am Main. Einmal pro Monat sucht er Abteilungen der Gesellschaft auf, um interne Probleme zu besprechen und Konflikte zu managen. Sein Job macht ihm sehr viel Spaß, denn häufig erkennt er über die Probleme anderer die Ursachen für eigene Krisensituationen. Hierzu gehört unter anderem auch der Zeitmangel, mit dem er regelmäßig selbst Probleme hat und welcher von seinen Kollegen als der Stressfaktor Nummer Eins genannt wird. Zwar hat sich Niclas auch schon während seines Studiums mit diesem Thema beschäftigt, aber dies war nur Theorie. Was er seinen Kollegen und sich einmal gerne zur Verfügung stellen würde, ist ein praktischer und übersichtlicher Ratgeber zur Vermeidung von Zeitdruck.

Die Zeit im Griff

Niclas hat sich in einem Word-Dokument bereits eine Liste mit Tipps zur Vermeidung von Zeitdruck zusammengestellt. Allerdings findet er diese Form ziemlich langweilig und unansprechend. Niclas entschließt sich daher, für die Darstellung von Tipps zur Vermeidung von Zeitstress den MindManager zu nutzen. Mithilfe der Word-Gliederung hat er in Null-

1.→ Gelassene·Menschen·zerbrechen·sich·nicht·den·Kopf·über·Zeit·und·Zeitvorgaben.¶
2.→ Gelassene·Menschen·leben·ohne·Armbanduhr.¶
3.→ Je·eher·Sie·eine·Aufgabe·in·Angriff·nehmen,·desto·weniger·Zeit·wird·sie·kosten.· Zögern·zieht·Projekte·in·die·Länge.¶
4.→ Handeln·Sie·Deadlines·vor·Beginn·von·Projekten·aus,·oder·zumindest·sobald·wie· möglich.¶
5.→ Zeitlimits·sofort·in·eine·Zeitzuteilung·umsetzen.¶
6.→ Entspannen·Sie·sich·durch·den·Gedanken,·dass·nur·Sie·alleine·ihre·Zeit·bestimmen.¶
7.→ Am·häufigsten·entsteht·Zeitdruck·im·Kopf,·nicht·durch·die·Uhr.¶
8.→ Unterteilen·Sie·große·Aufgaben·in·kleine·Arbeitsschritte.¶
9.→ Machen·Sie·ihre·Arbeit·zu·einem·Spiel.¶
10.∗Halten·Sie·Teilaufgaben·schriftlich·fest.¶
11.∗Belohnen·Sie·sich.¶
12.∗Sagen·Sie·nein.¶

Abbildung 29-1: *Die Word-Gliederung.*

Komma-Nichts eine ansprechende Mind Map erstellt. Wie? Er kopiert sich einfach die Gliederung in Word (siehe Abbildung 29-1) mit `Strg+C` in die Zwischenablage und öffnet den MindManager.

Über die Schaltfläche *Neu (Standard)* öffnet er eine neue Map und markiert das Titelthema mit `Esc`. Er drückt die Tasten `Strg+V` und die Gliederungspunkte werden als Hauptzweige in die Map eingefügt (siehe Abbildung 29-2).

In einer Gliederung mit nur einer Gliederungsebene kann mit *Nummerierungen* in Word gearbeitet werden. Bei mehreren Gliederungsebenen muss mit Tabstopps gearbeitet werden.

Natürlich möchte Niclas die Map nicht so stehen lassen. Schließlich beruht Mind Mapping auf Visualisierung und daher nimmt er noch einige Veränderungen vor. Er geht mit `Esc` auf das Titelthema und nennt die Map **Die Zeit im Griff**. Über die Menüleiste *Format/Mind Map* öffnet er das Dialogfenster zum *Mind Map Layout*. Hier ändert er in der Register-

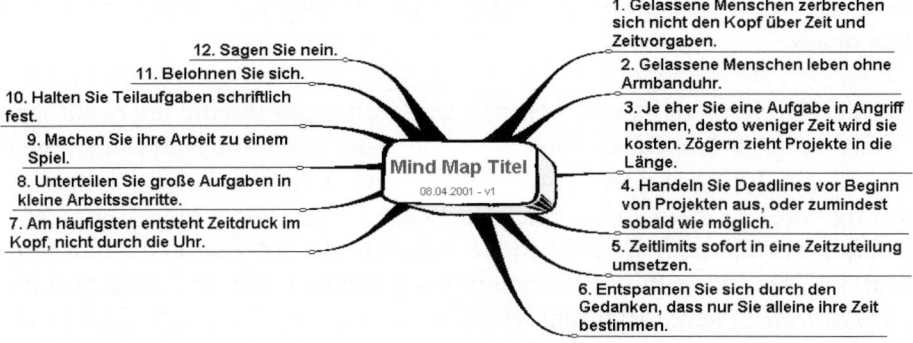

Abbildung 29-2: *So sieht das Ganze in der unbearbeiteten Map aus.*

Abbildung 29-3: *Noch sieht die Map etwas trostlos aus, aber das wird sich gleich ändern.*

karte *Layout* die Form der Zweige in dünne Zweiglinien. Er bestätigt seine Eingabe mit *OK*.

Er blendet sich nun mit Hilfe der Schaltfläche *Symbolgalerie anzeigen/verbergen* die Symbolgalerie am linken Bildschirmrand ein. Hier wählt er aus dem Ordner *Titel Klassik* das Wolkenmotiv und zieht es mit gedrückter linken Maustaste auf das Titelthema.

Nun sollen aber noch ein paar farbenfrohe Symbole her. Niclas bedient sich hier der Suchfunktion in der *Symbolgalerie.* Er positioniert den Cursor im Textfeld über den Ordnern und gibt das Schlüsselwort **Zeit** ein. Nun drückt er die Eingabe-Taste. Alle Symbole mit dem Schlüsselwort **Zeit** werden im Fenster unter den Ordnern angezeigt.

Er wird fündig und zieht ein kleines rotes Männchen in die Map. Er erinnert sich, dass im Ordner *Figuren* noch mehr von den netten roten Kerlen herumturnen und beschließt, wo es passt, seine Map ausschließlich mit diesen Figuren zu füllen.

Hinweis Im Lieferumfang von MindManager ist eine *Symbolgalerie* mit 750 MindManager-Symbolen enthalten. Diese Symbole sind in Ordnern angeordnet, damit man sie schnell findet und jederzeit in Maps einfügen kann. Die in der *Symbolgalerie* verfügbaren Befehle sind intuitiv.

Mit den Greifern zieht er die einzelnen Zweige nun in eine übersichtliche Anordnung. Er entschließt sich gegen die gängigen Mind Mapping Regeln für das *Hochformat*. Damit das auch bei dem späteren Ausdruck berücksichtig wird, muss er noch eine Änderung in der Mind Map Formateinstellung vornehmen. Er geht in der Menüleiste auf *Format/Mind Map* und in dem daraufhin geöffneten Dialogfenster auf die Registerkarte *Druckformat* (siehe Abbidung 29-4).

Hier wählt er in der Ausrichtung *Hochformat* und bestätigt seine Eingabe mit *OK*.

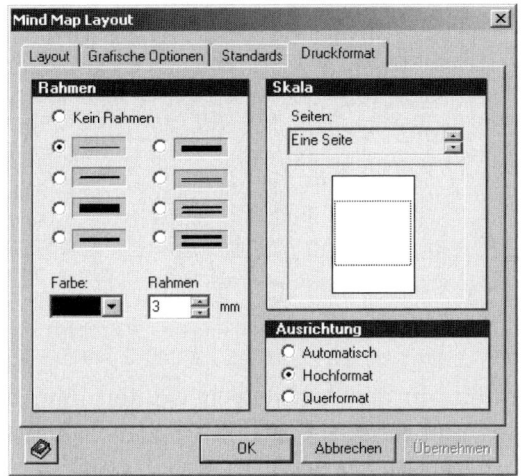

Abbildung 29-4:
Die Registerkarte Druckformat
im Dialogfenster Mind Map
Layout.

Über die Schaltfläche *Seitenansicht* schaut er sich noch einmal sein
Werk an, bevor er es über die Schaltfläche *Schnelles Drucken Mind Map*
Grafik auf den Weg zu seinem Drucker schickt.

Niclas ist sich sicher, dass seine Kollegen mit dieser Map einen prak-
tischen und übersichtlichen Ratgeber zur Vermeidung von Zeitdruck in
die Hände bekommen.

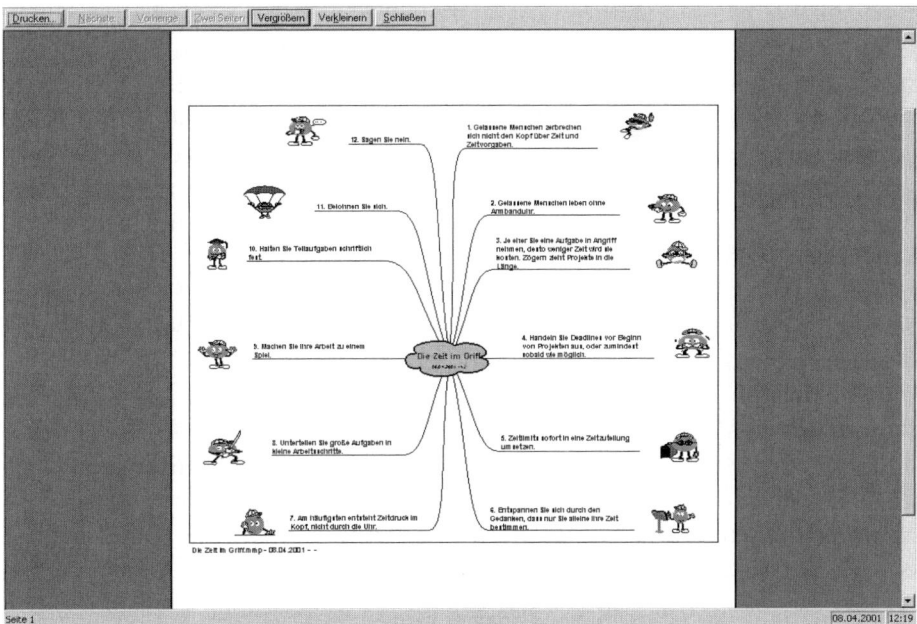

Abbildung 29-5:   *Die Seitenansicht der Map.*

MIND MAP ZU KAPITEL 29 AUF SEITE 173

30 Besprechungen effizient planen

Die Anforderungen an Führungskräfte in der Arbeitswelt werden immer komplexer und der richtige Umgang und Einsatz von Führungsinstrumenten immer wichtiger. Ein Instrument, das im Berufsleben täglich eingesetzt wird, ist die Besprechung oder das Meeting. Nicht selten fragen sowohl Mitarbeiter wie auch das Management nach der Effizienz solcher Treffen. Mögliche Ursachen für ineffiziente Meetings sind ungenaue Planung und Zielsetzung oder einfach auch nur das Unwissen über stimmige und situationsgerechte Gesprächsführung.

Ziel: Das erfolgreiche Meeting

Herr G. leitet das Team Interner Support der Knowledge AG, ein Unternehmen aus der Informationstechnologie-Branche. Wöchentlich trifft er sich mit seinen Mitarbeitern zu einem Meeting. Mittlerweile sind die Sitzungen für alle Beteiligten eine runde und zufriedenstellende Sache. Das war nicht immer so. Als Herr G. das Team von seinem Vorgänger übernahm, waren die wöchentlichen Meetings zwar schon die Regel, aber die Ergebnisse waren oft alles andere als zufriedenstellend.

Um die Kommunikation der einzelnen Teammitglieder wieder in die richtigen Bahnen zu lenken, hat sich Herr G. mithilfe der Mind Mapping Methode Richtlinien für Besprechungen erstellt.

Als Titelthema wählt er **Effiziente Besprechung** und schreibt dies in die *Standard*-Mind Map, die er mit Strg+N öffnet. Über Alt+Eingabe ändert er den Schrifttyp sowie Schriftgrad und Farbe. Natürlich stellt das Einführen neuer Besprechungsformen und -regeln in erster Linie eine Herausforderung an ihn selbst dar. Die Hauptzweige, die er mit Einfg aufruft, beschriftet er wie folgt:

- Häufigkeit und Dauer der Besprechung

- Räumlichkeiten vor Ort

- Prioritäten von Besprechungen

- Protokoll führen

- Tagesordnung entwickeln

- Diskussionsregeln

- Entscheidungen treffen

- Auswertung der Besprechung

Jedem Zweig weist er mit der Schaltfläche *Farbe zuweisen* einen anderen Farbton zu.

Häufigkeit und Dauer der Besprechung

Die Besprechungen sollen nicht nur einmal die Woche stattfinden, sondern auch zu einem festen Zeitpunkt, der von allen Teammitgliedern genau eingeplant werden kann. Dies soll Mittwochs 10.00 –12.00 Uhr sein. Diese Angabe schreibt Herr G. an einen Unterzweig. Sollte absehbar sein, dass es mehr Punkte zu besprechen gibt als Zeit zur Verfügung steht, muss ein neues Meeting vereinbart werden. Bei einem Teamneuzugang wird möglicherweise mit häufigeren Besprechungen zu rechnen sein.

Räumlichkeiten vor Ort

Bevor sich Herr G. den inhaltlichen Schwerpunkten dieses Astes zuwendet, zieht er ihn mit Hilfe des Greifers an die von ihm gewünschte Position unter den Ast **Häufigkeit und Dauer der Besprechung**. Ihm fällt auf, dass das Programm die Hauptzweige in einer ungeordneten Anordnung an das Titelthema angefügt hat. Er bringt sie nun alle mithilfe des Greifers in die Reihenfolge seiner ursprünglichen Gliederung.

Bezüglich der Räumlichkeiten muss Herr G. sicherstellen, dass benötigte Materialien wie zum Beispiel Flipcharts oder Moderationsmaterial zur Verfügung stehen. Die Sitzordnung sollte einen gegenseitigen Blickkontakt ermöglichen und der Raum sollte von der Größe her der Anzahl von elf Teammitgliedern entsprechen.

Diese Punkte fügt Herr G. an den Ast an und macht für sich selbst mit Hilfe der Schaltfläche *Textnotizen anzeigen/verbergen* die Notiz, dass es

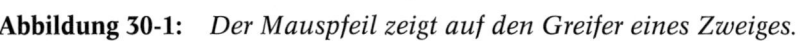

Räumlichkeiten vor Ort

Abbildung 30-1: *Der Mauspfeil zeigt auf den Greifer eines Zweiges.*

kommunikationsfördernder ist, wenn er sich nicht immer auf denselben Platz und schon gar nicht ans Kopfende des Tisches setzt.

Prioritäten von Besprechungen

 Herr G. muss für sein Team festlegen, welchen Stellenwert das Meeting für alle haben soll. Es soll auf jeden Fall vermieden werden, dass die Teammitglieder das Meeting nicht ernst nehmen. Das kann sehr schnell passieren, wenn eine Teilnahmepflicht besteht, obwohl es wichtige Aufgaben zu erledigen gibt, die eine höhere Priorität für das Unternehmen haben. Wenn das Meeting stattfindet, sollte keiner der Teilnehmer, auch nicht Herr G., aus der Besprechung herausgerufen werden können. Solche Unterbrechungen stören die Kommunikation und verschieben ein weiteres Mal die Prioritäten. Ist ein Teammitglied aus wichtigen Gründen an der Teilnahme verhindert, sollte ein kompetenter Kollege die Stellvertretung übernehmen. All diese Gedanken fasst Herr G. an drei weiterführenden Unterzweigen zusammen.

Herr G. fängt jetzt an, seine Map auch optisch etwas aufzulockern und sucht sich in der *Symbolgalerie* (über Schaltfläche *Symbolgalerie anzeigen/verbergen*) für einige Aufgaben passende Grafiken.

Tipp   Die Symbole kann er sich genauer anschauen, indem er mit dem Mauszeiger auf das entsprechende Bild geht und die linke Maustaste gedrückt hält.

Das Symbol vergrößert sich. Ist es nicht das Passende, lässt er es einfach wieder los. Bei einem Treffer zieht er das Bild mit der Maus zu dem Zweig,

Abbildung 30-2:
Ausschnitt aus der Symbolgalerie.

dem er es hinzufügen möchte. Der Zweig färbt sich grün, wenn das Symbol an den Zweig angefügt ist. Nun kann Herr G. die Maustaste loslassen. Leichte Positionsänderungen kann er durchführen, indem er das Symbol nochmals anklickt und mit der Maus verschiebt.

Protokoll führen

Natürlich sollte es für alle Meetings ein Protokoll geben, damit einzelne Punkte und Ergebnisse auch im Nachhinein nachvollziehbar bleiben. Hierzu wird ein Protokollant nach dem Rotationsprinzip festgelegt. Für die ersten elf Wochen hat Herr G. die Reihenfolge festgelegt und sich selbst dabei natürlich nicht ausgeschlossen. Die Liste der Protokollanten speichert er in einer *Microsoft Excel*-Arbeitsmappe.

Die Liste fügt er dem ersten Unterzweig mit Hilfe der Schaltfläche *Hyperlink definieren* an.

Außerdem erarbeitet Herr G. in *Microsoft Word* eine Dokumentvorlage, in der inhaltliche Bausteine für das Protokoll festgelegt sind. Auch diese hinterlegt er nach demselben Prinzip wie die Excel-Datei.

Zusätzlich notiert er: **Je kürzer ein Protokoll ist, umso größer ist die Wahrscheinlichkeit, dass es gelesen wird**.

Mit der F5-Taste rückt Herr G. seine Mind Map in die Bildschirmmitte. Sie sieht schon gut gefüllt aus, aber die Hauptarbeit hat Herr G. eigentlich noch vor sich.

Tagesordnung entwickeln

Was soll auf die Tagesordnung? Wer soll wann die Tagesordnungspunkte sammeln? Herr G. lässt zunächst seinen Gedanken freien Lauf: Zunächst ist wichtig, dass sich die Gruppe für die Tagesordnungspunkte verantwortlich fühlt. Zum Sammeln der Themen fallen Herrn G. folgende Möglichkeiten ein:

1. Ein Teammitglied sammelt die Themenvorschläge zwei Tage vor dem Meeting.

2. Themen können die Woche über auf Flipchart gesammelt werden.

3. Themen werden am Anfang des Meetings gesammelt (= Brainstorming).

Natürlich sollte es auch jederzeit möglich sein, neue Themen aufzunehmen oder auch Tagesordnungspunkte zu streichen. Unabhängig davon, welche Methode zum Sammeln der Tagesordnungspunkte genutzt wird, muss sichergestellt sein, dass alle Punkte gesammelt sind, bevor man mit der Abarbeitung beginnt. Während des Meetings sollte gemeinsam über die Wichtigkeit der einzelnen Punkte entschieden werden.

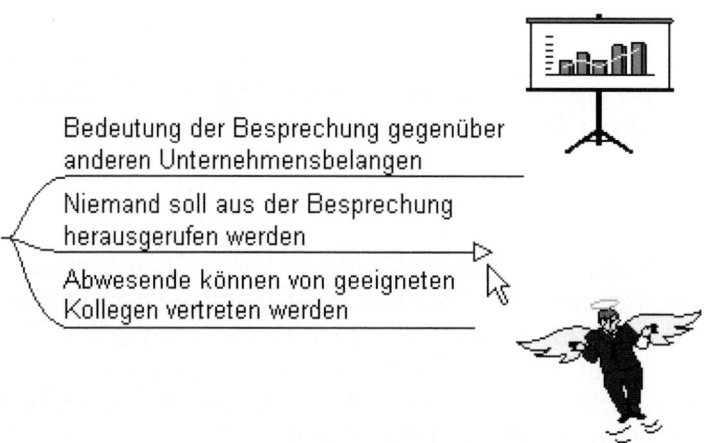

Bedeutung der Besprechung gegenüber
anderen Unternehmensbelangen

Niemand soll aus der Besprechung
herausgerufen werden

Abwesende können von geeigneten
Kollegen vertreten werden

Abbildung 30-3: *Der Mauspfeil zeigt auf den Unterzweig mit einer ausgeblendeten Detailebene.*

Jetzt ist die Map schon recht umfangreich. Um nicht den Überblick zu verlieren, markiert Herr G. das Titelthema und drückt die Tastenkombination Strg+D. So kann er Detailebenen der Map ausblenden.

Tipp Ausgeblendete Detailebenen erkennt der Mind Map Nutzer an der Pfeilspitze am Ende eines Zweiges.

Diskussionsregeln

Damit die Kommunikation innerhalb der Meetings funktioniert, müssen vorab Diskussionsregeln festgelegt werden. Herr G. möchte seinem Team nicht autoritär etwas verordnen, daher werden die Regeln gemeinsam erarbeitet. Das Ganze soll natürlich nicht in ein Regelwerk ausarten, sondern sich auf ein Minimum beschränken. Außerdem sollen Regeln nicht die Kommunikation behindern. Herr G. will darauf achten, dass ein offenes und lockeres Klima herrscht. Diese Punkte fügt Herr G. in seine Mind Map ein.

Entscheidungen treffen

Zum Treffen von Entscheidungen braucht man Zeit. Daher ist es unerlässlich, die Themen vorab zu filtern, um jedem Problem auch genügend Diskussionsraum zu lassen. Vorab sollte innerhalb des Teams geklärt werden, wie Entscheidungen gefällt werden: Reicht ein Konsens oder gibt es eine Abstimmung mit vorher bestimmten Mehrheiten? In jedem Fall sollte ein »gegenseitiges Einvernehmen« angestrebt werden.

Auswertung der Besprechung

Herr G. ist sich im Klaren, dass das bisher vorliegende Konzept Gegen- stand von Veränderungen und Verbesserungen sein muss. Er möchte in regelmäßigen Abständen seinen Teammitgliedern die Möglichkeit geben, über die Art und Weise der Meetings zu sprechen. So wird die Effektivität gewährleistet und ein Rückfall in den alten Trott vermieden.

Herr G. hat nun alle seine Gedanken in der Map untergebracht.

Herr G. ist mit dem Konzept so zufrieden, dass er es per E-Mail ver- schiedenen Gruppenleitern als nützliche Arbeitsgrundlage anbieten möchte.

Für diese Funktion steht ihm die Schaltfläche *Packen und Ausliefern* oder das Menü *Extras/Packen & Ausliefern* zur Verfügung. Nun erscheint der *Auslieferungsassistent* als Dialogfenster. Herr G. wählt den Punkt *E-Mail-Empfänger*.

Er folgt den weiteren Anweisungen des Assistenten und trägt einen oder mehrere Empfänger aus seinem Adressbuch in die Empfängerliste ein. Er wählt *Als Mapdatei ausliefern* und *Map und alle verlinkten Maps und Dokumente*. Das Ganze soll als *Einzelne Paketdatei* und *Zip-Datei* ausgeliefert werden. Der MindManager fasst noch einmal alle seine

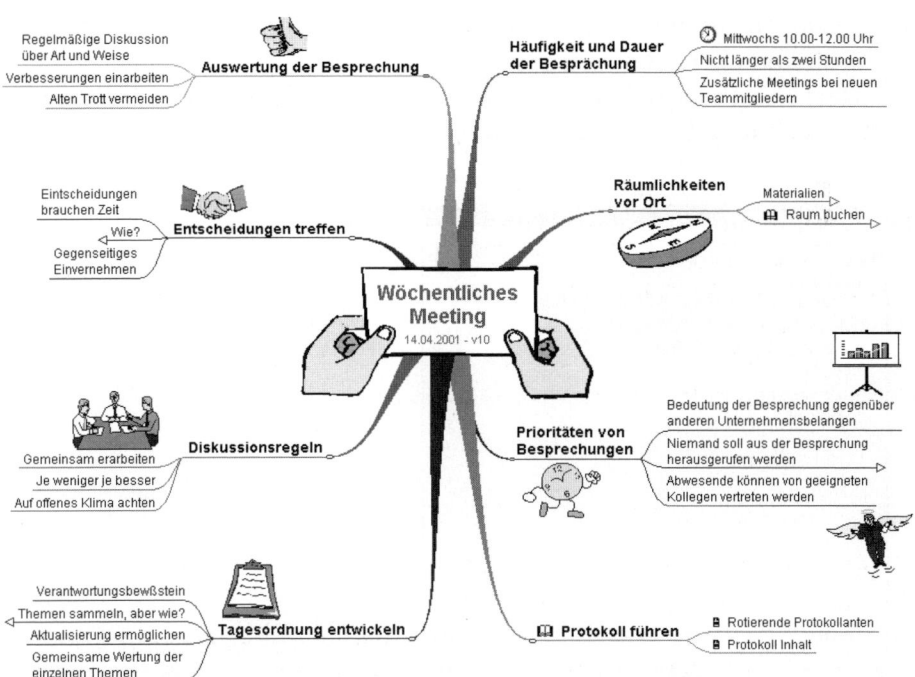

Abbildung 30-4: *So sieht die Mind Map von Herr G. mit ausgeblendeter dritter Detailebene aus.*

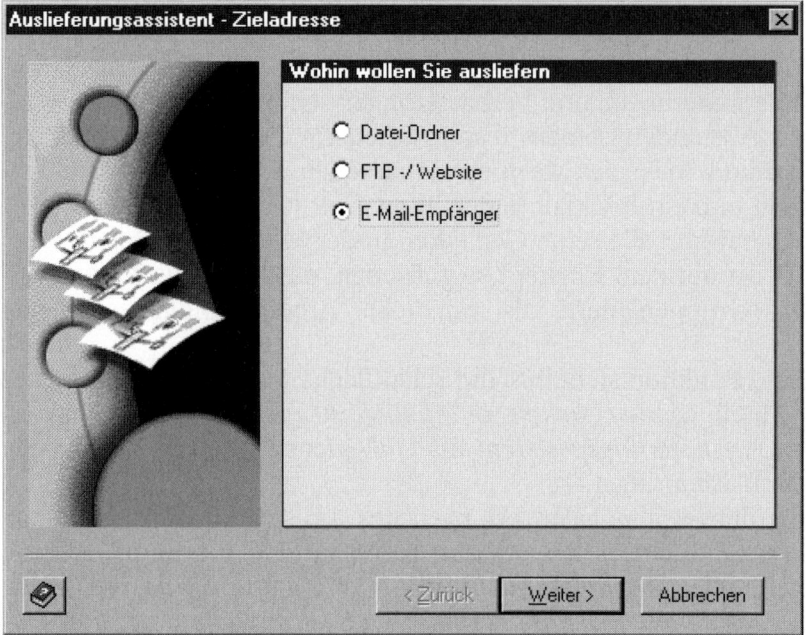

Abbildung 30-5: *Der Auslieferungsassistent.*

Anweisungen zusammen, bevor die Datei durch Klick auf die Schaltfläche *Fertig stellen* als E-Mail versendet wird.

Herr G. ist sich sicher, dass seine Kollegen viele nützliche Informationen für sich und ihre Teams aus der Map ziehen werden.

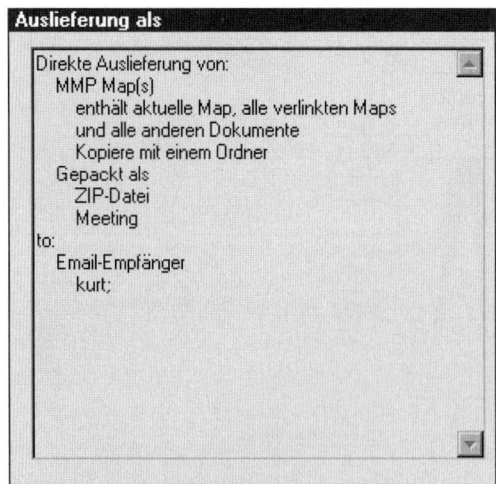

Abbildung 30-6:
Die Zusammenfassung der Auslieferungsdaten.

MIND MAP ZU KAPITEL 30 AUF SEITE 174

Für Alle

»Mir hilft der Geist! Auf einmal seh ich Rat
Und schreibe getrost: ›Im Anfang war die Tat!‹«
Johann Wolfgang von Goethe (1749–1832),
deutscher Dichter

Im abschließenden Teil **Für Alle** gibt es noch einmal eine Fülle an Themen, die sicherlich für viele interessant sind. Ein **Garten-** und **Jahreskalender** wird erstellt, bereits gefüllt mit einer Menge an Informationen, nicht nur für Hobbygärtner.

Was man alles bei seinem ersten **Vorstellungsgespräch** beachten muss, ist sicherlich auch für bereits beruflich engagierte Leute ein interessantes und lesenswertes Kapitel. Eine **Unterrichtsplanung** ist nicht etwas, was man schnell mal aus dem Ärmel schüttelt. Vor allen Lehrenden ziehen wir nach der Lektüre den Hut.

Zu guter Letzt werden wir noch mit einer **Weihnachts-Map** erfreut, die uns mit Vorfreude auf diese besinnliche Zeit erfüllt. Dass uns der MindManager noch viele spannende Funktionen liefert, sehen wir an dieser kleinen Auswahl:

- ein Titel-Symbol bearbeiten
- mit dem Metafile Companion arbeiten
- mit dem Hochformat arbeiten
- Zweigeigenschaften sinnvoll kopieren

Entdecken Sie die Möglichkeiten!

31 Das Gartenjahr

Der eigene Garten bietet im hektisch gewordenen Alltagsleben oftmals die Möglichkeit der Entspannung, Erholung und damit eine Verbesserung der Lebensqualität. Durch einen Garten erhalten wir die Möglichkeit, mit der Natur in Kontakt zu bleiben und ihr Werden, Wachsen und Vergehen zu beobachten. Er schenkt uns Erholung im Ausgleich zu dem oft recht einseitigen Berufsalltag. Allerdings braucht ein Garten auch die richtige Pflege zur richtigen Zeit und es bietet sich an, für die einzelnen Routinearbeiten des Jahres einen Gartenkalender im Mind Map-Format zu erstellen.

Der Gartenkalender

Christiane G. ist seit kurzem glückliche Pächterin eines Kleingartens. Sie freut sich schon sehr auf die Arbeit in ihrem kleinen Reich und plant im Kopf bereits die Bepflanzung von Blumenrabatten und Gemüsebeeten. Allerdings befürchtet sie, in der Fülle der auf sie zukommenden Arbeiten das eine oder andere zu vergessen.

Um dies zu verhindern, setzt sie sich mit der einschlägigen Fachliteratur auseinander und erstellt sich mithilfe des MindManagers einen Gartenkalender für 12 Monate.

Die 12 Monate

Sie öffnet den MindManager und ruft sich eine neue Mind Map auf den Bildschirm, deren Hauptzweige sie mit den 12 Monatsnamen beschriftet (siehe Abbildung 31-1).

Christiane ist erst einmal etwas enttäuscht. Zwar hat sie die Monate in der richtigen Reihenfolge eingegeben, aber der MindManager hat wohl eine andere Vorstellung von Ordnung. Mithilfe des Greifers zieht sich Christiane die Monate in die kalendarische Reihenfolge.

Hierzu klickt sie den Greifer mit der rechten Maustaste an. Sobald eine kleine weiße Hand erscheint, kann sie den Zweig an die gewünschte

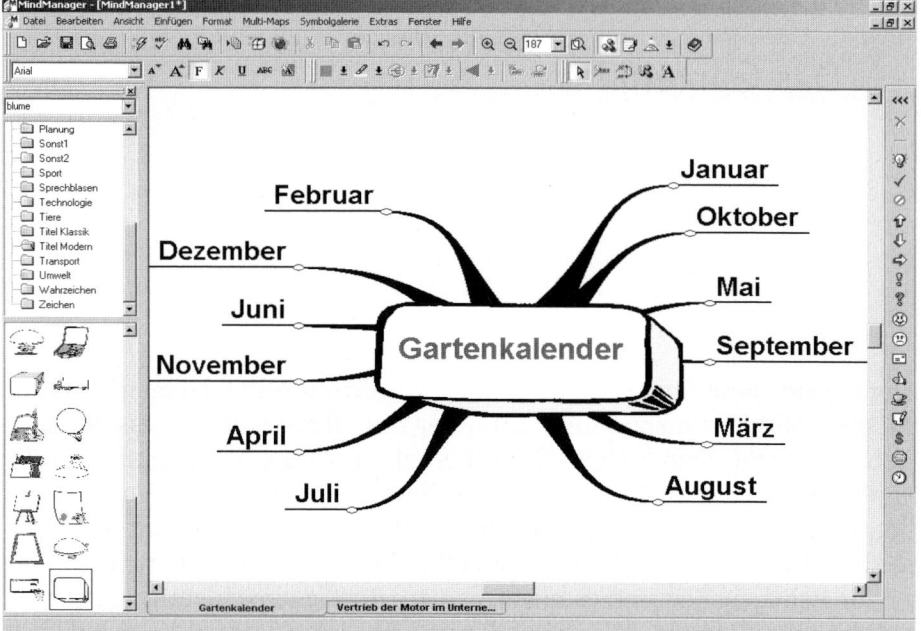

Abbildung 31-1: *Das sieht noch nicht sehr nach Gartenkalender aus.*

Februar

Abbildung 31-2: *Die Maustaste zeigt auf den Greifer.*

Position verschieben. Dort lässt sie die Maustaste los. In dieser Form verfährt sie mit allen anderen Zweigen. Aus der *Symbolgalerie*, die auf der linken Seite in Abbildung 31-1 zu erkennen ist, sucht sie sich aus dem Ordner *Titel Klassik* ein passenderes Titelsymbol. Hierzu klickt Christiane das gewünschte Symbol einfach mit der linken Maustaste an und zieht es über das Titelthema. Sobald sie es loslässt, wird das Standardsymbol ersetzt.

 Dann färbt sie sich das gewünschte Wolkenmotiv noch mithilfe der Schaltfläche *Hervorheben/Tabelle einfärben* grünlich ein. Über das Menü *Format/Toolkit* holt sie sich die Symbolleiste *Toolkit* auf den Bildschirm. Sie markiert das Titelthema und wählt unter *Neu anordnen* die Schaltfläche *rechts/links*. Die Zweige werden nun gleichmäßig um das Titelthema verteilt. Mit Hilfe der Taste F5 passt sie die Map der Bildschirmgröße an.

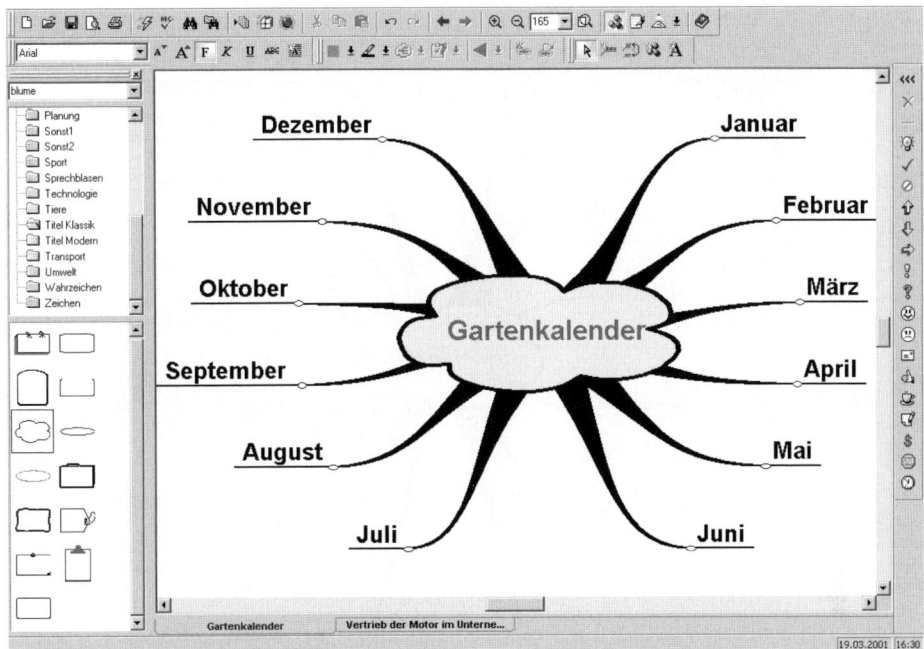

Abbildung 31-3: *Jetzt sieht das Ganze doch schon viel besser aus.*

Christiane entschließt sich, für die einzelnen Monate eine Unterteilung in folgende Unterzweige einzufügen:

- Zwiebel- und Knollenpflanzen
- Blumenrabatten
- Bäume, Sträucher, Kletterpflanzen
- Obst, Gemüse, Kräuter

Sie schreibt die Stichworte an die Unterzweige. Damit sie diese Schreibübung nicht 11 mal wiederholen muss, gibt es im MindManager eine einfache Funktion, Unterzweige zu kopieren: Hierzu markiert Christiane den zu kopierenden Zweig mit der linken Maustaste und hält diese gedrückt. Nun drückt sie zusätzlich die Strg-Taste und zieht den Zweig an den nächsten Hauptzweig. So verfährt sie mit allen Unterzweigen. Nach kurzer Zeit und dem Einsatz der Symbolleiste *Toolkit* hat sie eine übersichtliche Map.

Christiane beginnt nun, die einzelnen Monate mit den anstehenden Aufgaben und Arbeiten zu füllen.

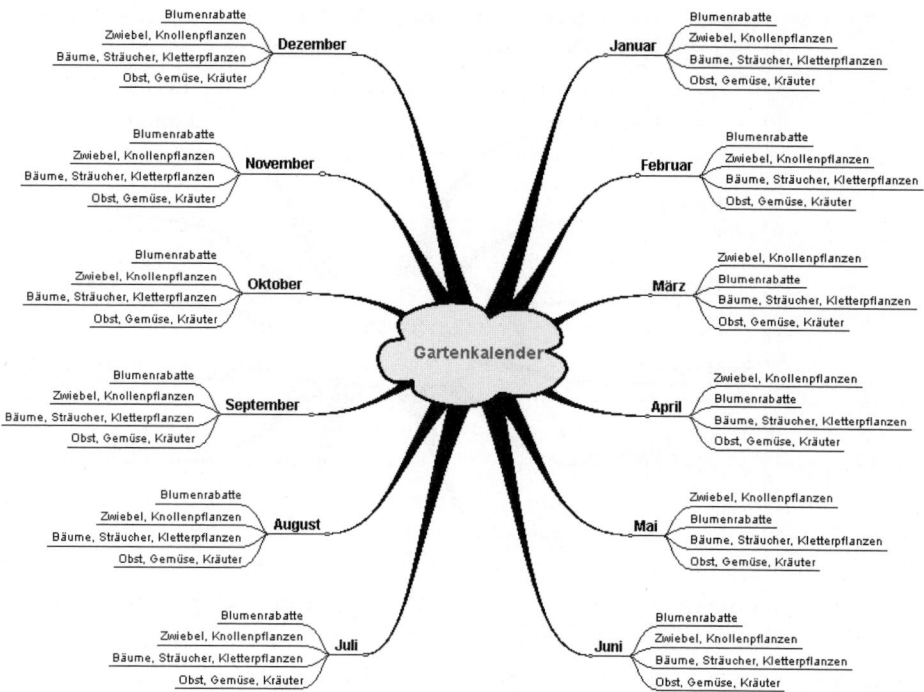

Abbildung 31-4: *Eine übersichtliche Map ist entstanden.*

Hinweis Die Beschreibung der einzelnen Monate führt zu weit, daher wird hier nur beispielhaft der März geschildert. Die Aufgabenplanung der anderen Monate kann auf der Beispielmap der beiliegenden CD nachgelesen werden.

Der März

Im März ist eigentlich noch nicht mit richtigem Gartenwetter zu rechnen, aber trotzdem erwarten den Gärtner schon reichlich Arbeiten, um den nächsten Sommer auch wirklich inmitten einer Pflanzenpracht genießen zu können. Unter dem Zweig **Zwiebel- und Knollenpflanzen** sammelt Christiane beispielsweise die Information, dass man ein **Gartenbuch** führen sollte. Hier trägt man ein, wo es grünt und sprießt, um im nächsten Herbst eventuelle Lücken mit frischen Knollen füllen zu können. Nachdem die ersten Blätter abgestorben sind, können **Knollen verpflanzt werden,** die zum Beispiel farblich nicht zueinander passen oder zu wenig Platz haben. Abgestorbene **Blütenstände** sollten **entfernt werden**.

Bei den **Blumenrabatten** müssen die **Staudengewächse zurückgeschnitten** werden. Die **Rosen** sollten **gestutzt** und **altes** und **beschädigtes Holz** von nicht in der Blüte stehenden Hecken und Sträuchern **entfernt** werden. Jetzt ist die Zeit, um neue **Rosen, laubwerfende Sträucher** und **Bäume anzukaufen** und zu **verpflanzen**. Über eine zusätzliche **Düngung** und eine **Auflockerung** des **Bodens** sind die Pflanzen zu dieser Jahreszeit sehr dankbar.

Bei den **Bäumen, Sträuchern** und **Kletterpflanzen** ist zu dieser Jahreszeit nicht viel zu tun. Bei starkem Schneefall sollte die Schneelast entfernt werden, da durch deren Gewicht Äste beschädigt oder abgebrochen werden können. Sollte das Wetter hingegen schon warm genug sein, können die **Pflanzstellen vorbereitet** werden.

Bei der **Obst-, Gemüse-** und **Kräuter-Abteilung** gibt es wieder etwas mehr zu beachten: Die **Anpflanzung** junger **Obstgewächse** sollte abgeschlossen werden und der **Wurzelbereich** aller Obstbäume sollte **aufgelockert** und mit **Mischdünger versetzt** werden. Auch ist die Zeit reif, um **Erdbeeren** zu **setzen,** wobei darauf geachtet werden sollte, dass die vorhandenen **Blüten entfernt** werden, um im ersten Jahr einen **Fruchtansatz** zu **verhindern**.

Sollte der Boden trocken und das Klima mild sein, kann bereits mit der **Saat** von **Erbsen, Bohnen, Karotten** und **Rüben** begonnen werden. **Frühkartoffeln, Schalotten** und **Zwiebeln** können in den Boden gebracht und in einem warmen Gewächshaus kann mit der **Anzucht** von **Tomaten** begonnen werden.

Mit den Funktionen der Symbolleiste *Mind Map Kommandos* verschönert Christiane den März noch nach ihren Vorstellungen.

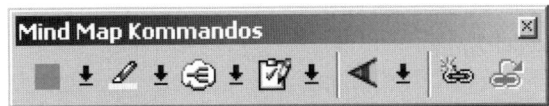

Abbildung 31-5: *Die Symbolleiste* Mind Map Kommandos.

Zusätzlich möchte Christiane passende Symbole mit den Aufgaben verbinden.

Hierzu holt sie sich mit der Schaltfläche *Symbolgalerie anzeigen/verbergen* selbige an den linken Bildschirmrand. Hier hat sie nämlich eine neue Funktion entdeckt. Man kann die Symbolgalerie nun nach bestimmten Begriffen absuchen. Sie trägt in das Suchfeld den Begriff »Blume« ein und erhält eine Auswahl an Symbolen (siehe Abbildung 31-6).

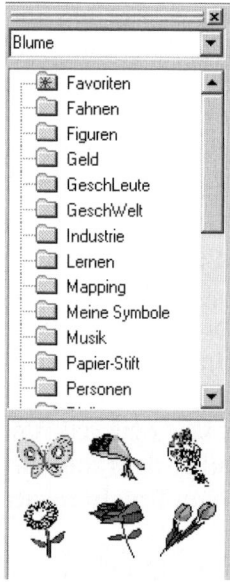

Abbildung 31-6:
*In dem Suchfenster hat Christiane den Begriff »Blume«
eingegeben. Im unteren Bereich ist das Ergebnis dargestellt.*

Nach kurzer Zeit ist der März fertig erstellt. Und so sieht der fertige
März-Zweig aus (Abbildung 31-7):

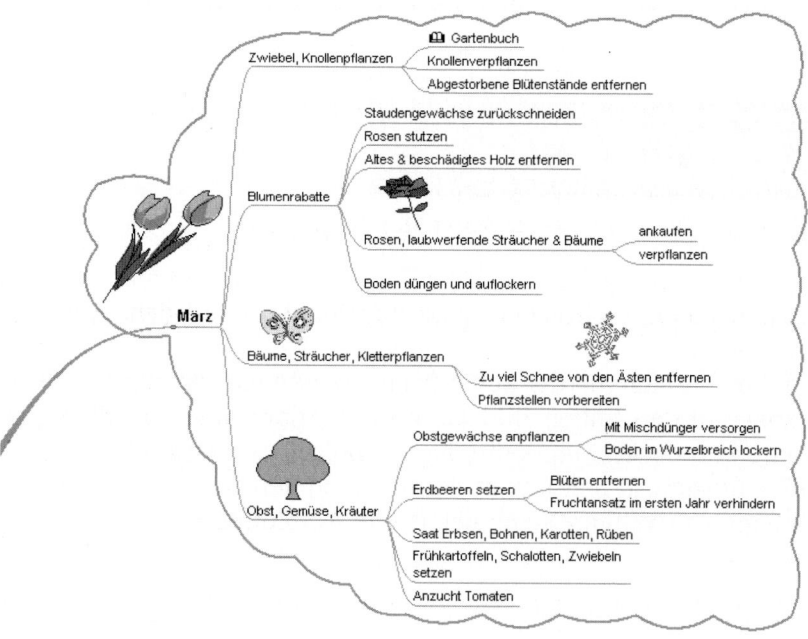

Abbildung 31-7:   *Das sieht doch schon gar nicht mehr nach Arbeit, sondern
nur nach Vergnügen aus.*

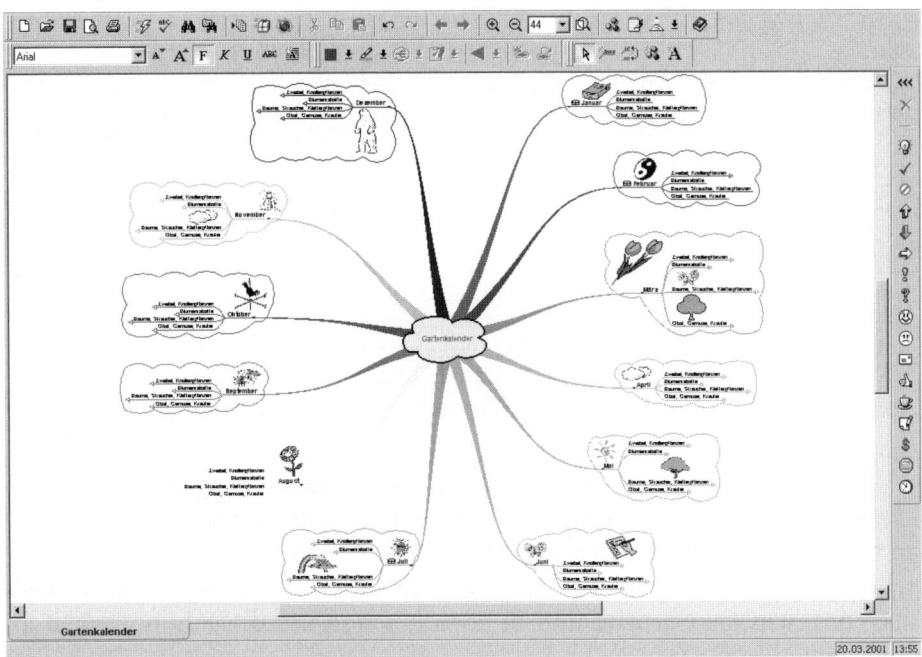

Abbildung 31-8: *Der Gartenkalender bis Ebene 2 auf einen Blick.*

Christiane verfährt mit allen Monaten nach der gleichen Vorgehensweise. Auf der CD ist der vollständige Gartenkalender enthalten. In Abbildung 31-8 bekommt man schon einen kleinen Vorgeschmack.

Die einzelnen Monate als Multi-Map

Natürlich ist die Map viel zu groß, um mit allen ihren Details auf einen Bildschirm zu passen. Christiane hat auch dazu eine Idee: Sie nutzt die Multi-Map-Funktion, um eine Map für jeden Monat zu erstellen, die sie sich dann ausdrucken und wie einen Kalender heften kann. Hierzu geht sie im Menü auf *Multi-Maps/Export zu Map*. Im Dialogfenster ist die zu exportierende Map bereits mit dem Monatsnamen versehen und wird in das richtige Verzeichnis abgelegt, wenn sie auf die Schaltfläche *Speichern* klickt (siehe Abbildung 31-9).

Auf diese Art verfährt Christiane mit allen verbleibenden Monaten. Mit einem Doppelklick auf einen Monat ihrer Wahl öffnet sich dieser in einem extra Fenster und kann nun entweder ausgedruckt oder bearbeitet werden. Als Christiane die Map für den Monat Mai öffnet, fällt ihr auf, dass sie gar nicht alle Einträge sehen kann: Einige Detailebenen sind ausgeblendet.

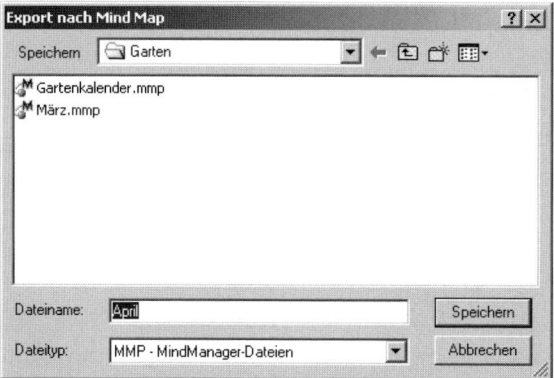

Abbildung 31-9:   *Das Dialogfenster zum Export einer Multi-Map.*

Sie markiert das Titelthema **Mai** und geht auf die Schaltfläche *Detail-ebene*. Dort klickt sie auf *Alle Details* und die vollständigen Einträge sind zu sehen. In Abbildung 10 kann man dieses Ergebnis sehen.

Christiane ist zufrieden. Sie hat jetzt einen viel besseren Überblick über das, was sie erwartet und freut sich schon auf die schöne Arbeit an der frischen Luft.

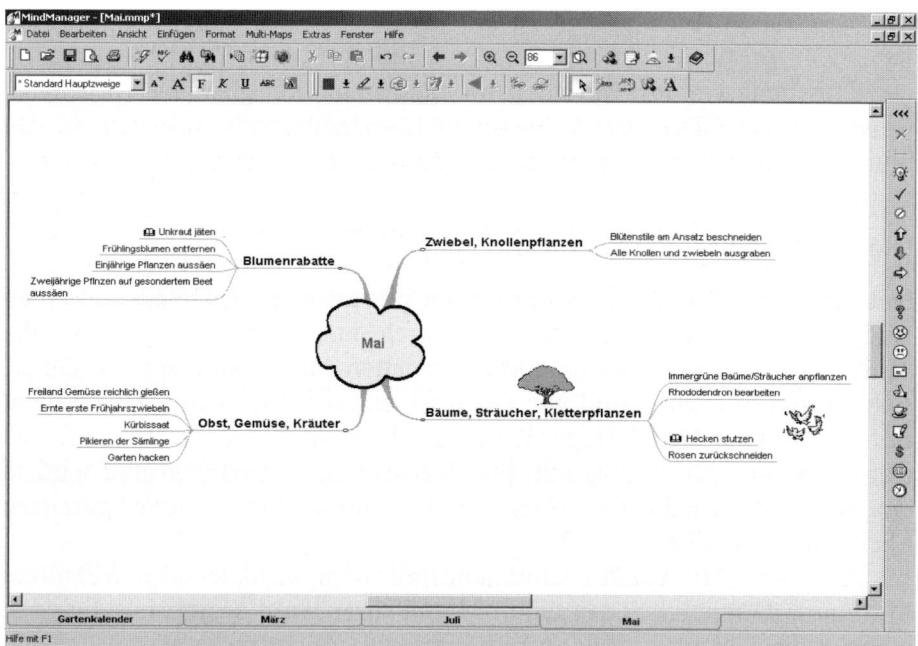

Abbildung 31-10:   *Der Wonnemonat Mai.*

32 Die Unterrichtsplanung

Angehende Lehrer bringen Stunden mit ihren ersten Unterrichtsplanungen zu, Schüler leiden unter wenig abwechslungsreichen »Null-acht-fünfzehn«-Stunden. Um im Dickicht der verschiedenen Theorien zur Didaktik und Methoden der Unterrichtsvorbereitung und im Kampf mit der eigenen Zeitknappheit die kreative Oberhand zu behalten, bietet sich die Mind Mapping Methode für viele Lehrer als hilfreiches Instrument an.

Planungsvorlage für den Unterricht

Manuela D. ist Referendarin im zweiten Ausbildungsjahr für die Fächer Deutsch und Englisch. In dieser Phase der Lehrerausbildung beginnt in ihrem Bundesland das eigenständige Unterrichten ohne einen anleitenden Lehrer. Sie ist nun selbst verantwortlich für die Planung des Unterrichts des ganzen Schuljahres. Manuela ist etwas ratlos, wie sie dies alles bewältigen soll.

Ihre Kollegin Anja rät ihr, sich mit dem MindManager eine Planungs- vorlage zu erstellen, auf deren Grundlage sie die meisten Unterrichtsstunden und auch gleich die nötige Dokumentation für die Prüfer erarbeiten kann.

Die drei Hauptaufgaben

Mit Strg+N öffnet Manuela eine Standard Mind Map und schreibt in das Titelthema **Unterrichtsplanung**. Sie markiert das Titelthema und drückt die rechte Maustaste.

Aus den Optionen wählt sie den Befehl *Eigenschaften* und ein Dialogfenster öffnet sich. Hier wählt sie die Registerkarte *Datum und Version*, um die Datumsanzeige zu löschen. Zudem sucht sie sich aus der *Symbolgalerie* ein Titelsymbol, das ihrer Meinung nach besser zum Thema passt.

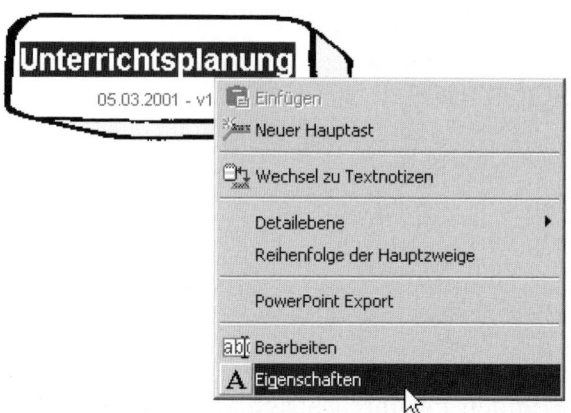

Abbildung 32-1: *Das Dropdown-Menü erscheint bei Anwahl des Titelthemas und Klick mit der rechten Maustaste.*

Hinweis Wenn Sie mit der rechten Maustaste auf das eingefügte Titelsymbol drücken und die Taste gedrückt lassen, erscheint ein kleines Navigationskreuz, mit dessen Hilfe Sie Symbole vergrößern und verkleinern können.

Bei der Vorbereitung will Manuela drei Hauptaufgaben unterscheiden:

1. Die inhaltliche Planung

2. Die Verlaufsplanung

3. Die Dokumentation

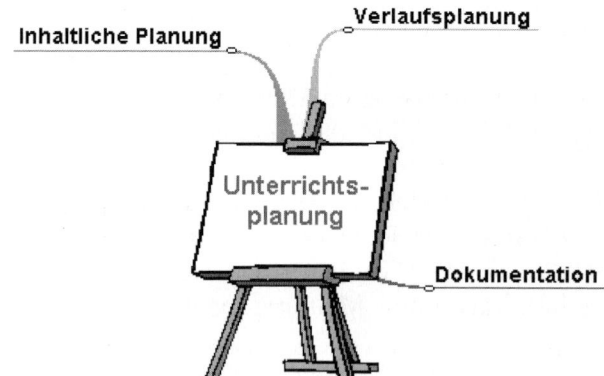

Abbildung 32-2: *In Manuelas Kopf geht es wild zu.*

Diese drei Punkte schreibt sie als Hauptzweige an ihre Map. Momentan sieht es in Manuelas Kopf ungefähr so aus wie ein Motiv im Ordner *Mapping* der *Symbolgalerie*. Sie fügt es gleich in ihre Map ein.

Womit soll sie bloß anfangen? Sie entschließt sich mit der inhaltlichen Planung zu beginnen.

Inhaltliche Planung

Vor jeder Stunde oder zumindest jedem Themengebiet muss man sich als Lehrer erst selbst einmal einen **Überblick über inhaltliche Zusammenhänge** verschaffen. Es ist also ein gute Literaturrecherche notwendig, wofür beispielsweise Bücher, Zeitschriften und das Internet herangezogen werden können.

Ganz wichtig ist für eine Stundenplanung natürlich auch die **Stoffabgrenzung.** Es muss ausgewählt werden, **was in der jeweiligen Stunde be-**

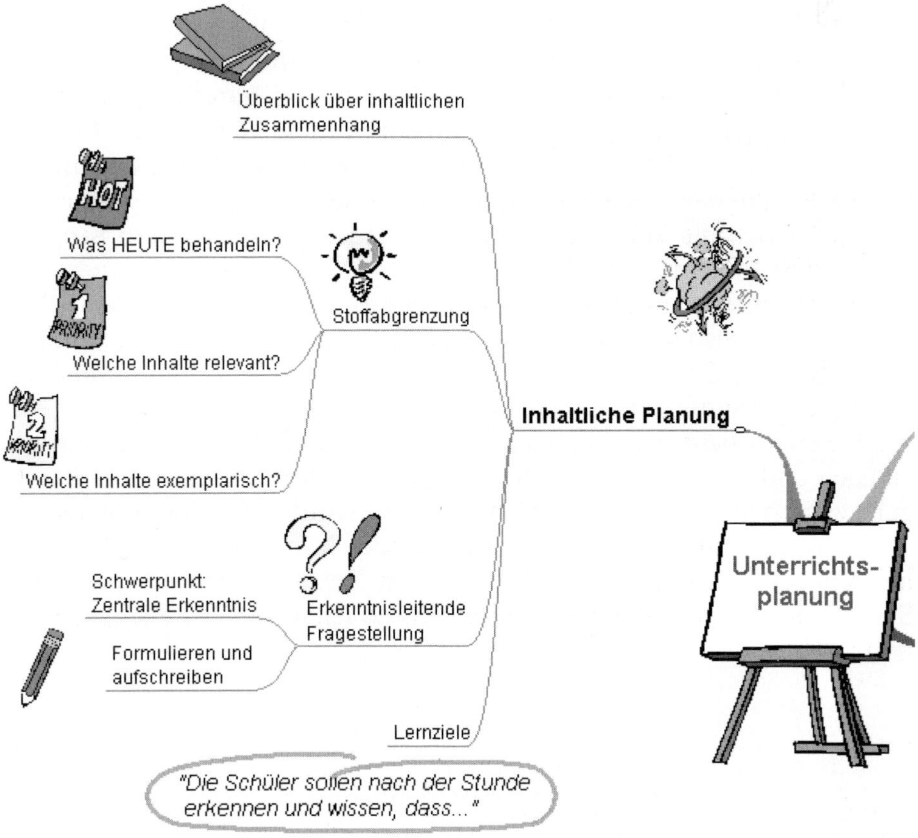

Überblick über inhaltlichen
Zusammenhang

Was HEUTE behandeln?

Welche Inhalte relevant?

Stoffabgrenzung

Welche Inhalte exemplarisch?

Inhaltliche Planung

Schwerpunkt:
Zentrale Erkenntnis

Erkenntnisleitende
Fragestellung

Formulieren und
aufschreiben

Unterrichts-
planung

Lernziele

"Die Schüler sollen nach der Stunde erkennen und wissen, dass..."

Abbildung 32-3: *Man sieht: Manuela arbeitet gerne und viel mit den Symbolen aus der Symbolgalerie.*

handelt wird und welche **Inhalte relevant** oder **exemplarisch** sind. Diese Auswahl sollte unter einer **erkenntnisleitenden Fragestellung** erfolgen, wie es so schön in den Fachbüchern heißt. »Diese Erkenntnis hätte ich auch gerne immer«, denkt sich Manuela, »damit ich sie gleich in meinem Entwurf **formulieren** und **aufschreiben** kann«.

Wichtig für eine gute Planung ist auch die Formulierung der **Lernziele** nach dem Motto »Die Schüler sollen nach der Stunde erkennen und wissen, dass ...« Das Motto fügt Manuela als freien Text ein.

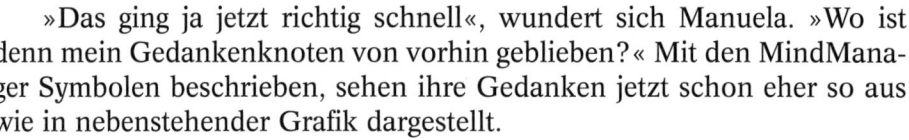

Hierzu geht sie auf die Schaltfläche *Freien Text einfügen*.

»Das ging ja jetzt richtig schnell«, wundert sich Manuela. »Wo ist denn mein Gedankenknoten von vorhin geblieben?« Mit den MindManager Symbolen beschrieben, sehen ihre Gedanken jetzt schon eher so aus wie in nebenstehender Grafik dargestellt.

Verlaufsplanung

Jetzt geht es an die Verlaufsplanung. Diese steht natürlich in direkter Abhängigkeit von der inhaltlichen Planung, denkt sich Manuela, denn aus den Inhalten soll sich die **Problemstellung der Stunde** kristallisieren. Im Idealfall ist diese **praxisbezogen, schülernah** und **handlungsorientiert**. Daraus ergibt sich dann die **Motivation der Stunde**. Für den schrittweisen Aufbau der Stunde überlegt sich Manuela, dass eine **Ordnung der Inhalte** wichtig ist, um eine **innere Struktur der Stunde** festzulegen. Hierzu müssen auch noch die **Teilziele formuliert** werden, um die **innere Struktur der Einheit** zu verdeutlichen.

Nach Erarbeitung dieser Schritte geht es an die methodischen Überlegungen, wie also das Thema am sinnvollsten vermittelt werden kann. So ein bisschen beißt sich hier die Katze in den Schwanz, findet Manuela, denn die **Methodik** geht einher mit der Verlaufsplanung.

Sie entschließt sich, noch mal einen Unterzweig **Verlaufsplanung** einzufügen und mit der Schaltfläche *Zweigverbindung einfügen* eine Bedingung zwischen methodischen Überlegungen und Verlauf darzustellen.

Manuela empfindet das Arbeiten an der Mind Map als richtig »gehirnreinigend«. Sie findet auch für diesen Zustand noch ein passendes Symbol in der MindManager *Symbolgalerie* (siehe nebenstehendes Symbol).

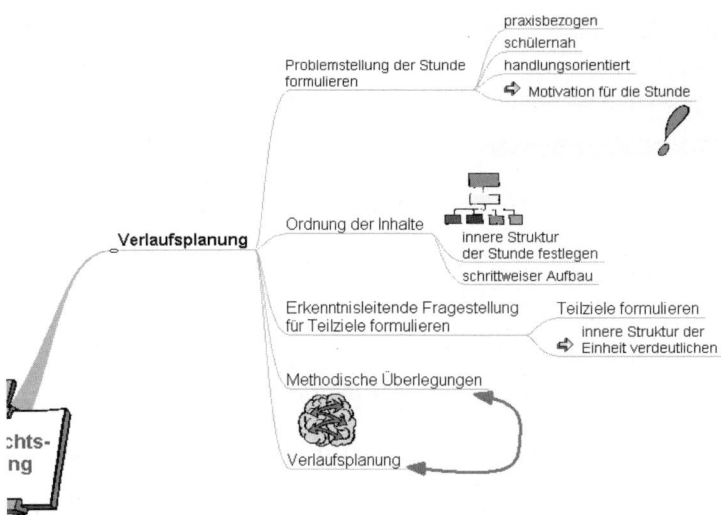

Abbildung 32-4:   *Bei dieser Verlaufsplanung kann im Unterricht ja eigentlich nichts mehr schief gehen.*

Dokumentation

Die Dokumentation der Stunde läuft eigentlich auch parallel zu der Verlaufsplanung. Daher fügt Manuela noch einmal eine Zweigverbindung zwischen diesen beiden Hauptzweigen ein. Die Dokumentation sollte aus mindestens zwei Seiten bestehen:

- Zum einen aus den **Tafelbildern** oder Ähnlichem

- Zum anderen aus der **Ablaufdokumentation**

Manuela möchte in der Dokumentation **Fragen und Antworten** festhalten und **wichtige Sätze formulieren**. Die **Methodik** darf dabei nie aus dem Blickfeld geraten.

Also das war nun wirklich nicht so schwer, eine Mind Map-Vorlage für die Unterrichtsplanung zu erstellen. Manuela überlegt sich, dass die Map sicherlich auch für die anderen Referendare interessant ist. Um sie den Kollegen zur Verfügung zu stellen, ist wohl der Export als Bitmap am günstigsten, da dieses Format automatisch in der Standard-Grafiksoftware geöffnet werden kann.

Hierfür bringt Manuela die Map mit der Schaltfläche *Vergrößern* auf die gewünschte Größe.

Wo man vergrößern kann, kann man natürlich auch verkleinern. Hierfür gibt es die   **Hinweis**
Schaltfläche *Verkleinern*.

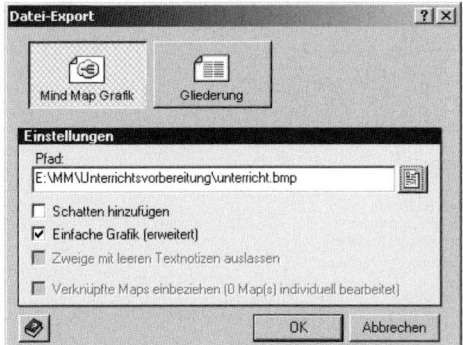

Abbildung 32-5: *Das Dialogfenster zum* Datei-Export.

Nun ruft sie aus dem Menü *Datei* den Befehl *Exportieren/Datei* und wählt *Mind Map-Grafik* (siehe Abbildung 32-5). Sie gibt den Pfad und das Zielverzeichnis ein und klickt auf *OK*.

Sie öffnet nun als Test die Bitmap-Datei im *Windows Explorer* mit einem Doppelklick und – es funktioniert! Das Programm *Paint* aus dem *Windows Zubehör* wird gestartet und stellt die Grafik dar.

Nun kann Manuela die Datei entweder als Anhang per E-Mail versenden oder auch auf Diskette oder einen anderen Datenträger abspeichern und ihren Kollegen überreichen. Die werden sich freuen.

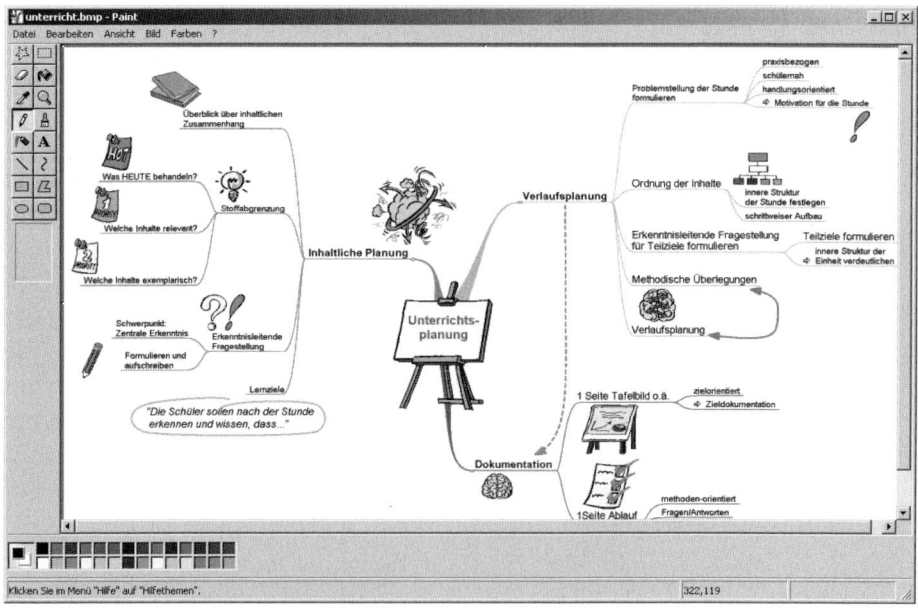

Abbildung 32-6: *Die Mind Map im Programm Microsoft Paint.*

33 Das schönste Fest – Weihnachten

Weihnachten ist eine hektische Zeit. Bei den meisten Familien artet das besinnliche Fest im Vorfeld häufig in ein organisatorisches Chaos aus: Wie bekommen wir unsere Geschenke? Wem müssen wir eine Karte schreiben und was kochen wir am ersten Feiertag? Wann gehen wir zu Tante Gerda oder kommt sie dieses Jahr zu uns? Was gönnen wir uns selbst? Haben wir Zeit für einen Rückblick? Denken wir an den Frieden in der Welt und wem spenden wir dieses Jahr, damit wir irgendwo helfen können? Und schließlich: Wie wird das Wetter? Gibt es eine weiße Weihnacht? Ob eine Mind Map uns bei diesen Fragen helfen kann?

Die Weihnachts-Map

Daniel hat es dieses Jahr erwischt. Er ist verantwortlich für die Organisation des alljährlichen Familientreffens zu Weihnachten. Das ist bei der Größe seiner Familie schon eine kleine logistische Meisterleistung. Er selbst ist verheiratet und hat zwei Kinder. Mit Geschwistern und deren Anhang plus Schwieger- und eigenen Eltern kommt die Familie allein an Heiligabend auf 16 Personen.

Damit alles gut über die Bühne geht und es am Weihnachtsabend nicht heißt »Wo ist der Gänsebraten?«, setzt er sich in seiner Mittagspause hin und fertigt eine kleine, aber feine Weihnachts-Map.

Das Aufstellen der Weihnachts-Map

Er ruft sich über die Schaltfläche *Neu (Standard)* eine neue Mind Map auf den Bildschirm. Er beschriftet das Titelthema mit **Die Weihnachts-Map,** öffnet mit der rechten Maustaste das Kontextmenü und ruft mit dem Befehl *Eigenschaften* das gleichnamige Dialogfenster auf. Dort deaktiviert er in der Registerkarte *Datum und Version* beide Einträge.

Er aktiviert mit der Schaltfläche *Brainstorming-Modus* eben diesen und lässt seinen Gedanken freien Lauf. Das Ergebnis sieht man in Abbildung 33-1.

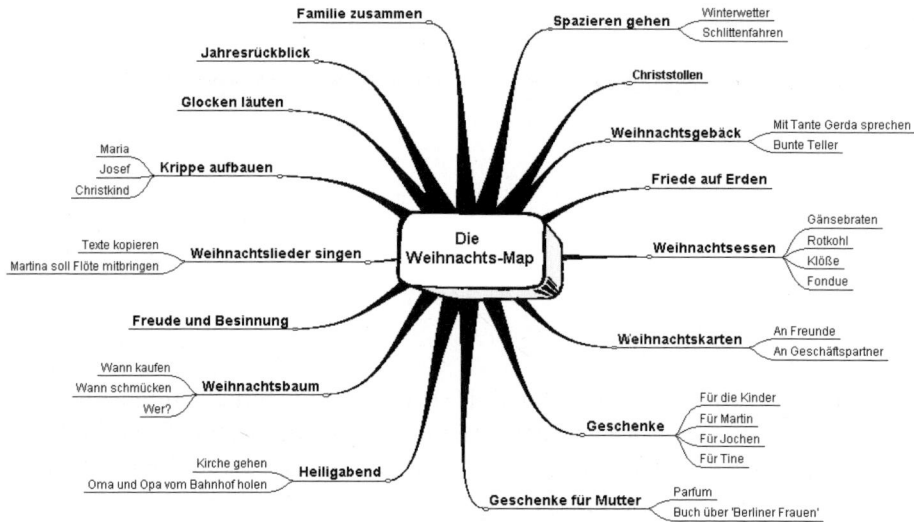

Abbildung 33-1:   *Ein Weihnachts-Gedanken-Sturm.*

Das sieht natürlich noch nicht weihnachtlich aus und daher nimmt Daniel ein paar grafische Änderungen vor, bevor er sich an das Sortieren seiner Gedanken macht. Über das Menü *Format/Mind Map* öffnet er das Dialogfenster *Mind Map Layout*. In der Registerkarte *Layout* wählt er *Dünne Zweiglinien*.

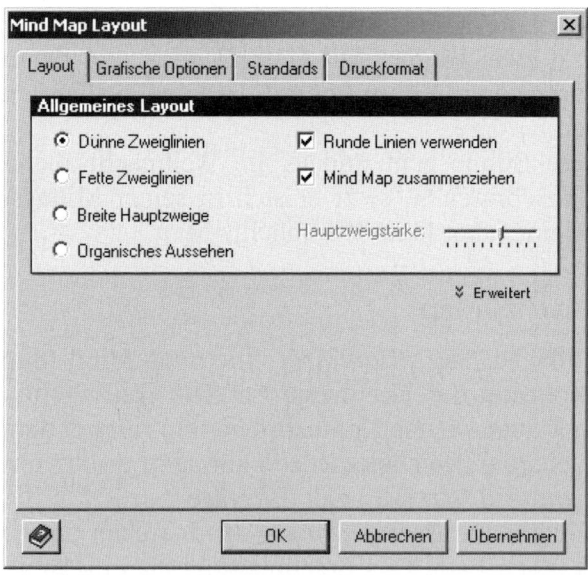

Abbildung 33-2:   *Das Dialogfenster für das* Mind Map Layout.

Spazieren gehen

Abbildung 33-3:
Der Mauspfeil zeigt auf einen Greifer.

In der Registerkarte *Druckformat* wählt er die Option *Hochformat*,
denn er stellt sich das Aussehen seiner Map in der Art eines Weihnachts-
baums vor. Mal schauen, ob Daniel das auch so umsetzen kann. Er bestätigt seine Eingaben mit *OK*.

Aus der Datei *Titel Klassik* in der *Symbolgalerie* zieht er sich das
Wolkenmotiv auf sein Titelthema. Indem er die Zweigstärke im Mind Map
Layout verändert hat, passt sich auch das Aussehen der Greifer an (siehe
Abbildung 33-3), mit deren Hilfe Daniel die Zweige verschieben kann.

Er klickt mit der linken Maustaste auf den Greifer und zieht ihn mit
gedrückter Maustaste auf die Stelle, an die er den Zweig verschieben
möchte. So verfährt er mit allen Zweigen.

Dass der Greifer in Funktion ist, erkennt man an dem Mauspfeil, der sich in eine Hand   **Hinweis**
verwandelt, und dem während der Aktivierung erscheinenden blau-schwarzen Kasten
um den betreffenden Zweig.

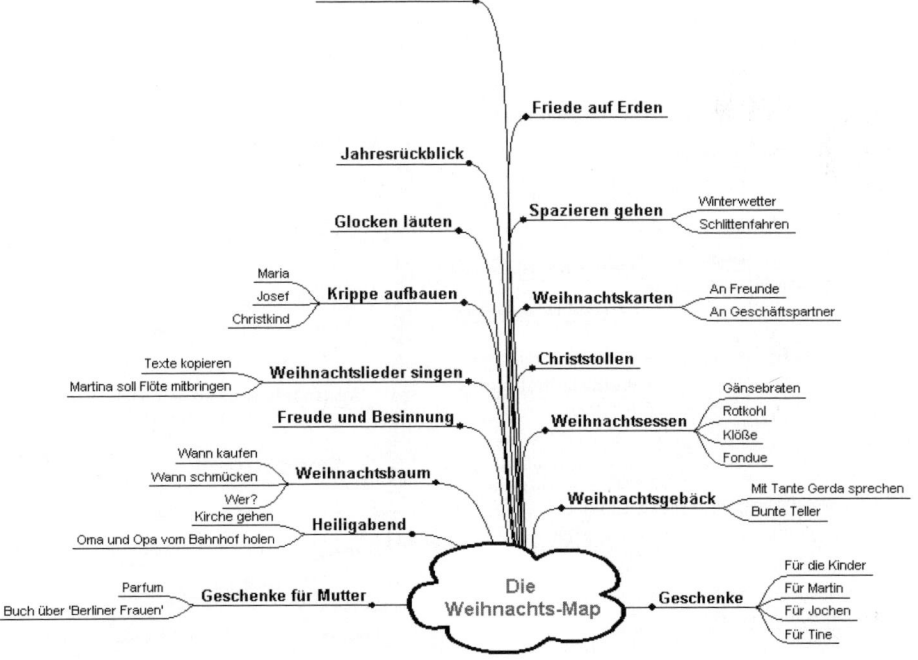

Abbildung 33-4:   *Das sieht einem Tannenbaum doch schon sehr ähnlich.*

Sobald ihm ein neuer Gedanke einfällt, markiert er den Zweig oder das Titelthema und fügt mit der Taste Einfg einen neuen Haupt- oder Unterzweig ein. Nach nur kurzer Zeit hat sich das Aussehen der Map schon sehr verändert, wie man in Abbildung 33-4 sehen kann.

Das Schmücken der Weihnachts-Map

Wie ein Weihnachtsbaum ist die Weihnachts-Map jetzt zwar aufgestellt, aber die richtige Stimmung kommt erst mit dem passenden Schmuck auf.

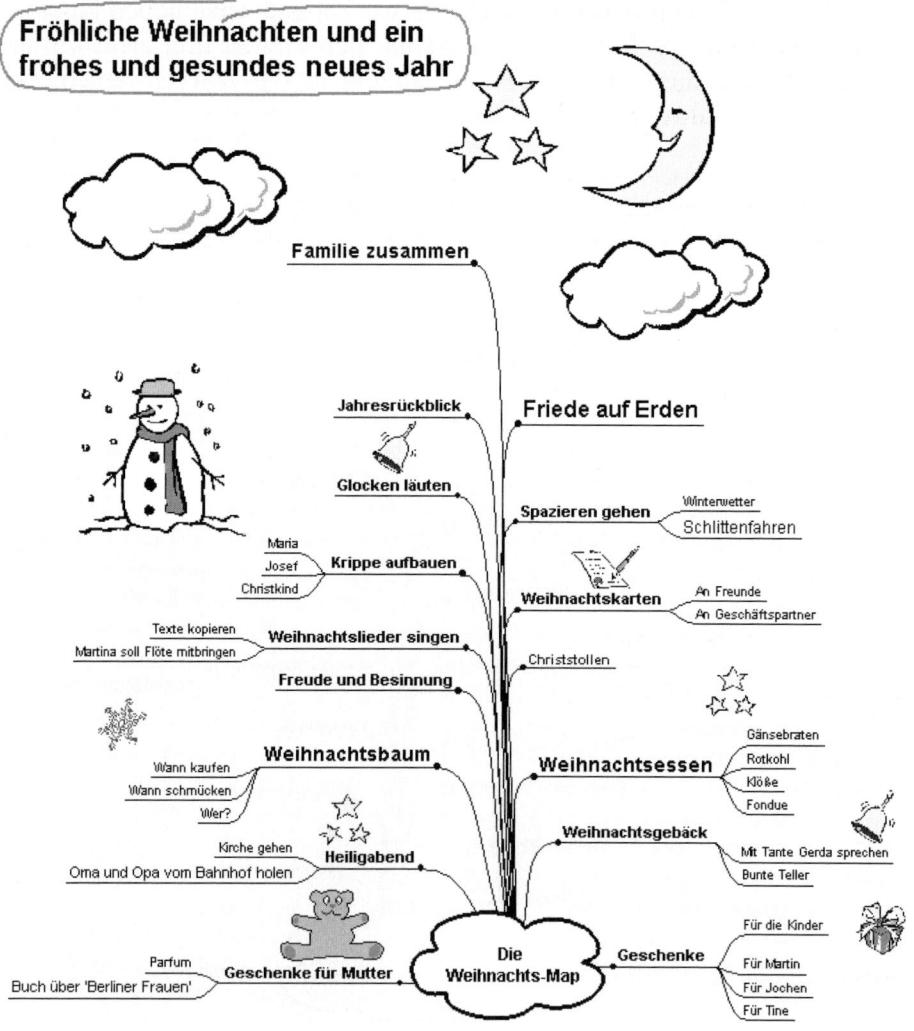

Abbildung 33-5: *Die fertige Weihnachts-Map.*

Zum Schmücken verwendet Daniel die *Symbolgalerie*, in deren verschiedenen Ordnern er viele Grafiken und Symbole findet, die er an die einzelnen Zweige hängen kann.

In der Symbolleiste *Textattribute* findet er zwei Schaltflächen, *Größer* und *Kleiner*, die es ihm erlauben, die Schriftgröße einzelner Zweigbeschriftungen zu vergrößern oder zu verkleinern, wenn er sie vorab markiert hat. So kann er wichtige Zweige hervorheben.

Genauso schnell wie Daniel eine übersichtliche Weihnachts-Map erstellt hat, genauso schnell hat er sie nun auch geschmückt. Natürlich darf er die Map nicht überall herumliegen lassen, denn an allen Ecken lauert die Familie und will wissen, was sie geschenkt bekommt. Für alle Fälle schreibt er mit Hilfe der Schaltfläche *Freien Text einfügen* noch einen kleinen Gruß an alle Naseweise: **Fröhliche Weihnachten und ein frohes, gesundes neues Jahr!**

Das Vorstellungsgespräch

Kaum ein neuer Job ist ohne Vorstellungsgespräch zu haben. Für die meisten Unternehmen ist es auch heute noch die verbreitetste Vorgehensweise, um einen neuen Mitarbeiter einzustellen. Anhand des Gespräches soll festgestellt werden, welche Persönlichkeit die Kandidatin oder der Kandidat hat, ob sie oder er zum Unternehmen und zu den Mitarbeitern der Abteilung passt und den Anforderungen der zu besetzenden Stelle entspricht. Ist das Auswahlverfahren eines Unternehmens auf Vorstellungsgespräche beschränkt, sollen diese Fragen in ein bis zwei Stunden geklärt werden. Das stellt an den Bewerber hohe Anforderungen und es bedarf einer genauen Vorbereitung, um seine Qualitäten in so kurzer Zeit zu präsentieren.

Die Vorbereitung auf das erste Vorstellungsgespräch

»Was willst Du denn später mal werden?«, wird man schon als Kind häufig von Bekannten und Freunden der Eltern gefragt. Von Feuerwehrfrau bis hin zum Model war da noch alles drin, aber nun wird es ernst mit der Berufswahl. Henriette wird im Sommer mit ihrem Abitur fertig sein. Gleich mit einem Studium möchte Henriette nicht anfangen. Sie hat sich überlegt, erst einmal durch eine kaufmännische Ausbildung ein berufliches Fundament zu legen. Ihr Interesse für Sprachen, andere Länder und Kulturen hat ihr die Wahl relativ einfach gemacht: Reiseverkehrskauffrau möchte sie werden.

Die schriftlichen Bewerbungen hat sie verschickt und nun die Einladung zu ihrem ersten Vorstellungsgespräch bekommen. Während man bei seinen Bewerbungsunterlagen lange überlegen, feilen und andere um Rat fragen konnte, geht es bei einem Vorstellungsgespräch nun gleich ans Eingemachte. Was hier zählt, ist eine gute Vorbereitung. Henriette möchte hierzu eine Mind Map entwerfen, die ihr bei diesem Schritt helfen soll.

Informationen sammeln

Henriette hat sehr schnell viele Gedanken und Ideen im Kopf, die sie erst  einmal ungeordnet einfach aufschreiben möchte. Hierfür ist die MindManager-Vorlage *Ideenmap* gut geeignet, die sich Henriette mit `Strg+N` aufruft.

Abbildung 34-1:
Die verschiedenen MindManager-Vorlagen.

    Mein Vorstellungsgespräch bei Hin & Weg schreibt Henriette in das Titelthema. Mit `Einfg` öffnet sie sich einen neuen Hauptzweig und schreibt **Informationen sammeln**. Sie überlegt sich, dass es für die Personalentscheider sicherlich sehr wichtig ist, zu sehen, dass man sich über das Unternehmen informiert hat. Dazu gehören **neue Entwicklungen** innerhalb des Unternehmens oder **neue Produkte.** Sie hängt zwei Unterzweige an. Außerdem scheinen ihr **allgemeine Unternehmensdaten** von Wichtigkeit zu sein. Die hat sie auch schon auf der Webseite des Unternehmens gesehen.

    Hierzu zählt sie die **Geschäftsfelder, Standorte, Mitarbeiterzahl, Kundenstruktur, Gründungsjahr, Unternehmens-** und **Führungskultur**. Henriette überlegt sich, auf welchem Wege sie zusätzlich zur **Homepage** an weitere Informationen gelangen kann. **Informationen woher?** schreibt sie an einen neuen Hauptzweig. Neben dem Internet will sie sich **Werbematerial** von Hin & Weg besorgen. Außerdem wird sie die Tageszeitungen der letzten Wochen auf weitere Stellenausschreibungen des Unternehmens durchforsten. Da findet sich bestimmt auch noch informatives Material.

    Die **Industrie- und Handelskammer** ist bestimmt auch eine gute Anlaufstelle, überlegt sie, ist sich allerdings unsicher, ob die Auskunft dort nicht kostenpflichtig ist.

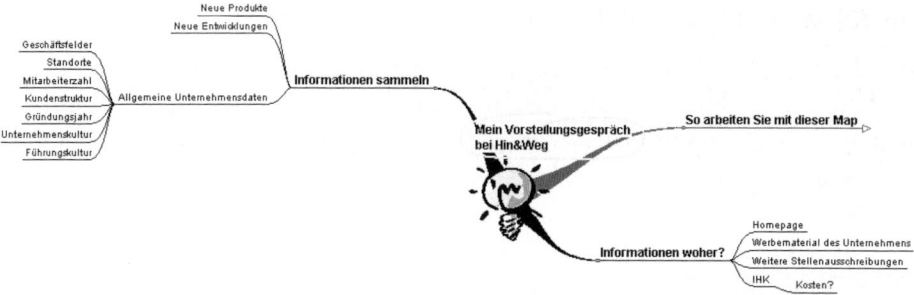

Abbildung 34-2:   *Die ersten beiden Ideenzweige.*

Zeitplanung und Anfahrt

Henriettes Gesprächstermin liegt an einem Mittwochvormittag. Da hat sie normalerweise Unterricht und schreibt zusätzlich an diesem Tag auch noch nachmittags eine Klausur. Sie richtet einen neuen Hauptzweig **Zeitplanung** ein und notiert, dass sie bei ihrem Direktor eine **Beurlaubung** beantragen und mit ihrem Englischlehrer einen **Ersatztermin** für die Klausur vereinbaren muss. Falls das nicht klappt, muss Henriette unbedingt mit Hin & Weg einen **neuen Termin vereinbaren**. So etwas Wichtiges wie eine Klausur wird das Unternehmen sicherlich als Verschiebungsgrund akzeptieren.

Den Gedanken färbt sie mit Signalrot, indem sie den Unterzweig markiert und mit der Schaltfläche *Hervorheben/Tabelle einfärben* die Farbe zuweist. Außerdem setzt sie neben den Zweig auch noch einen *Kode*.

Hierzu markiert sie ihn ebenfalls und wählt aus den *Kodes* das Symbol *Dies beachten*.

Die **Zugverbindungen** von Köln nach Düsseldorf muss sie sich auch noch heraussuchen und die **Bahnkarten** kaufen. Sie fügt dem Hauptzweig **Zeitplanung** noch den Zusatz **& Anfahrt** hinzu und notiert ihre Gedanken. Die Zugverbindung sollte ihr **genügend Zeit** lassen, um auch eventuelle Verspätungen ausgleichen zu können. Nicht umsonst heißt es: » Wer zu spät kommt, den bestraft das Leben.« Auf diese Erfahrung möchte Henriette lieber verzichten. Auf jeden Fall wird sie aber das Mobiltelefon ihres Vaters mitnehmen, um eine eintretende Verspätung ihrem potenziellen Arbeitgeber gleich mitteilen zu können. Auch diesen Zweig hebt sie farblich hervor und fügt einen Kode ein.

Unterlagen

Was nimmt man eigentlich an Unterlagen zu einem Vorstellungsgespräch mit? Henriette ist da etwas unsicher und fragt ihren Vater. Der rät ihr, eine **Kopie der Bewerbungsunterlagen** mitzunehmen sowie natürlich **Stift** und

Papier. Außerdem sollte sie eine genaue **Wegbeschreibung** einstecken, um nicht in Düsseldorf verloren zu gehen. Die **gesammelten Unterlagen** über das Unternehmen sind sicherlich auch hilfreich und natürlich ein **Kalender,** damit notwendige weitere Termine abgeklärt werden können. »Leg Dir die Sachen am besten **am Abend vorher** zurecht«, meint Henriettes Vater, »Am Morgen des Gespräches ist man dafür viel zu nervös.«

Und was ziehe ich an???

Eigentlich ist das eine Frage, die Henriette sich häufiger beantworten muss, aber hier ist sie doch etwas ratlos. **Dezent** und **angemessen** hält sie hier für die Schlüsselworte und liegt damit ja schon sehr richtig. Die Kleidung richtet sich natürlich immer auch nach der Position und Funktion, um die man sich bewirbt. Da Henriette sich um einen Ausbildungsplatz bewirbt, wäre das Erscheinen in einem Kostüm eher unpassend. Sauber, gepflegt und den eigenen Stil betonend sollte die gewählte Kleidung sein.

Offene Fragen

Henriette ist sich darüber klar, dass eine Frage mit der ein Bewerber immer rechnen muss, ist: »Haben Sie noch Fragen zu uns und unserem Unternehmen?« An dieser Stelle sollte man nicht ungezielt fragen, sondern sich vorab genau überlegen, welchen Informationsbedarf man hinsichtlich des Unternehmens hat. Henriettes Mutter macht sie darauf aufmerksam, dass sie Fragen, die in erster Linie das eigene Interesse in den Vordergrund stellen, vermeiden sollte. Das wären beispielsweise:

- Wie viel Urlaub bekomme ich?

- Muss ich Überstunden machen?

- Bekomme ich Freizeitausgleich?

Natürlich sind auch diese Fragen berechtigt, aber sie sollten nicht an dieser Stelle gestellt werden. Besser sind hier Fragen, die dem potenziellen Arbeitgeber Interesse an dem Unternehmen zeigen, zum Beispiel:

- Wer wird mein Ansprechpartner/Ausbilder sein?

- Gibt es bereits einen Durchlaufplan?

- Wie viele Mitarbeiter hat das Unternehmen?

- Wie viele Ausbildungsplätze gibt es?

- Besteht die Möglichkeit einer Übernahme nach der Ausbildung?

- Gibt es Fortbildungsangebote?

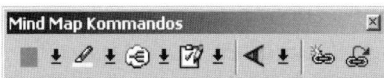

Abbildung 34-3:
Die Symbolleiste Mind Map Kommandos.

Henriette notiert diese Fragen an dem Hauptzweig. Sie hat nun ganz schön viele Informationen in ihrer Ideenmap. Um sie übersichtlicher und einprägsamer zu gestalten, arbeitet sie mit der *Mind Map Kommandos*-Symbolleiste.

Diese ermöglicht eine grafische Gestaltung der einzelnen Zweige. Außerdem ruft sie sich die Symbolleiste *Kodes* auf, um noch mehr einprägsame Symbole einzufügen. Zudem löscht sie den vorgegebenen Zweig **So arbeiten Sie mit dieser Map,** indem sie ihn markiert und die Taste Entf drückt. Nach kurzer Zeit sieht die Mind Map aus wie in Abbildung 34-4.

Henriette ist erstaunt, was sie vor einem solchen Termin alles bedenken und beachten muss. Aber mithilfe der Map hat sie sich optimal auf das bevorstehende Gespräch vorbereitet.

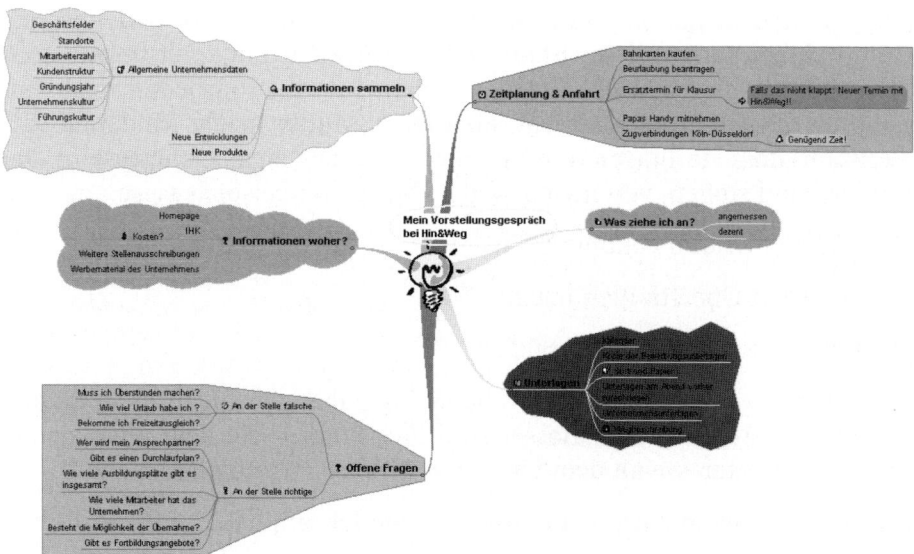

Abbildung 34-4: *Die Ideenmap zum Vorstellungsgespräch.*

35 EDV-Tipps und Motivationstexte für das Intranet

Wer schon mal im EDV-Support gearbeitet hat, kennt das Gefühl: Wieder und wieder beantwortet man dieselben Fragen. Menschen scheinen dazu zu neigen, sich speziell im EDV-Bereich Dinge nicht merken zu wollen. Lieber warten sie stundenlang auf den Rückruf des Supports, bevor sie sich auf die eigene Suche nach einem Lösungsweg begeben.

Ein Jahreskalender für den schlauen EDV Anwender

Dirk G. vom Benutzersupport der Schreibkram GmbH ist heute ganz glücklich. Der Grund: Die Belegschaft macht einen Betriebsausflug. Für ihn heißt das, dass er heute in den einmaligen Genuss kommt, Zeit zu haben. Diese möchte er sinnvoll nutzen. Sein größtes Problem ist, dass sich die meisten der an ihn gerichteten Fragen wiederholen. Sie betreffen das gleiche Thema, laufen immer wieder im Ergebnis auf dasselbe hinaus – kurz: Sie kosten unnötig wertvolle Zeit. So ist er auf die Idee gekommen, einen Jahreskalender herzustellen, der an jedem Tag einen Tipp zu einem Thema enthält, das sehr häufig angefragt wird.

Dirk hat im experimentellen »Selbstversuch« schon Mind Maps in Webseiten exportiert. Mind Maps können witzig aufbereitet, ansprechend kurzweilig gestaltet und voller nützlicher Informationen sein, die sich, weil bildlich unterstützt, leicht einprägen und wieder abrufen lassen – genau das Richtige für seine User!

Brot und Spiele

Viele Antworten auf die üblichen Useranfragen sind auch in der von der Schreibkram GmbH herausgegebenen Buchreihe »Profitipps« nachzuschlagen. Nur, und das kennt Dirk ja von sich selbst, greift man nur in den seltensten Fällen zu Handbüchern. Damit die User den Kalender wirklich nutzen, überlegt er sich, dass er neben den EDV-Tipps noch einen Leitspruch für den Tag mit unterbringen könnte. So etwas lesen die Leute komischerweise.

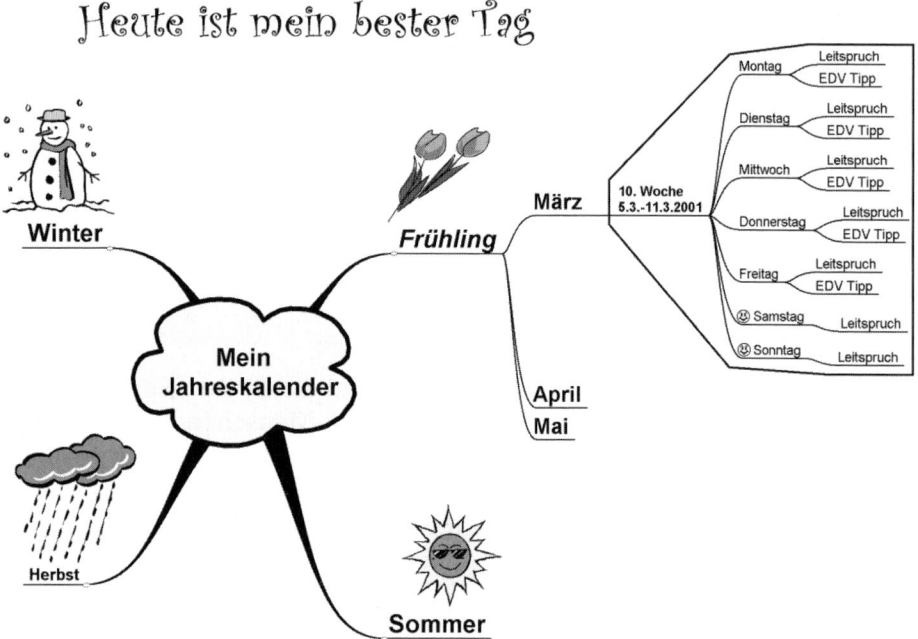

Abbildung 35-1:   *Die ersten Einteilungen für den Jahreskalender.*

Langsam entsteht im MindManager eine Mind Map mit der Grund-struktur das Jahreskalenders wie in Abbildung 35-1 zu sehen ist.

Die Entstehung des Kalenders

Zuerst legt Dirk die Quartale und Monate an. Dann fügt er eine Woche und dort die Tage hinzu. Der Montag erhält sofort die Zweige für den Leit-spruch und den EDV-Tipp. Einen Muster-Tipp und Leitspruch fügt er als Textnotiz an die entsprechenden Zweige an.

 Dazu öffnet er das Textnotizenfenster mit Hilfe der zugehörigen Schaltfläche *Textnotizen anzeigen/verbergen* und gibt zunächst einen Mustertext ein. Dieser wird ergänzt durch kleine Grafiken, die er über die Zwischenablage einfügt. Abschließend formatiert er die Mustertexte so, dass die einzelnen Teile auf den ersten Blick erkennbar sind.

Den so entstandenen »Mustertag« kopiert Dirk nun viermal innerhalb der Woche, indem er den Zweig jeweils bei gedrückter Strg-Taste auf den jeweiligen Wochenzweig zieht und dort loslässt. Genauso verfährt er an-schließend mit der ganzen Woche, nachdem er die Namen der Tage ange-passt und Samstag und Sonntag vom EDV-Tipp befreit hat. So ist im Nu ein ganzer Monat entstanden, der wiederum durch Kopieren im Handum-drehen ein ganzes Quartal füllt.

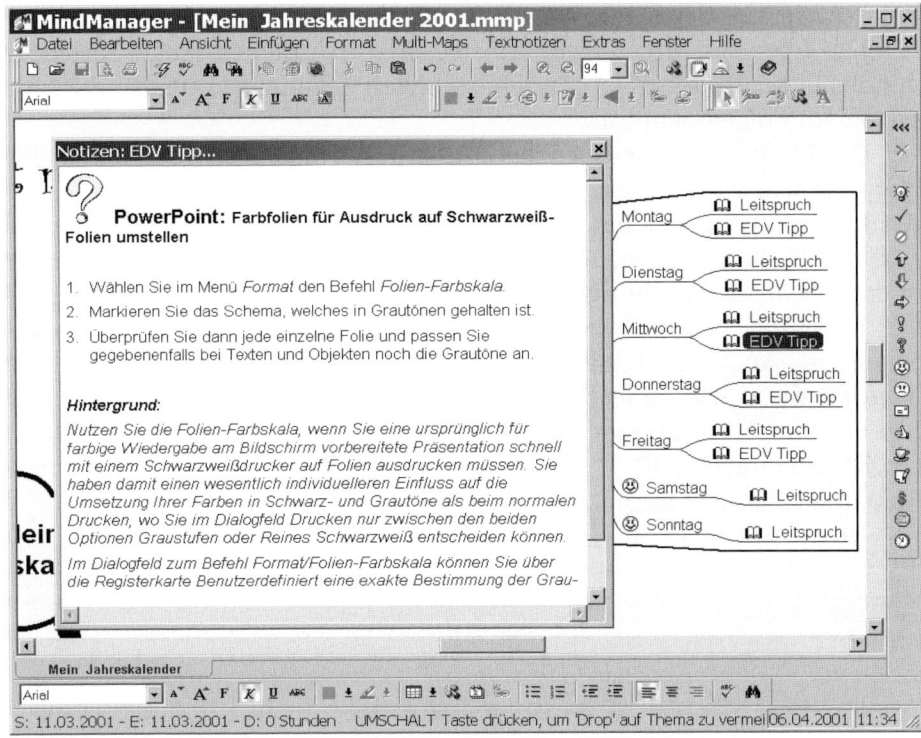

Abbildung 35-2: *Der erste Muster EDV-Tipp.*

Natürlich hätte man die Tage, Wochen und Monate auch ohne die Muster-Textnotizen **Hinweis** kopieren können, dann hätte er allerdings die Formatierungen für jeden Tag einzeln vornehmen und die Grafiken einzeln einfügen müssen.

Anschließend macht Dirk sich an die etwas zeitintensivere Aufgabe, das Datum der Tage und die Wochennummern anzupassen. Zu dumm, dass der MindManager das nicht automatisch erledigt, denkt er sich. Da kommt ihm eine Idee: Kann man in der Business-Version nicht auch richtige Makros programmieren? Doch leider hat er im Augenblick nicht die Möglichkeit, diese Funktionen des MindManagers genauer in Augenschein zu nehmen. Da müsste die Belegschaft schon ein paar Tage auf Betriebsausflug sein.

Wir werden in unserem nächsten Buch zum MindManager und dem Mind Mapping aus- **Hinweis** führlich berichten, wie Dirk das praktisch umsetzt. Also: Fortsetzung folgt.

Beim Anpassen der Datumsangaben fällt ihm auf, dass natürlich einige Wochen über das Monatsende hinausgehen. In solchen Fällen löscht er mit der `Entf`-Taste einfach die überzähligen Tage und führt die jeweilige Woche im Folgemonat fort.

Die Eingabe der Leitsprüche erfolgt durch manuelle Eingabe in das Notizenfenster. Dirk zieht dazu ein Motivationsbuch heran, das er bei einer Kollegin gefunden hat. Die EDV-Tipps stehen zum Glück als Word-Dokument zur Verfügung. Dirk kopiert jeweils einen Tipp und fügt diesen in das einem Tag zugehörige Textnotizenfenster ein. Um dem Kalender etwas prosaisches zu verleihen, hält Dirk einige Gedanken zu den Jahreszeiten fest. Auch hier verfährt er nach dem bereits bewährten Muster. Er markiert die gewünschte Jahreszeit und öffnet das Notizenfenster. Dort hält er seine Ausführungen fest, so dass eine klare Zuordnung entsteht.

Stolz betrachtet Dirk die inzwischen eindrucksvolle Kalender-Mind Map und schmückt sie mit weiterem Bildmaterial.

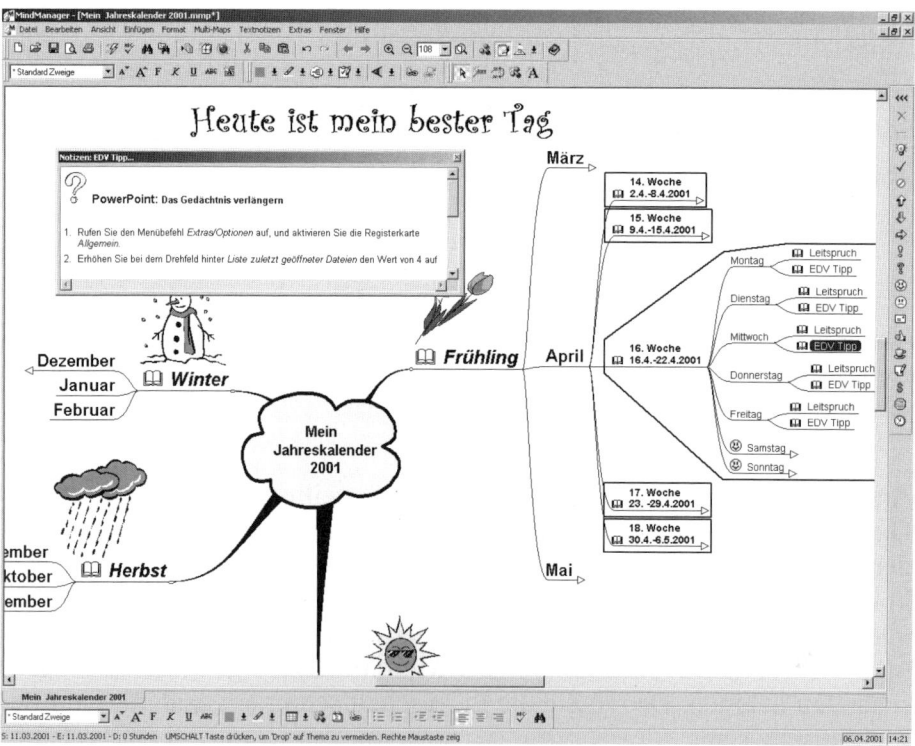

Abbildung 35-3:   *Ein Ausschnitt aus der fertigen Map.*

Ab ins Web

Um die vorliegende Mind Map seinen wissensdurstigen Schreibkram-Usern überlassen zu können, muss Dirk die Datei nur noch ins Web exportieren. Dies erfolgt über den Menübefehl *Datei/Export/Webseite*.

Er entscheidet sich für den Stil *Kunst* sowie für das Layout *Java Gliederung*. Unter *Exportverzeichnis* gibt er einen Pfad auf dem Intranetserver an und bestätigt mit *OK*.

Die Schreibkram GmbH-User können nun an jedem Tag über Intra- net auf einen neuen EDV-Tipp zugreifen. Dirk ist sich ziemlich sicher, durch diese Aktion künftig weniger Wiederholungsfragen beantworten zu müssen.

Wenn Sie eine Mind Map diesen Ausmaßes erstellt haben, sollten Sie vor dem Export **Tipp** der Datei alle anderen Anwendungen schließen. Gegebenenfalls kann der Export auch dadurch beschleunigt werden, dass die Datei zuvor in zwei oder mehr Maps geteilt wird.

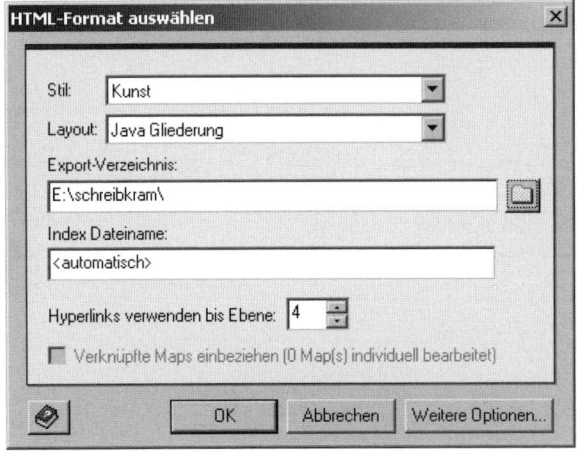

Abbildung 35-4: *Das Webseiten Exportfenster.*

Fürs Leben

Fürs Büro

Fürs Marketing

Für PC-User

Für Manager

Für Alle

Anhang

Anhang A

Tastaturreferenz

Obwohl alle MindManager-Befehle über Dropdown-Menüs und die meisten von ihnen über die Symbolleisten und Kontextmenüs aktiviert werden können, ist es oft bequemer, direkt über die Tastatur auf die wichtigsten Befehle zuzugreifen. Gebräuchliche Windows-Befehle sind beispielsweise Strg+C, um etwas in die Zwischenablage zu kopieren, und Strg+V, um etwas aus der Zwischenablage einzufügen.

Bearbeitungsbefehle:

Aktion	Taste(n)
Menü schließen	Esc
Dialogfenster abbrechen	Esc
Webseiten-Export abbrechen	Esc
MindManager oder eine Anwendung beenden	Alt+F4
Windows-Taskliste anzeigen	Strg+Esc
Nächste Mind Map	Strg+F6
Neue Mind Map erzeugen	Strg+N
Mind Map öffnen	Strg+O
Aktuelle Mind Map speichern	Strg+S
Aktuelle Mind Map drucken	Strg+P
Lesezeichen erzeugen	Strg+Umschalt+F5
Hyperlink definieren	Strg+H

Aktion	Taste(n)
Fenster Textnotizen anzeigen/verbergen	Strg+T
Schnellexport	Strg+Q
Zwischen Zweig und Textnotizen wechseln	F12
Bildlauf durch das Fenster in kleinen Schritten	Strg+Richtungstasten
Bildlauf durch das Fenster in größeren Schritten (oben, unten, rechts, links)	Bild-Oben, Bild-Unten, Strg+Bild-Oben, Strg+Bild-Unten
In die Zwischenablage kopieren	Strg+C
In die Zwischenablage kopieren und löschen	Strg+X, Umschalt+Entf
Inhalt der Zwischenablage einfügen	Strg+V, Umschalt+Einfg
Letzte Aktion rückgängig machen	Strg+Z
Letzte Aktion wiederherstellen	Strg+Y
Ein ausgewähltes Objekt bearbeiten	F2
Mehrzeiligen Text eingeben (Zeilenumbruch)	Strg+Eingabe, Umschalt+Eingabe
Objekteigenschaften öffnen und bearbeiten	Alt+Eingabe
Ein ausgewähltes Objekt entfernen	Entf
Einen neuen Zweig oder ein neues Hauptthema einfügen	Einfg
Ein Projekt/einen Zweig als erledigt/ unerledigt kennzeichnen	F8
Zweig fokussieren	Strg+B (nur Zweige) oder F6
Detailebenen anzeigen/verbergen	Strg+D
Suchen & Ersetzen	F3
Suchen in Dateien	Alt+F3
Rechtschreibprüfung	F7

Navigation:

Aktion	Taste(n)
Text durchstreichen (ein/aus)	Strg+Umschalt+S
Brainstorming-Modus	Strg+F2
Relative Hyperlinks erstellen	Beim Ziehen Umschalt-Taste drücken
Zweig wechseln	Alt+Richtungstasten
Fettdruck ein- und ausschalten	Strg+F
Kursivdruck ein- und ausschalten	Strg+I
Unterstreichen ein- und ausschalten	Strg+U
Auf Standardschriftattribute zurücksetzen	F10
Mind Map-Thema auswählen	Esc
Durch die Mind Map navigieren Richtungstasten nächsten/vorherigen Zweig auswählen	Tab/Umschalt+Tab
Hyperlink aktivieren	Strg+J
Objekt zentrieren	Esc+F6
Zur vorherigen Mind Map in der Historie gehen	<
Zur nächsten Mind Map in der Historie gehen	>
Zugriffsberechtigungen bekommen/freigeben	F9
Um eine Stufe vergrößern	+
Um eine Stufe verkleinern	-
Vollbildansicht ein/aus	F11
Gesamte Mind Map bildfüllend	F5
Hilfethemen anzeigen	F1

Anhang B

 Auf der CD zu diesem Buch finden Sie eine 21 Tage-Testversion von MindManager 4.0. In der Vollversion ist das Programm in zwei Versionen erhältlich.

Die beiden MindManager-Versionen

MindManager Standard

In der Version 4.0 bringt der MindManager viele neue und verbesserte Funktionen mit. Hier die wichtigsten Merkmale:

- Neues Brainstorming Modul zum schnelleren Erfassen Ihrer Ideen

- Neue grafische Elemente, darunter neue farbige Kodes und die Farbpalette mit 40 vordefinierten Farben für Zweige und Hervorhebungen

- Erweiterbare Symbol-Galerie mit 350 neu designten Symbolen und Suchroutine mit Schlüsselwortfunktion

- Eine Suchroutine für Maps einschließlich der Volltextsuche

- Neues Management von Multi Maps

- Aufgabenplanung mit Anpassen und Kategorisieren der Aufgaben für einen schnellen Überblick

- Neue Funktionen beim Drag&Drop

- Textnotizen mit Formatierungsmöglichkeiten, Aufzählungszeichen, Nummerierung und eingebetteten Tabellen

- Übersichtsfenster für die Map und Übersichtsfenster mit allen verknüpften Maps

- Verbesserter Export als Webseite mit neuen Designs und Layouts, Erweiterter Word-Export

▣ Vereinfachtes Drucken

▣ Packen und Ausliefern: Dahinter steckt ein einfaches Zusammenstellen von Multi-Maps und den angehängten Dateien zum E-Mail-Versand, zum Abspeichern in einen Ordner oder zum Upload auf eine FTP-Webseite

▣ Mustervorlagen erleichtern den Start

MindManager Business

MindManager Version 4.0 Business enthält alle Funktionen von MindManager 4.0 Standard sowie folgende Professional-Funktionen:

▣ Internet-Konferenzen
Verbesserte Echtzeit-Gruppenkonferenz, Festlegen eines Zeitplanes für die MindManager-Konferenzen

▣ Map Organizer
zur Stichwortsuche und zum Organisieren der Maps

▣ Präsentationsmodus
Einfaches und schnelles Erstellen von Mind Map-Präsentationen

▣ Toolkit
mit 14 Funktionen zum einfachen Formatieren und Bearbeiten der Maps

▣ PowerPoint-Export
Automatischer Export von Maps als formatierte PowerPoint-Präsentation

▣ Open Interface
zum Einbinden von Zusatzprogrammen als Schnittstellen zu anderen Programmen

▣ Scripts und Add-Ins
VBA Scriptsprache zum Erstellen von Zusatzfunktionen und Routinen von MindManager

MindManager installieren

Zur Installation von MindManager 4.0 auf Ihrem Computer legen Sie die CD in Ihr CD-ROM-Laufwerk. Wenn das Setup nicht automatisch startet, öffnen Sie die Datei *mm40biz-g-60.exe* im Verzeichnis *MindManager* der CD mit einem Doppelklick.

Hinweis Sie können das Installationsprogramm mit *Start/Ausführen D:\Mind Manager\mm-40biz-g-60.exe* (*D:* steht für den Laufwerksbuchstaben Ihres CD-ROM-Laufwerkes) oder im Windows-Explorer durch Doppelklick auf die Datei ausführen.

Folgen Sie den Anweisungen auf dem Bildschirm. Als Speicherort schlägt der Installationsassistent das Verzeichnis *C:\Programme\Mindjet\Mind-Manager* vor. Sie können in diesem Dialogfeld mit der Schaltfläche *Durch-suchen* einen anderen Pfad einstellen. Die Verzeichnisnamen *...\Mind-jet\MindManager* sollten jedoch übernommen werden.

In dem Dialogfeld *Komponenten wählen* bietet Ihnen das Installationsprogramm eine Auswahl von Programm-Komponenten an, die Sie installieren beziehungsweise durch Deaktivieren der Kontrollkästchen von der Installation ausschließen können. *Programm, Symbol Editor, Symbol Galerie* sowie *Deutsches Wörterbuch* sind standardmäßig ausgewählt. Sie können bei Bedarf zusätzlich das Englische und Wörterbücher für 9 weitere Sprachen sowie die Programmierschnittstelle *OpenInterface Development SDK* (nur in der Business-Version) installieren.

Abbildung 1: *Das Dialogfeld zum Wählen der zu installierenden Komponenten des MindManagers in der Business-Version.*

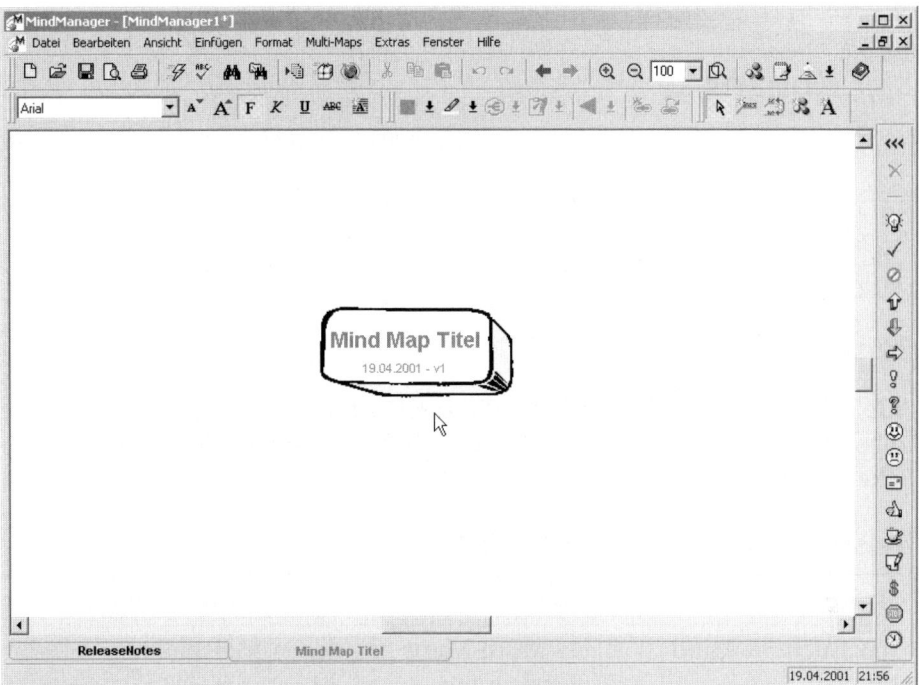

Abbildung 2: *Das Programmfenster von MindManager 4.0*

Auf Ihrem Desktop sowie im *Start*-Menü hat das Installationsprogramm nach dem Setup Verknüpfungen zum Öffnen von MindManager 4.0 eingerichtet. Öffnen Sie das Programm mit einem neuen Dokument. Das Programmfenster zeigt das Look-and-Feel der Office-Programme (siehe Abbildung 2).

Anhang C

Beispieldateien auf der CD-ROM

Alle Beispieldateien finden Sie auf der CD unter dem Ordner \Buch. Die folgenden Tabellen enthalten die Unterordner sowie die darin befindlichen Dateien.

Beispieldateien zu den Kapiteln

Ordner	Datei	Beschreibung
\03 Buch 33 Mind Maps	33 Mind Maps aus der Praxis.mmp	Beispielmap
\04 Ein 60ster Geburtstag	Annas 60er Geburtstag. mmp	Beispielmap
\05 Mit dem Motorrad durch Andalusien	alhambra.bmp	Grafik für Map
\05 Mit dem Motorrad durch Andalusien	Andalusien.mmp	Beispielmap
\06 I love you-Map	Was ich Dir sagen will. mmp	Beispielmap
\07 Sags mit einer Flower-Map	Flowermap.mmp	Beispielmap
\08 Eine Map auf die Freundschaft	Freunde_Zitate.doc	Zitate zur Freundschaft
\08 Eine Map auf die Freundschaft	Schön, dass es Freunde gibt.mmp	Beispielmap
\09 Zehn Jahre Abitur	10 Jahre-Abi-Treffen-2001.mmp	Beispielmap
\09 Zehn Jahre Abitur \10 Jahre-Abi-Treffen-2001	BSCOutline.class	Web-Hilfsdatei

Ordner	Datei	Beschreibung
\09 Zehn Jahre Abitur \10 Jahre-Abi-Treffen-2001	index.html	Zu öffnende HTML-Datei – Webseite
\09 Zehn Jahre Abitur \10 Jahre-Abi-Treffen-2001	mindmantoc2.out	Web-Hilfsdatei
\09 Zehn Jahre Abitur \10 Jahre-Abi-Treffen-2001	toc.htm	Web-Hilfsdatei
\09 Zehn Jahre Abitur\ \10 Jahre-Abi-Treffen-2001-0.htm	10 Jahre-Abi-Treffen-2001\doc	Web-Hilfsdatei
\09 Zehn Jahre Abitur \10 Jahre-Abi-Treffen-2001\doc	10 Jahre-Abi-Treffen-2001-13.htm	Web-Hilfsdatei
\09 Zehn Jahre Abitur \10 Jahre-Abi-Treffen-2001\doc	Jahre-Abi-Treffen-2001-14.htm	Web-Hilfsdatei
\09 Zehn Jahre Abitur \10 Jahre-Abi-Treffen-2001\doc	10 Jahre-Abi-Treffen-2001-15.htm	Web-Hilfsdatei
\09 Zehn Jahre Abitur \10 Jahre-Abi-Treffen-2001\doc	10 Jahre-Abi-Treffen-2001-20.htm	Web-Hilfsdatei
\09 Zehn Jahre Abitur \10 Jahre-Abi-Treffen-2001\doc	10 Jahre-Abi-Treffen-2001-21.htm	Web-Hilfsdatei
\09 Zehn Jahre Abitur \10 Jahre-Abi-Treffen-2001\doc	10 Jahre-Abi-Treffen-2001-22.htm	Web-Hilfsdatei
\09 Zehn Jahre Abitur \10 Jahre-Abi-Treffen-2001\doc	10 Jahre-Abi-Treffen-2001-23.htm	Web-Hilfsdatei
\09 Zehn Jahre Abitur \10 Jahre-Abi-Treffen-2001\doc	10 Jahre-Abi-Treffen-2001-24-symbol.gif	Web-Hilfsdatei

Ordner	Datei	Beschreibung
\09 Zehn Jahre Abitur \10 Jahre-Abi-Treffen-2001\doc	10 Jahre-Abi-Treffen-2001-24.htm	Web-Hilfsdatei
\09 Zehn Jahre Abitur \10 Jahre-Abi-Treffen-2001\doc	10 Jahre-Abi-Treffen-2001-5.htm	Web-Hilfsdatei
\09 Zehn Jahre Abitur \10 Jahre-Abi-Treffen-2001\doc	10 Jahre-Abi-Treffen-2001-6.htm	Web-Hilfsdatei
\09 Zehn Jahre Abitur \10 Jahre-Abi-Treffen-2001\doc	10 Jahre-Abi-Treffen-2001-7-symbol.gif	Web-Hilfsdatei
\09 Zehn Jahre Abitur \10 Jahre-Abi-Treffen-2001\doc	10 Jahre-Abi-Treffen-2001-7.htm	Web-Hilfsdatei
\09 Zehn Jahre Abitur\ 10 Jahre-Abi-Treffen-2001\doc	10 Jahre-Abi-Treffen-2001-8.htm	Web-Hilfsdatei
\09 Zehn Jahre Abitur \10 Jahre-Abi-Treffen-2001\doc	10 Jahre-Abi-Treffen-2001-9.htm	Web-Hilfsdatei
\09 Zehn Jahre Abitur \10 Jahre-Abi-Treffen-2001\doc	10 Jahre-Abi-Treffen-2001-head.htm	Web-Hilfsdatei
\09 Zehn Jahre Abitur \10 Jahre-Abi-Treffen-2001\extdoc	Addressliste.xls	In Webseite verknüpfte MS Excel-Liste
\09 Zehn Jahre Abitur \10 Jahre-Abi-Treffen-2001\icons	bullet1.gif	Web-Hilfsdatei
\09 Zehn Jahre Abitur \10 Jahre-Abi-Treffen-2001\icons	bullet2.gif	Web-Hilfsdatei
\09 Zehn Jahre Abitur \10 Jahre-Abi-Treffen-2001\icons	bullet3.gif	Web-Hilfsdatei

Ordner	Datei	Beschreibung
\09 Zehn Jahre Abitur \10 Jahre-Abi-Treffen-2001\icons	bullet4.gif	Web-Hilfsdatei
\09 Zehn Jahre Abitur \10 Jahre-Abi-Treffen-2001\icons	bullet5.gif	Web-Hilfsdatei
\09 Zehn Jahre Abitur \10 Jahre-Abi-Treffen-2001\icons	document.gif	Web-Hilfsdatei
\09 Zehn Jahre Abitur \10 Jahre-Abi-Treffen-2001\icons	folder_closed.gif	Web-Hilfsdatei
\09 Zehn Jahre Abitur \10 Jahre-Abi-Treffen-2001\icons	folder_open.gif	Web-Hilfsdatei
\09 Zehn Jahre Abitur \10 Jahre-Abi-Treffen-2001\icons	home.gif	Web-Hilfsdatei
\09 Zehn Jahre Abitur \10 Jahre-Abi-Treffen-2001\icons	next.gif	Web-Hilfsdatei
\09 Zehn Jahre Abitur\ 10 Jahre-Abi-Treffen-2001\icons	previous.gif	Web-Hilfsdatei
\09 Zehn Jahre Abitur \10 Jahre-Abi-Treffen-2001\icons	Ruler.gif	Web-Hilfsdatei
\09 Zehn Jahre Abitur \10 Jahre-Abi-Treffen-2001\icons	title.gif	Web-Hilfsdatei
\10 Zielvereinbarungen mit Mitarbeitern	Aktionsplan.xls	In Map verknüpfte Excel-Liste
\10 Zielvereinbarungen mit Mitarbeitern	Checkliste.doc	In Map verknüpftes Word-Dokument
\10 Zielvereinbarungen mit Mitarbeitern	Zielvereinbarung.mmp	Beispielmap

Ordner	Datei	Beschreibung
\11 Die Bilanzanalyse	Bilanzanalyse.xls	Bilanz in Excel
\11 Die Bilanzanalyse	MAP Bilanzanalyse.mmp	Beispielmap
\12 Ein internationales Controllingsystem	Begrüßung.doc	In der Map verwendete Daten
\12 Ein internationales Controllingsystem	Controlling.mmp	Beispielmap
\12 Ein internationales Controllingsystem	Controllingweb.mmp	Beispielmap
\13 Die Telefonnotiz	Telefonnotiz.mmp	Beispielmap
\14 Abfassen eines Protokolls	Das Protokoll.mmp	Beispielmap
\15 Regeln des Präsentierens	Botschaft.mmp	Beispielmap
\15 Regeln des Präsentierens	Möwenschrei im Buchhandel.mmp	Beispielmap
\15 Regeln des Präsentierens	Möwenschrei im Buchhandel.ppt	In PowerPoint exportierte Map
\16 Informieren und Trainieren des Außendienstes	Trainings- und Schulungsmodell für das Team Außendienst.mmp	Beispielmap
\17 Das erfolgreiche Mailing	Mailing.de.mmp	Beispielmap
\17 Das erfolgreiche Mailing	Mailing.rtf	Als Gliederung exportierte Map
\18 Bilder in der Werbung	Anzeige Schlummersoft.mmp	Beispielmap
\18 Bilder in der Werbung	Bilder in der Werbung.mmp	Beispielmap
\19 Der richtige Redeaufbau	AIDA-Formel.mmp	Beispielmap
\19 Der richtige Redeaufbau	AITA-Formel.mmp	Beispielmap
\19 Der richtige Redeaufbau	Der richtige Redeaufbau.mmp	Beispielmap

Ordner	Datei	Beschreibung
\19 Der richtige Rede-aufbau	Schnellschuss.mmp	Beispielmap
\19 Der richtige Rede-aufbau	Standard-Rede.mmp	Beispielmap
\20 Die neuen Funk-tionen in Excel 2002	Neues in Excel2002.mmp	Beispielmap
\21 Die Planung eines Online-Shops	eCommerce.mmp	Beispielmap
\22 Die wichtigsten Grafikformate	Die wichtigsten Grafik-formate.mmp	Beispielmap
\23 Smileys – Die E-Mail-Geheimzeichen	E-Mail für Dich.mmp	Beispielmap
\23 Smileys – Die E-Mail-Geheimzeichen	Mind Map Importiert.mmp	Beispielmap
\23 Smileys – Die E-Mail-Geheimzeichen	smiley1.gif	Grafik
\23 Smileys – Die E-Mail-Geheimzeichen	smiley2.gif	Grafik
\23 Smileys – Die E-Mail-Geheimzeichen	smiley3.gif	Grafik
\23 Smileys – Die E-Mail-Geheimzeichen	smiley4.gif	Grafik
\23 Smileys – Die E-Mail-Geheimzeichen	smiley5.gif	Grafik
\23 Smileys – Die E-Mail-Geheimzeichen	smileys.htm	HTML-Seite aus dem Internet
\23 Smileys – Die E-Mail-Geheimzeichen	smileys1.doc	HTML-Seite als Word-Dokument
\23 Smileys – Die E-Mail-Geheimzeichen	smileys2.doc	Zum Import in Map bearbeitetes Word-Dokument
\24 Welcher Persön-lichkeitstyp sind Sie	Welcher Persönlich-keitstyp sind Sie.mmp	Beispielmap

Ordner	Datei	Beschreibung
\25 Wie werde ich ein guter Projektleiter	Projektleiter.mmp	Beispielmap
\26 Coaching als Problemlösungstechnik	Coaching.mmp	Beispielmap
\26 Coaching als Problemlösungstechnik	gliederung.doc	In Map zu importierende Word-Gliederung
\27 Erstellen eines Vertriebskonzepts	Vertriebskonzept_01.mmp	Beispielmap Schritt 1
\27 Erstellen eines Vertriebskonzepts	Vertriebskonzept_02.mmp	Beispielmap Schritt 2
\27 Erstellen eines Vertriebskonzepts	Vertriebskonzept_02 grüneZielscheibe.mmp	Beispielmap mit bearbeiteter Grafik
\28 Verschiedene Moderationstechniken	Moderationstechniken.mmp	Beispielmap
\29 Zeit als Stressfaktor	Die Zeit im Griff.mmp	Beispielmap
\29 Zeit als Stressfaktor	Zeitgliederung.doc	Texte für Map
\30 Das erfolgreiche Meeting	Meeting.mmp	Beispielmap
\30 Das erfolgreiche Meeting	Protokoll Vorlage.doc	In Map verknüpftes Word-Dokument
\30 Das erfolgreiche Meeting	Protokollanten.xls	In Map verknüpftes Excel-Dokument
\31 Der Gartenkalender	April.mmp	Beispielmap
\31 Der Gartenkalender	August.mmp	Beispielmap
\31 Der Gartenkalender	Dezember.mmp	Beispielmap
\31 Der Gartenkalender	Februar.mmp	Beispielmap
\31 Der Gartenkalender	Gartenkalender.mmp	Beispiel-Multi-Map
\31 Der Gartenkalender	Januar.mmp	Beispielmap
\31 Der Gartenkalender	Juli.mmp	Beispielmap
\31 Der Gartenkalender	Juni.mmp	Beispielmap
\31 Der Gartenkalender	Mai.mmp	Beispielmap

Ordner	Datei	Beschreibung
\31 Der Gartenkalender	März.mmp	Beispielmap
\31 Der Gartenkalender	November.mmp	Beispielmap
\31 Der Gartenkalender	Oktober.mmp	Beispielmap
\31 Der Gartenkalender	September.mmp	Beispielmap
\32 Planungsvorlage für den Unterricht	Unterricht.mmp	Beispielmap
\32 Planungsvorlage für den Unterricht	Unterrichtsplanung. mmp	Beispielmap
\33 Weihnachts-Map	Die Weihnachts-Map. mmp	Beispielmap
\34 Vorbereitungen auf ein Vorstellungs- gespräch	Vorstellungsgespräch. mmp	Beispielmap
\35 Ein Jahreskalender	Mein Jahreskalender 2001.mmp	Beispielmap

Beispieldateien zum Farbmittelteil

Ordner	Datei	Beschreibung
\Maps im Farbmittel- teil	03 33 Mind Maps aus der Praxis.mmp	Modifizierte Map
\Maps im Farbmittel- teil	04 Annas 60er Geburtstag.mmp	Modifizierte Map
\Maps im Farbmittelteil	05 Andalusien.mmp	Modifizierte Map
\Maps im Farbmittelteil	06 Die Liebes Map.mmp	Modifizierte Map
\Maps im Farbmittelteil	07 Flowermap.mmp	Modifizierte Map
\Maps im Farbmittelteil	08 Schön, dass es Freunde gibt.mmp	Modifizierte Map
\Maps im Farbmittelteil	09 10 Jahre-Abi-Treffen- 2001.mmp	Modifizierte Map
\Maps im Farbmittelteil	10 Zielvereinbarung. mmp	Modifizierte Map

Ordner	Datei	Beschreibung
\Maps im Farbmittelteil	11 MAP Bilanzanalyse. mmp	Modifizierte Map
\Maps im Farbmittelteil	12 Controllingsystem. mmp	Modifizierte Map
\Maps im Farbmittelteil	13 Telefonnotiz.mmp	Modifizierte Map
\Maps im Farbmittelteil	14 Das Protokoll.mmp	Modifizierte Map
\Maps im Farbmittelteil	15 Präsentation.mmp	Modifizierte Map
\Maps im Farbmittelteil	16 Vertriebsmitarbeiter. mmp	Modifizierte Map
\Maps im Farbmittelteil	17 Das erfolgreiche Mailing.mmp	Modifizierte Map
\Maps im Farbmittelteil	18 Bilder in der Werbung.mmp	Modifizierte Map
\Maps im Farbmittelteil	19 Der richtige Redeaufbau.mmp	Modifizierte Map
\Maps im Farbmittelteil	20 Neues in Excel2002. mmp	Modifizierte Map
\Maps im Farbmittelteil	21 Onlineshop.mmp	Modifizierte Map
\Maps im Farbmittelteil	22 Die wichtigsten Grafikformate.mmp	Modifizierte Map
\Maps im Farbmittelteil	23 E-Mail für Dich.mmp	Modifizierte Map
\Maps im Farbmittelteil	24.1 Welcher Persönlichkeitstyp sind Sie.mmp	Modifizierte Map
\Maps im Farbmittelteil	24.2 Wie motiviere ich Projektmitarbeiter.mmp	Modifizierte Map
\Maps im Farbmittelteil	24.3 Strategien für Zusammenarbeit.mmp	Modifizierte Map
\Maps im Farbmittelteil	25 Wie werde ich ein guter Projektleiter.mmp	Modifizierte Map
\Maps im Farbmittelteil	26 Coaching.mmp	Modifizierte Map
\Maps im Farbmittelteil	27 Theorie Vertriebskonzeption.mmp	Modifizierte Map

Ordner	Datei	Beschreibung
\Maps im Farbmittelteil	28 Moderationstechniken.mmp	Modifizierte Map
\Maps im Farbmittelteil	29 Die Zeit im Griff. mmp	Modifizierte Map
\Maps im Farbmittelteil	30 Meeting.mmp	Modifizierte Map
\Maps im Farbmittelteil	31 Gartenkalender.mmp	Modifizierte Map
\Maps im Farbmittelteil	32 Unterrichtsplanung. mmp	Modifizierte Map
\Maps im Farbmittelteil	33.1 Weihnachtskarte. mmp	Modifizierte Map
\Maps im Farbmittelteil	33.2 Weihnachten.mmp	Modifizierte Map
\Maps im Farbmittelteil	34 Vorstellungsgespräch.mmp	Modifizierte Map
\Maps im Farbmittelteil	35 Mein Jahreskalender 2001.mmp	Modifizierte Map

Stichwortverzeichnis